新・公民の授業80時間

子どもの意識・教材研究・資料と扱い方

大野 一夫

地歴社

(C) Kazuo Ohno
本書掲載写真のうち提供者を明記していないものは著者撮影・蔵。グラフ等の図版は著者作成。

目　次

はじめに―公民の授業づくり……………… 5

第1章　日本国憲法と基本的人権の尊重…… 15

1　日本国憲法の前文を読む ……………… 20
2　民主主義の思想 ………………………… 22
3　帝国憲法の世の中 ……………………… 24
4　日本国憲法の成立 ……………………… 28
5　国民主権下の天皇 ……………………… 32
6　基本的人権の尊重―個人の尊厳 ……… 34
7　福島原発事故と人権 …………………… 36
8　教科書検定と思想・表現の自由 ……… 40
9　秘密保護法と国民の「知る権利」 …… 42
10　職場と思想・良心の自由 ……………… 46
11　靖国参拝と信教の自由 ………………… 50
12　なくならない差別と偏見 ……………… 54
13　法の下の平等―障がいのある人と共に生きる…58
14　男女は平等になっているか …………… 60
15　夫婦別姓問題を考える ………………… 62
16　生きる権利 ……………………………… 66
17　働く人たちの権利 ……………………… 70
18　女性の労働と差別 ……………………… 72
19　参政権―18歳選挙権の実現 …………… 74
20　情報化社会と人権 ……………………… 78
21　メディアと人権 ………………………… 82
22　人権と国際連帯 ………………………… 84
《憲法改正をめぐって―改憲手続き法》… 88

第2章　平和主義 ……………………………… 89

23　もう、戦争はしない―憲法第9条 …… 96
24　平和主義と自衛隊 ……………………… 98
25　日米安保と米軍基地 …………………… 102
26　解釈改憲と集団的自衛権 ……………… 106
27　第9条の未来を考える ………………… 112
《平和主義の行方―自民党「改憲草案」第9条を読む》116

第3章　民主主義の政治 ……………………… 117

28　政治とは何か …………………………… 122
29　国民の代表を選ぶ ……………………… 124
30　政党―助成金・公約・マニフェスト … 128
31　国会のしくみと国会議員 ……………… 134
32　国会の仕事―法律ができるまで ……… 138
33　議院内閣制のしくみ …………………… 142
34　内閣総理大臣の権限 …………………… 146
35　行政権の拡大 …………………………… 148
36　裁判とは何か―民事事件の裁判 ……… 152
37　刑事事件の裁判と人権の尊重 ………… 156
38　裁判員裁判 ……………………………… 160
39　裁判所と司法権の独立 ………………… 162
40　地域社会と地方自治体 ………………… 166
41　地方自治体の仕事としくみ …………… 170
42　住民の権利 ……………………………… 174
43　住民運動と住民投票 …………………… 176
《模擬選挙》 ………………………………… 180

第4章　私たちの暮らしと経済 ……………… 181

44　お金と社会 ……………………………… 184
45　家計 ……………………………………… 188
46　商品の流通 ……………………………… 190
47　商品の価格 ……………………………… 194
48　物価とインフレ・デフレ ……………… 198
49　消費者の権利 …………………………… 202
50　生産のしくみと利潤 …………………… 206
51　株式会社 ………………………………… 208
52　企業の競争と独占 ……………………… 212
53　銀行 ……………………………………… 216
54　お金の取引 ……………………………… 220
55　円高・円安 ……………………………… 224
56　好景気・不景気 ………………………… 228
57　国（政府）の経済活動 ………………… 230
58　暮らしと税 ……………………………… 234
59　国の借金 ………………………………… 238
《「対立と合意」「効率と公正」を考える》240

第5章　日本の社会と経済の課題　………241

60　企業社会と働き方 …………………244
61　過労死を防ぐ ………………………248
62　少子高齢社会と介護保険制度 ………252
63　社会保障制度のしくみ ………………256
64　地域経済の再生 ……………………258
65　自然環境を守る ……………………260
66　放射能と環境問題 …………………264
67　日本の農業と食料問題 ………………268
68　日本の貿易とTPP …………………272
69　これからの経済の課題 ………………274
《「年金」を考える》………………………276

第6章　国際社会の課題　………………277

70　平和ってなに？ ……………………280
71　国際連合とイラク戦争 ………………282
72　絶えない地域紛争―パレスチナ問題……286
73　武力紛争とテロ事件―子どもたちの犠牲…288
74　南北問題―貧困の克服 ………………292
75　グローバル化する国際経済―EUの行方…294
76　核兵器の廃絶 ………………………296
77　持続可能な開発―環境問題 …………300
78　資源とエネルギー …………………302
79　近隣諸国との関係―歴史認識 ………304
80　平和を発信する ……………………306
《戦後70年―日本はどこに行こうとしているか》310

はじめに —— 公民の授業づくり

1．社会科をめぐる情勢

　本書の旧版にあたる『公民の授業65時間 —— 子どもの意識・教材研究・資料と発問』を出版してから17年が経過した。この間、日本の教育と社会科をめぐって新たな問題が表面化してきた。以下、時系列でふれておきたい。

　まず、1998年学習指導要領の改訂に伴う教育課程が、中学校で2002年度実施、高校で2003年度実施となる。中学校では公民的分野の学習内容と時数の大幅な削減に直面した。「総合的な学習の時間」の本格的実施と、いわゆる「ゆとり教育」が背景にある。また、「学び方」を重視するようになり、現場の教師にあっては、授業における教えと学びの混乱が生じた。

　次に、教科書問題が教育現場を混乱させることになった。「新しい歴史教科書をつくる会」（「つくる会」）が編集した扶桑社版（後の自由社版）教科書（中学校歴史・公民）が教科書検定に合格し、政治的な採択運動がはじまった。「つくる会」は、他の検定済教科書を「自虐史観」とレッテルを貼って攻撃し、「慰安婦記述の削除」を求める運動と連動しながら採択運動を展開した。結果的に採択数はさほど多くはなかったが、教科書記述に影響を与えた。それは、1993年の「河野談話」を受けて中学校教科書に「慰安婦」の記述が載るようになったものの、2000年代の教科書から慰安婦の記述は、教科書会社の自粛で後退もしくは削除された。

　さらに、2006年12月、安倍晋三第一次内閣の下で、教育の憲法といわれてきた教育基本法が「改正」された。これによって、国の教育介入が容易に可能となり、教育目標に愛国心などの「こころ」の評価、態度育成が設けられた。「改正」教育基本法に則り、2008年に中学校、2009年に高校の学習指導要領が改訂されると、いわゆる「ゆとり教育」の見直しと道徳社会科の色合いの濃い教育内容が登場した。「つくる会」から分裂した育鵬社版教科書（中学校歴史・公民）も2012年から登場した。この教科書は、愛国心を強調し、「改正」教育基本法に「最も適った教科書」と謳った。

　第二次安倍内閣の下で、2013年12月には教科書検定基準改正案が出され、教科書の「国定化」をめざすものになっていった。2015年の教科書検定では、その動きが加速した。育鵬社の公民教科書は、安倍首相の写真が15枚程度掲載され、政権の意向に沿うような教科書になっている。子どもに刷り込みをはかることがねらいである。また、検定済の高校日本史の教科書が、教育委員会の介入によって現場の教師による採択を反古にする自治体も出現した。

　学習指導要領がどのように変わろうとも、「公民」の主権者を育てるという基本的な目標は変わりようがない。そこで今回、旧版の全面的な改訂にあたっては、21世紀の政治・経済の動向をふまえ、未来をきりひらく子どもたちと学び合う「公民」の内容と、その教材研究と学習の資料に重点をおいて再構成することにした。

　いま、昨今の情勢を受け、主権者を育てるという目標に照らして中学校公民的分野や高校公民科で、子どもたちと何をどう学び合うかが問われている。

2．20世紀の課題を引き継いだ現代社会

　「公民」で学ぶ内容は、現代社会のさまざまな課題そのものと言ってよい。以下、現代社会の様相

を俯瞰し、直面している課題を概観しておきたい。

　20世紀の世界は、戦争の時代であった。21世紀になっても、2001年のアメリカ同時多発テロ事件を契機に、アメリカはテロとの戦いをはじめた。2003年にはじまったイラク戦争は「イラクは大量破壊兵器を持っている」というのが、アメリカの開戦理由であった。しかし、そのような兵器は発見されなかった。すると、「イラクの民主化のため」と語られた。民主主義を実現するのに戦争を手段にする必要はない。戦争は最悪の人権侵害である。イラク戦争の死者は数十万人と言われる。犠牲者は、戦争で命を失った人ばかりではない。家族を失い傷ついた人もたくさんいる。その人たちの人生は戦争によって変えられてしまった。戦地に行って生還したアメリカやイギリス軍兵士にしても、ストレス障がいという「心の傷」を発症している人が少なくない。また、地域紛争、民族紛争も絶えない。戦争をやめさせることは未来に生きる人たちの幸福につながる。そのために、平和と民主主義の世界を築く努力が求められる。

　日本に目を向けてみると、日本は戦後70年を経て、2015年は、憲法施行から68年の節目を迎えた。かつて日本を侵略の道へ押し進めた戦前の教育や大日本帝国憲法と決別し、人類普遍の原理である民主主義と平和主義を基調とする日本国憲法とともに経過した戦後である。しかし、憲法を軽視した政治、人権を尊重しない政治もまかり通っていた。だからこそ、国民の間では市民運動をはじめ、さまざまな運動を通して権利の回復を求める努力がなされてきた。それでも、日米安保体制、沖縄をはじめとする米軍基地問題など、課題も残されてきた戦後でもあった。

　21世紀になってからの日本は、戦争前夜と思われる動きが急である。2007年5月には、「憲法改正国民投票法（改憲手続き法）」が成立し、改憲問題が現実味を帯びてきた。それは、戦争ができるようにするための憲法「改正」論が、あたかも緊急の課題であるかのような言動が政府・政治家や一部のマスコミから発信されているからである。連日報道されるようになった中国や韓国との領土問題、北朝鮮脅威論が危機感を煽っている。2013年、第二次安倍内閣の下で進められた「国家安全保障会議（日本版ＮＳＣ）の創設」「特定秘密保護法」は、改憲を想定したものである。2012年に自民党が発表した「日本国憲法改正草案」とも符合する。いったん法律が制定されれば、どんなに配慮事項が明記されても一人歩きするし、時の政権によって都合良く運用される。議会制民主主義は、少数者の意見を尊重するからこそ成り立つ民主主義の装置であるが、多数を占めればいかなる法案もまかり通る実態がある。2013年参院選後の「ねじれ国会解消」後は、改憲に向けての政策が目白押しである。2014年7月には「集団的自衛権」行使容認の閣議決定がおこなわれた。「政府見解」を教科書に書かせる「教科用図書検定基準等の改正」（2014年）は、「閣議決定その他の方法により示された政府の統一的な見解や最高裁判所の判例がある場合には、それらに基づいた記述がされていることを定める」という。しかし、公教育においては、教育内容が政府の恣意的な伝達、広報機関であってはならない。

　2011年3月11日の東日本大震災と津波に伴う東京電力福島第一原子力発電所事故は、多くの避難民をつくり出した。震災から4年を経過しても、福島からの県外避難者は5万人近くもいる。とくに福島原発周辺の人たちは帰還困難の事態になっている。この原発事故を契機に、あらためて原発や人工放射性物質の危険性、核廃棄物の管理が人の手に負えないことが明らかになった。原発再稼働反対、脱原発の国民の世論は大きくなっている。それにもかかわらず、廃炉計画の見通しも立たないまま、国は原発再稼働、原発輸出に向かっている。これからの未来をどう構築するかは、現在に生きる人たちの課題である。

　経済のグローバル化もいっそう進んでいる。1980年代以降、世界経済は、新自由主義路線に舵を切った。この新自由主義が世界を覆うようになり、多国籍企業による市場の寡占・独占が常態化しつつある。日本でも、イギリスのサッチャリズム、アメリカのレーガノミクス、中曽根康弘「臨調行革」を受けて、1990年代から2000年代にかけての規制緩和や構造改革路線が進行し、金融制度改革もおこなわれた。こうした新自由主義と呼ばれる政策によって、人びとの暮らし方、労働、産業、社会保障など、さまざまな分野で格差が進行している。どう暮らしを守るのかを学ぶことも公民の課題である。

3．公民の授業は、子どもとともに学び合うこと

　社会科・公民では、現代社会の課題と向き合う授業を通して学びを深めることが求められている。何よりも、平和と民主主義を担う主権者として子どもたちを育てることである。そのためには、中学校や高校の公民の授業で「ともに学び合うこと」である。他者の意見を尊重し合いながら、自らの意見を持つこと、発信すること、真理を追求すること、そうしたふだんからの営みを大事にするなかで、子どもたちは成長する。教える側も完成された人間ではない。「発展途上人」である自覚を持ち、子どもとともに学習し研究する共同探究者の立場であると考えたい。このことを置き去りにしては、民主主義を担う子どもたちを育てることはできない。

　教職課程を受講している大学生に、中・高の社会科授業について問いかけた。最も多かったのは「先生が黒板に書いて説明する授業」であった。調査の年度によって違いはあるが、結果は、ほぼ同じ傾向である。質問は「これまでの中学高校の社会科の授業スタイルのうち、多かったのはどれですか」とした。2005年度以降、現在まで、定点調査として実施している。以下は、2006年度と2012年度のＣ大学での結果（選択肢を設け、複数回答。2006年度は40人、2012年度は18人）である。

	2006年度	2012年度
≫先生が黒板に書いて説明する授業	39人（97.8%）	15人（83.3%）
≫プリントを配り、その資料を解説する授業	30人（75.0%）	13人（72.2%）
≫ワークシートに答えを書かせる授業	18人（45.0%）	8人（44.4%）
≫班で話し合いを取り入れながら進める授業	6人（15.0%）	0人（ 0.0%）
≫討論授業	1人（ 2.5%）	0人（ 0.0%）
≫ディベート	1人（ 2.5%）	0人（ 0.0%）
≫生徒に調べさせ、それを発表する授業	10人（25.0%）	0人（ 0.0%）
≫テストに向けて暗記を求める授業	21人（52.5%）	4人（22.2%）

　受講している大学生に印象に残っている社会科の授業を聞いたところ、次のような意見が寄せられた。
　「中学３年生の時に受けた、とにかく生徒に暗記させる授業。テストの数週間前に、数百問の問題と答えが書かれたプリントが渡され、実際のテストでもそれが出題された。そして、間違った問題につき数十個ずつ書き直しをさせられた。」「中学高校の授業では、ほとんどの先生が黒板を使って話しているだけの授業であった。そのため、社会の授業自体が楽しいとは思えなかったが、時事問題を取り上げたり、世界や日本の歴史などを勉強すること自体はおもしろかった。」「中学・高校で社会科の授業は、講義形式が多く、それぞれの良し悪しは色々あったけれど、特に印象に残るという形のものはありませんでした。…」「中学・高校と同じ先生に社会を教わり歴史にくわしい先生だったので、ちょっとした"うんちく"を含んだおもしろい授業でした。」「高校の世界史の授業で、先生がギリシャの話しが好きらしく、そこばかりに時間を取っていた…」「中学校の頃、社会を教えていた先生の授業が面白かった。歴史でも地理でも本当に知識が豊富で、自分の体験談や裏話などを交えてくれていつも社会の授業が楽しみだった。」「高校の歴史教師で、大変熱心な方がいらした。教科書の内容を追っているスタイルでなく、自分で実際に研究したことなどを教授していただくことができ、ものの見方ということまで教わったように感じる。」

　授業づくりのヒントになる意見もあったが、暗記や板書と説明が中心という意見は予想外に多かった。1990年代からはじまった「ゆとり教育」、さらに「学び方」を重視するなかで、もっと多様な授業を受けていると考えていたが、実際には「教え込み」の授業が増えてきている。仮に授業が、「学力向上」「受験対策」として認識されている実態だとすれば、公民は、用語の暗記だけに終始することになってしまう。こうした授業を受けてきた学生が模擬授業を展開すると、その授業スタイルも教

科書の説明と板書に陥りがちになる。この学びの負の連鎖を断ち切らないといけない。もっと多様な学びの授業が求められていいはずである。探求、調査、話し合いを通して、他者から学び、自らの認識を高める授業が必要である。

（1）授業づくりは子ども研究から

　中学生が学ぶ社会科は、新しい内容もあるが、小学校の学びを発展させるようになっている。高校生が学ぶ内容も中学校の学びを発展させるものである。そこで、授業づくりの基本は「子ども研究から」と考えている。授業が成功するかどうか、授業づくりの第一歩は子どもを知ることからはじまる。
　子どもが日頃どんな生活をしているかをつかむ。これは学級担任であればふだんの観察や生活記録などでつかむことができる。また、子どもたちの傾向、いまの子どもたちがどんなことに興味・関心を持っているのかなど、子どもの世界を知ることは、社会科の授業で「どういうせまり方をするか」「どんな教材を準備するか」というヒントに結びつく。
　子どもの社会科が好きか嫌いかをつかむ。次の調査は、中学１年生を対象にした結果である。小学校では、どんな学びをしていたのか、社会科をどう受けとめていたのかがわかる。子どもの好き嫌いは感覚的なものであるが、それでも授業に意欲的に参加しようとしているかどうかを知る手がかりになる。また、学級によっても傾向の違うことがわかる。（調査は、2004年４月に実施したもの。Ｋ中学校１年生179人。調査時期は10年ほど前だが、設問は時期を問わず有効である。）

≫小学校では地理（産業や地域）と歴史では、どちらに興味・関心がありましたか。
　　　　ア、地理（29.4％）　　イ、歴史（60.5％）　　ウ、地理歴史（10.2％）
≫社会科の授業は積極的に学習していましたか。
　　　　ア、はい（24.3％）　　イ、いいえ（15.8％）　　ウ、どちらともいえない（60.0％）
≫社会科の授業は、他の教科とくらべて楽しく学習できましたか。
　　　　ア、楽しい（32.4％）　　イ、楽しくない（16.9％）　　ウ、どちらともいえない（50.6％）

　子どもたちは社会科をどのような目的で学んでいるかをつかむ。例えば、新しい分野の最初の授業で、「これからの時代は、どんな社会をめざしたらいいと思いますか」と問いかける。これは、「何のために学ぶか」を子どもに考えさせる視点になる。（調査は2004年９月に実施、選択肢から２つ答えさせた。前述のＫ中学校１年生。今日の情勢にあわせて選択肢を検討するとよい。）
・自然や環境を守る社会……………………………………75.7％
・戦争をなくし平和を実現する社会………………………70.3％
・差別のない、人権を尊重する社会………………………27.0％
・人類の幸福を実現する社会………………………………13.5％
・経済的な豊かさを実現する社会…………………………13.5％
・その他………………………………………………………0.0％

　単元ごとに子どもの知識や理解度、イメージをつかむ。授業に入る前に子どもがどのようにとらえているかを探っておく。そこから、どのような授業計画を立て、どんな教材で授業を進めるか、目標をどうするかなどのヒントを得ることができる。これは公民、あるいは社会科に限らない。授業づくりは、子どもの実態を調べることからはじめる。本書では、この視点から授業の構想を立てている。

（2）授業計画と目標（授業のねらい）を立てる

　子どもの実態が見えてきたら、単元の目標と計画を立てる。目標と計画は、学習指導要領をふまえつつも、公民の目標をもとに子どもの実態から考える。もちろん、１年間の大まかな授業のねらいと年間計画を作成した上で、細かな単元構成を構想することになる。教える側の自主的な編成が基本である。単元の授業計画と１時間ごとの内容とねらいについては、子どもたちにも知らせる。これは、

子どもと教師の授業の共有化につながる(「教科通信」に授業の計画を掲載することで授業の見通しを共有できる。授業がその場の都合でおこなわれているわけではないことを子どもたちも理解する)。

(3) 教材研究に取りかかる

　授業づくりで重要なのは、教材研究である。ただし、必ずしも〈子ども研究〉→〈授業計画と目標〉→〈教材研究〉の順序ではない。この三つが同時進行であるといった方が適切であるが、授業づくりの考え方としては、この順序になる。

　教材研究は、授業の成功と深く結びついている。授業がうまくいくかどうかは、教材研究にあるといってよい。なお、学習指導要領と教科書を研究することは当然であるが、教科書を教えるのが授業の目的ではない。授業は、それらの情報だけで成功するとは限らない。

　教材研究では、子どもの実態をふまえ、1時間(または単元)の授業で「どんな中心教材を選ぶか」「導入教材を何にするか」を考える。また、これまでの実践(自他の実践)で何が課題になっているかを確かめる(市販されている実践書を含めて、どんな実践で授業が成功しているか、課題は何かなど)。さらに、中学校の公民では、高校の現代社会・政治経済・倫理の教科書、新聞記事や統計資料、実物資料、ビデオ映像なども教材研究の対象になる。資料の収集には手間がかかるが、これを怠れば、結局のところ、教科書をもとに「先生が黒板に書いて説明する」講義型の授業展開に終始することになる。新聞記事は、テーマごとにクリアーファイルに挟み込む。これは教材を選定する上で有効である。また、統計的な資料や少し気になる記事、あるいはメモしておきたいことは、1冊(1年1冊のノート)の備忘録に貼付けたりメモしたりする(パソコンに必要なデータを取り込んでおくと使い勝手がよい)。インターネットで入手する教材もある。政府の統計資料は、ほとんどネットから入手することができる。さらに社会科で有効な教材として、写真・実物教材・ポスター・パンフレットなどがある。これもふだんから収集しておくと授業に役立つ。写真やポスターなどは、パソコンで提示する場合はその画像を保存する。ビデオも授業では有効であるため、ドキュメント番組に注目しておく。

　教材研究は文献や資料からだけではない。聞き取りや取材活動も欠かせない。生きた教材は、世の中にたくさんある。

　この教材研究の過程を通して、教材を選択したら授業づくりに入る。教材研究して得られた資料をすべて使いたくなるが、収集した資料を使うことが授業の目的ではない。資料ばかりに注目すると、資料の解説で授業をしてしまうことがある。集めた資料や教材研究は、10分の1しか使わないこともある。つまり授業には目標があり、その目標を達成させることが授業の生命線ということである。子どもにどういう力をつけさせるのか、そのために何を獲得させるのか、考えさせるのか、どんな教材を準備するのかということになる。

(4) 教材研究の進め方

　ここで、具体的な教材研究を考えてみたい。例えば「南北問題」は、「現代社会」「政治経済」の科目、中学校の「公民」で扱う。その授業のねらいは、「どのように南北問題を解決したらよいか、私たちにできることは何かを考えさせる」と立て、どのように教材研究を進めるかということになる。

　まず、南北問題の現状を調べる。南北問題は、いろいろな角度から調べ、取り上げることができるが、中学生や高校生にとって考えざるを得ない現状から深めることがポイントである。つまり、同世代の子どもが置かれている現状から教材研究を進めるということになる。この観点ならば、ユニセフの『子供白書』が良い資料になる(ユニセフを訪ねるのも方法である*)。『白書』から、子どもの労働実態、チャイルドソルジャーのこともわかる。同世代の子どもが置かれている状況を知り教材化すること、これは、教える側が知ってはじめてできる授業になる。

　　＊ 公益財団法人 日本ユニセフ協会　〒108-8607 東京都港区高輪4-6-12 ユニセフハウス
　　　http://www.unicef.or.jp/about_unicef/about_hou_visit.html#maeni

（5）授業の構想を立てる＝授業設計

　このように教材研究を進めてから、具体的な授業づくり（発問や授業展開）に入る。単元の教材研究を深め、授業計画を立て、１時間の授業のねらいを明確にする。どんな授業展開にするかを考え、自分の「授業ノート*」に「発問と予想される子どもの反応」を書き込む。また、導入教材や中心教材は、ねらいに即して適切かどうかを判断しながら構想する。

　　＊ 授業ノートは毎年１冊つくる。１時間の授業で２ページを使う。教材研究で得た資料や記録も書いておく。また、授業後に、気づいたことや子どもの発言などのメモを残しておく。そうすることで、自らの授業を振り返ることができる。

　授業展開の大まかな筋ができたら、子どもが活動する場面づくり、グループワークの場面、討論の場面などを設定する（毎時間が同じパターンではない。教材や目標によって異なるが、１時間に一つはじっくり考えさせたり話し合わせたりする）。子どもの実態（学級による違いもある）によって、活動させる方法は多様である。

　次に、「授業ノート」には展開に合わせて板書する内容を書き込む。授業中の板書は１時間で黒板一面とし、例えば、黄色のチョークで問いかけ（問題の提示）、白色のチョークで内容（問題の解決）と分ける。黒板に書いたり消したりということはできるだけ避ける。

　ここまで仕上がったら、次は、資料づくりである。資料づくりでは、プリント・掲示・写真・画像・実物資料・ビデオなどから選ぶ。一度作成した掲示資料などは次の年度にそのまま使うこともあるので丁寧に作成しておきたい。プリントは二種類。一つは「教科通信」に掲載する資料プリント、もう一つは子どもがノートに貼り込むための資料プリント。ノートに貼り込むプリントは原版を保存する。原版を印刷さえすれば何回でも使える。写真（Ｂ４判）は、班ごとに配付する場合には班の数だけ用意する。黒板に掲示する写真（もしくは画像）はＢ４判かＢ２判にする。ＩＴ化が進む学校教育の現状があるが、それでも、掲示資料は学級全体の集中力が高まるので魅力がある。

（6）授業 ── 過労死の授業を例に

　授業は子どもと教材の出会いの場面である。ねらいに即して「どんな事実を提示し」「どんな考えを引き出すか」、そのために「どんな内容を理解させておくか」である。

　授業の成功にはいろいろな秘訣があるが、教材研究から取り出した具体的な事実を提示し、その事実に疑問を持たせることができれば、子ども自身が「なぜだろう、どうしてだろう」と追究し、考えを深めていくことができる。

　例えば、「過労死」の場合、聞き取りなどで具体的な事例を提示し、「なぜ、過労死が起こるのか」と問いかけ、過労死にいたる労働時間、サービス残業の実態をもとに考えさせる。労災として認定されるための条件をつかんだ上で、「家族はどのように過労死の認定を求めて運動を展開しているか」と問い、認定にいたる過程を通して家族の願いにふれていく。認定件数が増えている現状から企業社会のあり方の問題に気づかせる。このように展開した上で、問題を提起する。それは「（A）豊かな暮らしを維持するためには、多少の犠牲は仕方ない。会社人間は必要だし、解雇されないためにはサービス残業もやらなければならない。」「（B）豊かな暮らしを犠牲にしても会社人間のような生き方はやめるべきだ。過労で倒れるまで働くことはない。サービス残業は断るべきだ。」と問い、どちらに賛成か話し合う。最後に、子どもの意見を受けて、どのような取り組みで防いでいくかを考えさせる。けっして個人の問題でないこと、職場の取り組み、労働組合の役割、法律の制定など社会的な取り組みに気づかせる。

　この「過労死」の授業だけで一般化することはできないが、授業は、《問題や課題・疑問を見つける→事実をつかむ→事実を追究する（比較・関連性・疑問）→問題や課題を深める→自分なりの解釈（わかり方）をつかむ→話し合いで学びを深める》ということになる。

（7）評価

　評価においては、子どもの何を評価するか、あらかじめ子どもに伝える必要がある。この評価では、教育現場で日々追われる教師の実態もある。ただ、いくつかある評価の観点で、留意しておきたいことがある。「関心・意欲・態度」は子どもの情意面での評価であること、従って「目標に準拠した」絶対評価という物差しはなじまない。それでも、客観的な評価に近づけるためには、子どもの資料をたくさん集めないといけない。特に、社会事象（教材）に対する働きかけという質的な面での判断材料を持つことである。ノート提出状況や発言回数などの量的な判断材料では、社会科の学力というより子どもの性格・生活態度の評価になりがちになる。

　評価をどうするかといえば、一つは知識・理解や資料活用を中心にした定期試験と小テスト（評価の観点別試験もある）。そのほかには、関心や思考・表現を中心にした感想・発表・レポート（作品）・ノートのまとめ方をもとにする。

　1時間の授業の評価は、子どもの発言・発表の内容、ノートに書かれた授業の感想とする。毎時間の授業感想をノートに書かせると、子ども自身が学習を振り返って、自らの成長を確かめることができる。

（8）授業づくりをまとめると

　授業とは何か、それは学ぶ子どもの立場（子どもの目線）でつくり上げていくことであると考えている。子どものわかり方は多様である。気づき方もいろいろである。そのわかり方を尊重したい。けっして教師の結論を押しつけてはならない。ここまでの授業づくりを図式化すると、次のようになる。

　　子どもの実態 ＋ 授業のねらい → 教材研究 → 授業の構想 → 授業 → 評価

4．公民の授業方法

（1）授業方法は、授業技術か

　授業の進め方について、「これは教育技術だ」という意見を聞くことがある。「技術を磨いていけば良い授業ができる」「良い授業をおこなうには、教育内容や教材よりも教える技能を身につけることだ」「そのためには、教え方の研究をすればいい」ということらしい。そこで、個別型、参加型、体験型など、いろいろなネームをつけて学びの方法が提起されている。また、学習指導要領から「学び方を学ぶ」という調べ方を学ぶことも提起されている。

　しかし、教育技術的に見える授業方法であるが、授業の進め方はきわめて教育に対する考え方の問題といえる。それは、1時間の授業をどのようにつくるかを考えるとわかってくる。「教師が授業の内容をどうとらえているか」「資料をどう選択したか」「生徒の実態をどうつかんでいるか」「どのような力を生徒に獲得させるか」、こうしたことをふまえて「どのように授業を進めていくか」という授業方法があるからである。

（2）さまざまな授業方法

　知識伝達型学習。これは、伝統的な授業形態であり一方的に教え込むという知識伝達の授業方法である。系統学習は、この類型にあてはまるが、戦前の教師の一方的教授とは違い、教科の系統性を重視する。知識を短時間で伝達できる方法であるが、教師主体の授業になりやすい。知識の注入という面で高校・大学で多くみられる。一般的には、教師の話を聞いて黒板を写して知識を獲得するという形態で、この方法が、いわゆる暗記社会科に通じている。なかには知識をワークシートで答えを求めるスタイルもある。しかし、実際には決まった形があるわけではなく、多様な方法でおこなわれている。1問1答もあれば、資料を提示して解説をする、資料の解釈を子どもたちに求めることもある。

　問題解決型学習。戦後、系統学習への批判として、発見学習や問題解決学習が登場する。「学習集

団づくり」の観点から提起された。集団思考から学習課題を発見し解決する学習方法である。低次な認識を、集団を通して高次な認識を達成しようとする。「子どもが問題を見つけ、子どもが解決し、学習の方法を学ばせる」ということで、子どもの思考力を高めることに重点をおく。初期社会科が提起した授業でもある。しかし、学習に対する態度に重点が移行する、あるいは毎時間の授業内容を一つのパターンに閉じ込めると課題も出てくる。それでも、小集団を生かした学習の取り組みは参考になるので、この学習形態の変型は多くみられる。

　討論型学習。最近、中学校や高校で、討論学習やディベートがおこなわれるようになってきた。しかし、大学生の調査でも明らかなように、必ずしも広がっているとはいえない。討論やディベートは、その準備に時間がかかるため、毎時間実施するということは困難ではあるが、授業展開に討論を組み入れたり、単元ごとにおこなったりすることはできる。ディベートは、対立する意見について肯定・否定の両者に分かれ議論をおこない、それを聞いた第三者がその賛否を投票で決める。ただし、自分の考えと違っていても肯定・否定の立場につくことがあること、また、ゲームであること、論題を調べるのに数週間を要することなど、授業に組み込む上での課題もある。「どちらが正しいか」を投票で決めるという問題点も指摘されている。したがって、どんな教材に適切かを判断する必要がある。これに対して討論学習は、対立する問題で仮説を立て、自分の立場を明らかにして、事実の検証、意見を交流させながら結論を見いだす。単元のまとめとして活用すれば、子ども自身が考えを構築する上で効果がある。

　発表型学習。教育現場では、いろいろな発表型学習がおこなわれている。調べ学習の発表もあれば、ワークシートの活用まで多様である。「生徒授業」も発表学習の一つである。子どもの表現力を身につけさせる目的で活用されている。調べ学習の発表では、ポスターセッション、パビリオン、ワークショップ、グループ別発表などがあるが、ここでの一つの課題は、自分が調べたところは深くわかるが、調べていないことはわからないということである。学習内容を共有化することの難しさがある。したがって、この方法は、社会科よりも総合学習で活用されている。社会科の授業でおこなうならば、同じ教材を多角的に調べ、発表するのが効果的である。発表型に分類するには、少し違和感があるが、いわゆる「参加型」授業というものがある。ワークシートに自分で調べ、答えを記入させてから発表させる。教師の解説を加えながら正解を求めていく方法である。ここでは、教科書の活用が中心になるので、生徒が参加し発表するものの、知識伝達型学習の変型と考えた方が適切かもしれない。「ロールプレイング」は教育現場以外でも活用されている。生徒参加型の一つで、脚本にしたがって子どもが演技をおこない、それを教材にして考え合うというものである。授業の導入として活用できる。

（3）授業方法とは、子どもがわかるための手だて

　以上のように多様な授業方法があるが、さまざまな方法を組み合わせた形で、実際の授業がおこなわれていくことが求められている。教材に応じて、多様な学習方法を取り入れることが有効である。

　知識を伝達し教えれば子どもが育つならば、一方的な教授行為だけですむ。大学で得た知識などを伝達する、暗記させる、それで十分ということになる。しかし、現実は違う。子どもは教えられたように育たないし、誰もが教わったことをすべて理解するわけではない。例えば、中学生や高校生のなかには、高校や大学に進学しない子どももいる。学習したことが、社会に出て生きた力になること、そのためには、教師が教えやすい授業ではなく子どもがわかる授業を展開する、それは、学力の高い子ども（仮に知識のある子どもとする）にとっても「生きた知識」になるはずである。授業は、子どもの学び合いの場である。学力の高い子ども、そうではない子どもでも、互いに学び合いながら「社会のしくみ」を確かめ合うことは授業で可能である。

　どのような授業で子どもが「わかった」というか。さまざまな授業方法を駆使して、知識を使い、試行錯誤しながら問題をつかむ、考えを深め合うことである。子どもの意欲にまかせておけば自然と関心を持つとは限らない。子どもが意欲・関心を持って学ぶためには、教師のはたらきかけがなくてはならないことも確かである。

5．本書の活用について

　公民の内容は、中学でも高校でも、学習指導要領や教科書で時代に応じて変化している。以前はなかった内容が新たに設けられたりすることもある。こうした変化を受けて、どのような授業の計画を立てるかは、それぞれ授業を担当する教師が、子どもの実態をふまえて考えることが大事である。それが自主編成である。したがって、本書もその参考になる一つの授業書として扱っていただきたい。本書で授業が縛られたり本書が示した計画通りに授業がおこなわれたりすることは、望むところではない。また、本書の授業構成は学習指導要領を踏まえるものの、指導要領や教科書の構成にとらわれてはいない。さらに、中学校「公民」でも高校の「現代社会」「政治経済」科目でも、授業テーマによっては扱えるようにしている。

（1）公民の内容と単元構成
　本書の公民の単元構成は、基本的には旧版を踏襲しているが、大まかに「政治」「経済」「国際社会」と再構成した。中学校公民の学習指導要領にある「私たちと現代社会」の内容は、再構成の単元に分散させた。公民＝現代社会を学ぶという観点から、教材の配列や単元構成をとっている。それぞれの単元で、どんな社会認識を子どもたちに獲得させればいいのか、そのための教材内容になっている。書名は、旧版より授業テーマ数を増やして『新・公民の授業80時間』とした。これは、中学校の公民の授業時間が増えたことによるが、高校の公民科目（現代社会・政治経済）も意識している。

（2）子どもの意識と実態を調べる
　単元のはじめに、子どもたちの実態を調べておきたい。本書では、単元ごとに「子どもの意識をさぐる」という項目を設けている。これは、旧版を踏襲した。子どもと大人の意識の違いや子どもの生活を知るために、単元と関係する調査項目を載せている。もし、この調査項目のような実態を調べてから授業を組むならば、単元の最後にまとめの時間を取り、そのなかで次の単元に向けた実態を調べるとよい。

（3）教材研究
　授業のねらいに即して、どのように教材研究を進めるか、何をどのように調べたか、参考になる文献は何かなどを整理し、教材研究の内容を示した。この部分が本書の特色になっている。限られた紙幅のなかで述べているので、授業テーマによっては不十分であることは承知している。それでも、授業者が授業構想を立てる際に、読み進めていけば授業で何が課題か、子どもにつかませたいことは何かなど参考になるようにした。この教材研究で取り上げた資料も授業の資料として活用できる。

（4）資料の扱い方と授業の資料
　旧版と大きく違うところは、授業展開例を省いたことである。それに代わって、授業テーマごとに〈授業の資料〉ページを設け、その扱い方と授業展開については解説（資料と扱い方）を載せることにした。資料ページを1ページに集約したしたことで、授業資料としての活用は、旧版よりも利便性があると思われる。本書に載せた資料は、おおむね2014年度までに入手したものが中心である。さらに新しいデータは、《参考》に提示した文献やネットのサイトから入手してほしい。

第1章
日本国憲法と基本的人権の尊重

【第1章・単元のねらい】

日本国憲法の原則を学び、憲法の理念と現実を通して、人権を尊重する社会をどのように築いていくか、考えを深める。

憲法普及会が家庭に配付した日本国憲法の解説『新しい憲法 明るい生活』(1947年5月3日発行、縦15cm・横10.3cm、上下の裁断がやや斜めになっている。著者蔵)

薬害根絶デー。運動を支える大学生たち(2015年8月24日)

【この単元について】

この単元では、日本国憲法の理解とともに「国民主権」「基本的人権の尊重」の原則を学ぶ。私たちの社会では、どのように基本的人権が尊重されているのか、具体的な事例(教材)から学び深める。また、子どもの人権意識を育むことをねらいとしている。

なお、公民の授業のはじまりにあたり、「世の中について知りたいこと、疑問に思っていること」を出し合い、できる限り今後の授業に位置づけるようにしたい。子どもたちがどんな生活のなかで社会を見つめ考えているのかを調べておくことは、授業づくりに欠かせない。公民の授業をはじめるにあたって、オリエンテーションの時間を設け、単元の意識調査とともにおこなう。

子どもの意識をさぐる

　子どもたちが憲法をはじめて学ぶのは小学校6年である。その後、中学校の公民的分野、高校の公民科目で学んでいく。しかし、子どもたちの憲法・平和・人権意識はどこまで身について大人に成長しているだろうか。まずは、子どもたちの憲法と権利意識を調べておき、この単元の授業に位置づけていきたい。一例として、次のような項目で事前調査をおこなう。

1．今までに日本国憲法を読んだことがありますか。
　　ア，全文を読んだ　　イ，一部を読んだ　　ウ，まったく読んだことがない
2．日本国憲法は、ふだんの暮らしと関係があると思いますか。
　　ア，そう思う　　イ，あまり関係がない　　ウ，わからない
3．私たちの社会では人権は守られていますか。
　　ア，守られている　　イ，守られていない　　ウ，どちらともいえない
4．子どもの権利条約を知っていますか。
　　ア，読んだことがある　　イ，聞いたことがある　　ウ，知らない
5．言論や思想の自由は守られていますか。
　　ア，守られている　　イ，守られていない　　ウ，どちらともいえない
6．男女は平等になっていますか。
　　ア，平等になっている　　イ，平等になっていない　　ウ，どちらともいえない
7．男性は「仕事に」女性は「家庭に」という男女の役割分業について賛成ですか。
　　ア，賛成　　イ，反対　　ウ，どちらともいえない
8．将来、選挙権を行使することができるようになったら投票に行きますか。
　　ア，行く　　イ，行かない　　ウ，わからない
9．国が栄えるためには個人の自由がある程度犠牲になってもやむをえませんか。
　　ア，そう思う　　イ，そうは思わない　　ウ，わからない
10．日本国憲法を尊重する義務があるのは誰ですか。
　　（　　　　　　　　　　　　　　　　　　　　　　　　　　　　　　　　　　　）
11．身近なところで人権を傷つけるようなことはありますか、あれば、内容を答えてください。
　　（　　　　　　　　　　　　　　　　　　　　　　　　　　　　　　　　　　　）

単元の教材研究

①子どもと大人の憲法観

　子どもたちの憲法についての意識調査をまとめ、全体的な傾向をつかんでおくことは〈単元の教材研究〉と不可分である。その結果を世論調査と比較すると、子どもと大人の意識の違いもわかってくる。

　高校生を対象とした日本高等学校教職員組合が実施した調査（「2012年度高校生1万人憲法意識調査」のまとめ、11月初旬、28道府県4政令市144校、12,480人）では、憲法の学習について、次のような結果になっていた。

・問「あなたは日本国憲法をどの程度読んだことがありますか」
　　全文読んだ（2.1％）、いくつかの条文を読んだ（80.8％）、まったく読んだことがない（16.6％）、無答（0.5％）
・問「あなたが初めて日本国憲法（一部でも）を学んだのはいつごろですか」

小学校（29.4％）、中学校（62.9％）、高校（2.8％）、学んだことがない（4.6％）
　大人はどうだろうか。メディアの憲法調査に次のようなデータがあった（『朝日新聞』2006年5月3日付）。
・問「憲法についてどの程度知っていますか」
　　よく知っている（4％）、少し知っている（43％）、ほとんど知らない（52％）、
　　その他・答えない（1％）
　学生（A大学、2013年10月調査）に「憲法を守る義務があるのは誰？」と問いかけたところ、「国民」が85.5％に及んでいた。「権力者（国）」は6.5％にすぎなかった。「自由や平等を保障しているのは？」という問いでも「国」が6割を占め、「憲法」という答えは僅かであった。それでいて、憲法9条を「大事にしたい」が51.6％に及んでいた。学生たちは、中・高校で憲法を学んできたはずだが、自分のものになっていない。
　これは、大人の憲法調査の実態でも共通している。そのため、メディアがおこなう世論調査の設問で「憲法を変えることに賛成ですか」と問いかけても、答えは「曖昧なもの」しか得られない。憲法を守る義務も、保障しているのも誰であるかがわかっていない。これまでに、どういう憲法の学び方をしてきたのか、立憲主義がわかっているだろうか、単に条文暗記に終始していたのか、授業の進め方を含めて検討したいことである。

②子どもの人権意識と基本的人権
　いま、子どもたちは深刻な問題に直面している。なかでも「いじめ自殺」の連鎖が止まらない。親の「子ども虐待」も連日のように報道されている。「いじめ」「暴力」という人権を損なう事態はおさまらない。子どもたちの意識調査でも、同様の事例があがってくるのではないだろうか。こうした「子ども社会の問題」は、大人社会の問題でもある。大人社会で起きている「パワーハラスメント」「差別」「格差」などと無関係ではあるまい。
　人権思想は民主主義の歴史とともに根づいた。20世紀初頭の世界は、まだ男性優位の社会であった。民主主義のしくみを整えたはずの欧米諸国は、アジア・アフリカ諸国を植民地とし、植民地住民を支配・差別してきた。20世紀後半には、こうしたことを克服する努力が続けられた。しかし、地球に暮らす人たちのなかで人権がほんとうに尊重されているかとなると、課題は山積している。
　人権とは、人間らしさを土台とし、人間関係のなかで人間としての正しい要求を尊重し合うということである。権利（a right）は、この「正しい要求」「当然の要求」という意味である。誰もが生まれながら認められている権利であり、当然ながら他者の権利を尊重することが求められる。自己の権利だけをいたずらに主張することではない。また、もともと基本的人権は、政治権力からの侵害に対しての保障として宣言されたものである。日本国憲法は、こうした人権宣言としての特色を持っていて、国民の権利が重要な柱になっている。いっぽう、国民の義務は納税・教育・勤労に限られている。日本国憲法では、第10条から第40条までが国民の権利と義務にあたる。

③人権は守られているか
　人権は、憲法の条文に明記されていれば守られるわけではない。憲法第12条に「この憲法が国民に保障する自由及び権利は、国民の不断の努力によって、これを保持しなければならない」とある。民主主義の実現には、常に人権の保障を求める国民の要求がなくてはならない。人権侵害が起こったとき、それを正し回復させる努力が必要である。憲法に書かれているような社会にすることが国民の課題である。
　公民の授業では、憲法の理念と現実の社会で起きている事例をもとに構想していきたい。人権を侵害する事件は、私たちの日常の暮らしのなかで起きている。国家権力による人権侵害では、誤認逮捕による身体の自由の侵害がある。松本サリン事件、情報化社会の進展がもたらした偽メール事件、警察が証拠を捏造して無実の個人を陥れた袴田事件がある。君が代強制、教科書検定のような思想・良

心の自由や表現の自由をめぐる問題などもある。さらに、障がい者差別、女性差別など、法の下の平等に反する問題がある。日本の男女平等度は世界142か国中で104番目（2014年）である。生きる権利をめぐっては、生活保護費受給をめぐる問題、孤独死、福島原発事故と東日本大震災で避難している被災者の暮らしなどがある。働き方の変化で起こる格差、選挙の不平等などの問題と、いろいろ起きている。人権を尊重した社会をどう築くか、権力からの人権侵害だけでなく、社会のあり方の変化によって国民相互の間で起こる人権侵害に対する取り組みも課題となっている。

戦後の日本の民主主義の状況について事例をあげて解説したものに、渡辺洋三『現代日本社会と民主主義』（岩波新書、1982年）がある。鎌田慧『現代社会100面相 第三版』（岩波ジュニア新書、2000年）『いま、連帯をもとめて』（大月書店、2007年）は、ルポライターの視点から現実の社会を描いている。渡辺治『高度成長と企業社会』（吉川弘文館、2004年）は現代社会の基盤をとらえ直している。歴史教育者協議会編『四字熟語で読み解く現代日本』（旬報社、2013年）は、戦後の出来事をコンパクトに解説したものである。

④人権と国際連帯

人権についての国際的な取り組みにも着目しておきたい。人権の国際的な保障は、二度の世界大戦を経て、国際平和の根幹に人権保障があるとの認識に立った国際連合（国連）が、1948年に「世界人権宣言」を採択したことにはじまる。ナチスのユダヤ人虐殺も日本の南京虐殺も、人権意識がなかったための蛮行であった。そのことを「世界人権宣言」では、「人類の良心をふみにじった蛮行は、人類に対する無視および軽蔑からおこったのである」と述べる。そして、「すべての国の人民、およびすべての国家が達成すべき共同の基準」を示した。

以後、この実行を求めて、国連は1966年に「国際人権規約」を採択し、日本も1979年に批准した。国連が採択したにもかかわらず日本の批准が遅れたものには、女子差別撤廃条約（1985年批准）、子どもの権利条約（1994年批准）がある。国際社会で共同行動をとっておこなう人権の取り組みは、まだ課題である。

子どもの権利については、中野光・小笠毅『ハンドブック子どもの権利条約』（岩波ジュニア新書、1996年）に英文と政府訳が掲載されている。森田俊男『小・中・高校における国連憲章・国際法の教育』（平和文化、2005年）は、学校教育における国際法の学びを提起している。これらも参考になる。

⑤憲法のこれから—改憲問題と憲法の学び方

最高法規である日本国憲法を改正しようという動きは、戦後、保守政党から主張されてきた。改憲が現実味を帯びてきたのは、1990年代の湾岸戦争とその後のＰＫＯ、2000年代のイラク戦争への米軍支援のあり方を通してである。そして、2007年の改憲手続き法（国民投票法）が成立してからは、着々と改憲に向けた動きが本格化した。一つは、国会の憲法調査会の議論、もう一つは自民党が改憲案「日本国憲法改正草案」（2012年４月、以下「改憲草案」）を発表したことをあげることができる。とりわけ2012年暮れに第二次安倍晋三内閣が成立してからは、改憲の動きが加速した。国家安全保障会議（日本版ＮＳＣ）の創設、秘密保護法の成立、武器輸出原則の見直し、集団的自衛権の行使容認と続いた。そして、2015年には安保法制化に踏み込んだ。こうした改憲の動きについては、この第１章のほかに第２章以降でも扱う。

自民党の「改憲草案」は、教材研究に欠かせない。これによって、どういう国の「かたち」になるのか。例えば、天皇は「象徴」から「元首」に、表現や言論の自由は「公益と公の秩序」の網がかかり、９条では「国防軍」の設置、97条の基本的人権の本質は全文「削除」、国民に憲法尊重の「義務」を課し、改正要件を緩和する、などとなっている。憲法が政治権力を縛るのではなく、国民を縛る憲法に変質させている。それだけに、そもそも憲法とは何かについては、しっかりとおさえておきたい。伊藤真『赤ペンチェック 自民党憲法改正草案』（大月書店、2013年）、樋口陽一『いま、「憲法改正」をどう考えるか—「戦後日本」を「保守」することの意味』（岩波書店、2013年）、青井未帆

『憲法を守るのは誰か』(幻冬舎ルネッサンス新書、2013年)、自由人権協会『改憲問題Q&A』(岩波ブックレット、2014年)が問題点の指摘とともに、立憲主義について、学べるものになっている。

《参考》自民党「日本国憲法改正草案」 https://www.jimin.jp/policy/pamphlet/pdf/kenpou_qa.pdf
　　　　渡辺治編著『憲法改正問題資料』(旬報社、2015年)
　　　　拙稿「立憲主義否定の自民党『改憲草案』」(歴史教育者協議会『歴史地理教育』No.822、2014年7月増刊号)

　民主主義の思想は、中学校歴史での扱い方が薄くなっている。そのため、高校の世界史や公民で取り上げなければ子どもたちの学習の機会は失われることになる。杉原泰雄は『憲法読本第3版』(岩波ジュニア新書、2004年)の解説で次のように述べている。

　「人間らしい生活は、政治のあり方、したがって権力のあり方にかかっています。国民の幸福のために政治がおこなわれるようにしっかりと工夫しておくことが不可欠です。人類は、これまで、そのために不断の努力をしてきました。人類の歴史は、政治の面においては、権力の濫用を抑えてそれをより多くの国民の利益に役立たせようとするための闘争の歴史でもあった、ということもできます。」

　憲法の学び方で参考になるのが、1949年に発行された教科書『社会科 15 社会の政治』(文部省著作)である。このなかに、「民主的な国」と「非民主的な国」の比較が取り上げられている。これは子どもに考えさせる教材であり、戦後の民主主義をどう学んでもらうかという意図がにじみ出ている。この教科書の「非民主的な国」に次の文章がある。

　「このような主義によれば、国家や社会が存続することがだいじなこととされる」
　「個人が反乱を起こさない程度にしか個人の幸福は重んぜられていない」

　当時、「非民主的な国」を体験している人にとっては、体験的に比較ができたと考えられる。現在は、かつての「非民主的な国」を体験していない人がほとんどである。また、この教科書の学習活動には、次の学びが書かれている。

　「学級の指導者を民主的な方法で選挙すること」
　「もしできれば、委員をあげて国会を見学すること。その議事のやり方を十分学習すること。学級にそれを報告し、学級で模擬国会を開くこと」
　「付近の裁判所を傍聴すること。…調べたことにもとづいて、学級で模擬裁判を行うこと」
　「憲法研究委員会をつくり委員をあげて、憲法のなかの重要な条文を研究すること」

　いまも、こういう学びが必要であるが、学校現場では、後方に置かれているのではないか。民主主義は、子ども時代から身体で学んでいくなかで、理解を深めることになる。

　1951年の学習指導要領の社会科(試案)には、「…そこで学校は民主主義の生きた実習室となって、民主主義の原理を理解し尊重して、これに基いて実践するように新しい世代の人々を訓練する義務がある。これは実に大きな仕事であって、もちろんこの単元の学習だけによって達成できるものではないが、これまでの学習を民主主義という点でまとめて生徒の民主的な成長の基礎にすることを目ざすものである」とある。改めて、初期の社会科がめざしていたことを再学習する意味がある。

文部省『社会科15 社会の政治』中学校三年用
(1949年、日本書籍発行)

1　日本国憲法の前文を読む

【授業のねらい】　憲法前文を読み、日本国憲法がどのような考えでつくられたかを理解し、自分の暮らしに引き寄せて「自分の言葉」で憲法前文を表現する。

❖ 教材研究 ❖

①日本国憲法前文の意義

　日本国憲法は、前文と第1条から第103条で構成されている。前文には、日本国憲法の考え方や特色となっている原則が書き込まれている。この前文の意義を明らかにし、憲法学習に入りたい。

　前文は、先の大戦を深く反省し、政府の行為によって二度と戦争の惨禍が起こることがないことを決意した宣言文になっている。冒頭には、「日本国民は、正当に選挙された国会における代表者を通じて行動し、…」となっていて、日本の政治が代議制であることを示し、「そもそも国政は、国民の厳粛な信託によるものであって、その権威は国民に由来し、その権力は国民の代表者がこれを行使し、その福利は国民がこれを享受する」として民主主義の原理を明らかにしている。この表現は、しばしば、リンカーンの「人民の人民による人民のための政治」（the government of the people, by the people, for the people）と比較される。要点は、国民が主権者で、政治権力を動かすのも政治をおこなうのも国民の考えであるということである。前文は、平和的生存権を認めている。国際平和主義の考えに基づいて、国民に平和のうちに生きる権利を確認しているのも前文の特色である。

　日本国憲法の前文を読むと、「人類普遍の原理」に反する「一切の憲法、法令及び詔勅を排除する」としている。憲法が国の最高のきまりであり、たとえ憲法改正がおこなわれることがあったとしても、この前文の意義を損なうような改正であってはならないことを明確に示しているといえる。

②『あたらしい憲法のはなし』と『新しい憲法　明るい生活』

　憲法前文の意義は、1947年（昭和22年）に文部省が発行した『あたらしい憲法のはなし』の解説が子どもにわかりやすい。ただし、立憲主義についての記述が弱いこと、天皇の地位にこだわっていることもあり、当時の状況を考慮する必要がある。やみくもに頼る授業は慎みたい。

　『あたらしい憲法のはなし』は、1947年8月2日発行、新制中学校1年生用社会科教科書。1950年4月に副読本扱いとなり1952年4月から発行されなくなった。出版元は実業教科書、画像は国立国会図書館デジタルコレクションにある。複製本は日本平和委員会（1972年11月3日初版発行）、童話屋（2001年2月発行）がある。

　憲法普及會編『新しい憲法　明るい生活』は、1946年5月3日に発行された。普及会の活動は、国立国会図書館「日本国憲法の誕生」によると、「1946年12月1日、"新憲法の精神を普及徹底し、これを国民生活の実際に浸透するよう啓発運動を行うこと"を目的として」設立されたとある。「憲法公布後1年間にわたり、利用可能なメディアのほとんどすべてを動員した活動が展開された。設立の背景には、日本政府が自ら普及活動を行うことが対外的に重要と考えたGHQの強力な指導があったといわれる」「『新しい憲法　明るい生活』は、直接国民への普及を図るために刊行され、全国の各家庭に配布された」もので、「事業概要報告書」によると、2,000万部発行という。

《参考》国立国会図書館「デジタルコレクション」　http://dl.ndl.go.jp/
　　　　国立国会図書館「日本国憲法の誕生」　http://www.ndl.go.jp/constitution/

●資料と扱い方

A　憲法前文に使われている言葉で最も多く出てくるのは？　ここから憲法の原理を探すことができる。国民（諸国民）11、平和4、憲法3、代表者2、生存2、理想2、名誉2、その他は1回。

B　憲法のはたらき。『あたらしい憲法のはなし』の解説である。

C　憲法のこころ（前文の口語訳）。『わたくしたちの憲法』（有斐閣）からの引用で、憲法前文を読んだ後に、この資料から憲法のめざすところを学び合うことができる。また、これを参考にしながらそれぞれが自分の言葉で憲法前文を表現させると、学んだことを深めることになる。

❖ 授業の資料 ❖

A　憲法前文に使われている言葉で最も多く出ているのは？
　憲法　国民　自由　選挙　平和　理想　権力　生存　権利　名誉　愛　代表者　戦争

B　憲法のはたらき
　…この前文には、だれがこの憲法をつくったかということや、どんな考えでこの憲法の規則ができているかということなどが記されています。この前文というものは、二つのはたらきをするのです。その一つは、みなさんが憲法をよんで、その意味を知ろうとするときに、手びきになることです。つまりこんどの憲法は、この前文に記されたような考えからできたものですから、前文にある考えと、ちがったふうに考えてはならないということです。もう一つのはたらきは、これからさき、この憲法をかえるときに、この前文に記された考え方と、ちがうようなかえかたをしてはならないということです。それなら、この前文の考えというのはなんでしょう。いちばん大事な考えが三つあります。それは、『民主主義』と『国際平和主義』と『主権在民主義』です。『主義』という言葉をつかうと、なんだかむずかしくきこえますけれども、少しもむずかしく考えることはありません。主義というのは、正しいと思う、もののやりかたのことです。

C　憲法のこころ（前文の口語訳）
　わたくしたちは、人類の平和と世界の国ぐにのしたしいまじわり、民主主義と自由をたいせつにすることこそが、わたくしたちを幸福にしてくれるものであることを信じて、この憲法をつくりました。だから、政府のまちがったおこないのおかげで、むごたらしい戦争がおこるようなことは、けっして許しません。
　わたくしたちは、わたくしたちじしんが、ほんとうに幸福になるような政治がおこなわれるようにするには、どうしたらよいか、それをきめる力は、わたくしたち国民にあることをかたく信じます。これは世界中の人びとが信じていることでもあります。だからわたくしたちは、この考えかたにあわない憲法や法律や詔勅は、いっさいみとめません。
　わたくしたちは、いつも、この「国民主権」という考えかたにしたがって、わたくしたちの代表（それのそうだん）による政治をおこなうことにします。
　わたくしたちは、世界が、いつも、またいつまでも平和であることを、こころからねがいます。そして、世界のどんな国ぐにの人も同じねがいをもっていることを信じます。だから、世界中の人びとの真実と正義を愛する心に信頼して、わたくしたちが安全にくらしていく道をみつけだしたいとおもいます。わたくしたちが戦争をしないこと、戦力をもたないことを、この憲法にきめるのは、そのためです。わたくしたちは平和ななかで、平等なつきあいのなかで、おたがいの国ぐにが、明るく、楽しくくらしていこうと努力している人類の仲間として、はずかしくない国民になることをちかいます。
　わたくしたちは、それぞれの国ぐにの人たちが、じぶんの国の主権をたいせつにしなければならないとおもいます。また、他の国の主権をたいせつにしなければならないと考えます。だから、自分の国の利益と幸福だけを考えて、他の国の利益と幸福を忘れるようなことがあってはなりません。あくまでも、平等という考えかたで、おたがいのつきあいをしていきます。
　わたくしたちは、日本の国の独立をほこるとともに、他国の独立を尊重します。そしておたがいの利益と幸福のためにつくられた国際間のやくそくや習慣をかたく守って、全世界の人びとのよい仲間になりたいとおもいます。
　わたくしたちは、日本の名誉のため、ありったけの力を出して、憲法のこころを、じっさいに生かしていくことを、おたがいどうしと、世界のひとびとの前に、ちかいます。

2 民主主義の思想

> 【授業のねらい】 民主主義は、自由・平等を求める要求から発展したこと、その思想を理解し憲法としてまとめられていったこと、立憲主義の原則を明らかにする。

❖ 教材研究 ❖

①民主主義の歩み

　自由や平等を求める人びとの願いは、17世紀以降の市民革命によって闘いとられた。王権と民衆の闘争である市民革命を通して、イギリスの権利章典、フランスの人権宣言、アメリカの独立宣言を生みだし、人権の尊重や国民主権が明文化された。そして、国家の基本的な考えとして憲法を持つようになった。これが近代民主主義の成り立ちである。憲法は、権力を持つ者を規制し、縛る性格を持っている。これこそ、人間の自由と平等を実現するために求められたものである。そこで、この近代民主主義の思想を確認しておきたい。民主主義の思想を学ばなければ、民主主義のしくみがわからないことになる。

　イギリスのホッブス（1588〜1679）は、人間の自然状態を「万人の万人に対する闘争」といい、これを克服するために国民はそれぞれの自然権を国家に譲り渡し、これに従うべきだと説いた。いわゆる人民と国家との契約という考え方である。この考えを発展させたのが、同じイギリスのロック（1632〜1704）であった。「人間は生まれながら自由・平等であり、自分の生命・自由・財産を守る権利がある」と説き、人間である以上当然持っている基本的人権（自然権）を、どんな権力者も奪うことはできないとした。もし、それを政府が侵すならば「その政府を倒すことができる」（人民の抵抗権）と説いた。ロックの思想は、アメリカの独立宣言に影響を与えている。

　フランスのモンテスキュー（1689〜1755）は、ロックの『市民政府二論』で主張された権力の分立論に共鳴し、「ひとりに立法権と行政権が握られているときには自由はない。司法権が立法権と行政権から分離されていないときも自由はない」といい、権力者の権力の濫用を批判した。この権力の分立は、その後の立憲政治に大きな影響を与えることになる。また、フランスのルソー（1712〜1778）は、ホッブスの自然状態を批判し、理想的な共同体を構想する。「人間は自由なものとして生まれた。しかもいたるところで鎖につながれている」状態をどう改めるか、「人民の自由・平等を実現するために主権者は人民であること」（『社会契約論』）を説く。モンテスキュー、ケネー、ディドロ、そしてルソーなどの啓蒙思想は、フランス革命の思想へと導かれていく。

②法の支配―立憲政治の発展

　市民革命は、王政からの解放の闘いだった。そのなかで確立した人権の尊重・国民主権・権力分立の原理・原則は、国民国家の規範である憲法に基づいて政治がおこなわれる。政治は、権力者も国民も、主権者である国民の意思によってつくられた憲法（法）に従わなくてはならない。こうした原則が「法の支配」である。表現を変えれば、国家の上に法があり、国家は法に従ってのみ政治をおこなうことができるということである。憲法をつくり、近代国家は歩みはじめるが、資本主義の発達とともに経済的な貧困が社会問題となる。経済活動の自由を「国家が干渉することはない」という考えでは、立ち行かなくなる。こうした問題の解決とともに、国民国家の担い手である国民すべてが主権者としての権利を保障するために選挙権の拡大が求められるようになった。

●資料と扱い方

A　民主主義としてふさわしいところを探してみよう。1が「アメリカ独立宣言」（1776年）、2が「フランス人権宣言」（1789年）である。民主主義としてふさわしい表現を見つけることで、子どもが受けとめる民主主義を確認することができる。

B　近代民主主義の発展。近代民主主義の歩みを年表から学び合う。ここでは、その背景となる歴史を学ぶ機会にする。また、今日では当然となっている普通選挙権や生存権の保障が、闘いとられた権利であることにも着目させる。

❖ 授業の資料 ❖

A　民主主義としてふさわしいところを探してみよう

1．われわれは、次のことは、だれの目にも明らかな真理であると信じる。すべての人は平等につくられていること。人は神から、譲ることのできない一定の権利を与えられており、そのなかには生命、自由および幸福の追求がふくまれていること。そして、これらの権利を確保するために人々のあいだに政府がつくられ、その正しい権力は治められる者の同意にもとづいていること。どのような形体の政府でも、これらの目的にとって有害なものとなった場合には、人民はそれを改めたり廃止したりして、自分たちの安全と幸福をもたらすような政府をつくる権利があること。…

2．人は生まれながら自由で平等な権利をもつ。社会的な差別は、ただ公共の利益に関係のある場合にしか設けられてはならない。…主権のみなもとは、もともと国民のなかにある。どのような団体や個人であっても、明らかに国民からでたものでない権威を行使することはできない。…人権および市民の権利を守るためには、公の権力が必要である。したがって権力は、すべての幸福のために設けられたものであって、この権力をまかされた人々の利益のために設けられたものではない。…権利の保障が保たれず、権力の分立がうちたてられていない社会は、憲法というものをもたない社会である。…

B　近代民主主義の発展

英（イギリス）、米（アメリカ）、仏（フランス）、日（日本）、（ニ）ニュージーランド、露（ロシア）、独（ドイツ）、国連（国際連合）

1628年（英）権利請願
1642年（英）清教徒革命
1688年（英）名誉革命
1689年（英）権利章典
1690年（英）ロック『市民政府二論』
1748年（仏）モンテスキュー『法の精神』
1762年（仏）ルソー『社会契約論』
1776年（米）アメリカ独立宣言
1787年（米）アメリカ合衆国憲法
1789年（仏）フランス革命、人権宣言
1791年（仏）フランス憲法
1838年（英）チャーチスト運動（～58）
　　　　　―労働者の普通選挙権要求
1848年（仏）二月革命
　　　　　共和国憲法制定
　　　　　男子普通選挙法
　＊この二月革命は、ヨーロッパ各地に伝播。翌月ドイツやオーストリアで三月革命。イタリア、ポーランドなどにも。ウィーン体制の崩壊につながる
1863年（米）奴隷解放宣言（リンカーン）
　＊アメリカの南北戦争は1861～65年

1889年（日）大日本帝国憲法
1893年（ニ）女性の参政権
1917年（露）ロシア革命
1919年（独）ワイマール憲法
　　　　　―生存権を保障、女性の参政権
　＊第一次世界大戦は、1914～18年。1919年ベルサイユ講和条約後、国際連盟の発足
1920年（米）女性の参政権
1925年（日）男子普通選挙法
1928年（英）女性の参政権
1944年（仏）女性の参政権
1945年（日）女性の参政権
　＊第二次世界大戦は1939～45年。1945年に国際連合が発足
1946年（日）日本国憲法
　＊1946年11月3日公布、翌年5月3日施行
1948年（国連）世界人権宣言
1966年（国連）国際人権規約（1976年発効）
　・社会権規約
　・自由権規約

3　帝国憲法の世の中

【授業のねらい】　大日本帝国憲法では、天皇が「神聖不可侵」の主権者として絶対的な権力者であったこと、帝国憲法下で民主主義の思想や運動が弾圧されていたことを明らかにする。

❖ 教材研究 ❖

　大日本帝国憲法（帝国憲法）の制定過程は、中学校歴史的分野あるいは高校日本史で扱っている。中学校公民的分野や高校公民科では、帝国憲法の特色を日本国憲法とのつながりで学ぶようになっている。しかし、今日、改憲の動きを視野に入れると、帝国憲法がどのようにつくられ、その憲法下でどのような政治がおこなわれたのかということを公民の分野でも深めておく必要がある。なぜ帝国憲法ができたのかという学びも欠かせない。また、帝国憲法の文言は、子どもたちからみれば難解と思える語句も多いので、そうしたところにも配慮しなければならない。

①帝国憲法の制定過程と特色

　1889（明治22）年2月11日に発布された帝国憲法は、自由民権運動の国会開設と憲法制定の要求、政府の欧化政策から実現したものである。しかし、帝国憲法は、秘密裏のうちに審議され、天皇の名において国民（臣民）に与えるという欽定憲法であった。この制定過程を、歴史学研究会編『日本史年表　増補版』（岩波書店、1993年）などの資料でたどってみる。

	政府の動き	民間の動き
1874(明治7)		1月　板垣退助ら、民選議院設立建白書を左院に提出
1875(明治8)	4月　左院・右院を廃し、元老院・大審院・地方官会議を設置し、漸次立憲政体を立てる詔	
1876(明治9)	9月　元老院に憲法起草を命じる	
1877(明治10)	6月　政府、立志社の国会開設建白を却下	
1879(明治12)	2月　各参議に立憲政体に関する意見書提出を命じる	11月　愛国社、国会開設の署名を決議
1880(明治13)		2月　筑前共愛会、「大日本国憲法大略見込書」を提出
1881(明治14)	3月　参議大隈重信、国会開設意見書を提出。10月　明治23年国会開設の詔勅	民権結社の設立・憲法案起草活動もっとも活発、「五日市憲法」
1882(明治15)	3月　伊藤博文、憲法調査のため欧州へ出発（翌年8月帰国）	
1884(明治17)	3月　宮中に制度取調局設置（長官伊藤博文、憲法・皇室典範の起草に着手）	群馬事件、加波山事件、秩父事件、飯田事件など自由民権運動の激化
1885(明治18)	12月　太政官制度を廃し内閣制度を採用（初代総理大臣に伊藤博文）	
1886(明治19)	憲法草案にとりかかる（伊藤博文、井上毅、伊東巳代治、金子堅太郎、ロエスレル）	
1887(明治20)	4月　ロエスレル、憲法私案を法制局長官井上毅に提出。6月伊藤首相、伊東巳代治らと憲法草案の検討開始（のち井上毅参加、夏島の伊藤別荘に移る）	
1888(明治21)	4月　枢密院設置（議長伊藤博文）。6月　枢密院、憲法草案審議を開始（～7月）	
1889(明治22)	1月　枢密院、憲法草案を再審。2月　大日本帝国憲法・衆議院議員選挙法・貴族院令などを公布。皇室典範制定	12月　板垣退助、愛国公党結成を発表
1990(明治23)	7月　第1回総選挙	1月　大井憲太郎・中江兆民ら自由党結党

- 24 -

帝国憲法は、伊藤博文がヨーロッパへ憲法調査に出かけ、グナイスト、シュタイン、モッセなどドイツ系学者から教えを受け、君主権の強いドイツ（プロシア）の憲法（1850年）を参考にした。このことは、よく知られている。しかし、制定過程を見ると、ロエスレルが起草した憲法案は、井上毅の草案とつながり、夏島（神奈川県横須賀市）草案の参考としている点に着目しておきたい。ロエスレルは、ドイツ人の内閣法律顧問である。大日本帝国憲法が、ドイツならびにドイツ人の影響を受けている側面が明らかになってくる。その上、憲法草案の審議は枢密院を設置しておこなわれ完全に非公開の会議で進められた。国民の意見を聞くことも国民が憲法審議に加わることもなく、天皇の名において臣民（国民）に与えるという欽定憲法であり、見方を変えれば政府による「押しつけ憲法」であった。これは、近代民主主義の上に成り立つ憲法という性格とはまったく異なるものである。なお、帝国憲法と同時に皇室典範が制定されているが、この意味は、皇室典範が帝国憲法と同格であり、議会が皇室典範の改定に関与することはできないことを示している。帝国憲法の性格は、伊藤博文『憲法義解』（1889年／『帝国憲法義解：新訳』1938年）の第1条から読み取ることができる。

　「恭みて按ずるに、神祖（神武天皇）が国を開かれて以来、時に盛衰があったけれども、また世に治乱（治まった世と乱れた世と）があったけれども、その間にあっても皇統は連綿として一系であり…憲法の条章の首に於て、我が国の「立国の大義」を掲げ、我が日本帝国は、万世一系の皇統と相俟て終始する。…」

《参考》近代デジタルライブラリー『帝国憲法義解：新訳』http://kindai.ndl.go.jp/info:ndljp/pid/1441516/1

　帝国憲法によって、天皇は、主権者として絶対的な権限を有し君臨する地位となった。それを帝国憲法の条文をもとにあげれば、天皇は、「神聖不可侵」「元首」「統治権の総覧」「（軍の）統帥権」を握ったということである。天皇は、宗教と政治と軍の支配者であり、絶対主義的天皇制国家の構築こそが帝国憲法がめざした日本国家であった。

《参考》憲法発布勅語（国立国会図書館　http:// www.ndl.go.jp/constitution/etc/j02.html）

朕国家ノ隆昌ト臣民ノ慶福トヲ以テ中心ノ欣栄トシ朕カ祖宗ニ承クルノ大権ニ依リ現在及将来ニ臣民ニ対シ此ノ不磨ノ大典ヲ宣布ス　惟フニ我カ祖我カ宗ハ我カ臣民祖先ノ協力輔翼ニ倚リ我カ帝国ヲ肇造シ以テ無窮ニ垂レタリ此レ我カ神聖ナル祖宗ノ威徳ト並ニ臣民ノ忠実勇武ニシテ国ヲ愛シ公ニ殉ヒ以テ此ノ光輝アル国史ノ成跡ヲ貽シタルナリ朕我カ臣民ハ即チ祖宗ノ忠良ナル臣民ノ子孫ナルヲ回想シ其ノ朕カ意ヲ奉体シ朕カ事ヲ奨順シ相与ニ和衷協同シ益々我カ帝国ノ光栄ヲ中外ニ宣揚シ祖宗ノ遺業ヲ永久ニ鞏固ナラシムルノ希望ヲ同クシ此ノ負担ヲ分ツニ堪フルコトヲ疑ハサルナリ

《参考》初等科修身　二「君が代」（国民学校初等科修身第4学年用、1942年）

君が代は　ちよにやちよに　さざれ石の　いはほとなりて　こけのむすまで この歌は、 　「天皇陛下のお治めになる御代は、千年も萬年もつづいて、おさかえになりますやうに。」といふ意味で、國民が、心からおいはい申しあげる歌であります。 　「君が代」の歌は、昔から、私たちの先祖が、皇室のみさかえをおいのりして、歌ひつづけて来たもので、世々の國民のまごころのとけこんだ歌であります。 　祝日や、おめでたい儀式には、私たちは、この歌を聲高く歌ひます。しせいをきちんと正しくして、おごそかに歌ふと、身も心も、ひきしまるやうな氣持になります。 　戰地で、兵隊さんたちが、はるかに日本へ向かつて、聲をそろへて、「君が代」を歌ふ時には、思はず、涙が日にやけたほほをぬらすといふことです。 　また、外國で、「君が代」の歌が奏されることがあります。その時ぐらゐ、外國に行つてゐる日本人が、日本國民としてのほこりと、かぎりない喜びとを感じることはないといひます。

　いっぽう、国民の権利（と義務）は、15か条からなり、「臣民」に天皇が与えた恩恵である。その

ため、「臣民ハ法律ノ範囲内ニ於テ」言論などの自由を有する規定が設けられ、法律でいくらでも制限することができた。さらに第8条と第9条では、緊急の必要があれば法律に代わる勅令、命令を出せることが書き込まれている。第31条には、戦時に臣民の権利が天皇大権によって停止することも盛り込まれている。帝国議会にしても法律の決定権はなく、法律を裁可する権限は天皇にあった（第6条）。司法も「司法権ハ天皇ノ名ニ於テ」おこなわれる（第57条）という、いうならば権力の分立は形だけで天皇大権のなかに組み込まれていた。

以上のように、帝国憲法によって立憲政治がはじまるものの、その内容は、民主主義とはほど遠いものであった点が特色である。

②帝国憲法と民衆

帝国憲法下における天皇と国民の関係は、「教育勅語」において明確に示されている。この「教育勅語」が学校教育で果たした役割は大きい。また、「修身」は、天皇制を支える学校教育の重要な科目であった。

文部省『尋常小学修身書 巻六』（1939年）は、「教育勅語」を次のように書いている。「教育に関する勅語は、明治23年10月30日、明治天皇が我等臣民のしたがひ守るべき道徳の大綱をお示しになるために下し賜はつたものであります。…国に事変が起つたら、勇気を奮い一身をさゝげて、君国のためにつくさなければなりません。かようにして天地と共に窮りない皇位の御盛運をお助け申し上げるのが、我等臣民の務であります」と。

文部省『国体の本義』（1937年）は、「忠君愛国」を次のように書いている。「…天皇に奉仕し、天皇の大御心を奉体することは、我等の歴史的生命を今に生かす所以であり、ここに国民のすべての道徳の根源がある。（中略）されば、天皇の御ために身命を捧げることは、所謂自己犠牲ではなくして、小我を捨てて大いなる御稜威に生き、国民としての真生命を発揚する所以である」と。その「国体」は、「君臣の分が永遠に明らかであると共に、其の間に親子の如き情誼があって、全国がちやうど一家一族の如き趣をなしてゐる。さうして皇室に於かせられては、常に皇祖の神勅に本づき道徳に依って国を治め民を導かれ、臣民は親を仰ぎ慕ふが如き至誠を以て皇室に奉仕してゐる。これは実に我が国体の精華であって、万国に比類のないものである」（『高等小学修身書 巻二』）という。

こうした内容を教育の場で教えられ、天皇ならびに国に忠誠をつくすことが求められ、子どもは育っていった。教育勅語は、御真影とともに各学校に配られ、天皇の神格化を推し進める上で大きな役割を果たした。そして、その行きつく先が日本のアジア侵略とアジア太平洋戦争であった。なお、教育勅語についての解説として手頃なものに、高嶋伸欣『教育勅語と学校教育』（岩波ブックレット、1990年）がある。帝国憲法下での教育のようすがわかる。

いっぽう、この帝国憲法下でも民主主義をめざす闘いは、普選運動、婦人解放運動や労働争議という社会運動として展開した。第一次世界大戦後、立憲主義の側面が重視され政党内閣が生まれた時期がそうである。しかし、治安維持法などによって弾圧され、国民の自由は奪われていった。「満州は日本の生命線」を合い言葉にアジア侵略が本格化するなかで、軍部の勢力は強まり時の政権を動かすようになった。そして、国民は戦争に総動員されていくことになる。当時のようすは、NHK「映像でつづる昭和史」（1989年放映）の映像で確かめることができる。

●資料と扱い方

A 「大日本」。天皇が現人神であることを教える国定教科書（『尋常小学國語讀本 巻五』大正15年、文部省）である。どのように天皇を位置づけていたかがわかる。なお、帝国憲法の条文は、教科書にも資料が掲載されているので、あわせて活用する。

B 治安維持法による弾圧。資料は歴史教育者協議会編『データが語る日本の歴史』（ほるぷ出版、1997年）より。検挙者数は、増えている時期に着目して扱いたい。歴史的分野での学びを確認することができる。写真はCと同じ教科書より。

C 伏字の出版物。資料は東京書籍教科書1997年度版『公民』より引用。帝国憲法下では、言論・出版の自由がない世の中であることをあらわしている。

❖ 授業の資料 ❖

A 「大日本」（『尋常小学國語讀本 巻五』）

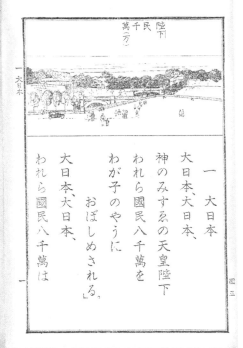

一　大日本
大日本、大日本、
神のみすゑの天皇陛下
われら國民八千萬を
わが子のやうに
おぼしめされる。
大日本、大日本、
われら國民八千萬は

二　中村君
天皇陛下を神ともあふぎ、
おやともしたひてお仕へ申す。
大日本、大日本、
神代此の方一度もてきに
負けたことなく月日とともに、
國の光がかがやきまさる。

- 神のみすゑ
  ＝神の子孫のこと
- 國民八千萬
  ＝国民8,000万人を
  さす
- おぼしめされる
  ＝思し召される。お
  考えやご意向のこと
- あふぎ
  ＝仰ぎ、見上げる、
  尊敬すること
- お仕へ
  ＝お仕え、奉公する
  こと
- 神代
  ＝かみよ、神が治め
  ていた時代のこと
  で、日本神話では
  神武天皇の前まで
  の時代

B 治安維持法による弾圧（検挙者数）

年	人数	年	人数
1928年	3,967人	1937年	1,294人
1929年	5,308人	1938年	552人
1930年	6,877人	1939年	319人
1931年	11,250人	1940年	632人
1932年	16,075人	1941年	934人
1933年	18,397人	1942年	329人
1934年	5,947人	1943年	269人
1935年	1,886人	1944年	170人
1936年	1,396人	1945年	79人

C 伏字の出版物

「以上の如く、所謂プロレタリア××× が何を意味するか、またこれが如何にして××せられるか、に関しては意見の相違がある。然し乍ら、プロレタリア階級が政治的の×××××することなしには、資本主義的経済秩序の×××××××× ××は不可能であると云ふこと、マルクス及びエンゲルスがこの転換期をなづけてプロレタリア×××と言ったと云ふこと―この二点に関しては何等意見の対立を見ない」

（改造社版『経済学全集』第32巻、1929年）

4　日本国憲法の成立

> 【授業のねらい】　日本国憲法の制定過程と当時の国民の受けとめ方を明らかにし、この憲法の三原則（国民主権・平和主義・基本的人権の尊重）をつかむ。

❖ 教材研究 ❖

　日本国憲法の制定過程について、依然として「押しつけ憲法論」を主張し、「自主憲法」制定を求める動きがある。確かに憲法制定におけるGHQ（連合国軍最高司令官総司令部）の役割を無視することはできない。しかし、つぶさに憲法制定過程を調べていくと、国民の知らないところで審議された「帝国憲法」とは異なり、制憲議会を通して成立したこと、草案が必ずしもGHQによる押しつけではないことがわかる。そうしたことを明らかにして憲法が民主主義を基調としていることを学び合いたい。

①日本国憲法の制定過程

　アジア太平洋戦争の敗戦前、天皇制護持・国体護持にこだわり続けて戦争の被害を大きくしてきた。ポツダム宣言を受諾し降伏したものの、敗戦後もそれらにこだわり、それまでの政府官僚が国の中枢にいた。そのため、新憲法をつくるといっても、帝国憲法から抜け出すことは容易ではなかった。このことが「松本烝治私案（宮沢甲案）」から理解できる。まず憲法の制定過程について、1945年から47年にかけて順に整理しておきたい。次ページの資料は、永井憲一ほか『資料日本国憲法』（三省堂、1986年）、歴史学研究会編『日本史年表』などを参考にして作成した。

②日本国憲法誕生をめぐる「論点」

　1945年10月4日に、GHQのマッカーサー最高司令官は、近衛文麿国務大臣と会見し、憲法改正を示唆する。これを受けて、10月13日に政府が憲法改正調査の着手を決め、同月25日に憲法問題調査委員会（委員長・松本烝治国務大臣）を設置した。この憲法問題調査委員会は、国体の護持を柱に憲法草案を進めていた。12月8日に発表された「松本四原則」は、次の内容である。

- 天皇が統治権を総攬するという帝国憲法の原則は変更しない。
- 議会の議決を必要とする事項を拡充し、天皇の大権事項をある程度削減する。
- 国務大臣は、国務全般について議会に責任を負う。
- 人民の権利・自由の保障を拡大する。

　そのもとで作成されたのが、松本烝治私案（宮沢甲案）で、この内容は、帝国憲法とほとんど同じであった。新憲法の草案には値しない、帝国憲法の焼き直しだったのである。もちろん主権者は天皇であり主権在民は想定外であった。したがって、この原則のもとにつくられた政府案がマッカーサーに提出されたとき、一蹴されるのは当然のことであった。

　甲案に近い内容は、『毎日新聞』（1946年2月1日）のスクープでGHQも知るところとなる。これを受けて、2月3日にマッカーサーはGHQ民政局に「天皇制の存続、戦争の放棄、封建制度撤廃」の三原則からなる骨子を示し、憲法草案作成を指示した。2月8日に「憲法改正要綱」が正式に政府案としてGHQに提出されると、「最もおくれた民間草案よりもさらに保守的」というのがGHQの評価であった。すでに、GHQ民政局は、民間の憲法草案（1945年12月26日発表の鈴木安蔵、高野岩三郎らの憲法研究会「憲法草案要綱」）を翻訳し、「民主主義的で賛成できる」という評価（1946年1月11日）をしていた。マッカーサー草案づくりは、これを参考にしておこなわれていたことが明らかになっている（ラウエル「私的グループによる憲法改正草案［憲法研究会案］に対する所見」）。2月13日、政府の「憲法改正要綱」を拒否するとともに、マッカーサー「草案」を日本政府に渡した。当時の日本政府は、国体護持を至上目標とし、憲法のあるべき姿すら描くことができていなかった。GHQのホイットニー民政局長は次のように述べている。

　「最高司令官は、天皇を戦犯として取り調べるべきだという他国からの圧力、この圧力は次第に強くなりつつありますが、このような圧力から天皇を守ろうという決意を固く保持しています。…しかし

1945年	10月4日	GHQのマッカーサー最高司令官、近衛文麿国務大臣と会見し、憲法改正を示唆。近衛「日本における憲法改正は天皇の発議による以外なされない」と回答したのに反対しなかった。
	10月11日	マッカーサー、幣原喜重郎内閣総理大臣と会談、民主化を基本とする五大改革の指令。憲法の自由主義化改革の必要性を示唆。
	10月13日	政府、憲法改正調査の着手を決定。
	10月25日	政府、憲法問題調査委員会（委員長・松本烝治国務大臣）を設置
	11月11日	日本共産党、主権在民からなる新憲法の骨子を発表（12月30日、「赤旗」に掲載）
	11月22日	近衛文麿、「帝国憲法改正要綱」を天皇に報告
	11月26日	政府第89回帝国議会で憲法改正四原則を説明。①天皇統治権総覧　②議会の権限の拡充　③国務大臣の責任を国務全般に　④人民の権利自由の強化
	12月26日	鈴木安蔵、高野岩三郎らの憲法研究会「憲法草案要綱」発表、国民主権の立憲君主制
	12月28日	高野岩三郎「改正憲法私案要綱」発表。国民主権、土地国有
1946年	1月11日	GHQ民政局、憲法改正に関する憲法研究会案に対する評価
	1月21日	自由党「憲法改正要綱」発表。「天皇は統治権の総覧者」で「万世一系」、統治権の主体は国家なりなど
	2月1日	松本烝治案（宮沢甲案）に近い内容を「試案」として、毎日新聞スクープ
	2月3日	マッカーサー、GHQ民政局に天皇、戦争の放棄、封建制度撤廃の三原則からなる骨子を示し、憲法草案作成を指示する
	2月8日	政府、「憲法改正要綱」をGHQに正式提出。「最もおくれた民間草案よりもさらに保守的」というGHQの評価
	2月13日	マッカーサー、GHQ憲法草案を日本政府に示す
	2月14日	進歩党「憲法改正案要綱」を決定、天皇制・国体護持を基本とする
	2月21日	マッカーサー、日本政府に対し「極東委員会の論議は、日本にとってまことに不利な情勢にある。ソ連やオーストラリアは依然として甚(はなはだ)しく日本を恐れているのみか、天皇制について最も厳しく反対している。…この際はできるだけ早く憲法の基本原則を日本政府がうけいれることが必要であると思う。」
	2月22日	閣議、憲法改正につきマッカーサー草案の受諾を決定
	2月23日	社会党「憲法改正案要綱」発表。主権は国家（天皇を含む国民共同体）にあり、統治権はこれを分割し、主要部を議会に、一部を天皇に帰属し、天皇制を存置する
	3月6日	政府、「憲法改正草案要綱」を国民に発表する（主権在民、天皇象徴、戦争放棄を規定）。これに対しマッカーサー、全面支持を表明
	4月10日	戦後初の総選挙（自由党141、進歩党94、社会党93、協同党14、共産党5など）
	4月17日	政府「憲法改正草案」を枢密院に下付の上、全文を公表
	4月22日	幣原喜重郎内閣総辞職
	5月16日	吉田茂内閣発足、第90帝国議会召集（制憲議会）
	6月8日	枢密院、「憲法改正草案」を可決
	6月20日	「帝国憲法改正案」、衆議院に提出される
	6月26日	吉田首相、「9条は自衛権の発動としての戦争も交戦権も放棄したもの」と答弁
	6月28日	共産党「人民共和国憲法草案」決定
	8月24日	衆議院本会議で原案修正し可決（421対8）
	10月6日	貴族院本会議で再修正し可決（298対2）
	10月7日	衆院、貴族院修正の憲法改正案に同意、可決。
	10月29日	枢密院、憲法改正案を可決
	11月3日	公布
1947年	5月3日	施行

みなさん、最高司令官といえども、万能ではありません。けれども最高司令官は、この新しい憲法の諸規定が受け容れられるならば、実際問題としては、天皇は安泰になると考えています。…最高司令官は、この案に示された諸原則を国民に示すべきであると確信しております。最高司令官は、できればあなた方がそうすることを望んでいますが、もしあなた方がそうされなければ、自分でそれを行うつもりでおります。」(古関彰一『新憲法の誕生』中公文庫、1995年)

松本は後年、当時の手記をもとに自由党憲法調査会で証言し、ホイットニーが「これがなければ天皇の身体の保障をすることはできない」と述べたことが、「押しつけ憲法」の主張に繋がっている。

③国民は日本国憲法をどのように受けとめたか

横田喜三郎は、『法律は弱者のために』(小学館、1982年)で、次のように述べている。

「旅館で新聞を開いてみると、前日の1946年3月6日に、憲法の改正要綱が発表されたことが報道されている。その要点を読んで、寝耳に水のように驚いた。当時の政府は、保守的な幣原内閣である。その保守的な内閣によって、このような革新的な、ほとんど革命的ともいうべき憲法改正が企てられようとは、夢にも思わなかった。憲法改正の企ては、かねて聞いていた。その改正は、非常に微温的なもののように伝えられていた。それとは打って変わって、まことに革命的な改正である。まったく驚いた。あとになって、連合国占領司令部が改正の原案を作ったということがわかり、なるほどとうなずいた。改正草案要綱を見たときの驚きは、しかし、うれしい驚きであった。愉快な驚きであった。歓喜の驚きでさえあった。自由な、平和的、民主的な日本が生まれる。うれしいことである。愉快なことである。歓喜にふるえる。」

1947年5月3日の新憲法施行式典で吉田茂首相は祝辞を述べた。

「今日新憲法の施行に当って、わたくしどもは、昨年11月3日この場所において国家再建のために努力しようと誓いあったことをあらためて思い出し、この憲法を貴び、この崇高な理想を達成するために絶えざる努力をつづけることを、今日この場所において、ふたたび誓いたいと思う。そうして、我々が、国家生活の末端まで新憲法の精神を滲みとおらせ、徹底さすならば、必ずや、わが国は、日ならずして、自由と平和を愛する幸福な国家として復興し、進んで世界人類の進歩に大いに貢献するに至るであろうと信じて疑わない。」

〈授業の資料〉で提示した国会での南原繁議員の発言や世論調査から当時の受けとめ方がわかる。各地の日本国憲法の受けとめ方については、『日本国憲法を国民はどう迎えたか』が参考になる。

《参考》歴史教育者協議会編『日本国憲法を国民はどう迎えたか』(高文研、1997年)

④日本国憲法の三原則

子どもたちは、小学校での憲法学習以降、憲法の三原則を念仏のごとく覚えている。中学や高校では、その復習というところだろうか。ここでは、国民主権・平和主義・基本的人権の尊重がどの条文にあたるかを確認し、三原則の具体的な理解は、次時以降で取り上げていく。

- 国民主権―前文、第1章第1条、第4章～
- 平和主義―前文、第2章第9条
- 基本的人権の尊重―前文、第3章第10条～第40条

●資料と扱い方

A 4つの憲法案。「このなかに政府案がある。どれか」と問い、考えさせるとよい。(1)日本自由党案、(2)政府の憲法改正要綱、(3)日本社会党案、(4)日本共産党案

B 政府の「憲法改正草案」ついての世論調査。『毎日新聞』1946年5月27日付、4月17日の公表された政府案に対する国民の受けとめ方がわかる。

C 憲法をどう受けとめたか。(1)は南原繁の貴族院での発言(1946年9月4日帝国憲法改正案特別委員会―国会会議録検索システムより引用)、(2)は鈴木安蔵の「自由民権運動の憲法草案と日本国憲法」(『歴史地理教育』1981年10月号)、GHQが参考にした鈴木安蔵らの憲法研究会「憲法草案要綱」は、自由民権家たちの憲法案を参考にし、検討しながら作成している。こうした近代日本の民主主義の復権を視野に入れていた。

❖ 授業の資料 ❖

A　4つの憲法案

（1）
- 国家主権
- 天皇は統治権の総覧者
- 統治権の主体は日本国家

（2）
第3条　天皇ハ至尊ニシテ侵スヘカラス
第11条　天皇ハ軍ヲ統帥ス
第28条　日本臣民ハ安寧秩序ヲ妨ケサル限ニ於テ信教ノ自由ヲ有ス
第57条　司法権ハ天皇ノ名ニ於テ法律ニ依リ裁判所之ヲ行ウ

（3）
主権は国家（天皇を含む）国民協同体に在り。統治権は之を分割し、主要部を議会に一部を天皇に帰属せしめ、天皇制を存置する。

（4）
第1条　日本国は人民共和制国家である。
第2条　日本人民共和国の主権は人民にある。
第3条　日本人民共和国はすべての平和愛好国と緊密に協力し、民主主義国平和機構に参加し、どんな侵略戦争も支持せずまたこれに参加しない。

B　政府の「憲法改正草案」についての世論調査
（1）象徴天皇制について……………………………………支持85％、反対13％、その他2％
（2）戦争放棄について……………………戦争放棄の条項が必要70％、必要なし28％、その他2％
（3）国民の権利・自由・義務について……………………支持65％、修正必要33％、その他2％
（4）二院制について…………………………………………賛成79％、反対17％、その他4％

C　憲法をどう受けとめたか

（1）南原繁
「（政府の強制された憲法ではないと答弁したことに対し）…此の憲法が成立すると致しますれば、之に賛成した議員皆我々には非常に重要なる責任があると思ふのであります、殊に政府に於かれましては此の草案を創定されただけに、それだけ責任が多いと思ふのであります…日本政府が作り、又日本の帝國議會が之に協賛したと致しますれば、其の責任が日本のものであり、日本の憲法として我々は何處迄も確立しなければならぬのでありまして、此の點は特に政府に於きましては非常に大きな責任が今後おありになると思ひます…」

（2）鈴木安蔵
「…明治憲法は一人の自由民権運動の代表者も参加することなく、逆に徹底的な民権運動抑圧の下に、まったく秘密裡に、少数の権力者・貴族・天皇制官吏たちだけの秘密裡の会議のうちに確定された。…自由民権運動、さらに大正デモクラシー、さらにまた社会主義運動に示された自由と人権また非戦・平和の追求の伝統は、とくに満州事変以来の反動・暗黒の時期には、まったく葬られ去ったのである。」

「…松本国務相は、これら学者たちの見解を参考にしつつ、内閣としての改正案を作成し日本政府案として司令部に提出した。これにたいして、周知のように、この草案がそれまでに公にされた政党ないし民間諸団体のあらゆる草案に比してももっとも保守的なものであり、とうていみとめがたいとされた。そして、最小限この程度のものでなければ、いやしくもポツダム宣言を受諾し、再出発すべき日本の民主的で平和を目指す国家の基本法たりうるものではないとして、いわゆるマッカーサー案を示したのである。」

5　国民主権下の天皇

> 【授業のねらい】　国民が主権者であることと、天皇の地位は象徴であり、政治的権能を持っていないことを明らかにする。また、子どもの天皇についての疑問を取り上げ、その解決をはかる。

❖ 教材研究 ❖

①天皇の地位

　天皇は、日本国憲法第1章「天皇」の第1条で「日本国の象徴であり日本国民統合の象徴」「この地位は主権の存する日本国民の総意に基く」と定めている。なお、国民主権が出てくるのは、この第1条である。第2条では「皇位は、世襲のものであって」となっている。帝国憲法下の絶対君主ではないが、それでも天皇は「特別な存在」になっている。象徴天皇制が生まれたわけは、中村政則『象徴天皇制への道』(岩波新書、1989年)、横田耕一『憲法と天皇制』(岩波新書、1990年)がわかりやすい。「昭和天皇の独白録」(『文藝春秋』1990年12月号掲載)を検証したものに、吉田裕『昭和天皇の終戦史』(岩波新書、1992年)がある。

　天皇は政治的権力と能力を持たないが、天皇の仕事は憲法第6条と第7条に書かれている「国事行為」である。これは、内閣の助言と承認を必要とし内閣が責任を負う(第3条)ようになっている。ところが、憲法で定められていないのに国会開会式で「おことば」を述べたり、天皇以外の皇族が公的儀式に登場したり、「皇室外交」までおこなっている。天皇を印象づけるはたらきである。それでいて、天皇には憲法を守る義務(第99条)が課せられている。国民主権下の天皇がどれだけ憲法を尊重するかは、天皇を政治利用する勢力との綱引きで決まってくる。

②皇室典範から見えてくる実像

　天皇の実像にせまるには、皇室典範を見ておく必要がある。皇室典範は、どのような順序で天皇を決めるか(皇位継承)、女性の天皇は認めていないこと、皇室に属するのは誰かについても定めている。天皇の地位は「国民の総意」というが、「誰が天皇になるか、次は、その次は」まで皇室典範で決まっている。子どもたちには余り見えてこない天皇や皇室の姿は、この皇室典範で具体的になる。森英樹『新版 主権者はきみだ』(岩波ジュニア新書、1997年)には、「カレンダーから見えるニッポン」「元号は天皇の名前」「女性はどうして天皇になれないの」という解説がある。南方紀洋『天皇に関する12章』(晩聲社、1981年)も、子どもの疑問に答えるようにまとめられている。「天皇は税金を納めていますか」「天皇の苗字は何ですか」「天皇には選挙権がありますか」「信教の自由はありますか」「表現の自由はありますか」などである。これに答えていくことで、実像が見えてくる。

　皇室典範の見直しについては、一時、議論になった。2005年、男性皇族が不足する恐れがあることから皇位継承に関する「皇室典範に関する有識者会議」が開催され、17回の会議を経て女性天皇の容認などの報告書をまとめた。しかし、これに対する批判や慎重論が高まったこと、秋篠宮家の男子誕生もあり、報告書は白紙に戻された。

《参考》皇室典範　http://law.e-gov.go.jp/htmldata/S22/S22HO003.html
　　　　皇室典範に関する有識者会議報告書　http://www.kantei.go.jp/jp/singi/kousitu/houkoku/houkoku.pdf

●資料と扱い方

A　天皇制についての考えの変化。天皇制に関して、1956年9月に調査した結果は戦前と戦後の考えを表している。その問いは「天皇は神か普通の人間か」である。これは、1956年9月雑誌『知性』調査で、NHKブックス『図説戦後世論史』第2版(日本放送出版協会、1982年)に掲載。

B　皇室典範(抜粋)。この法律は、日本国憲法の公布後、1947年1月16日に定められた。皇室典範を見ることで、皇位継承や女性が天皇になれないことなどがわかる。

C　天皇はどんな存在か。これは前述の『天皇に関する12章』から要約したものである。憲法が保障している基本的人権が天皇や皇族には認められているのかどうかなど、子どもの疑問に答えられる内容である。

❖ 授業の資料 ❖

A　天皇制についての考えの変化

	戦前にもっていた考え	戦後にもつようになった考え
天皇は神あるいは普通の人間以上の存在	84％	19％
普通の人間	16％	81％

B　皇室典範（抜粋）

第1条　皇位は、皇統に属する男系の男子が、これを継承する。
第2条　皇位は、左の順序により、皇族に、これを伝える。
　一　　皇長子
　二　　皇長孫
　三　　その他の皇長子の子孫
　四　　皇次子及びその子孫
　五　　その他の皇子孫
　六　　皇兄弟及びその子孫
　七　　皇伯叔父及びその子孫
　2　前項各号の皇族がないときは、皇位は、それ以上で、最近親の系統の皇族に、これを伝える。
　3　前二項の場合においては、長系を先にし、同等内では、長を先にする。
第5条　皇后、太皇太后、皇太后、親王、親王妃、内親王、王、王妃及び女王を皇族とする。
第9条　天皇及び皇族は、養子をすることができない。
第10条　立后及び皇族男子の婚姻は、皇室会議の議を経ることを要する。
第12条　皇族女子は、天皇及び皇族以外の者と婚姻したときは、皇族の身分を離れる。
第22条　天皇、皇太子及び皇太孫の成年は、十八年とする。
第23条　天皇、皇后、太皇太后及び皇太后の敬称は、陛下とする。
　2　前項の皇族以外の皇族の敬称は、殿下とする。
第24条　皇位の継承があつたときは、即位の礼を行う。
第25条　天皇が崩じたときは、大喪の礼を行う。
第26条　天皇及び皇族の身分に関する事項は、これを皇統譜に登録する。

C　天皇はどんな存在か

　天皇・皇族は人間であり日本人である。しかし、「日本人」としての市民権が正当に保障されていない。一方、他の一般日本人が等しく課せられている義務のいくつかを免除されている。たとえば、皇族は戸籍法にもとづく戸籍を持っていない。戸籍法は、国籍法のもとに定められているもので、「日本人」を規定しているものであるから、その限りでは、天皇・皇族は「日本人の範ちゅう」には入らないことになる。皇族の戸籍法は皇統譜令というのが別にある。これが、日本人であることを定めたものという。ところが皇族には、選挙権、被選挙権が与えられていない。また、政治的なことにはいっさい私見を述べてはいけない、ということになっている。憲法第21条の「表現の自由」はない。第22条が保障している「居住、移転、職業選択、外国移住、国籍離脱などの自由」も彼らには適用されない。ほかにも、憲法では「すべて国民は、勤労の権利を有し義務を負う」とされている。「勤労」するには何らかの職に就かなければならないが、皇族には、「職業選択の自由」がなく、生まれながらの「特別公務員」ということになる。

6　基本的人権の尊重──個人の尊厳

> 【授業のねらい】　日本国憲法の基本的人権の体系をつかむ。また、民主主義は、何よりも個人が尊重される社会であることを考え合う。

❖ 教材研究 ❖

　いまの日本社会で、人権は尊重されているだろうか。子どもたちの間ではどうだろうか。学校、学級のなかに人権を侵害するようなことが起きていないだろうか。人権を扱う授業では、実態をつかんで臨みたい。人権の尊重を教えたことが、子どもの血肉になるようにしなければならない。

①基本的人権とは何か

　基本的人権は、人間として当然に持っている侵すことのできない永久の権利である。このことを日本国憲法は、「この憲法が日本国民に保障する基本的人権は、人類の多年にわたる自由獲得の努力の成果であって、これらの権利は、過去幾多の試練に堪へ、現在及び将来の国民に対し、侵すことのできない永久の権利として信託されたものである」（第97条）としている。この基本的人権は、たとえ国家権力であっても侵害することはできない。権力者は、しばしば権力を濫用することがあるから、憲法第99条で「天皇又は摂政及び国務大臣、国会議員、裁判官その他の公務員、この憲法を尊重し擁護する義務」があるとしている。しかし、子どもに限らず大人のなかにも、「憲法を守る義務があるのは国民、人権を保障しているのは国家」という間違った認識がある。憲法と一般の法律との区別ができていない。それだけに、授業のさまざまな場面で憲法の理解をはかっていきたい。

②個人の尊厳

　いまの中・高校の教科書を比較したり研究したりすること、過去の教科書研究も教材研究の対象である。1977年文部省検定済の日本書籍版教科書『中学社会　公民的分野』の冒頭に「人間のたっとさ」が載っている。「…いつの世でも、人間の最大の苦悩は、いのちを失うことであった。しかし、歴史のうえでは、いのちのある人間がものと同じようにあつかわれたり、身分や財産によってねうちに差をつけられたり、『国家』や『公益』のためといって、多くのいのちが犠牲にされたりした。人間のいのちはかぎりなくねうちがあり、人間はだれでも同じようにたっといという考えは、このように多くの試練をへて築きあげられた。しかし、今日でも、人間のいのちを軽視する考えは、完全にはなくなっていない」と、「個人の尊厳」を位置づけている。

　この章の〈単元の教材研究〉で紹介した1949年の教科書『社会の政治』は、「民主的な国と非民主的な国」の最初に「個人の価値」を取り上げている。「…民主主義はほんとうをいうと一つの理想的な状態である。完全に民主的であるといわれる国は、世界のどこにも見い出されない。…民主主義には、非常に多くのことがらが含まれているので、なかなかそれは複雑な問題である。しかし、各人が、非民主的な人、非民主的施策、非民主的国（くに）がら、民主的な人、民主的な施策、民主的な国がらを見分けることはたいせつなことだから、われわれは、民主主義とはどんなものであるかということを理解するように努めなければならない。」「この章で、われわれは『民主主義の尺度』というべきものを示してみようと思う。…きみたちが、この学年やさらには他の学年で行う学習を通じて、この尺度を使って、きみたちが関知することがらが、民主的であるか、非民主的であるかを明らかにするようにおしすすめたい」と、民主主義の物差しを示している。

　これらに書かれていることは、人権を学習するときの物差しになる。

●資料と扱い方

A　基本的人権の体系。『教科書・日本国憲法』（一橋出版、1993年）からの引用である。この内容については以後の授業で扱うことになる。ここでは、憲法と基本的人権の体系をつかむ。

B　個人の価値（非民主的な国）。19ページの民主的な国と非民主的な国を比較したもののうち、「非民主的な国」は、個人よりも社会や国が優先され、個人は犠牲にされる。いまの日本の政治にも、個人が犠牲にされる事例があるのではないだろうか。

❖ 授業の資料 ❖

A 基本的人権の体系

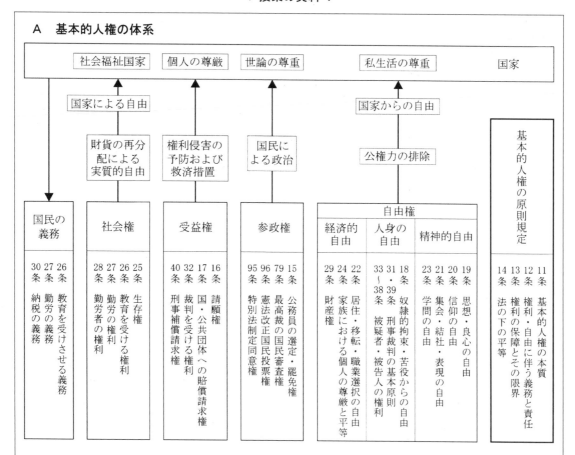

B 個人の価値（非民主的な国）

　ある社会では、個人には大きな価値は認められない。個人は社会の道具であり、それ自身には価値がないと考えられている。このような主義によれば、国家や社会が存続することがだいじなこととされる。目的を達するために、個人はどんなことのためにも使われる。その生命は、国家の幸福のために、よいと考えられる戦争のために捧げられる。個人はどれいに似た、あるいは、どれいそのままの状態のもとで働くことを命ぜられることもある。このような社会では、個人が反乱を起こさない程度にしか個人の幸福は重んぜられていない。個人の幸福などは少しも考えられない。

　他の社会は、このような主義を少し変えて行っている。そこでは、個人は社会をつくっているものにすぎないから、まず社会が先に考えられなければならない。そして、もし社会が全体として繁栄し、健全な状態にあれば、個人はひとりでに幸福になるといわれている。これが誤りであることは、日本が非常に盛んであった時、何百万という個人が少しもそれから恩恵を受けなかったということを考えてみれば明らかである。個人は社会の利益のために、むりじいに犠牲にされることもあるから、前に述べたものとはほとんど変わりがない程危険なものともなる。ある時代の人々は次の時代の人々のために犠牲にならなければならないと要求された場合もあった。このような考え方によると、その次の時代の人々も、またその次の時代の人々のために犠牲にならなければならないと要求されて、はてしなく続いていくのである。

　独立した存在としての国家や、個人の犠牲による社会の存続という点を強調しないが、すべての個人がひとしく尊重されずに、ただある特定の個人だけが尊重される社会がある。…

7　福島原発事故と人権

【授業のねらい】　原発事故によって、居住・仕事・健康・暮らしのすべてが失われた人たちの人権について考えを深める。

❖ 教材研究 ❖

東日本大震災に伴う東京電力福島第一原子力発電所（福島原発）の事故は、放射能汚染を拡散させた。これによって福島原発周辺の地域は居住が制限されている。原発事故避難者となった人たちにとっての人権を考えたい。なお、東日本震災と福島原発事故については、生存権や原発とエネルギーなどの授業テーマでも取り上げる。

①福島県外に避難している人たちの生活

原発周辺の双葉町や大熊町、浪江町をはじめ、福島県から県外に避難している人は2012年3月で6万人を超えていた。集団で避難所、仮設住宅やホテルなどで避難生活を余儀なくされていた。震災から4年を経過している2015年3月現在の県外避難者は46,902人、県内避難者は71,399人。東日本大震災被災者全体の避難者数は合わせて22万5,177人に及んでいる。原発事故後、多くの人が働く場を失っている。福島原発周辺の市町村で農業を営んでいた人たちは耕作ができず、農地は雑草でおおわれた。酪農家や畜産農家は家畜の飼育もできなくなり、野放しになった牛や豚は死に絶える始末となった。原発周辺の海も放射性物質による汚染で、漁業を営んでいた人たちはいまだに本格的な操業ができていない。原発事故と放射能汚染は、住民の生活を根こそぎ奪ってしまった。いつ戻れるか、戻ることが可能なのかという不安のなかで、どのような避難生活を過ごしてきたか想像がつくだろう。

《参考》福島県　http://wwwcms.pref.fukushima.jp/

②避難指示区域

原発事故後、2011年4月22日から、原子力災害対策特別措置法に基づいて、警戒区域や計画的避難区域が設定された。その後、放射線量のモニタリングデータと除染の実施に伴い見直しをしてきた。原子力災害対策本部は、2014年、田村市・川内村、2015年、楢葉町の避難指示区域の解除を決めた。これによって右の図（避難指示区域の概念図、2015年9月現在）のようになった。

この避難指示解除は、避難者の帰還を進めるものである。これは、国の除染終了に伴う解除である。年間積算線量20ミリシーベルト以下となることが確実であることが確認された地域が「避難指示解除準備区域」であるが、最大の課題は森林の除染である。帰還の前提となる除染は遅れている。飯舘村の山菜「高濃度セシウム」という『東京新聞』2015年6月7日付記事によると、ほとんどの山菜が食品基準の濃度を超えたという。宅地や田畑を除染しただけでは帰還できない。

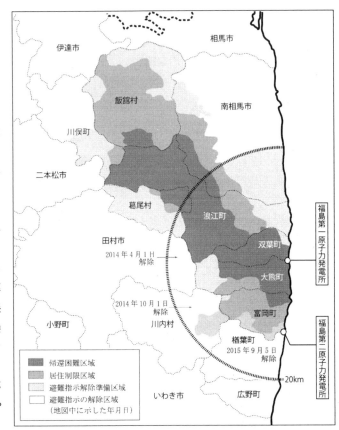

《参考》復興庁　http://www.reconstruction.go.jp/

③原発賠償とその格差

　福島原発事故の賠償は、文部科学省の原子力損害賠償紛争審査会によって指針がつくられている。この指針は、避難区域ごとに差がつけられているため不公平感が広がっている。その指針は次の通りである。この問題をどう考えるか。

	年間積算放射線量	損害賠償の主な差
帰還困難区域	50 mSv/年超	避難と故郷喪失に伴う精神的苦痛への慰謝料として1人1,450万円を支給
居住制限区域	20 mSv/年超〜50 mSv/年以下	精神的損害への慰謝料1人月10万円を避難指示解除1年後まで支給
避難指示解除準備区域	20 mSv/年以下	同上
緊急時避難準備区域	—	精神的損害への慰謝料1人月10万円を2012年8月まで支給

　　＊mSv＝ミリシーベルト　　　　　　　　　　　　　　（『毎日新聞』2014年3月3日付）
《参考》文部科学省　原子力損害賠償紛争審査会　http://www.mext.go.jp/b_menu/shingi/chousa/kaihatu/016/

　区域が富岡町のように3区域に分かれている自治体では、賠償額の格差に対して不満が生じている。広野町は、原発20〜30km圏内で「緊急時避難準備区域」が解除されて慰謝料を打ち切られた。しかし、避難している町民約5200人のうち自宅に戻ったのは1300人にとどまっていた（2014年2月末現在）という。町のインフラなどのサービスが復旧していないことや、仕事への不安がある。
　こうしたなか、住民は「原状回復」と「損害賠償」を求めて、2013年3月に国と東電を相手に福島原発事故集団訴訟を起こした。授業でも取り上げて考えさせたい。

④福島原発と放射能の拡散

　政府は、2011年12月に福島原発事故「収束宣言」を出した。しかし、原子炉の状況は直には見えていない。また、汚染水漏れが何度も起きている。廃炉までの道のりも不透明である。
　〈授業の資料〉に載せた飯舘村は、事故当時の風に乗って放射能が拡散した場所である。事故後から測定された村役場付近の放射線量は、右表の通りである。東京の新宿で通常に測定した結果が0.03μSv/h程度であることと比べると相当高い線量であることがわかる。また、放射能は東北地方から関東地方まで拡散した。避難区域でない地域も、各地で高線量のホットスポットが見つかった。海洋・河川にも放射性物質が堆積している。そうした地域に住む人たちにとっても放射能汚染は深刻さを増している。食物の放射能汚染も検査されるようになったが、農・漁業を営む人にとっては深刻な問題であり、風評被害にも悩まされている。

飯舘村の放射線量

2011年（日時）	μSv/h
3月15日 18:20	44.7（最大値）
3月16日 12:00	24.4
3月20日 12:00	17.9
3月25日 12:00	11.7
3月30日 17:00	7.80
4月10日 17:00	5.48
5月10日 9:00	3.16
6月10日 17:00	2.88

飯舘村広報「東日本大震災号外」より

《参考》全国放射線量測定マップ　http://fukushima-radioactivity.jp/country-mapsearch.php

⑤原発・人工放射能と被曝

　放射能がなぜ問題なのか。自然放射能とは異なり人工放射能の場合は、放射性微粒子を形成し内部被曝を起こすからである。一般の人が浴びても差し支えないとされる1年間の被曝の基準は、1mSvである。福島原発事故で大量のセシウム137などが放出されたため、汚染された土などを除染することが緊急の課題となった。しかし、いったん除染しても保管し続けなければならないし、汚染ゴミの中間貯蔵施設の見通しも立っていない。それに加えて、以前から原発の使用済み核燃料の最終処分も課題であり、これから何千年何万年の間、人工放射能と向き合わなければならない。この人工放射能の問題は、第5章で取り上げる。
　原発事故は子どもたちにも苦痛を与えている。2011年8月17日に衆議院第一議員会館で「福島の子どもたちの声を政府に届ける院内集会」が開催され、中学2年生が次のように訴えた。
　「震災と原発事故から5か月が経ち…福島の子どもたちがマスクをして登下校している状況を安全

だといいはる政府に、私はとても疑問を感じています。おとなが勝手につくった原発で、なぜ福島の子どもたちは被曝しなければならないのか、なぜこんなに辛い目に遭わなくてはならないのか、これほどの事故が起きても、どうして原発再開をめざすのか、私にはまったくわかりません。」

福島では、いまも屋内で遊ぶ子どもが多いという。人工放射性物質による被曝で、もっとも心配なのは子どもたちである。外部被曝に対して内部被曝は、放射性物質の微粒子を呼吸とともに肺から吸い込んだり、母乳や牛乳・水や食物とともに消化管から取り込んだりすることで放射線を浴びることをいう。局所的に強い放射線を至近距離で長い間繰り返し浴びるため、低線量でも危険性が高いことが指摘されている（欧州放射線リスク委員会）。福島原発事故では、甲状腺検査が、事故当時18歳以下の37万人、2014年度からは事故当時胎児だった2013年３月生まれまでの１万５千人も検査対象になっている。18歳以下の約38万５千人のうち、甲状腺がんが確定したのは103人（2015年５月18日福島県公表）、疑いのある子どもも出ているが、福島県外の子どもとの比較検査をしていないため、放射能が原因であるかどうかが不明のままである。チェルノブイリ原発事故では、事故後５年目からウクライナの子どもの甲状腺がん発症が急増している。

《参考》歴史教育者協議会編『中・高校生と学ぶ 福島原発事故と放射能Q＆A』（平和文化、2012年）
　　　　日本科学者会議編『放射能からいのちとくらしを守る』（本の泉社、2012年）

⑥原発稼働と人権

2006年暮れの国会で「原発が安全である」と答弁書を出していたのは当時の安倍晋三首相である。「地震、津波等の自然災害への対策を含めた原子炉の安全性については、原子炉の設置又は変更の許可の申請ごとに、『発電用軽水型原子炉施設に関する安全設計審査指針』（平成二年八月三十日原子力安全委員会決定）等に基づき経済産業省が審査し、その審査の妥当性について原子力安全委員会が確認しているものであり、御指摘のような事態が生じないように安全の確保に万全を期しているところである」と、安全神話を繰り返していた。

次の「同じ過ちを繰り返さないで」という投書（『朝日新聞』2012年５月26日付―東京都Aさん）は、「私は福島第一原発から10キロ圏内に住んでいたが、被災して都内に避難している。関西電力大飯原発の再稼働について福井県おおい町議会が同意したと知ったが、地元の人たちの気持ちは痛いほど分かるつもりだ。生活がかかっているから、そうやすやすと原発を止められては一家の収入が途絶えてしまう。死活問題だ。私たちも以前だったら同じ考えだったはずだ。原発は『絶対』安全なもので、原発事故などは考えられなかった。しかし、そのありえないことが起きてしまったのだ。政府は、政府の責任のもと安全を確保して再稼働させるというが、国会事故調査委員会での責任逃れの答弁を聞く限り、全く信用できない。福島の子どもや住民を被曝させた責任は一体、誰がとるのだろうか。故郷を一瞬にして失い、人生を変えられてしまい、今の私たちには明るい希望が持てない。同じ過ちを繰り返さないで欲しい。…」と、再稼働に対する声である。2014年５月21日、大飯原発運転差止を求めた判決が福井地裁で下された。この判決文から原発と人権を考えたい。

●資料と扱い方

A　福島の願い。Ⅰは首相官邸前の脱原発集会で双葉町から参加した人たちの訴え。Ⅱは原発事故から７か月後に撮影した福島県飯舘村役場前の空間線量計（地上50cmの高さの空気中の放射線量10秒ごとに更新）で、2.62μSv/hを示している。４年半を経過した2015年９月20日現在も0.19μSv/hであった。役場近くの飯舘中学校は1.25μSv/hである。福島の人の願いを写真から受けとめたい。また、子どもたちの受けとめ方も出し合いたい。

B　福島県外に避難している人たち。2015年と2012年を比較しても避難者数が大幅に減少していないことがわかる。表に含まれていない神奈川は、2015年２月以降になって避難者数が3,000を超えた。資料は復興庁公表のデータより作成。

C　大飯原発３、４号機運転差止請求事件「判決」理由から。原告は、大飯原発から250キロメートル圏内に居住する166名と圏外に居住する23名。被告は、関西電力株式会社。人格権ならびに国富の喪失について取り上げ、原発事故と人権の問題を深める。

❖ 授業の資料 ❖

A 福島の願い

Ⅰ 2012年8月10日首相官邸前

Ⅱ 2011年10月23日11時13分 飯舘村役場前線量計

B 福島県外に避難している人たち (2015年は3月12日、2012年は3月8日調査)

年	避難所		旅館・ホテル		親族・知人宅等		住宅等**		合計	
	2015	2012	2015	2012	2015	2012	2015	2012	2015	2012
東京都					1,289	1,807	4,762	5,838	6,051	7,645
山形県				63	531	496	3,429	12,421	3,960	12,980
新潟県					144	382	3,781	6,346	3,925	6,728
茨城県					800	586	2,674	3,033	3,474	3,619
千葉県					2,811	3,015	521		3,332	3,015
栃木県					671	875	2,168	1,910	2,839	2,785
埼玉県		568			1,404		3,607	3,995	2,750	4,563
宮城県					1,086	903	1,511	1,128	2,597	2,031
その他*				20	4,409	4,030	11,552	15,415	15,070	19,465
合計		568		83	11,685	12,094	35,217	50,086	46,902	62,831

＊その他は38道府県　＊＊住宅等(公営、仮設、民間、病院を含む)

C 大飯原発3、4号機運転差止請求事件「判決」理由から

　ひとたび深刻な事故が起これば多くの人の生命、身体やその生活基盤に重大な被害を及ぼす事業にかかわる組織には、その被害の大きさ、程度に応じた安全性と高度の信頼性が求められて然るべきである。このことは当然の社会的要請であるとともに、生存を基礎とする人格権が公法、私法を問わず、すべての法分野において、最高の価値を持つとされている以上、本件訴訟においてもよって立つべき解釈上の指針である。個人の生命、身体、精神及び生活に関する利益は、各人の人格に本質的なものであって、その総体が人格権であるということができる。人格権は憲法上の権利であり（13条、25条）、また人の生命を基礎とするものであるがゆえに、我が国法制下においてはこれを超える価値を他に見いだすことはできない…

　他方、被告は本件原発の稼動が電力供給の安定性、コストの低減につながると主張するが、当裁判所は、極めて多数の人の生存そのものに関わる権利と電気代の高い低いの問題を並べて論じるような議論に加わったり、その議論の当否を判断すること自体、法的には許されないことであると考えている。このコストの問題に関連して国富の流出や喪失という議論があるが、たとえ本件原発の運転停止によって多額の貿易赤字が出るとしても、これを国富の流出や喪失と言うべきではなく、豊かな国土とそこに国民が根を下ろして生活していることが国富であり、これを取り戻すことができなくなることが国富の喪失であると当裁判所は考えている。

8　教科書検定と思想・表現の自由

【授業のねらい】　家永教科書裁判は、教科書検定に関して国を相手に起こした違憲訴訟である。こうした教科書検定をもとに、「思想の自由」「表現の自由」について考える。

❖ 教材研究 ❖

①家永教科書裁判

　家永教科書裁判は、家永三郎の高校日本史教科書『新日本史』（三省堂）が当時の文部省による検定（教科用図書検定）によって、不合格処分を受けたことにはじまる。最初に提訴したのは1965年であり、第一次・第三次訴訟は国家賠償を求めるもの、第二次訴訟は検定処分取消を求めたものである。1965年に、この家永教科書裁判を支援する全国連絡会が組織され、以後、教職員や市民などが支えていった。裁判は1997年まで32年間にわたる。第二次訴訟の東京地裁判決では、教育の国家統制を戒め、検定処分の取消を言い渡している（杉本判決）。第一次訴訟は原告敗訴となったが、第三次訴訟では、最高裁で教科書検定そのものは合憲だが、「731部隊」を追加し、「南京大虐殺」「婦女暴行」「草莽隊」の4か所の検定違法が確定した（原告一部勝訴）。

　教科書に対する検定・採択をめぐる統制は、1955年ごろから厳しくなり、学習指導要領は1958年の改訂から官報告示（高校は1960年）となった。これを受けて、検定基準が厳格化する。教育の逆コースがこうした教科書検定をつくり出した。

《参考》歴史教育者協議会『歴史地理教育』No.572「特集・教科書裁判32年とこれから」（1997年12月増刊号）
　　　　家永教科書訴訟弁護団編『家永教科書裁判』（日本評論社、1998年）

②教科書に政府見解を書かせる検定

　家永教科書裁判を通して、検定制度の問題点が明らかになったが、そのいっぽうで、政府見解を教科書に書かせる検定が強まってきた。1989年の検定規則によって、検定意見がついた箇所に対する修正表を期日までに提出して、文部省（文科省）が承認するまで合格にはならないしくみがつくられた。家永教科書裁判に続いて、髙嶋伸欣が『新高校現代社会』（一橋出版）に書いたコラムに対する検定意見に対する違法を訴えた。この裁判は、2005年に原告敗訴で確定した。

　近年、文科省による検定でも、沖縄戦でのいわゆる「集団自決」について、軍の関与が明らかなのに、「沖縄戦の実態について誤解するおそれのある表現である」として書き換えを求めた。「国旗・国歌」に関して、法律制定のときに強制しないとしていながら、検定では、「内心の自由」を書かせないことを求めてきた。こうした問題を通して、憲法第19条「思想及び良心の自由は、これを侵してはならない」、第21条「①集会、結社及び言論、出版その他一切の表現の自由は、これを保障する。②検閲は、これをしてはならない。通信の秘密は、これを侵してはならない」を学び合う。

●資料と扱い方

A　教科書裁判（杉本判決）。1970年の第二次訴訟における東京地裁の判決から抜粋したもの。「一般の政治のように政党政治を背景とした多数決によって決せられることに本来的にしたしまず」と、教育の原点についてふれている。また、「検閲」に当たることを判断している。

B　教科書裁判の目的（家永三郎）。《参考》で示した『歴史地理教育』No.572にあるインタビューで、家永三郎が語っている部分。家永三郎は、戦争を暗く描くなという検定意見に抗して裁判を起こしている。

C　「国旗・国歌」に関する教科書検定。これは、著者が受けた日本書籍2002年度版『わたしたちの中学社会―公民的分野』の検定経過である。政府見解を書かせる検定になっている。なお、2006年の教育基本法「改正」によって、こうしたことが一層強まってきた。2014年1月には、検定基準を見直し、教科書で近現代史を扱う際に政府見解を尊重することを求めた。教科書の国定化をめざすものになっている。これで、「思想」や「表現」の自由はどうなるか。

❖ 授業の資料 ❖

A 教科書裁判（杉本判決）

　被告（文部省）は、現代において、公教育は国政の一環として行なわれるものであるから、公教育についても民主主義の原理が妥当し、議会制民主主義をとるわが国においては国民の総意は法律に反映される建前になっており、憲法26条1項も「法律の定めるところにより」と規定しているから、法律の定めるところにより国が教育内容に関与することは認められている、と主張する。しかしながら、憲法26条は、…教育を受ける権利を実質的に保障するために国が立法その他の積極的な施策を講ずべき旨を定め、また、戦前におけるごとく勅令主義あるいは法律に基づかない恣意的な教育行政を否定し、国の行う教育行政が法律によるべき旨を定めたものではあるが、法律によりさえすればどのような教育内容への介入をしてもよい、とするものではなく、また、教育の外的な事項については、一般の政治と同様に代議制を通じて実現されてしかるべきものであるが、教育の内的事項については、すでに述べたようなその特質からすると、一般の政治とは別個の側面をもつというべきであるから、一般の政治のように政党政治を背景とした多数決によって決せられることに本来的にしたしまず、教師が児童、生徒との人間的なふれあいを通じて、自らの研鑽と努力とによって国民全体の合理的な教育意思を実現すべきものであり、また、このような教師自らの教育活動を通じて直接に国民全体に責任を負い、その信託にこたえるべきものと解せられる（教育基本法10条）……
　したがって、右改訂箇所に対する本件検定不合格処分もまた、教科書執筆者としての思想（学問的見解）内容を事前に審査するものというべきであるから、憲法21条2項の禁止する検閲に該当し、同時に、教科書の誤記、誤植その他の著者の学問的見解にかかわらない客観的に明白な誤りとはいえない、記述内容の当否に介入するものであるから、教育基本法10条に違反するものといわざるを得ない。

B 教科書裁判の目的（家永三郎）

　私の教科書の原稿と検定意見のどちらが学問的に正確であるか、あるいは教育的に適切であるということを裁判所に判断してもらうための訴訟ではなくて、国家が権力をもって教育内容に介入してはならないということを裁判所に宣言させるのが目的であった…国家が枠をはめて教育するということは、結局教育を政治の手段とするところですから、これはもう絶対にやめてもらわなければ困ると思うんです。

C 「国旗・国歌」に関する教科書検定

(1) 教科書に「日本では1999年に、日章旗（日の丸）を国旗に、君が代を国歌とする『国旗及び国歌に関する法律』が制定された。この法律は、思想・良心の自由に反するという意見もある」と書いて、検定申請本を文科省に提出しました。すると、「国旗・国歌法の制定と憲法上の思想・良心の自由との関係について学習するためには、憲法の条文解釈に踏み込む必要があり、発達段階に適応しておらず、程度が高過ぎる」という文科省の検定意見（指摘事項）がつきました。

(2) そこで、「…この法律が学校行事などに強制されることをあやぶむ声もある」という修正表を提出しました。しかし、調査官から「法律が強制されるのはあたりまえのことであって、この訂正では通らない。また、この法律への批判記述を通すことは難しい」という意見が届きました。

(3) これに対し、「法律一般の強制を言っているのではなく、この法律と学校行事との関係を述べているのだ」と反論し、「…この法律を受けて、当時の文部大臣は、ある新聞で、『成立によって、論議あるものに結論が出たことは良かった。これで指導を強めたり、無理やり君が代を歌わせることはしない。学校現場では平和にやっていただきたい』と語った」という制定当時の有馬文部大臣の発言を書きました。それでも「ここまで立ち入った記述が必要なのか」というのが調査官の意見でした。さらに検討を加え、当時の野中官房長官の「生徒や児童の内心に入ってまで強要するものではない」ではどうかと、調査官に伝えましたが、それでも納得しませんでした。

(4) 最終的には、「日本では1999年に、日章旗（日の丸）を国旗に、君が代を国歌とする『国旗及び国歌に関する法律』が制定された」だけになりました。

9　秘密保護法と国民の「知る権利」

【授業のねらい】　秘密保護法は、国民の「知る権利」を奪う可能性がある。この法律によって言論・出版・表現の自由が尊重されない社会になるのか、考えを深める。

❖ 教材研究 ❖

①秘密保護法は、どのように定められたか

　2013年12月6日に「特定秘密の保護に関する法律」（秘密保護法）が成立し、13日に公布された。この法案は、国会での審議が不十分だったが、与党の強行採決で成立した。また、採決前の公聴会も、アリバイづくりの場であった。政府のパブリックコメント（「特定秘密の保護に関する法律案の概要」に対する意見募集の結果、2013年10月4日）でも右のように反対の意見が多かった。それにも拘らずの採決であった。

　また、世論調査（『毎日新聞』2013年11月12日付）の「政府は都合の悪い情報を隠すおそれがあると思うか」という問いに対して、「思う」85％、「思わない」10％、「無回答」5％となっていた。「法案反対」は59％、「賛成」は29％である。その他の世論調査の結果もほぼ同様であった。東京新聞は、「朝日、毎日、日経の11、12月の調査では法案に反対する人が賛成を24〜30ポイント上回った。共同通信は賛成が反対をわずかに上回り、産經は『必要』とする回答が『必要ない』より多かった。調査は各社とも9〜12月に複数回実施。朝日、毎日、日経、産經は最新の調査ほど『賛成・必要』が減り、『反対・必要でない』が増えている。法案を必要とする意見の多い産經の調査でも、『今国会で成立させるべきだ』と回答したのは13％で、83％は『慎重に審議すべきだ』とした。『知る権利が守られると思わない』63％（共同）など、懸念の声は多い」（『東京新聞』2013年12月4日付）と伝えている。

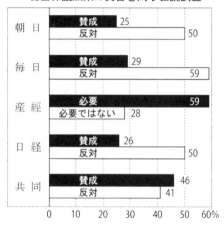

　このように、国民の意思や願いと相反する結果となった。国会審議の最中に、与党・自民党の石破茂幹事長から、「今も議員会館の外では『特定機密保護法絶対阻止！』を叫ぶ大音響が鳴り響いています。いかなる勢力なのか知る由もありませんが、…ただひたすら己の主張を絶叫し、多くの人々の静穏を妨げるような行為は決して世論の共感を呼ぶことはないでしょう。主義主張を実現したければ、民主主義に従って理解者を一人でも増やし、支持の輪を広げるべきなのであって、単なる絶叫戦術はテロ行為とその本質においてあまり変わらない…」というブログが発信された。ここに、「秘密保護法」の本質を垣間みることができる。

　中学生の投書（『毎日新聞』2013年12月22日付）に「秘密保護法は見直せ」というのがあった。「私が通っている学校では、ニュースキャスターという試みをやっています。…私は、特定秘密保護法が成立したことを発表しました。この法は野党の協力を得られないまま、与党のみの賛成で成立したと携帯の速報ニュースに書いてありました。私は、それを観た時、『ねじれ解消』は本当に正しかったのかと疑問に思いました。『ねじれ解消』をした当初は、良かったと子どもながらに思っていました。しかし、この法の成立のやり方はとても強引でした。この法律は、国民の知る権利が損なわれるおそれがあります。それなのに、なんであんなに急がなければいけないのか、私には分かりません。だから私は、この法を修正するなどもう一度しっかりと、見直してほしいと思います。」（東京都・中学生・N子）

②言論弾圧、国民の「知る権利」の侵害の事例
　これまでにも、横浜事件、ビキニ被災事件、そして西山事件など、「知る権利」が侵された事例があった。

　横浜事件は、1942～45年に当時の神奈川県警特高課が雑誌編集者や学者たち約60人を逮捕した言論弾圧事件である。特高の拷問で4人が獄死し、30人が有罪判決を受けた。この事件は特高による「でっち上げ」であった。第一次再審請求がおこなわれたのは1986年、刑事補償請求が認められ24年をかけた裁判が終わったのが2010年であった。事実上の無罪判決である。

『全記録：横浜事件・再審裁判』（高文研）

　ビキニ被災事件は、1954年3月1日、第五福竜丸など漁船がアメリカの水爆実験（ビキニ環礁）で放射能を浴びた事件である。アメリカは、第五福竜丸がスパイをしていたかのような発言をしている。4月9日に、当時の岡崎外相は「米の水爆実験には協力する」と演説した。ちょうど、この時期に、「原発導入」「安全神話」のシナリオが進められていた。また、政府の発表で同年末までに856隻の漁船が被災していたにも拘らず、被害の実態などは明らかにされないまま、1955年に、アメリカは7億2000万円の見舞金を支払うことで解決とした。どのような日米交渉があったのか、1991年の日米の外交文書一部公開まで、情報は隠されていた。

　西山事件は、毎日新聞記者の西山太吉が、1972年沖縄返還時の「日米間の密約」情報を国会議員に漏洩したとして逮捕、有罪になった事件である。2000年に密約を裏付けるアメリカの文書が見つかるとともに、2010年、民主党政権下で密約が存在していたとの検証を経て報告書が出された。西山は、2013年11月、参議院国家安全保障に関する特別委員会で参考人として、「日米関係の非常に重要な政治、経済、軍事、そういったような、国民にとって一番知らなくちゃいけないことです。日本の国家の存立基盤は日米安保体制だと言っているんで、国民はそれに存立を委ねているわけですからね、生命、財産を。でしたら、その情報は、少なくとも結論が出たら、双方の了解が成立したら正確に国民に伝達して、そして協力を要請すると、これ民主主義のイロハのイだ」（国会会議録検索システムより）と発言した。

《参考》法政大学大原社会問題研究所「横浜事件」　http://oohara.mt.tama.hosei.ac.jp/rn/senji2/rnsenji2-223.html
　　　　横浜事件・再審裁判＝記録／資料刊行会『全記録　横浜事件・再審裁判』（2011年）
　　　　参議院「西山発言」　http://kokkai.ndl.go.jp/SENTAKU/sangiin/185/0180/18511210180006a.html

③秘密保護法の問題点
　問題点は、国民もメディアも「不当な行為」で処罰の対象となり国民の「知る権利」が阻害されること、情報公開も「例外」扱いの拡大で60年を超えることもあること、さらに特定秘密の範囲が膨大であること、そのチェックも機能しないおそれがあり、ときには行政の違法行為まで秘密になること、国会への情報提供も定まっていないこと、漏洩すれば国会議員も懲役刑になること、テロの定義も曖昧で恣意的な解釈もあり得ること、などである。法案成立後、監視社会を招き国民主権を否定するとして施行差止訴訟も起きた。しかし、政府は、2014年10月14日の閣議で、運用基準と同法の施行日を2014年12月10日とする政令を公布した。その閣議は、たった11分間である。知る権利を明記したものの問題点は残ったままである。特定秘密の対象となるのは、安全保障に関する情報で「防衛」「外交」「特定有害活動（スパイ行為等）の防止」「テロリズムの防止」となっている。このうち「スパイ」「テロ」を口実にした監視体制を担うのは警察である。何をもって「スパイ」「テロ」とするかは曖昧であり、過剰なま

秘密保護法案廃案を求める集会
（2013年12月6日、日比谷野音）

でも国民を監視することになりかねない。拡大解釈によって国民の人権が侵害される可能性がある。「単なる絶叫戦術はテロ行為」と断定した発言は、そのことを示唆している。

《参考》首相官邸「秘密保護法の条文」 http://www.kantei.go.jp/jp/topics/2013/headline/houritu_joubun.pdf
　　　　自由法曹団・秘密保護法プロジェクト編『これが秘密保護法だ 全条文徹底批判』（合同出版、2014年）
　秘密保護法案をめぐる新聞各紙の社説。各社の社説を比較したものが朝日新聞から配信された（2013年11月24日）。メディアからの批判が集中していることがわかる。ここから、法案と人権についての問題点を考えることができる。

朝日	×	表現の自由という基本的人権にかかわる法案だ。たった２週間あまりの審議ですませるなど、とうてい認められない。（11月23日）
毎日	×	そもそも特定秘密の範囲があいまいなうえ、行政が恣意的に指定できる余地がある仕組みだ。将来に禍根を残すと危惧せざるを得ない。（11月18日）
読売		重要なのは、一定期間を過ぎれば、原則公開し、後世の歴史的検証を受けるという視点である。（11月8日）
日経		このままの形で法案を成立させることには賛成できない。指定できる対象は徹底して絞り込み、明確にしなければならない。（11月16日）
産經	＊	日本を取り巻く安全保障環境は厳しさを増している。国の安全や国民の生命財産を守るため、情報の入手や保全の重要度が高まっている。（10月22日）
東京	×	国会や司法のチェック機能も働かない。致命的な欠陥だ。何より深刻なのは国会議員さえ処罰し、言論を封じ込めることだ。（11月8日）
信濃毎日	×	警察などの監視が強まるだろう。国家行政の問題点を追及し、変えてきたのは市民の力でもある。それが機能しなくなるとしたらマイナスだ。（10月27日）
西日本	×	民主主義の根幹を脅かしかねない法案だ。もし、漏らしたら厳罰を科すという特定秘密なのに、その定義も範囲も曖昧なままだ。（11月16日）
福島民報		原発事故の取材では、保安対策などを理由に制限が加えられてきた。秘密保護法で制限に拍車が掛かることはないのか。安倍首相が「制御されている」とした汚染水の実態はどうだろう。（10月14日、論説）
琉球新報	×	日米軍事一体化を加速させる狙いがあり、集団的自衛権の行使容認が視野にあるのだろう。秘密保護は自衛隊法など現行法で十分可能なはずだ。（9月23日）

　　各紙へのアンケート（賛成＝○　修正＝△　廃案＝×　明確に言えない　の４択）や社説をもとに作成。
　　空欄は選択せず。＊印は「修正した上で成立を」。

●資料と扱い方
A　秘密保護法（この法律の解釈適用）。第22条をもとに、言論・出版・表現の自由が侵害されると知る権利が奪われること、配慮では守れないこと、報道が公益を図る目的としていること、報道業務以外の不当な方法を判断するのは誰か、研究者の取材を阻害することなどが問題である。
B　特定秘密が指定されると…。『東京新聞』（2013年11月22日付）の図版をもとに作成した秘密保護法のあらましである。特定秘密の対象の問題をはじめ、取扱い管理者に「そそのかしたらどうなるか」、管理者が「漏らしたらどうなるか」「適性評価」にみる問題を考え合う（刑罰の重さ、適性評価が家族にまで及ぶことなど）。
C　秘密保護法の廃止を求める日本弁護士連合会会長の声明。声明の一部を引用、施行日の2014年12月10日に発信された。各地でも廃止を求める運動が起きている。秘密保護法が施行されたが、廃止を求める人たちの意見から問題点を考えることができる。新聞社の社説、過去の事例なども活用する。

❖ 授業の資料 ❖

A 秘密保護法（この法律の解釈適用）

第22条 この法律の適用に当たっては、これを拡張して解釈して、国民の基本的人権を不当に侵害するようなことがあってはならず、国民の知る権利の保障に資する報道又は取材の自由に十分に配慮しなければならない。 2 出版又は報道の業務に従事する者の取材行為については、専ら公益を図る目的を有し、かつ、法令違反又は著しく不当な方法によるものと認められない限りは、これを正当な業務による行為とするものとする。

B 特定秘密が指定されると…

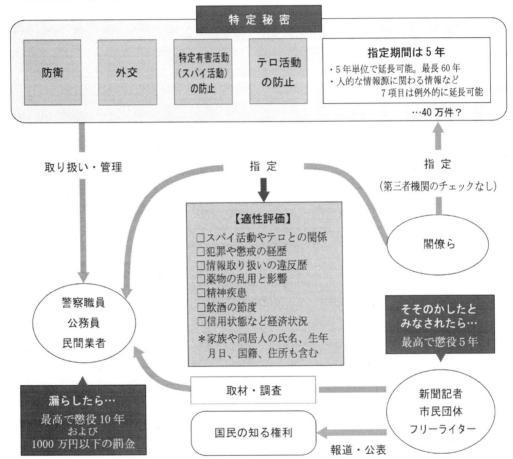

C 秘密保護法の廃止を求める日本弁護士連合会会長の声明

当連合会は、本法律に対して、国民の知る権利を侵害し国民主権を形骸化するものであるとして、法案段階から再三にわたって反対の意見を表明してきた。その理由は、国が扱う情報は、本来国民の財産として国民に公表・公開されるべきものであるにもかかわらず、本法律は、行政機関が秘密指定できる情報の範囲が広範かつ曖昧であり、第三者のチェックができず、チェックしようとする国民、国会議員、報道関係者等を重罰規定によって牽制する結果、主権者国民が正しい意思決定を行うために必要な情報にアクセスできなくなるからである。……2013年12月の本法律制定過程においても、主権者に対する十分な説明は存在せず、国民的な議論が尽くされたとは到底言えないのであり、民主主義国家における主権者の信任を得たものとはおよそ評価できない。

10　職場と思想・良心の自由

【授業のねらい】　憲法は思想・良心の自由を保障しているが、実際はどうか。働く人たちの職場で思想・良心の自由が侵害されている事例をもとに考える。

❖ 教材研究 ❖

　憲法第11条は「国民は、すべての基本的人権の享有を妨げられない」と定めている。しかし、企業内では、正規社員には労働組合に加入する権利を認めているが、非正規社員には認めないということがある。また、憲法が保障している権利が守られていないことがある。佐高信は企業を「憲法番外地」と語る。「反憲法的存在の企業が一方にあるのにそこに何もメスを入れずに、あるいはほとんど知らないで憲法を教えるということは、どういう結果を生むか。つまり、憲法なり基本的人権を、一所懸命に教えれば教えるほど、生徒はそれがあたかも日本にあるんだという錯覚のまま会社に入っていく。ところが会社の中にそれは全然ないのである。だから、ない状況を教師がきちっと知ったうえで、それを打ち破る武器としての憲法というふうに教えないと、大変な錯覚を生徒に与えることになる」(佐高信『憲法から斬る』岩波書店、1997年) と指摘する。人権感覚は教師が留意しておかなければいけない。「思想・良心の自由」を侵害する事例を調べてから授業に臨みたい。

①三菱樹脂事件

　かなり前だが、いまも起こりうる事例である。1963年に高野達男は東北大学を卒業し、三菱樹脂に入社した。しかし、3か月の試用期間が終了する6月25日に本採用を拒否された。会社側の理由は、高野が入社試験の面接の際、学生運動に加わっていたことを隠していたということだった。「君の身上調書には記載すべき点が記載されていない。君の思想は好ましくない」という。高野は、会社が雇用契約上の個人の思想を理由に解雇するのは憲法違反だと考えて、裁判所に訴えを起こした。

　1968年6月、東京高裁（二審）は「人の思想・信条は身体と同様本来自由であるべきものであり、その自由は憲法第19条の保障するところである」という判決を下し、解雇を無効とした。会社側は、その後、最高裁に上告した。最高裁は、人権規定は私人相互間には原則として直接適用されることはなく、企業が特定の思想・信条を理由として採用を拒否することも企業の自由であるとして二審の判決を破棄し、審理を東京高等裁判所に差し戻す判決を下した。1976年3月、東京高裁で訴訟上の和解で決着する。和解の条件は、「会社復帰」「解決金を会社が支払う」「会社は不利益待遇をしない」というもので、原告の高野は、1976年6月に会社に復帰することができた。その後、高野は子会社の社長にまでなったが、2005年8月、65歳で亡くなった。

②東電思想差別事件

　1976年10月に、1都5県の原告142名（後に二次原告を加え165名）が6地裁（東京、横浜、前橋、千葉、甲府、長野）へ訴えを起こしてはじまった。東京電力（東電）は、職場で組合活動やサークル活動に参加していた原告たちを共産党員やその支持者だから差別するといい、原告の仕事とは無関係に賃金差別や村八分、私生活への干渉などをしてきた。裁判は19年に及び、1993年8月の前橋、93年12月の甲府、94年3月の長野、94年5月の千葉、94年11月の横浜と、原告の主張が認められ、東京地裁の判決を待つことなく1995年12月25日に原告と東京電力との間で全面解決（高裁での和解）した。

　被告の東電は、賃金差別について、原告が昇級せず給料が低いのは職務遂行能力や勤務態度が劣悪だからだと主張した。したがって裁判では、原告の業績や能力が劣悪だったことを立証しない限り、被告の東電の言い分は通用しない。甲府地裁での証言では、「仕事はまじめでも共産党員や同調者であるから、どんなに一生懸命やっても結局だめだ。評価されない」というのがあった。千葉地裁の判決は、「原告は政治的思想だけで、職級、職務上の差別をされない権利を持つ。東電の差別は

5回連続の勝訴判決

1993年8月24日	前橋地裁判決（勝訴）
1993年12月22日	甲府地裁判決（勝訴）
1994年3月31日	長野地裁判決（勝訴）
1994年5月23日	千葉地裁判決（勝訴）
1994年11月15日	横浜地裁判決（勝訴）

この権利を侵害する」として、差額分の賃金と慰謝料などの支払いを命じた。業績や能力について、同期同学歴の社員の平均賃金との格差は大きく、差額には能力の査定で生じた分もあるが、少なくともその3割は損害となるとした。和解では、解決金の支払いや処遇の見直しがおこなわれることになった。思想差別事件としては、典型的な事例である。

憲法が保障すれば人権が尊重される、守られるということではない。権利を侵害された人たちの闘いによって権利の回復が実現している。まさに、憲法がいう「国民の不断の努力」が求められる。

> 合意書
>
> 東京電力株式会社と東京電力差別撤廃闘争支援共闘中央連絡会議・原告団は、左記事項について合意した。
>
> 記
>
> 東京電力株式会社に勤務する従業員百六十五名(訴訟の承継により原告数は百六十七名)が会社に対して思想信条を理由とした賃金差別等に基づく損害賠償を求めて係争してきた訴訟は、五つの地方裁判所の判決及び東京高等裁判所第九民事部の和解勧告を経て、双方当事者が全面解決のために誠実に交渉を続けてきた結果、今般、互譲の精神のもと、全ての訴訟(一次訴訟と二次訴訟)を全面解決することに合意し、本日円満に、裁判上の和解成立とともに協定書の締結に至った。
>
> 十九年という長い歳月にわたって係争が続いたことは、原告団・家族ならびに会社にとって不幸であり、遺憾なことだった。この解決を機に、二度とこのような事件が起こらぬよう努力することを。相互に確認した。
>
> 一、処遇の見直し
> 　会社は、雇用関係にある原告について、処遇の見直しを行う。
> 二、解決金の支払い
> 　会社は原告団に対し、解決金を支払う。
> 三、双方の誓約
> 　会社は、雇用関係にある原告を将来にわたって公正に扱うことを約束し、右原告は、自らの職務に精励することを約束する。
>
> 以上
>
> 平成七年十二月二十五日

《参考》『きりひらこうあしたを―写真でみるたたかいの歩み』(1996年12月)
労働政策研究支援情報データベース http://www.jil.go.jp/hanrei/conts/095.htm

③公務員と「君が代」

東京都教育委員会は、2003年、「入学式、卒業式等における国旗掲揚及び国歌斉唱の実施について」という「10.23」通達を出した。もし教職員が従わなければ、処分するということがはじまった。以来、他の府県でも「君が代」強制の動きが強まった。大阪府は2011年6月、府内のすべての公立学校教職員を対象に、国歌斉唱時の起立・斉唱を義務づける「大阪府の施設における国旗の掲揚及び教職員による国歌の斉唱に関する条例」を制定した。大阪市も「大阪市の施設における国旗の掲揚及び教職員による国歌の斉唱に関する条例」を2012年2月に制定した。

これは、1999年に「国旗国歌法」が制定されたことを受けてのことだ。しかし、この法律制定時に「強制はなじまない」「内心の自由」というのが政府の見解であった。また、尊重義務や罰則もない。それにも拘らず、文科省の指導は強制に向かった。さらに、2006年の教育基本法「改正」を受けて、強制の度合いが強まった。

大阪の橋下徹市長は、府知事だった2011年に「バカ教員の思想良心の自由よりも、子どもたちへの祝福が重要だろ！だいたい公立学校の教員は、日本国の公務員。税金で飯を食べさせてもらっている。国旗、国歌が嫌なら、日本の公務員を辞めろって言うんだ。君が代を起立して歌わない自由はある。それは公務員以外の国民だ」(5月19日)とツイッターで発信している。さて、公務員には「思想・良心の自由」は保障されないのだろうか。

精神的自由権のなかでも「思想・良心の自由」は、何らの条件なしに保障されている。権力者が侵害してはならないことまで憲法は書き込んでいる。国籍、職業を問わず、公務員、裁判官であっても、犯罪者であっても「内心の自由」は人類普遍の権利である。それで処罰などを受けることがあってはならない。「君が代」をめぐっての事件で、処分を受けた東京の教職員が訴えてはじまった裁判では、

次のような判決が下されている。
　2012年1月、最高裁は「減給以上の懲戒処分の選択には慎重な考慮が必要」と判断し停職処分を取り消した。都の賠償責任の有無は審理を差し戻した。東京高裁は、差し戻し控訴審で「都に慰謝料30万円の支払い」を命じていたが、都は上告していた。2013年7月12日、最高裁は、都の上告を受理しない決定を下し、東京高裁判決が確定した。
　《参考》最高裁判例　http://www.courts.go.jp/search/jhsp0030?hanreiid=81893&hanreiKbn=02

④ほかにもある「思想・良心の自由」侵害事件
　石川島播磨重工業の思想差別・不当労働行為事件は、反共労務政策が40年にわたっておこなわれてきた。職場の共産党撲滅を目標に「計画管理名簿」を作成し、「口をきくな」「職場の行事に参加させない」などと名簿に載った社員を村八分にする。また、昇進させないなど人事管理をおこなった。2007年1月19日、石川島播磨重工業との間で、思想差別・不当労働行為の再発防止協定と併せて、6事業所の労働者168名との間で全面的和解が成立した。
　倉敷紡績「思想差別」事件も、共産党員を敵対するものとして差別的取扱いをしていた事件である。2003年、大阪地裁で差別を受けた労働者に慰謝料支払いが認められた。戦後間もなくGHQと政府によって進められたレッドパージが、その後もかたちを変えて起きていたと見ることもできる。

⑤秘密保護法と思想の自由
　前時のテーマで取り上げた「秘密保護法」の先取りとなる事例に、防衛省の「思想調査」がある。「防衛省が防衛機密を取り扱う自衛官や同省職員に対し、宗教や政党、交際中の異性などを申告させていることが、同省の内部資料で分かった。本人以外の広範な人のプライバシーを侵害するとともに、個人の思想信条に立ち入る内容は憲法が保障する思想・良心の自由に反する恐れがある」（『東京新聞』2013年3月15日付）と報道された。
　この記事によると、内部資料は、「身上明細書」にある調査事項が19項目で、所属団体に関する質問に、「クラブ、連盟、運動、宗教、趣味」の名称と所在地、所属機関など。記入要領には、「政治、経済等の団体、出身学校関係の親睦団体からスポーツクラブ」など、現在過去を問わずあらゆるものを記入するように指示している。交友関係の質問では、交際中の異性、家族ぐるみの交際、帰省時や年に数回会う人物まで、名前、生年月日、住所、職業、勤務先まで記入させているという。外国への渡航歴や住宅ローン負債額まである。これは、秘密保護法制定に先立つ「秘密取扱者的確性確認制度」（2009年4月施行）に基づくものとされている。自衛隊と無関係である国民の個人情報が集められる可能性があり、その情報の漏洩が起こることも「ない」とはいえない。

●資料と扱い方
A　職場と人権、いつの時代のことか、何が問題か。授業の導入で問いかけると、「現代の問題ではない」「戦前のことだ」などの意見が出てくる。(1)は三菱樹脂事件、(2)松下電器（現在はパナソニック）の「朝会」で社訓の一部（佐高信『豊かさのかげに』岩波ジュニア新書、1992年）。(3)は東電思想差別事件。

B　就職面接の質問（思想・信条、宗教、尊敬する人物、支持政党）、不適切な内容か。これは、厚生労働省大阪労働局が、不適切な質問として提示したものをもとにしている。しかし、なかには実際の面接で、これに近い質問を受けたという例もある。なぜ不適切か、憲法をもとに説明させるとよい。

C　東京都「入学式及び卒業式における国旗掲揚及び国歌斉唱の指導について」（抜粋）。2003年「10.23」通達である。「従わない場合は、服務上の責任を問われることを、教職員に周知すること」とある。「君が代」の歌詞には、思想が込められている。「こころの自由」は、基本的人権の根幹である。処分をめぐる裁判事例とともに扱いたい。

❖ 授業の資料 ❖

A 職場と人権、いつの時代のことか、何が問題か

（1）TさんはM社に就職した。しかし、3か月後、大学生のときに政治を批判する運動に参加していたことを隠していたことを理由でやめさせられた
（2）M社は、社訓（社の教え）に「産業報国」を掲げている。
（3）T社は、労働組合やサークル活動に参加した人は共産党員や支持者だから、賃金で差別したり職場で村八分にしたりするなどをおこなっていた。

B 就職面接の質問（思想・信条、宗教、尊敬する人物、支持政党）、不適切な内容か

⑴ あなたの信条としている言葉は何ですか。
⑵ あなたは、学生運動をどう思いますか。
⑶ あなたの家の宗教は何ですか。何宗ですか。
⑷ あなたの家族は、何を信仰していますか。
⑸ あなたは、神や仏を信じる方ですか。
⑹ あなたの家庭は、何党を支持していますか。
⑺ あなたは、労働組合をどう思いますか。
⑻ あなたは、政治や政党に関心がありますか。
⑼ あなたの尊敬する人物を言ってください。
⑽ あなたは、自分の生き方についてどう考えていますか。
⑾ あなたは、いまの社会をどう思いますか。
⑿ あなたは、将来、どんな人になりたいと思いますか。
⒀ あなたは、どんな本を愛読していますか。
⒁ あなたが、学校外で所属している加入団体を言ってください。
⒂ あなたの家では、何新聞を読んでいますか。

C 東京都「入学式及び卒業式における国旗掲揚及び国歌斉唱の指導について」（抜粋）
　　　── 都立高等学校長　都立盲・ろう・養護学校長あて
1　学習指導要領に基づき、入学式、卒業式等を適正に実施すること。
2　入学式、卒業式等の実施に当たっては、別紙「入学式、卒業式等における国旗掲揚及び国歌斉唱に関する実施指針」のとおり行うものとすること。
3　国旗掲揚及び国歌斉唱の実施に当たり、教職員が本通達に基づく校長の職務命令に従わない場合は、服務上の責任を問われることを、教職員に周知すること。
＜別紙＞
2　国歌の斉唱について／入学式、卒業式等における国歌の取扱いは、次のとおりとする。
（1）式次第には、「国歌斉唱」と記載する。
（2）国歌斉唱に当たっては、式典の司会者が、「国歌斉唱」と発声し、起立を促す。
（3）式典会場において、教職員は、会場の指定された席で国旗に向かって起立し、国歌を斉唱する。
（4）国歌斉唱は、ピアノ伴奏等により行う。
3　会場設営等について／入学式、卒業式等における会場設営等は、次のとおりとする。
（1）卒業式を体育館で実施する場合には、舞台壇上に演台を置き、卒業証書を授与する。
（2）卒業式をその他の会場で行う場合には、会場の正面に演台を置き、卒業証書を授与する。
（3）入学式、卒業式等における式典会場は、児童・生徒が正面を向いて着席するように設営する。
（4）入学式、卒業式等における教職員の服装は、厳粛かつ清新な雰囲気の中で行われる式典にふさわしいものとする。

11 靖国参拝と信教の自由

【授業のねらい】 憲法第20条で、誰もがどんな宗教を信仰するかは自由であり、国が個人の信仰に介入せず、どんな宗教団体にも援助してはいけないことになっている。しかし、靖国神社公式参拝問題が起きている。この事例をもとに信教の自由を考える。

❖ 教材研究 ❖

靖国神社に首相が参拝すると、韓国や中国からの反発が強まり外交問題になっている。そうすると、国内からは、韓国や中国バッシングが起こる。「なぜ、批判するのか。戦争で亡くなった人を慰霊して、なぜ悪い」というものである。また、「みんなで靖国神社に参拝する国会議員の会」という超党派の議員連盟がある。政治と宗教の分離が憲法の原則だが、靖国神社は別格の扱いになっている。靖国神社がどういう神社なのか、その歴史から教材研究である。

①靖国神社の歴史

神社・神道の祭神を祀るということは宗教行為である。しかし、多くの神社は大勢の死者を神として合祀するということはしていない。祭神は海・山・川などの自然や日本の神話や伝説に登場する神であり、そうした祭神を複数祀ることを合祀と言った。しかし、靖国神社や護国神社はその例外である。

帝国憲法第28条は、「日本臣民ハ安寧秩序ヲ妨ケス及臣民タルノ義務ニ背カサル限ニ於テ信教ノ自由ヲ有ス」と定め、信教の自由を認めている。しかし、「神社は宗教にあらず」とし、神社を「国家が祀るべき公的施設」と位置づけた。神社神道をほかの宗教とは異なる扱いにしたのである。アジア太平洋戦争中は、国民の神社への参拝を強制したり他の宗教を弾圧したりした。こうして帝国憲法下で、靖国神社は生まれ育てられてきた。日本の伝統と言われる神社神道と明治以後の靖国神社とは、同じ神社でも出発点が異なっている。右の通り1869年に東京招魂社が靖国神社の前身である。靖国神社と護国神社は、明治以後生まれた人も祭神として祀る。靖国神社の祭神は、戦争に従軍し戦没者となった軍人や軍属・学徒、戦争犯罪人なども含まれる。その数は、246万6000余である。靖国神社は「国家のために一命を捧げられた方々を慰霊顕彰すること」としているが、同じ戦争の犠牲者であっても空襲で亡くなった多くの民間人、西南戦争の賊軍は祀らない。ここに靖国神社の特別な性格がある。

靖国神社と護国神社

1869年	東京招魂社を創建。戊辰戦争の新政府軍の戦没者を祀る
1877年	西南戦争により戦没者を合祀
1879年	東京招魂社は別格官幣社靖国神社と改称
1939年	地方の招魂社を護国神社と改称
1946年	靖国神社の宗教法人化

靖国神社の境内に入ると、そこは別世界である。爆弾三勇士のレリーフもあれば憲兵を顕彰する碑もある。戦争を賛美する場所である。併設されている「遊就館」には、零戦（戦闘機）や靖国の神々の展示があり、戦争の呼称も「大東亜戦争」である。

《参考》靖国神社「遊就館」 http://www.yasukuni.jp/~yusyukan/
田中伸尚『靖国の戦後史』（岩波新書、2002年）
高橋哲哉『靖国問題』（ちくま新書、2005年）
東京の戦争遺跡を歩く会編『靖国神社・遊就館』（平和文化、2006年）

②靖国公式参拝問題

敗戦後、靖国神社は、GHQの神道指令によって、国家神道の禁止と政教分離を命令し、民間の宗教団体（宗教法人）となった。日本国憲法で、第20条の信教の自由という基本的人権の保障、第89条の公金を宗教団体へ支出や便宜をはかってはいけないという政治と宗教分離の原則がつくられ、国民を縛ってきた明治以後の国家神道は崩れた。

これに対し、日本遺族会は戦没者を追悼する施設として、靖国神社の国家護持を要請していた。1969年に自民党は「靖国神社法案」を国会に提出し、74年には、この法案が衆議院で可決される。しかし、宗教的行為の疑いが強く反対運動も広がり、参議院で廃案となった。首相の公式参拝が問題になったのは、これ以後のことであり、三木武夫首相が1975年8月15日の「終戦記念日」に戦後初めて参拝した。三木首相以後の靖国参拝は、右表の通り。

1978年の福田赳夫首相は、公式参拝について、「政府行事としての決定がされるか、玉串料の公費支出が判断基準」という政府統一見解を出して私人を強調する。1980年の鈴木善幸首相は、「公式参拝は違憲の疑いを否定できない」という政府見解だった。中曽根康弘首相は、「閣僚の靖国神社参拝問題に関する懇談会」を立ち上げ、1985年に、宗教色を薄めた参拝であれば、公式参拝も憲法が禁止する宗教色にはあたらないという新見解を示した。

三木首相以降の靖国参拝（2015年8月1日現在）

首相	回数	
三木 武夫	3	1975.4.22, 8.15／1976.10.18
福田 赳夫	4	1977.4.21／1978.4.21, 8.15, 10.18
大平 正芳	3	1979.4.21, 10.18／1980.4.21
鈴木 善幸	9	1980.8.15, 10.18, 11.21／1981.4.21, 8.15, 10.17／1982.4.21, 8.15, 10.18
中曽根康弘	10	1983.4.21, 8.15, 10.18 1984.1.5, 4.21, 8.15, 10.18 1985.1.21, 4.22, 8.15
竹下 登	なし	
宇野 宗佑	なし	
海部 俊樹	なし	
宮沢 喜一	(1*)	(1992.11)
細川 護熙	なし	
羽田 孜	なし	
村山 富市	なし	
橋本龍太郎	1	1996.7.29
小渕 恵三	なし	
森 喜朗	なし	
小泉純一郎	6	2001.8.13／2002.4.21／2003.1.14 2004.1.1／2005.10.17／2006.8.15
安倍 晋三	なし	
福田 康夫	なし	
麻生 太郎	なし	
鳩山由紀夫	なし	
菅 直人	なし	
野田 佳彦	なし	
安倍 晋三	1	2013.12.26

＊宮沢首相は非公表で参拝（公式に確認されていない）

公式参拝は、こうしてはじまるが、近隣諸国の反発を招き、1986年から公式参拝は見送りになった。橋本龍太郎首相の場合も「公式か私的か」を明確にしない参拝であった。ところが、小泉純一郎首相の在任中に、靖国参拝が繰り返されていく。談話では、先の大戦が侵略戦争であったことを指摘し、「戦争犠牲者の方々すべてに対し、深い反省とともに、謹んで哀悼の意を捧げたいと思います。…私は、あの困難な時代に祖国の未来を信じて戦陣に散っていった方々の御霊の前で、今日の日本の平和と繁栄が、その尊い犠牲の上に築かれていることに改めて思いをいたし、年ごとに平和への誓いを新たにしてまいりました」（首相官邸ＨＰより）と述べ、靖国参拝を位置づけた。信念を説明すれば、わが国民や近隣諸国の方々にも必ず理解を得られるとしたが、納得のいくものではなかった。

政治家の靖国神社参拝が問われるのは、靖国神社が特別の施設であるとともに、祭神には、アジア太平洋戦争のA級戦犯14人（東京裁判の判決）も合祀されていることが問題である。1978年10月17日の秋の例大祭前日に、密かに合祀し、合祀がわかると天皇は参拝しなかった。また、日本の侵略戦争で犠牲になったアジア諸国から見れば、侵略戦争を進めた人たちが祭神となっている靖国神社に日本の政治家・指導者が参拝することは、許しがたいことであった。かつての戦争に対する反省も謝罪もないことを意味しているからである。

《参考》首相官邸 追悼・平和懇談会　http://www.kantei.go.jp/jp/singi/tuitou/dai2/gijisidai2.html

小泉首相以後、安倍晋三首相の2013年の参拝まで、首相の靖国参拝はおこなわれなかった。安倍首相の参拝は、近隣諸国の反発を生んだだけでなく、日本が同盟国と位置づけているアメリカ政府からも「失望した」という談話が出された。安倍首相の談話にも、靖国参拝は「政治問題、外交問題化」という文言があり、外交問題に見えるが、日本の国内問題でもある。それは、日本が進めた戦争が侵略戦争であったことを認めるかどうかが、靖国参拝の分岐点となっているからである。侵略戦争であったことを認めない政治家は、靖国参拝に違和感を持たない。これが、日本の靖国参拝の背景にある歴史認識問題である。

③政教分離と靖国参拝違憲訴訟

首相の靖国参拝の日は、4月と10月の特定の時期、最も重要な祭事とされている靖国神社の例大祭の時期に重なっていることが、もう一つの靖国参拝の問題である。国が特定の宗教を支援したり便益を与えたりすることは、憲法が認めていない。憲法20条の国民の基本的人権を損なう行為であるからだ。

政教分離を求める裁判には、これまで「津地鎮祭訴訟」「自衛官合祀訴訟」「箕面忠魂碑・慰霊祭訴訟」「岩手靖国訴訟」「愛媛玉串料訴訟」などがあるが、岩手と愛媛は、違憲で確定している。愛媛の訴訟は、これまでの訴訟の判断を踏襲し、憲法20条ならびに憲法第89条「公金その他の公の財産は、宗教上の組織もしくは団体の使用、便益若しくは維持のため、又は公の支配に属しない慈善、教育若しくは博愛の事業に対し、これを支出し、又はその利用に供してはならない」に違反するとした。

靖国公式参拝の裁判では〈授業の資料〉にあるように、違憲かどうかが争われた。九州訴訟と関西訴訟は中曽根首相の参拝について、九州・山口訴訟と大阪訴訟（一次、二次）は小泉首相の参拝についてである。大阪訴訟二次の大阪高裁判決は違憲で確定している。司法の判断が下されても、その時々の首相や政府の都合の良い解釈で靖国参拝が繰り返されてきた。安倍首相の靖国参拝に対しても、すでに提訴されている。

安倍首相の談話（抜粋、2013年12月26日）

> 「本日、靖国神社に参拝し、国のために戦い、尊い命を犠牲にされた御英霊に対して、哀悼の誠を捧げるとともに、尊崇の念を表し、御霊安らかなれとご冥福をお祈りしました。…
>
> 靖国神社への参拝については、残念ながら、政治問題、外交問題化している現実があります。
>
> 靖国参拝については、戦犯を崇拝するものだと批判する人がいますが、私が安倍政権の発足した今日この日に参拝したのは、御英霊に、政権一年の歩みと、二度と再び戦争の惨禍に人々が苦しむことの無い時代を創るとの決意を、お伝えするためです。
>
> 中国、韓国の人々の気持ちを傷つけるつもりは、全くありません。靖国神社に参拝した歴代の首相がそうであった様に、人格を尊重し、自由と民主主義を守り、中国、韓国に対して敬意を持って友好関係を築いていきたいと願っています。…」

（外務省HPより）

●資料と扱い方

A 何を表しているか。(1)は、「五拾銭紙幣」である。「昭和17年 大日本帝國政府紙幣」（1942年）で戦時中発行されたもの（著者蔵）。紙幣に描かれているのは靖国神社である。なお、戦後の「五拾銭紙幣」は「日本政府紙幣」となっている。(2)は、2013年8月15日の靖国神社境内で撮影、そこには、旧日本軍兵士の扮装で参拝する集団がいた。

B 戦前の尋常小学修身書巻四。1920年の修身教科書に「第三　靖國神社」という項目に書かれている文章である。靖国神社をどう位置づけているがわかる。

C 主な靖国公式参拝訴訟。違憲判決が出ていることに注目し、裁判でも憲法判断が下されていることを扱う。資料は、『朝日新聞』2006年9月2日付などによる。

❖ 授業の資料 ❖

A 何を表しているか

(1)

(2)

B 戦前の尋常小学修身書巻四

「靖國神社は東京の九段坂の上にあります。この社には君のため國のために死んだ人々をまつつてあります。春（四月三十日）と秋（十月二十三日）の祭日には、勅使をつかはされ、臨時大祭には天皇・皇后両陛下の行幸啓になることもございます。君のため國のためにつくした人々をかやうに社にまつり、又ていねいなお祭をするのは天皇陛下のおぼしめしによるのでございます。わたくしどもは陛下の御めぐみの深いことを思ひ、こゝにまつつてある人々にならつて、君のため國のためにつくさなければなりません」

C 主な靖国公式参拝訴訟

九州訴訟	一審　福岡地裁 二審　福岡高裁	1989年12月14日 1992年2月28日	憲法判断示さず 継続すれば違憲
関西訴訟	一審　大阪地裁 二審　大阪高裁	1989年11月9日 1992年7月30日	憲法判断示さず 違憲の疑い
九州・山口訴訟	一審　福岡高裁	2004年4月7日	違憲
大阪訴訟一次	一審　大阪地裁 二審　大阪高裁 三審　最高裁	2004年2月27日 2005年7月26日 2006年6月23日	憲法判断示さず 憲法判断示さず 憲法判断示さず
大阪訴訟二次	一審　大阪地裁 二審　大阪高裁	2004年5月13日 2005年9月30日	憲法判断示さず 違憲

12 なくならない差別と偏見

> 【授業のねらい】 憲法第14条で「法の下の平等」を定め、差別を許さないことを明らかにしているが、私たちの社会では差別や偏見の問題が絶えない。薬害などを例に考え合う。

❖ 教材研究 ❖

これまで部落差別、アイヌ民族差別、外国人差別、障がい者差別、女性差別などがあり、現在も差別がなくなっていない。近年、日本でもナショナリズムを鼓舞し差別的で排外的な主張をするデモが過激化している。憎悪を煽るヘイトスピーチである。スポーツでも、国威発揚の場とされると、差別的排外的な行動が起きてくる。子どもたちの「いじめ」問題も差別にかかわることがある。また、サリドマイドやエイズをはじめとする薬害が原因の偏見、ハンセン病患者への偏見など、政治の不作為によって拡大した問題もある。差別や偏見をなくすことは民主主義にとって不可欠の課題である。

①排外主義を主張するヘイトスピーチ

ヘイトスピーチは、憎悪表現とか嫌がらせのスピーチという意味で、在日韓国人・朝鮮人に対して大阪や東京新宿のコリアタウンで、激しく罵るデモが繰り広げられている。ヘイトスピーチデモは、表現の自由か人種差別かが問われているが、オランダでは公の場でおこなうことは犯罪とされている。国際的にも日本の対応が問題になっている。日本で嫌韓、排外主義を煽るヘイトスピーチが横行した背景には、日本の侵略戦争を美化したり慰安婦問題をなかったことにしたりする政治家の発言が表立ったことがある。例えば、「侵略の定義は定まっていない」「慰安婦は強制ではない」という安倍晋三首相の発言がある。こうした歴史認識を味方につけて「在日特権を許さない市民の会（在特会）」などがネットでデモ参加の人集めをしている。また、ネット上の誹謗中傷も激しい。

法務省の啓発ポスター

2009年12月に京都朝鮮第一初級学校前でおこなった街宣活動に対して、京都地裁は2013年10月7日、在特会に対して「1226万円を学校側に賠償せよ」と判決を言い渡した。その概要（判示事項の要旨）は以下の通りである。

「朝鮮学校に対し、隣接する公園を違法に校庭として占拠していたことへの抗議という名目で3回にわたり威圧的な態様で侮蔑的な発言を多く伴う示威活動を行い、その映像をインターネットを通じて公開した被告らの行為は、判示の事実関係の下では、原告の教育事業を妨害し、原告の名誉を毀損する不法行為に該当し、かつ、人種差別撤廃条約上の『人種差別』に該当するとして被告らに対する損害賠償請求を一部認容し、また、一部の被告が上記学校の移転先周辺において今後同様の示威活動を行うことの差止め請求を認容した。」（裁判所「裁判例情報」）

在特会はこの判決を不服として、大阪高裁に控訴した。いっぽう、ヘイトスピーチに反対する人権団体は、集会・デモをおこない、「許さない」「人種差別撤廃」を訴えている。身近なところにある外国人差別や排外主義を問う授業の事例として活用することができる。

《参考》裁判所「裁判例情報」街頭宣伝差止め等請求事件　http://www.courts.go.jp/search/jhsp0030?hanreiid=83675&hanreiKbn=04
　　　　NHK「ヘイトスピーチ」（2013年5月31日放映）http://www.nhk.or.jp/ohayou/marugoto/2013/05/0531.html

②薬害の連鎖を断ち切るには

戦後の歴史を振り返れば、ジフテリア予防接種禍にはじまり、サリドマイド、スモン、HIVなどの薬害による被害が続いている。21世紀に入ってもタミフルと、あとを絶たない。こうした薬害問題は、被害者を救済する政治の対応が遅れたり放置し続けたりしために偏見や差別が助長された。主な薬害は、次ページの一覧の通りである。そのなかでいくつかの薬害を取り上げておきたい。

《参考》全国薬害被害者団体連絡協議会　http://homepage1.nifty.com/hkr/yakugai/

2013年薬害根絶デー（8月23日厚生労働省前道路）

主な薬害被害

時期	主な薬害	被害者数
1948年	ジフテリア予防接種	924人
1961年	サリドマイド	約1000人
1970年	スモン	1万人以上
1973年	解熱剤による筋短縮症	約1万人
1974年	陣痛促進剤	150例以上
1983年	ＨＩＶ感染（薬害エイズ）	約1400人
1989年	ＭＭＲワクチン	約1800人
1996年	ヤコブ（薬害ヤコブ病）	141人
2002年	Ｃ型肝炎ウイルス	約1万人
2002年	薬害イレッサ	847人以上
2006年	薬害タミフル	約300人
2013年	子宮頸がんワクチン	約200人

被害者数は厚生労働省ＨＰならびに薬害根絶デー実行委員会がまとめた資料による

〈サリドマイド〉これは、服用した妊娠初期の妊婦から、四肢あるいはその一部が短いなどの奇形の新生児が生まれるという薬害である。日本では、1958年に大日本製薬が睡眠薬「イソミン」の名称で販売したことからはじまる。1959年には胃腸薬に配合して市販される。同年、妊婦が飲んだサリドマイドで被害児が出生する。製薬会社は、西ドイツの事例を入手していた。厚生省（当時）も無視し続けていたため、サリドマイドは1962年9月まで販売される。患者は、西ドイツ3049、日本309、イギリス201、カナダ115、スウェーデン107、ブラジル99、イタリア86、全世界で3900例、30％の死産があったので、総数は5800と推定されている（『TERATOLOGY』-奇形学-、1988年）。日本の309人は認定数である。この薬害サリドマイドについては、映画『典子は、今』が教材になる。

被害者は、1963年6月に大日本製薬を被告に、最初の損害賠償請求として名古屋地裁に訴えた。1974年に全国のサリドマイド訴訟統一原告団と国・大日本製薬との間で和解確認書がかわされる。当時の厚生大臣は、サリドマイド事件のような悲惨な薬害が再び生じないよう最善の努力をはかることを確約した。ところが、この頃、薬害「スモン」の被害が広がり、被害者は1971年に裁判所に訴えていた。

《参考》白井のり子公式ＨＰ　http://www.smileb.com/
　　　　白井のり子『典子50歳 いま、伝えたい』（光文社、2012年）
　　　　映画『典子は、今』（松山善三監督、1981年）

〈スモン〉これは、1953年に武田薬品とチバガイギーがキノホルム入り胃腸薬を販売したことからはじまる。1955年に三重・和歌山などでスモン症状が起こる。下肢のマヒや視力障害などの末梢神経障害が多発した。症状の英語の頭文字から命名された。田辺製薬は1955年にキノホルム入りの「エマホルム」を大量に生産し、1961年、厚生省（当時）が「キノホルムは副作用がきわめて少ない」としたことで、大量に使用されることになった。1970年9月になって、厚生省は「キノホルムによりスモン発生」との中央薬事審議会報告を受け入れ、販売・使用中止となった。1978年3月1日、はじめてのスモン事件判決が金沢地裁で下され、原告・被害者が勝利した。1979年9月、スモンの全国協議会と厚生省・製薬会社3社（田辺製薬・武田薬品・チバガイギー）は和解確認書に調印した。そのなかに「被告国は、安全かつ有効な医薬品を国民に供給するという重大な責務を改めて深く認識し、今後薬害を防止するために新医薬品の承認の際の安全確認・医薬品の許可の取り消しなど、薬害を防止するために必要な手段をさらに徹底して講ずるなど行政上最善の努力を重ねる」とある。被害者に対して、厚生大臣は頭を下げ謝罪している。

〈薬害エイズ〉エイズ＝ＡＩＤＳ（Acquired Immunodeficiency Syndrome）は、後天性免疫不全症候群のことで、遺伝性の病気ではなく、病原菌から守ってくれる免疫の働きが低下し、さまざまな症状を発症する。エイズは、ヒト免疫不全ウイルス＝ＨＩＶ（Human Immunodeficiency Virus）感染によって引き起こされる。エイズの発症が確認されたのは、1981年のアメリカの症例による。その後、1983年にフランス・パスツール研究所で確認された。ＨＩＶが体内に侵入すると体内の免疫機構が働く

が、HIVを排除する以上の速さでHIVが増殖し、体内の免疫機構を破壊する。しかし、HIVに感染してもすぐに症状はあらわれない。およそ1〜7年の潜伏期間があり、必ずしもエイズ発症とは限らない。また、発症に至る期間には個人差があり、HIV感染者の数十％が発症する。代表的なものに、免疫力が低下して起こる日和見感染、カポジ肉腫などがある。現在、さまざまな治療薬があり、それを服用することでエイズ発症を予防することが可能になっている。

国連合同エイズ計画（UNAIDS）のレポートによれば、2012年末現在の世界推計は「HIV陽性者数3530万人（3220〜3880万人）、年間新規HIV感染230万人（190〜270万人）、年間エイズ関連死者数160万人（140〜190万人）」となっていた。

HIV感染源は、血液、精液、膣分泌液に大別される。感染経路は、性的接触、感染血液や血液製剤、母子感染の3つである。1982年、アメリカで血友病患者のエイズ報告があり、血液製剤に疑惑が持たれていた。1983年アメリカで加熱血液製剤が承認されるが、日本は1985年になって承認する。しかも、非加熱血液製剤を回収しなかった。そのため、血友病患者への対応が遅れ被害が拡大した。1989年、HIV感染の血友病患者・家族が国と製薬会社（ミドリ十字）を相手に提訴した。1995年に和解勧告が出され、1996年2月に当時の厚生大臣が謝罪、3月には製薬会社が謝罪し、被告が責任を全て認めて和解が成立する。国は被害者救済を患者らと協議しながら対策を講じることを約束した。和解以後、帝京大病院医師、厚生省官僚、ミドリ十字社長らが逮捕され、刑事事件の裁判に発展した。

最初のアメリカの症例が「男性同性愛者5人がカニ肺炎」ということもあって、感染者に対する偏見が生じた。日常的な交わりを拒まれたり学校への登校が断られたり、家族まで差別を受けることがあった。薬害エイズは、政治の問題とともにエイズへの無知と誤解から生じた問題でもある。

《参考》公益財団法人エイズ予防財団　http://www.jfap.or.jp/index.html
　　　　UNAIDSレポート「世界のエイズの流行に関する2013年報告書」　http://asajp.at.webry.info/201309/article_7.html
　　　　厚生労働省「薬害を学ぼう」http://www.mhlw.go.jp/bunya/iyakuhin/yakugai/index.html?utm_source=twitterfeed&utm_medium=twitter

③ハンセン病患者への差別と偏見

ハンセン病は、ノルウェーのハンセン医師が発見した「らい病」という細菌による感染症である。末梢神経が麻痺したり皮膚がただれたりするような症状で、病気が進行すると手足が変型する。この病気は、早く治療すれば治る。しかし、1907年に「癩予防ニ関スル件」という法律で一般社会から隔離した。このことで、ハンセン病は伝染力が強いという間違った偏見が広がった。1929年頃から、ハンセン病患者を強制的に隔離する運動が各県で進み、1931年には「癩予防法」がつくられ、国をあげてハンセン病絶滅政策がとられていった。この状態は戦後になっても続き、1953年、患者の反対を押し切って「らい予防法」が成立した。そのため、差別や偏見は一層強まった。

この法律は1996年に廃止されたが、隔離されていた人たちは高齢で、ハンセン病療養所の外で生活するには不安があり退所できない人もいる。1998年、隔離されていた患者が「らい予防法」違憲国家賠償請求を熊本地裁に起こし（翌年に東京や岡山も）、2001年に原告が勝訴し、これを受けて政府と国会は謝罪し、ハンセン病入所者などの患者に対する補償を決めた法律を成立させた。

《参考》厚生労働省「ハンセン病中学生向けパンフレット」　http://www.mhlw.go.jp/houdou/2003/01/h0131-5.html
　　　　国立ハンセン病資料館　http://www.hansen-dis.jp/

●資料と扱い方

A　薬害―誓いの碑。2015年の「薬害根絶デー」誓いの碑の前の行動である。碑文からわかることを出し合うとよい。Bの資料とともに連鎖がわかる。

B　主な薬害の連鎖。連鎖を断ち切るためには、薬事行政を担っている国に対応を求めること、被害や薬害問題が発生したときに私たち自身が関心を持つことなどがある。

C　ハンセン病と差別・偏見。「厚生労働省　ハンセン病中学生向けパンフレット」より引用。ハンセン病患者の声を聞き取るとともに、追悼の碑文から国の謝罪を読み取ることができる。

❖ 授業の資料 ❖

A 薬害——誓いの碑

厚生労働副大臣に要望書を手渡す子宮頸がんワクチン被害者（薬害根絶デーの2015年8月24日撮影）

> 誓いの碑
> 命の尊さを心に刻みサリドマイド、スモン、ＨＩＶ感染のような医薬品による悲惨な被害を再び発生させることのないよう医薬品の安全性・有効性の確保に最善の努力を重ねていくことをここに銘記する
> 千数百名もの感染者を出した「薬害エイズ」事件
> このような事件の発生を反省し
> この碑を建立した
> 　　平成11年8月　　　　厚生省

B 主な薬害の連鎖

1948年	ジフテリア予防接種	1989年	ＭＭＲワクチン
1961年	サリドマイド	1996年	薬害ヤコブ病
1970年	スモン	2002年	薬害イレッサ
1973年	筋短縮症	2002年	Ｃ型肝炎ウイルス
1974年	陣痛促進剤	2006年	薬害タミフル
1983年	薬害エイズ	2013年	子宮頸がんワクチン

C ハンセン病と差別・偏見 ——「療養所」の実態

　国はハンセン病患者に対し、強制隔離しただけではありません。収容した療養所では、重症者の看護、眼や手足の不自由な人の介護、そして食事運搬や土工・木工、さらには亡くなった僚友の火葬までも、入所者に強制的にやらせたのです。また、療養所内での結婚の条件として、子供が産めない手術を強制されたりしました。さらに、こうした措置に不満をもらせば、次々と療養所内の監禁所に入れられました。栗生楽泉園には全国のハンセン病患者を対象とした「特別病室」という名の重監房があり、零下20度にもなる極寒の環境下で食事もろくに与えられず、たくさんの人が亡くなったのです。

　　　　　　　　ハンセン病違憲国家賠償訴訟全国原告団協議会会長・谺　雄二（1932～2014）

らい予防法による被害者の名誉回復及び追悼の碑

　ハンセン病の患者であった方々などが強いられてきた苦痛と苦難に対し、深く反省し、率直にお詫びするとともに、多くの苦しみと無念の中で亡くなられた方々に哀悼の念を捧げ、ハンセン病問題の解決に向けて全力を尽くすことを表明する。
　　　　　　平成23年6月　厚生労働省

碑は厚生労働省正面玄関近くに建てられた。写真は除幕式で式辞を述べる菅首相（官邸ＨＰより）

13　法の下の平等—障がいのある人と共に生きる

> 【授業のねらい】　私たちの社会は、人間関係のなかで支え合って成り立っている。障がいのある人にとってはどうか。障がいのある人が共に生きる社会をどう築けばよいか考え合う。

❖ 教材研究 ❖

　障がいのある人を差別しない社会は、健常者にとっての課題でもある。人は、何らかの障がいがある。例えば、年齢を重ねるにしたがい、「視覚や聴覚の低下」「歩行困難」を抱える。それだけに、共に生きる社会の実現は、誰にとっても欠かせないことである。これまで、障がいのある人が自立していける社会整備がどのようにおこなわれてきたか、障がいのある人に対する偏見を取り除くためにどのような取り組みをしてきたか、ここから教材研究である。

①バリアフリーとユニバーサルデザイン

　バリアフリーは、町や駅、交通、商業施設、住宅、学校などを整備し、障がいのある人にとっての障壁を取り除くことを意味している。また、物的な面だけでなく社会制度、文化や精神的な面、意識の面でのバリアフリー化が求められている。〈授業の資料〉にバリアフリーの主な歴史を載せた。子どもたちの身近な場所で、どのような整備がおこなわれているか調べると、より具体的になる。これに対しユニバーサルデザインは、すべての人が使いやすいことを意図した商品・情報・環境のデザインをいう。これについても、身近なところにある商品などから調べることができる。いずれも、障がいの有無にかかわらず、共に生きる社会をつくっていくために必要なことである。

②障害者権利条約と日本の施策

　国連は、2006年12月の総会で「障害者権利条約」を採択し、2008年5月に発効した。日本は、国内法が整わなかったが、「障害者差別解消法」を2013年6月に成立させるなどを経て、12月の国会で批准を承認した。2014年1月20日、世界141番目（欧州連合を含む）締約国となった。

　2005年に成立した「障害者自立支援法」（自立支援法）は、「障害者の応益負担」を強いる人間としての尊厳を傷つけるものであった。そこで、障がいのある人たちは「障害者自立支援法違憲訴訟」を起こし、2010年1月に原告団と国の間で、自立支援法を廃止するという基本合意が成立した。しかし、これを受けてつくられたのは廃止ではなく、一部改正（2012年6月）にとどまり、基本合意の約束を踏みにじる「障害者総合支援法」の成立となった。例えば、負担を障がいのある人の世帯に転嫁するしくみは残っている。これでは、「障害者権利条約」の批准が「かたち」だけになりかねない。「障害者権利条約」批准は、スタートラインであり、今後の課題である。

　ユニセフ（国連児童基金：UNICEF）は、「障害者権利条約」の子ども向け冊子『わたしたちのできること—It's about ability』を発行している。その主な目次には、「障害がある人たちの問題」「行動をおこして変えていこう」「障害者権利条約について」「障害者権利条約の内容をまとめてみると」「権利を実現するには」とある。この冊子は、わかりやすい言葉と挿絵でまとめられている。あらためて日本社会の課題を考えることができる。

《参考》基本合意　http://www.mhlw.go.jp/bunya/shougaihoken/jiritsushienhou/2010/01/dl/100107-1b.pdf
　　　　ユニセフ「障害者権利条約」子ども向け冊子　http://www.unicef.or.jp/osirase/back2009/0901_11.htm

●資料と扱い方

A　バリアフリー。バリアフリーの主な歴史を見ると、身体障害者福祉法（1949年）、国際障害者年（1981年）の取り組みで整備されていったことがわかる。写真は、駅のスロープと歩道整備で敷かれた目の不自由な人の案内。授業の導入で身近な場所にあるバリアフリーについて知っていることを出し合う。また、車椅子体験のある子どもがいれば、紹介させるのもよい。

B　国連「障害者権利条約」（抜粋）。政府訳とユニセフの資料を比べながら、共に生きる社会についての理解をはかる。

❖ 授業の資料 ❖

A　バリアフリー

1955年　音の出る信号機
1967年　視覚障害者誘導用ブロック
1960年　身体障害者の運転免許可能
1973年　中央線にシルバーシート、上野駅に車椅子用トイレ、高田馬場駅に点字運賃表
1984年　紙幣に視覚障害者識別マーク
1985年　テレホンカードに切り欠き
1990年　NHK教育手話ニュース
1994年　ハートビル法
2000年　交通バリアフリー法
2006年　バリアフリー新法

駅のスロープと歩道の表示

B　国連「障害者権利条約」（抜粋）

（日本政府訳）

第1条　目的
　この条約は、全ての障害者によるあらゆる人権及び基本的自由の完全かつ平等な享有を促進し、保護し、及び確保すること並びに障害者の固有の尊厳の尊重を促進することを目的とする。
　障害者には、長期的な身体的、精神的、知的又は感覚的な機能障害であって、様々な障壁との相互作用により他の者との平等を基礎として社会に完全かつ効果的に参加することを妨げ得るものを有する者を含む。

第3条　一般原則
　この条約の原則は、次のとおりとする。
（a）固有の尊厳、個人の自律（自ら選択する自由を含む。）及び個人の自立の尊重
（b）無差別
（c）社会への完全かつ効果的な参加及び包容。差異の尊重並びに人間の多様性の一部及び人類の一員としての障害者の受入れ
（d）機会の均等
（f）施設及びサービス等の利用の容易さ
（g）男女の平等
（h）障害のある児童の発達しつつある能力の尊重及び障害のある児童がその同一性を保持する権利の尊重

（ユニセフの子ども向け冊子より）

第1条　目的
　この条文では、条約のおもな目的をまとめています。それは、子どもを含むすべての障害者があらゆる人権と自由を持つことを人々に広め、これらの権利と自由を守り、これらがもたらす利益を、完全に、そして平等に受けられるようにすることです。

第3条　一般原則
この条約の原則（中心となる考え方）は次のとおりです。
（a）すべての人の固有の尊厳、自分自身で選ぶ自由、そして自立を尊重する。
（b）非差別（すべての人を平等に扱うこと）
（c）社会への完全参加とインクルージョン（コミュニティに仲間入りすること）
（d）障害者を人間のさまざまな違いの一部と考え、違いを尊重し、受け入れる。
（e）平等な機会
（f）アクセシビリティ（交通機関を利用したり、ある場所へ行ったり、情報を手に入れたりする手段があること。そして障害があることを理由に、これらの利用を拒否されないこと）
（g）男女間の平等（女の子でも男の子でも同じ機会があること）
（h）障害がある子どもの発達しつつある能力と、アイデンティティを守るための権利を尊重する。（皆さんが能力を尊重され、あるがままの自分に満足できるようにすること）

14 男女は平等になっているか

> 【授業のねらい】 家庭は、子どもたちにとってもっとも身近な場所である。しかし、男女共同参画社会の実現からほど遠い現状をふまえ、家事労働の視点から男女平等について考え合う。

❖ 教材研究 ❖

　子どもたちの家事への関わりは薄くなっている。10〜19歳の家事関連時間は、おおむね男女とも1日1時間未満である（総務省統計局「社会生活基本調査」2011年）。これに対して子どもの学習塾通塾率は高くなっている（中学生で45〜65％、2008年文科省調査報告）。子どもの実態をふまえて、家事労働から男女平等を考えていきたい。

《参考》総務省統計局社会生活基本調査　http://www.stat.go.jp/data/shakai/2011/index.htm

①「女は家庭に」の考え（性別役割分業観）

　女性を家庭に縛る考え方は、かつての「良妻賢母」「男尊女卑」の延長上にあり、女性の地位を低くおいた旧民法を引き継いでもいる。2007年1月29日に当時の安部晋三内閣の閣僚（柳沢厚労相）が、「女性は子ども生む機械、装置」と発言した。今日でも、こうした偏見を日本の伝統であると主張する人がいる。戦後、「男性は仕事に、女性は家庭に」の実態が広がったのは、核家族化が進む高度経済成長以降である。農村から都市への人口移動、産業構造の変化、年功序列賃金と雇用形態、1961年の国民皆保険制度の下で夫の配偶者が保険料負担のない3号被保険者となったことなどがあげられる。

②アンペイドワーク（無償労働）

　見えない労働の一つである家事労働は、賃金を得ることのないアンペイドワーク（unpaid work）という。1997年に、経済企画庁（当時）が、家事をお金で評価する試算をしたことがある。専業主婦の場合、年間平均で276万円であった。家事労働は、人が生きていく上で欠かせない仕事であるから、これをお金で評価すること自体が不向きである。しかし、家事の値打ちを知っておくことは必要かもしれない。2011年の専業主婦の家事労働の時間と最低賃金（全国）をもとに計算すると、「家事労働時間7時間43分×最低賃金703円×365日＝約208万4700円（年間）」になった。

　次に、OECD（経済協力開発機構）が公表しているアンペイドワークの国際比較を見ておこう。加盟国ランキング2014年版によると、最も無償労働時間が長いのが女性はトルコで1日377分、男性はデンマークで1日186分だった。日本は女性が1日299分、男性が1日62分となっていた。男性は加盟国中で最も低いレベルである。「6歳未満児のいる夫の家事・育児時間（1日当たり）」の国際比較は、内閣府「男女共同参画白書」で公表している。これも7か国中では、男性の時間は最も低くなっている。男性の育児休暇を認める企業も増えてきているが、男性は仕事中心で女性は家事・育児という実態が根強い。依然として家事・育児は、女性の負担が重いことを示している。男女共同参画社会の実現をめざしているなかで、日本の実態はかなり遅れている。

《参考》総務省生活基本調査報道資料　http://www.stat.go.jp/data/shakai/2011/pdf/houdou2.pdf
　　　　OECDジェンダーデータ　http://www.oecd.org/gender/data/balancingpaidworkunpaidworkandleisure.htm
　　　　内閣府「男女共同参画白書」2013年版　http://www.gender.go.jp/about_danjo/whitepaper/h25/zentai/

●資料と扱い方

A　女性は育児か仕事か。この資料は、⑴の『朝日新聞』1984年9月の「投書」に対して意見を述べた⑵の「投書」の要約である。授業の導入として「いずれに賛成するか」と問うことができる。

B　国際比較「1日当たりの仕事・家事時間（分）」。日本の国際的な位置がわかる。日本は2011年、他国は2010年もしくはそれ以前である。資料は前述のOECDジェンダーデータにより作成。

C　国際比較「6歳未満児のいる夫の家事・育児時間」（1日当たり）。日本の数値は2011年の社会生活基本調査で、「夫婦と子ども世帯」に限定した夫の家事、介護・看護、育児、買い物の合計時間。Bの資料と併せて活用する。資料は前述の「男女共同参画白書」より作成。

D　「夫は外で働き、妻は家庭を守るべきだ」の考えについて。意識の変化を読み取る。

❖ 授業の資料 ❖

A　女性は育児か仕事か

（1）高齢化社会に向けて女性も働くべきで、自分も将来働きたいが、子どもをもつ女性は働くべきでないと考える。子どもの教育も親にしかできない大事な仕事ではないか。

（2）妻であり母である前に、一個の人間であり働くことも人間の基本的欲求。子育てしながら働いている。

B　国際比較「1日当たりの仕事・家事時間（分）」

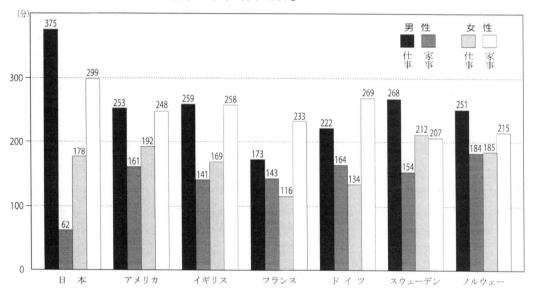

C　国際比較「6歳未満児のいる夫の家事・育児時間」（1日当たり）

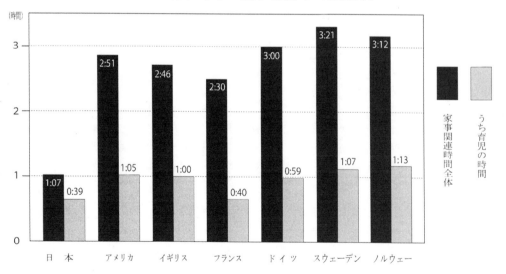

D　「夫は外で働き、妻は家庭を守るべきだ」の考えについて

	1992年	2007年	2012年
「賛成」	60.1%	44.8%	51.6%
「反対」	34.0%	52.1%	45.1%

（内閣府「男女共同参画社会に関する世論調査」）

15 夫婦別姓問題を考える

【授業のねらい】 家族制度について理解し、家族のあり方を考える。その際、男女共同参画社会の実現とジェンダーの平等の視点にふれる。その上で、課題となっている夫婦別姓問題を深める。

❖ 教材研究 ❖

①多様化する家族像

家族構成は多様化が進んでいる。右の図は厚労省がまとめた「世帯構造別にみた世帯数の構成割合の年次推移」をもとにしている。「単独世帯」が増えている。これは、非婚化や高齢者のひとり世帯の増加と重なる。核家族世帯は、「夫婦のみの世帯」「夫婦と未婚の子のみの世帯」「ひとり親と未婚の子のみの世帯」を合算したものである。「夫婦と未婚の子のみの世帯」の割合が低下している。

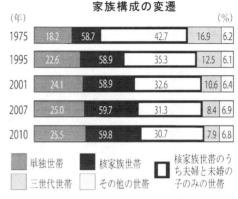

このような家族構成の傾向が続くのは、日本の人口減少、少子高齢化が要因である。これは、生きにくい社会、格差社会になっていることとも関係する。派遣労働や待機児童の問題、生活保護費基準額の引き下げ、もともと低い国民年金支給額の減額などが影響しているだろう。また、家族のあり様もいろいろである。「厚生労働白書」2012年版では、「地縁の希薄化や男性の育児参加が十分に得られない中で、女性の育児負担感は大きい。単身高齢世帯の増加により、老親の介護が難しい、さらに『老老介護』などの課題。出生率が回復傾向にあるものの、低水準である背景として、雇用の安定性・継続性、ワーク・ライフ・バランス、育児不安等の問題」を指摘している。

《参考》厚生労働省「グラフでみる世帯の状況」　http://www.mhlw.go.jp/toukei/list/dl/20-21-01.pdf

②家族制度―新旧民法の比較

	現　行　民　法	旧　　民　　法
基本原則	個人の尊厳、両性の本質的平等	「家」中心、戸主が強い権限
親　権	父母が対等に子どもに対し、おこなう	父が子どもに対し、おこなう
相　続	配偶者と子どもに対し、おこなう	長男が単独で相続（家督相続）
夫　婦	夫婦の戸籍は平等、届出によって新しい戸籍をつくる	妻の財産は夫が管理する。妻は夫の家の戸籍に入る
婚　姻	両性の合意に基づく　男は満18歳以上、女は16歳以上（満20歳未満は親の同意が必要）	戸主の同意が必要　男は満17歳以上、女は満15歳以上（男は満30歳未満、女は満25歳未満、親の同意が必要）
扶　養	直系血族と兄弟姉妹は、互いに扶養義務	戸主に家族を扶養する義務

日本国憲法の誕生によって、個人の尊厳と両性の本質的平等の原則のもとに、民法の改正がおこなわれた。戸籍法も、1947年に新たにに制定された。上の比較表で、どんな違いがあるかわかる。

戸主が明記されている戦前の戸籍（次ページ）は、資料として活用できる。いまの婚姻届を提示し、「夫の氏、妻の氏、どちらにしますか」と問いかけると、この時間の夫婦別姓問題につながる。戸籍上は、いずれかの氏を選択することが決められている。

相続について、最高裁は2013年9月に婚外子の遺産相続の不平等を正す判決を下した。最高裁は、家族の形態は多様化していること、婚外子にとって選択の余地がない理由で不利益を及ぼすことは許されないことをあげ、違憲であるとした。これを受けて、同年12月に国会は民法の一部を改正し、「嫡出でない子の相続分を嫡出子の相続分の2分の1」（第900条4号）を削除し、同等とした。

③女子差別撤廃条約から男女共同参画社会基本法へ

1979年に、国連は女子差別撤廃条約を採択し、1981年に発効した。日本は、批准に向けて、戸籍法と国籍法の改正（1985年）、労働基準法の改正、高校の家庭科の男女とも選択必修などの取り組みを進めた。日本が批准したのは1985年である。

国籍法の改正は、これまで「日本国籍の父を持つこと」が子の国籍を決める条件だったが、これを改めた。「父母両系血統主義」に基づき、子の出生時に父母のいずれかが日本国民であれば日本国籍を取得できるようにした。「父系優先血統主義」の国籍法が女子差別撤廃条約に反するからであり、ジェン

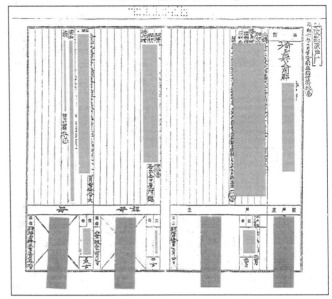

旧民法の戸籍にある「戸主」

ダー平等の視点から実現したものである。家庭科教育では、1993年度から中学校で94年度から高校で家庭科の男女共修が実施された。男女雇用機会均等法については、その後も何度となく改正されている。1999年には、男女共同参画社会基本法が制定された。この法律に基づいて、基本計画が5年ごとに見直されている。その中心になっているのが内閣府男女共同参画局（2001年に内閣府の設置に伴い、男女共同参画室を改組）である。

ところが、ジェンダー平等の施策が進むなかで、「性教育」を問題視する出来事が起きた。東京都教育委員会は、七尾養護学校の「性教育」に対して攻撃をしかける。そして、「ジェンダー・フリー」という用語は使用しないという都教委の通達を出した（2004年）。これを受けて、男女共同参画局は、「ジェンダー・フリー」は男女共同参画とは無関係だという文書を各自治体に配付した。この言葉が国会でも取り上げられ政治問題化すると、自治体のなかには、男女平等を推進する条例を廃止したり学校の男女混合名簿を停止したりすることが起きた。具体的事例として、千葉県市川市では、2002年に男女平等基本条例が誕生するが、これに代わる男女共同参画社会基本条例が2007年につくられた。新条例には、「家族一人一人がジェンダーに捕らわれることなく、それぞれの個性を大切にする家庭」といった文言が消され、「男女が男らしさ、女らしさを否定することなく」という文言が入った。背景には、特定の家族観、国が期待する家族観がある。2004年度の中学校家庭科教科書検定でも「ジェンダー」の文言が削除されていた。性別役割分業観への逆戻り現象である。ジェンダーとは、社会的文化的な男女の差異を意味していて、生物学的意味とは異なる。

《参考》アムネスティ・インターナショナル 女性の権利 https://www.amnesty.or.jp/human-rights/topic/women/
日本婦人団体連合会編『女性白書2013―今、女性にとって家族とは』（ほるぷ出版、2013年）
内閣府男女共同参画局 http://www.gender.go.jp/

④夫婦別姓問題

2011年、国連の女性差別撤廃委員会は日本政府に対して、選択的夫婦別姓制度の導入などの「民法改正法案の採択」の取り組みを、今後「1年以内」に国連に報告するよう求める勧告を出した。夫婦別姓制度の導入については、すでに1996年2月、法制審議会が民法の一部を改正する法律案要綱を答申していたが、これに基づく民法改正案は放置されたままで、「夫婦別姓」に関しての国会審議はいまだに進んでいない。国連が求めている婚姻年齢の統一も同じである。進展がないのは、自民党政権が民法改正に抵抗してきたからである。民主党政権になってから、2010年に夫婦別姓制度の導入をめざしていたが、当時の与党内で合意には至らなかった。

これに対し、国民世論はどうか。右の図は法務省の資料で、内閣府の「選択的夫婦別姓制度に関する世論調査結果」である。1996年の法制審議会答申以降、「法律を改める」とした割合は増えている。2012年の調査結果の詳細を見ると、女性の方が選択的夫婦別姓に賛成する割合が高い。同じように年代別では若年層ほど高くなっていた。

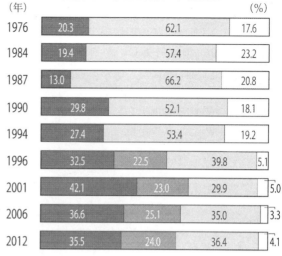

選択的夫婦別姓制度の世論調査

夫婦別姓に反対する理由に「家族の連帯が失われる」「同族の象徴」「子どもの姓に混乱」などがある。反対意見書を出した広島県呉市議会は、「別姓世代が続けば家系は確実に混乱して、日本のよき伝統である家族制度は瓦解し、祖先と家族・親と子を結ぶ連帯感や地域の一体感、ひいては日本人の倫理観・道徳観にまで悪影響を及ぼす」としている。ところで、夫婦同姓は日本の伝統なのだろうか。すべての国民が「氏」を許されたのは明治以降である。夫婦同姓は、「家」制度を柱とする明治期の民法が制定された1898年に確立したにすぎない。世界の多くは、個人の自由になっている国が多い。選択の余地がない「夫婦同姓のみ」の日本は、例外ともいえる。法務省の調べでは、同姓制度を採用しているのは、インド・タイ・トルコ、ただし改正情報もあり、調査中とされている。

夫婦別姓を問う裁判では、2014年3月に東京高裁が「夫婦同姓は合憲」という判決を下している。訴訟は、民法の規定が憲法違反かどうかで争われた。判決は、選択的夫婦別氏制度の導入を求める国民意識が相当程度高まっていること、諸外国をみても夫婦同氏の法制を採用している国が極めて少数であることを指摘したが、同姓は「旧来、社会的に受け入れられており規定は憲法に違反しない」と判断した。2015年、「夫婦別姓を認めない」「女性の再婚禁止期間」を定めていた民法の規定を争っている2件の訴訟について、小法廷の審理を大法廷の審理に移した。このことで、最高裁が違憲の判断をする可能性がある。今後の動向を注目したい。なお、法務省は、民法などの法律で「姓」のことを「氏」と呼称しているので「夫婦別氏制度」としている。

《参考》法務省「選択的夫婦別氏制度」　http://www.moj.go.jp/MINJI/minji36.html

● 資料と扱い方

A　結婚式の招待状。これは、千葉県歴教協編『絵画資料を読む日本史の授業』(国土社、1993年)の楳澤和夫実践から引用。「どの招待状がいいですか」と問いかけると、議論になる。「家と家の結びつきか、個人の尊厳か」である。また、婚姻届を配付して、「夫の氏か妻の氏か、それとも？」と問いかけることもできる。ここでは、性同一性障害や同性婚について留意しておく必要がある。

B　夫婦別姓（氏）制度導入の法律案概要。法務省は、概要に4点を列記している。これをもとに夫婦別姓制度の是非を問う。

C　選択的夫婦別氏制度とは？　これは、法務省HPの選択的夫婦別氏制度に掲載されているQ＆Aの解説である。

D　民法規定に対する国連人権機関からの勧告。これまでに国連機関から日本政府に出された勧告である。何度も出てくる項目のなかでも、夫婦の氏、再婚禁止期間、婚姻最低年齢は、いまも課題となっている。

❖ 授業の資料 ❖

A　結婚式の招待状

(1)
謹啓
この度○○様ご夫妻のご媒酌により
○男　長男　○雄
の婚約整い結婚式を挙げることになり
ましたので、ご案内申しあげます。
　　　　　記
日時　○年○月○日　午後○時（開宴）
場所　東京都○○区
　　　ホテル○○　○○の間
　　　　　　　　　　○山○男
　　　　　　　　　　○川○雄

(2)
謹啓
この度○○様ご夫妻のご媒酌により
結婚式をあげることになりました。
　　　　　　　　　　○田○郎
　　　　　　　　　　中○子
挙式
　日時　○年○月○日○時
　場所　カトリック○○教会
披露宴
　日時　○年○月○日○時
　場所　ホテル○○

(3)
結婚します。
私たち二人は……
披露宴に出席していただけませんか。
日時　○年○月○時
場所　○○○会館
○年○月○日
　　　　　○川○郎
　　　　　○口○子

B　夫婦別姓（氏）制度導入の法律案概要

・夫婦は、婚姻の際に定めるところに従い、①夫もしくは妻の氏を称し（同氏夫婦）、または②各自の婚姻前の氏を称する（別氏夫婦）とする選択的夫婦別氏制度を導入
・子（兄弟姉妹）の氏は統一
・別氏（同氏）を選択後に同氏（別氏）への転換は不可
・現在の同氏夫婦も法律施行後1年以内であれば、配偶者との合意に基づき、別氏に転換可

C　選択的夫婦別氏制度とは？

　現在は、男女が結婚するときは、すべての夫婦は必ず同じ氏（「姓」や「名字」のことを法律上は「氏」と呼んでいます。以下同じ）を名乗らなければならないことになっています。
　選択的夫婦別氏制度とは、このような夫婦は同じ氏を名乗るという現在の制度に加えて、希望する夫婦が結婚後にそれぞれの結婚前の氏を名乗ることも認めるというものです。
　もちろん、選択的な制度ですから、すべての夫婦が別々の氏を名乗らなければならないわけではありません。これまでどおり夫婦が同じ氏を名乗りたい場合には同じ氏を名乗ることもできますし、夫婦が別々の氏を名乗ることを希望した場合には別々の氏を名乗ることもできるようにしようという制度です。

D　民法規定に対する国連人権機関からの勧告

年	条約	勧告の内容	年	条約	勧告の内容
1993	自由権規約	婚外子差別	2009	女性差別撤廃条約	婚姻最低年齢・再婚禁止期間・夫婦の氏・婚外子差別
1998	子どもの権利条約	婚外子差別・婚姻最低年齢	2010	子どもの権利条約	婚外子差別・婚姻最低年齢
1998	自由権規約	婚外子差別・再婚禁止期間・婚姻最低年齢	2011	女性差別撤廃条約	婚姻最低年齢・再婚禁止期間・夫婦の氏・婚外子差別
2001	社会権規約	婚外子差別	2013	社会権規約	婚外子差別
2003	女性差別撤廃条約	婚姻最低年齢・再婚禁止期間・夫婦の氏・婚外子差別	2013	女性差別撤廃条約	婚姻最低年齢・再婚禁止期間・夫婦の氏・婚外子差別
2004	子どもの権利条約	婚外子差別・婚姻最低年齢			
2008	自由権規約	婚外子差別・再婚禁止期間・婚姻最低年齢	2014	自由権規約	再婚禁止期間・婚姻最低年齢

16　生きる権利

【授業のねらい】　憲法は生存権を保障し、国の責務を定めているが、「健康で文化的な最低限度の生活」が難しい現実がある。生活保護の実態、東日本大震災から生きる権利を考える。

❖ **教材研究** ❖

資本主義経済は、豊かな社会をめざした。しかし、貧富の格差を生み、貧困に苦しむ人びとをもたらした。そうしたなかで、1919年、ドイツのワイマール憲法は「人間に値する生活」の保障を明記した。日本国憲法第25条の「生存権」も、この歴史を受け継いでいる。憲法で国の責務が定められ、それを受けて社会保障制度が整えられている。しかし、現実はどうなっているか。ここでは、生活保護制度を中心に取り上げる。そのほかの社会保障については、経済単元で扱う。

①生活保護制度

社会保障のなかでも、生活保護制度は、生活に困窮するすべての国民に対し、困窮の程度に応じて「健康で文化的な最低限度の生活」を保障するものである。生活保護の不正受給が話題になったり保護を受けられなかった人が自殺したり、保護費の減額など、生活保護をめぐってさまざまな問題が起きている。その生活保護制度は、どのようなしくみになっているか。

生活保護費の計算は、右のようにして算出される。基準額は、住まいや家族構成で異なる。また、毎年改定されているので、各自治体の情報を入手するとよい。厚労省は、生活扶助基準額の例を2015年4月1日現在、3人世帯（33歳、29歳、4歳）の東京区部で15万8380円という試算例を紹介している。2年前と比較すると、基準の見直しで減額されている。

被保護人員は、近年、増加している（右表参照）。保護世帯類型では高齢者の割合が増えているが、「その他の世帯」のうち、年齢階級別にみた世帯員の構成割合（2011年）は20～29歳が5.3％、50歳以上が53.5％となっていた。失業や派遣切り、あるいは非正規労働の増加が背景にある。

最低生活費の内容

- 生活扶助（日常の生活費）・住宅扶助（家賃）
- 教育扶助（子どもの学用品）・医療扶助（本人負担なし）
- 介護扶助（本人負担なし）
- ほかに必要に応じて出産扶助や就労技能を身につける扶助や葬祭費用の扶助

扶助額の計算

最低生活費	
年金・手当・援助などの収入	支給される保護費

＊世帯の人数や年齢等をもとに、厚生労働大臣が定めた方法により計算した月ごとの費用（最低生活費）と世帯の収入・資産とを比べて、世帯の収入・資産が最低生活費より少ない場合に、不足分を支給（保護費）。

1か月平均

年度	被保護世帯数(千)	被保護実人員(千)	保護率(‰)
1965	643	1,599	1.63
1975	708	1,349	1.21
1985	781	1,431	1.18
1995	602	882	0.71
2005	1,042	1,476	1.16
2010	1,410	1,952	1.52
2011	1,498	2,067	1.62
2012	1,559	2,136	1.67

世帯類型別被保護世帯（％）

	1975年度	2002年度	2012年度
高齢者	31.4	46.3	43.7
母子	10.0	8.6	7.4
障害者	45.8	10.0	11.4
傷病者		26.7	19.2
その他	12.9	8.3	18.4
		72,403世帯	284,902世帯

生活保護を受けるためには、自治体の福祉事務所・生活保護係に相談の上、申請しなければならない。申請後、世帯の収入・資産などの調査がある。自動車など資産を所有していれば処分しなければならない。保護の要件には、働くことが可能かどうか、扶養義務者から援助を受けられるかどうかまで問われるようになり、要件が厳しくなっている。

《参考》国立社会保障・人口問題研究所　http://www.ipss.go.jp/index.asp

②生きる権利を求めた裁判

〈朝日訴訟〉 朝日茂は結核で国立岡山療養所に入所し、生活保護と医療保護を受けていた。1956年に実兄から月1,500円の送金を受け取るようになった。すると、生活保護の扶助（月額600円）を打ち切られ、岡山県知事や厚生大臣に不服申立をするが却下された。そこで生活保護の基準は「健康で文化的な最低限度の生活」には不十分だとして、1957年に東京地裁に訴えを起こした。1960年、訴えは一審で認められたが、東京高裁で敗訴した。最終的に最高裁で争われたが、この訴訟は原告の死亡により終了となった。それでも、朝日訴訟は、はかりしれない意義があった。その影響は、生活保護費の基準の引き上げや社会保障制度の見直しにつながった。朝日訴訟は「人間裁判」として、いまも語られている。

《参考》朝日訴訟記念事業実行委員会編『人間裁判―朝日茂の手記』（大月書店、2004年）

〈堀木訴訟〉 堀木フミ子は障がい者（全盲）であり、子どもを養育している母子家庭である。年間20万円のマッサージ料と月2,900円の障害福祉年金が全収入であった。堀木は、1970年に児童扶養手当の月2,100円を申請したが、法律で併給禁止が決められているという理由で認められなかった。そこで堀木は、併給禁止が憲法第25条や第14条などに違反しているとして、神戸地裁に訴えを起こした。1972年、一審は「原告から被告に対する児童扶養手当認定請求を却下する旨の処分を取消す」としたが、二審・三審は原告の訴えをしりぞけた。一審判決後、限定つきで併給が認められたが、三審の最高裁判決が下されると併給禁止に戻った。それでも、社会福祉の見直しが進められていった。

③生活保護行政の現状

〈母子餓死事件〉 生活保護の受給が厳しくなっていくなかで、餓死・自殺事件が増えてきた。1996年の母子餓死事件は、衝撃的だった。これは、東京・豊島区のアパートで、77歳の母親と41歳の寝たきりの息子が栄養失調のため、半ばミイラ化した状態の遺体で発見された事件である。夫の死後、母親の収入は国民年金で、2か月に1回支給される年金額は8万円余（約月43,000円）、家賃とほぼ同額で、貯えを取り崩しながら生活していた。母親は1993年12月から96年3月まで、「覚え書き」として日記を書いていた（A6判ノート10冊）。豊島区は日記を公開し、母子の生活ぶりが公にされた。日記には、安い家に移りたいが新たに契約するお金もないと書いている。母親は行政に相談することもなく、区は母子の生活を知りながら、訪問することもなく見過ごしてきた。この事件が発覚したのち、豊島区は母子への福祉の対応が不十分だったことを認め、区の責任を明らかにした。母親の最後の日記は、1996年3月11日付であった。

〈北九州市餓死事件〉 2007年7月11日から12日にかけて、男性が自宅で死後1か月経って発見された。この男性は、2006年12月に病気でタクシー会社を退職し、生活保護を受けることになった。電気や水道などが止まり所持金もないことから、保護の要件とされた「窮迫」した状況と判断された。ところが福祉事務所は早期に自立を求め、生活保護「辞退届」を書かせ2007年4月に打ち切っていた。しかも、自立の確認もせずに保護を打ち切っていたことは、行政が保護責任を放棄したことになる。男性は日記に「働けないのに働けといわれた」「おにぎりが食べたい」と書いていた。北九州市では、2005～06年にも生活保護が認められず孤独死した事件があった。こうしたことを受けて、日本弁護士連合会（日弁連）は「法で保障された保護受給権の侵害であ

豊島区が公開した日記から

1996年2月の家計費（円）

収入　85,650（国民年金）
支出　116,246（不足額30,596）
　　　―内訳―
食費(20,987) ガス代(965) 電気代(1,137) 水道代(3,637) 電話代(20) 新聞代(3,850) 家賃(85,000) その他(650)

り、生存権を保障する憲法25条に照らし、到底容認できるものではない。当連合会は、北九州市に対し、再びこのような事件が起きることのないよう、徹底した真相解明を求めるとともに、改めて国及び地方自治体に対し、生活保護制度の適法・適正な運用が行われるよう、直ちに改善の具体的方策を講じることを強く求めるものである」という会長談話を出している（2007年7月13日）。

《参考》藤藪貴治・尾藤広喜『生活保護「ヤミの北九州方式」を糾す 国のモデルとしての棄民政策』（あけび書房、2007年）

　　　　　日本弁護士連合会　http://www.nichibenren.or.jp/activity/document/statement/year/2007/070713.html

〈孤独死〉　近年、孤独死が社会問題になっている。高齢者の独り暮らし、誰にも看取られないまま亡くなる人が増えている。〈授業の資料〉で取り上げたグラフは、2013年の東京都区部の「単身世帯」で異常死（自宅死亡）者数である（東京都監察医務院）。孤独死の全国的な調査はおこなわれていない。男女差はあるももの、高齢者に高いことがわかる。

《参考》東京都福祉保険局東京都監察医務院　http://www.fukushihoken.metro.tokyo.jp/kansatsu/kouza.html

④生活保護バッシング

　2012年5月、生活保護を受けている母親への扶養義務を果たしていないとして、芸能人・河本準一が批判を受ける事件が起きた。週刊誌に端を発し批判をしたのは、片山さつき（自民党）ら政治家である。これがマスコミも動員して生活保護不正受給バッシングが起きた事件である。その直後に、小宮山洋子厚労相は、「扶養可能なら返還を」と発言し、河本は一部返還した。行政の福祉事務所は、事情を調査した上で母親への生活保護を承認していた。このバッシングの背景にあるのは、増える保護費の削減や基準の見直しにあるようだ。これを裏付けるように、厚労相は、生活保護支給額の削減や扶養困難の立証などの改定案を発表し、政治は保護費の削減に向かった。この事件を通して、生活保護を改めて考えさせることができる。生活保護費受給は、本来、世帯単位であるはずであり、国の責務でもある。

　不正受給について、厚労省が2014年3月に発表したところによると、2012年度の生活保護費全体に占める割合は、09年年度の0.34%から12年度は0.53%であった。件数は4万2000件、総額は約191億円、不正受給の内容は、働いて得た収入や年金収入の無申告が合わせて68%であった。

《参考》雨宮処凛『14歳からわかる生活保護』（河出書房新社、2012年）

⑤震災・仮設住宅と生きる権利

　福島原発事故による避難者については、本書36ページで取り上げた。震災関連死については、〈授業の資料〉に掲載した通りである。このうち、66歳以上が約90%を占めている。高齢者ほど、生存権が脅かされている。ここでは、東日本大震災の避難、仮設住宅住まいの避難者の声を受けとめて生存権との関連で考えたい。

　震災から4年を経過して、避難者数は減少しているが、それでも全体で20万人以上である（2015年3月現在）。

●資料と扱い方

A　東京23区の孤独死（左）、仮設住宅と東日本大震災関連死（右）。孤独死の資料は前述の通り。震災関連死は、復興庁の2015年3月31日現在の死者数（合計3,331）である。授業の導入として、グラフや仮設住宅の写真（宮城県多賀城市で2011年9月15日撮影）から読み取り、気づいたことを出し合う。

B　避難生活、もう限界。『福島民報』2013年3月31日配信の記事を部分的に引用。氏名はイニシャルで表記した。避難生活が生きる力を削ぐものになっている。被災者の立場から深めたい。避難者の数値は、ほぼ6か月ごとの数値、復興庁資料。

B　北九州市餓死事件—日記から—。前述の『生活保護「ヤミの北九州方式」を糾す　国のモデルとしての棄民政策』より引用。この書には、他市と比較した生活保護の実態が掲載されている。行政は、なぜ生活保護に冷たいのか、なぜ、生活保護バッシングか、考えさせたい。

❖ 授業の資料 ❖

A 東京23区の孤独死（左、2013年）、仮設住宅と東日本大震災関連死（右、単位：人）

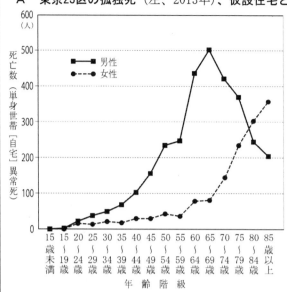

震災関連死	岩手県	452	埼玉県	1
	宮城県	910	千葉県	4
	山形県	2	東京都	1
	福島県	1,914	神奈川県	3
	茨城県	41	長野県	3

B 避難生活、もう限界

　仮設住宅や借り上げ住宅の住民は「窮屈な暮らしで、ストレスがたまる一方。もう限界だ」と声を上げ、行政に災害公営住宅を一刻も早く整備し孤立防止策を強化するよう求める。「先の見えない仮設住宅の１人暮らしはつらい。国や県、町には安心して生活できる住まいをつくってほしい」。福島市の仮設住宅に住む浪江町のKさん（74）は、仮設住宅より広い災害公営住宅に１日も早く移りたいと願っている。2012年７月に夫（74）を亡くした。避難後に初期の肺がんと診断された。３か月にわたる抗がん剤治療を受けたが改善せず、帰らぬ人となった。「心労とストレスが大きかった」。Kさんは当時を振り返る。夫は津波で妹夫婦が行方不明となり、遺体が発見されるまでの５か月間、眠れない日々が続いていた。Kさんも体調を崩し、不安と喪失感から不眠が続いた。安定剤を服用したときもあった。今でも、孤独感に襲われている。避難者の孤立を防ぐよう求める声は多い。

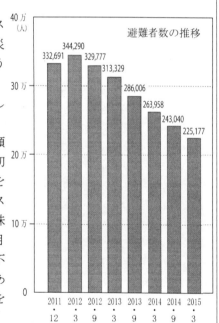

C 北九州市餓死事件 ―日記から―

４月５日「体がきつい、苦しい、だるい、どうにかして。」

５月25日「小倉北のエセ福祉の職員ども、これで満足か。貴様たちは人を信じる事を知っているのか。３月、家で聞いた言葉、忘れんど。市民のために仕事せんか。法律はかざりか。書かされ、印まで押させ、自立指どうしたんか。」

５月25日午前２時「腹減った。オニギリ腹一杯食いたい。体重も68キロから54キロまで減った。全部自分の責任です。」

５月26日午前３時「人間食ってなくてももう10日生きてます。米食いたい。オニギリ食いたい。」

６月５日午前３時「ハラ減った。オニギリ食いたーい。25日米食ってない。」

17 働く人たちの権利

【授業のねらい】 労働者の権利は、どのようにして実現したかを理解し、求人票や労働条件などをもとに、憲法や法律で保障している労働者の権利を明らかにする。

❖ 教材研究 ❖

　資本主義経済のしくみが広がった近代社会で、労働者階級は、人間としての当然の権利を求めて闘い、低賃金・長時間労働・児童労働などの労働条件を改善させてきた。日本国憲法は労働三権を保障し、これを受けて労働三法が制定された。労働運動については、歴史分野での学びを活用する。「産業革命のとき、どんな条件で働いていたか」「どのようにして権利を獲得してきたか」など。職業選択の自由は憲法が保障しているが、子どもたちはどのような職業観、働く目的をどのように考えているか。その意識を探った上で授業に臨みたい。

①労働基準法

　第1条に「労働条件は、労働者が人たるに値する生活を営むための必要を充たすべきものでなければならない」とある。これは、労働基準法（労基法）の考え方を示している。これに続いて、労使対等の立場、均等待遇、男女同一賃金の原則、強制労働の禁止、雇用期間、最低賃金、労働時間などの定めがある。現実はどうか、2007年に制定された労働契約法によって、働き方が多様になり非正規労働が増えているのが、いまの日本の実態である。「ブラック企業」「ブラックバイト」も問題になっている。それだけに、労働基準法に何が定められているかを知っておく必要がある。具体的に見えるものとして「求人票」がある。労働基準法には、母性保護のために女子保護規定もあったが、男女雇用機会均等法を受けて、1997年に労基法が改正され深夜業の禁止は削除されている。

②労働三権と労働組合

　労働三権（団結権・団体交渉権・団体行動権［争議権］）は、憲法が保障し、労働組合法は労働者が使用者と対等な立場に立つことを促進する法律である。その労働組合に加入している労働者は、年々減少している。その背景には、日本の労働組合が企業ごとに組織されていること、中小企業が多いことがあげられる。なかには、労働組合を組織できない企業もある。そのため、不当な条件で働かされている労働者が、なかなか要求を出せないことがある。さらに、労働組合法で禁じられている不当労働行為が、しばしば起きている。不当労働行為があれば、労働組合や労働者は、労働委員会に救済申立てをおこなうことができる。2013年の1年間で139件の救済申立てがあった。このうち、全部救済30件、一部救済56件、一部変更10件、却下6件、棄却37件であった（中央労働委員会の資料）。教科書には、労働三権や労働三法の説明が記述されているが、授業が単に用語を説明するだけになってはならない。労働の実態をもとに授業を構想したい。

《参考》法政大学大原社会問題研究所編『社会労働大事典』（旬報社、2011年）
　　　　中央労働委員会 不当労働行為　http://www.mhlw.go.jp/churoi/shinsa/futou/futou02.html

●資料と扱い方

A　大人になったらなりたいもの。これは、未就学児と小学生を対象にした第一生命保険株式会社が2012年7～8月に調査したものでサンプル数は1100。1989年から毎年実施している。中・高校生は、かつてはどうだったのかと問い、比較すると授業の導入になる。
　《参考》第一生命　http://www.dai-ichi-life.co.jp/company/news/pdf/2013_027.pdf

B　求人票の内容。ハローワーク（公共職業安定所）が紹介している求人票に何が書かれているかを読み取る。子どもが注目するのは賃金や休暇だが、働き方、加入保険の有無や労働組合の有無欄なども表示されている。また、求人票の実物は入手できるので提示すると効果的である。写真は、求人のフリーペーパーと公共職業安定所。

C　不当労働行為の審査。どのように審査されるのか、その手続きを示している。救済の方法を知っておくことは、子どもたちにとって将来のために必要なことである。

❖ 授業の資料 ❖

A 大人になったらなりたいもの

男　子		女　子	
1位	サッカー選手	1位	食べ物屋さん
2位	学者・博士 警察官・刑事	2位	看護師さん
		3位	保育園・幼稚園の先生
4位	野球選手	4位	お医者さん
5位	テレビ・アニメ系キャラクター	5位	お花屋さん 学校の先生（習い事の先生）

B 求人票の内容

①	会社（事業所）名、就業場所	⑧	賃金 a 基本給（税込） b 必ず支払われる手当 c 扶養・住宅手当や歩合給	⑬	会社（事業所）の概要 社員数、資本金、創業 労働組合の有無等
②	職種				
③	仕事の内容				
④	雇用形態（以下の種類表示） ・正社員 ・正社員以外（契約社員等） ・常用型派遣労働者 ・登録型派遣労働者	⑨	賃金形態（以下の表示） ・月給・日給月給・時間給制 ・交通費（上限の有無）	⑭	定年制（年齢等）の有無
				⑮	入居可能住宅・託児所の有無
				⑯	育児休業、介護休業等の有無
				⑰	選考等（採用数、選考方法）
⑤	雇用期間	⑩	昇級・賞与	⑱	試用期間 その有無や期間中の労働条件
⑥	必要な経験や免許資格	⑪	加入保険等の有無 雇用・労災・健康・厚生・退職金		
⑦	年齢（制限の有無）	⑫	就業時間、休日等	⑲	特記事項 求人条件に関する内容

求人フリーペーパー

公共職業安定所

C 不当労働行為の審査

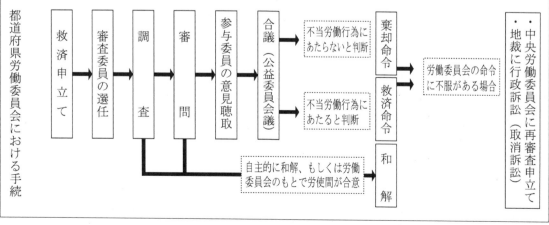

18 女性の労働と差別

【授業のねらい】 女性の労働実態は、どうなっているか。男女のさまざまな格差や働き方の変化を通して、ジェンダー平等の視点から女性の働く権利を考え、深める。

❖ 教材研究 ❖

①女性の労働の実態をさぐる

女性の労働の実態からつかんでおきたい。すでに本書でふれてきたように、「男女雇用機会均等法」（1985年）を制定して、雇用や職場での男女の機会均等をめざした。それから30年近く経つが、男女の賃金格差や管理職登用はまだ途上である。賃金格差は1992年が男性に対して43.6％から2013年が71.3％と前進しているものの、欧米諸国と比較しても低い。女性管理職の割合では、相当な開きがある。さらに、女性の結婚・出産・育児の負担が加わって、20歳代後半から離職する傾向が強まる（M字カーブ〈授業の資料〉参照）。この背景には、保育所不足や男性の育児参加度が低い実態がある。女性の働きやすさを促進する取り組みがおこなわれているものの、企業・業種によって異なる。右のグラフは、厚労省

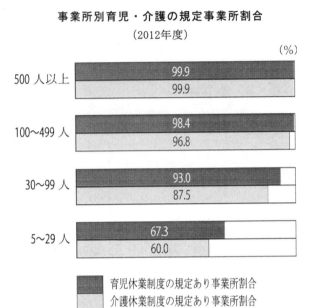

事業所別育児・介護の規定事業所割合（2012年度）

の雇用均等基本調査（2012年度）の「事業所調査」で、育児・介護休業制度の規定がある事業所を規模別に見たものである。規模の小さい事業所ほどその規定がない。

②女性の労働差別事件

男女同一価値労働が原則であるが、正規雇用において、しばしば賃金差別や昇級差別をおこなっている企業が実在する。主な女性労働差別事件については、裁判では労働者側が勝利している事例が多い。しかし、これを勝ち取るまでに多くの時間と労力を要している。住友金属事件の場合は提訴から10年余を経て和解している。

このほか、非正規雇用における女性への差別賃金の企業もある。こうした問題を解決する上で、労働組合の役割が大きいのだが、組合組織率の低い企業ではなかなか要求が通らない。また、職場の労働環境における差別、パワーハラスメント、セクシャルハラスメント（セクハラ）などの問題が起きている。セクハラにどう対応するかは、厚労省も対策をあげている。そのなかに「必要な対策をとらず、是正指導にも応じない企業は、企業名公表の対象となります」とある。

●資料と扱い方

A 男女間賃金格差の国際比較。これは、総務省労働力調査、独立行政法人労働政策研究・研修機構「データブック国際労働比較2015」から引用。

B 女性管理職割合の国際比較。引用元はAと同様である。ABともに、働く女性の現状を、国際的に比較し、日本の実態を取り上げる。日本は、世界、アジアからみても低いことがわかる。

C 女性の年齢階層別労働力の推移。「男女共同参画社会白書」（2013年版）より作成、元のデータは総務省労働力調査など。これは、M字カーブといわれるものである。男性の場合は、25歳から54歳までは90％を前後している。「なぜ、このようなカーブになるか」と問いかける。

D 主な女性労働差別事件。近年の昇格・賃金などの差別事件で解決した事例である。それぞれ、どういう差別がおこなわれていたかをつかむ。資料は、労働相談や判例をもとに作成。

❖ 授業の資料 ❖

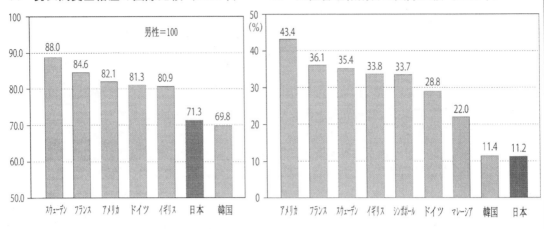

A 男女間賃金格差の国際比較（2013年）

スウェーデン 88.0 / フランス 84.6 / アメリカ 82.1 / ドイツ 81.3 / イギリス 80.9 / 日本 71.3 / 韓国 69.8（男性＝100）

B 女性管理職割合の国際比較（2013年）

アメリカ 43.4 / フランス 36.1 / スウェーデン 35.4 / イギリス 33.8 / シンガポール 33.7 / ドイツ 28.8 / マレーシア 22.0 / 韓国 11.4 / 日本 11.2

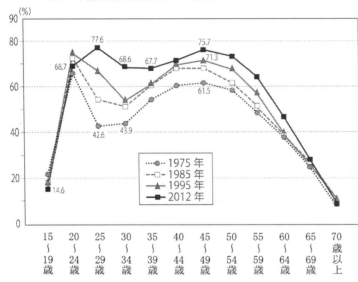

C 女性の年齢階層別労働力の推移

M字カーブ

出産・育児によって離職する女性が、再び働き出すことを反映している。20代半ばと50代前後にピークのある女性の働き方を示すグラフがアルファベットの「M字」に似ていることから知られている。近年、その底がアップしている。

D 主な女性労働差別事件

塩野義製薬事件	大阪地裁 1999年7月28日	男性と同じ製品担当の職種でありながら能力給で格差。労働者側勝訴、確定
芝信用金庫事件	東京高裁 2000年12月27日	年功昇格制度が女性には適用されないことは性差別、1・2審ともに労働者側勝訴。上告審で和解。
京ガス事件	大阪高裁 2005年12月8日	1審、男女同一価値労働・賃金を認め労働者側勝利、2審で損害賠償金に損害額を加えて和解。
住友金属事件	大阪高裁 2006年4月25日	1審労働者側勝訴。闇の人事制度は違法、1審を上回る解決金を支払うことを会社側が約束、和解。
兼松事件	最高裁 2009年10月21日	男女コース別人事による賃金格差は違法。賃金の差額の支払いを求めた上告審で上告棄却し、差別を認めた控訴審確定。
昭和シェル石油事件	最高裁 2010年12月24日	女性であることを理由に差別賃金差別退職金。1審労働者側勝訴、2審会社の消滅時効分を認め減額。双方上告、棄却後、和解。

19 参政権—18歳選挙権の実現

> 【授業のねらい】 選挙権は、民主政治にとって欠かせない国民の権利である。この歴史をふまえ、参政権については、若い世代の政治への関心度と18歳選挙権の実現について考える。

❖ 教材研究 ❖

①普通選挙権の実現

いまでは、男女平等の選挙権は当然のこととして受けとめられているが、普通選挙制度の実現までには長い時間を要している。この歴史をふまえて、選挙の意義を再確認しておきたい。

すでに「民主主義の思想」で取り上げてきたように日本で男女平等の普通選挙が実現したのは、戦後のことである。1945年12月、女性参政権を保障し、翌年4月10日に衆議院議員総選挙が実施された。以下は、そのときの総選挙ポスターと新聞の見出しの文字である。新聞は、「婦人の出足」に注目していたことがわかる。

文部省の戦後第1回総選挙ポスター（国立国会図書館憲政資料室）
作家・生田花世〔1888～1970〕の文章で女性に投票を呼びかけている。

『朝日新聞』四月一一日付
投票の成績は大体順調／大勢判明は今夜半／各地、婦人の出足は良好／写真（託児〔託兒〕所に子どもを預けて投票所にならぶ婦人／東京都杉並区）「一票を初行使 婦人も出足よくぞくぞく投票所へ」

『毎日新聞』四月一一日付
國民総意の判定下る／投票は七割前後／婦人の出足頗(すこぶ)る好調・各地の投票状況／けふ一斉に開票／写真（子どもをおんぶした婦人の投票）

ポスターの文章を読むと、一票の「力」を「新しい日本」に託していることが読み取れる。

戦後初の総選挙の結果は、右のようになった。女性の立候補者が意外と少ないが、当選率は男性と比べると高かった。党派別では、日本自由党141（女性5）、日本進歩党94（6）、日本社会党93（8）、日本協同党14（0）、日本共産党5（1）、その他38（10）、無所属81（9）である。いまと違って、無所属当選者が多かった。当時の選挙の様子は、前述の新聞記事が参考になる。写真資料としては、『週刊朝日百科　週刊昭和23／昭和21年』（2009年5月17日発行）がある。なお、国政選挙や請願権を詳しく扱うのは、本書の第3章である。ここでは、普通選挙権の獲得と戦後最初の総選挙についてふれるようにしたい。

総選挙データ（1946年4月10日） 総務省統計局資料

選挙当日有権者数	投票者数	投票率 %
36,878,420	26,582,175	72.08
（男）16,320,752	（男）12,814,875	（男）78.52
（女）20,557,668	（女）13,767,300	（女）66.97

定数	立候補者数	当選者数	当選率 %
466	2,770 （男）2,691 （女）79	466 （男）427 （女）39	16.8 （男）15.9 （女）49.4

《参考》昭和毎日「昭和のニュース」
http://showa.mainichi.jp/news/1946/04/22-114e.html

②若者の政治への関心度と低投票率

　近年の国政選挙や地方選挙で、若者の投票率が低い。2012年12月の衆院選の際の投票行動（財団法人　明るい選挙推進協会「第46回衆議院議員選挙総選挙全国意識調査」）では、政治関心度は、「非常に関心をもっている」と回答した世代は、70歳代の40.8％に対し、20歳代は4.8％であった。20歳代の選挙に対する関心度も低かった。棄権理由では、20～30歳代は「仕事」をあげている割合が他の世代よりも高かった。

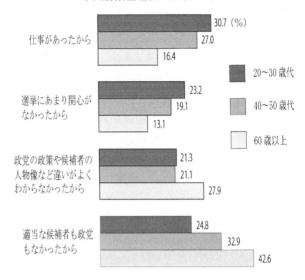

年代別棄権理由（上位4つ）

　政治や選挙への関心が低い理由を、大学生に問いかけたところ、政治教育の不足とともに、政治不信、政策不信をあげてきた。いわゆるシルバーデモクラシーといわれる問題である。若い世代よりも、高齢者向けの政策が重視されていると指摘した。政治教育は不偏不党の姿勢が問われ、扱いにくいテーマになりがちである。中・高校で政治教育を避けていれば、政治的教養は身につかない。

《参考》総務省「選挙関連資料」　http://www.soumu.go.jp/senkyo/senkyo_s/news/index.html
　　　　拙稿「参院選が示した国民の意識とこれから」（歴史教育者協議会編『歴史教育・社会科教育年報2013年版』所収、三省堂）

③18歳は大人―「子どもの権利条約」

　1989年11月20日に国際連合（国連）は、「子どもの権利条約」（日本政府訳は「児童の権利に関する条約」）を採択した。2015年1月現在、締約国（批准、加入、継承している国）・地域は195、条約に署名したが批准していない国は1か国（アメリカ合衆国）、署名も批准もしていない国1か国（南スーダン）となっている。日本の批准は1994年4月で158番目の批准国である。

　条約は前文と54条からなり、条約にある子どもの権利には、意見表明権（12条）、表現・情報の自由（13条）、思想・良心・宗教の自由（14条）、結社・集会の自由（15条）などがある。大人と同じように基本的人権の保障を確認している。子どもとは「18歳未満のすべての者をいう」（1条）と規定している。これをふまえて、18歳選挙権について深めたい。

　なお、「子どもの権利条約」に関しては、中野光他『ハンドブック　子どもの権利条約』（岩波ジュニア新書、1996年）、小口尚子他『子どもによる子どものための「子どもの権利条約」』（小学館、1995年）、子どもの権利条約NGOレポート連絡会議『子どもの権利条約から見た日本の子ども（国連・子どもの権利委員会第3回日本報告審査と総括所見）』（現代人文社、2011年）は、子どもの立場から学べる内容になっている。

《参考》ユニセフ「子どもの権利条約」　http://www.unicef.or.jp/about_unicef/about_rig_list.html#a

③18歳選挙権の実現

　国連の「子どもの権利条約」でもわかるように、子どもは18歳未満というのが世界の常識になっている。これは選挙権についても同様であり、18歳（16～18歳）選挙権を保障している国は、191か国・地域のうち176か国・地域となっている（国立国会図書館調査、2014年2月）。近年の動きとしては、2007年6月にオーストリアが国政レベルの選挙権年齢を18歳から16歳に引き下げていて、ドイツのように一部の州か地方選挙の選挙権年齢を先行的に16歳としている例もある。イギリスやドイツでは16歳への引下げが検討されている。いっぽうで、ルクセンブルグは、16歳引き下げの是非を問う国民投票が2015年6月7日におこなわれ、反対が80％ほどを占め否決されている。

　日本は、憲法第15条「公務員の選挙については、成年者による普通選挙を保障する」とし、選挙権

は成年と定めている。この成年が何歳であるかは、民法の「年齢20歳をもって、成年とする」（第4条）という規定による。それでも、世界の18歳選挙権の広がり、2014年に「日本国憲法の改憲手続き法（国民投票法）」を「改正」して施行4年後に18歳以上としたことを受けて、2015年6月17日に18歳選挙権を実現する公職選挙法改正が成立した。なお、18歳が成年かどうかは、民法の改正をはじめ関連法の改正が必要になる。選挙権年齢は18歳となったが、被選挙権年齢は25・30歳である。この年齢の根拠には確かな理由がない。被選挙権年齢の引き下げは、これからの課題である。右の一覧は、世界の動向である。選挙権・被選挙権年齢がともに18歳となっている国もある。

主な諸外国の下院の選挙制度

国名	選挙権年齢	被選挙権年齢	投票方法
アメリカ合衆国	18歳	25歳	一人一票（候補者に対する投票）
イギリス	18歳	18歳	一人一票（候補者に対する投票）
ドイツ	18歳	18歳	一人二票（一票は候補者、他の一票は政党）
フランス	18歳	23歳	一人一票（候補者に対する投票）
イタリア	18歳	25歳	一人二票（一票は候補者、他の一票は政党）
カナダ	18歳	18歳	一人一票（候補者に対する投票）
日本	18歳	25歳	一人二票（一票は候補者、他の一票は政党）

　18歳選挙権が実現した日本では、これで若い世代の投票率が上がるかどうか、18歳は「大人」か、などの議論が起きている。NPO法人「Rights」の報告によれば、2009年のドイツ総選挙では、10代の投票率は63％となっていて、20代よりも高かった。オーストリアの16～17歳の政治への関心度についても高くなっていた。

　日本で政治に参加する権利を若い世代にも適用した事例に住民投票がある、市区町村の条例という法律で、2002年9月、秋田県岩城町では全国ではじめて18歳にも投票する権利を認め、合併先の自治体を選ぶ住民投票がおこなわれた。「これで大人の一員かな」「ドキドキしました。自分の声を町に伝えることができてうれしかった」と受けとめたのは、18歳で投票した高校生たちであった。2003年5月、長野県平谷村では、全国ではじめて中学生以上に投票する権利を認めて、合併に賛成か反対かを問う住民投票を実施した。中学生で投票資格を持つ人は25人、このうち12人が不在者投票、1人が棄権した。

　18歳選挙権が実現したいま、18歳までに政治への関心とともに、投票判断ができる力を備えておくことが求められている。今後、すでに指摘したように政治的教養を学校教育のなかで身につける取り組みが課題である。とりわけ、社会科教育が背負わなければならない。

《参考》国立国会図書館資料　http://www.ndl.go.jp/jp/diet/publication/document/2008/200806.pdf
　　　　NPO法人 Rights「欧州における　選挙権18歳から16歳への引き下げの動向」
　　　　http://www.rights.or.jp/archives/vote/140110.pdf

● 資料と扱い方
A　戦後の衆議院総選挙（大選挙区・中選挙区・小選挙区）における投票率の推移。総務省選挙関連資料より作成。近年の投票率が低下傾向であることがわかる。その要因の一つに小選挙区比例代表並立制導入がある。選挙制度については、第3章で取り上げる。
B　年齢別投票率（衆議院総選挙）。ほぼ20年の間をおいて比較した。若い世代の投票率が低いことがわかる。「なぜか」と問い、政治に対する関心について考えさせる。資料は、Aと同じく総務省選挙関連資料より作成。
C　18歳選挙権実現で、「政治教育」が必要。大学生の意見は、『朝日新聞』2015年5月11日配信記事の一部を引用し作成。「学校で、どういう学びが必要なのか」を考えさせたい。情報に踊らされたり面白半分で投票したりすることになれば、民主主義の危機である。改憲に向かわせる世論づくりに左右される投票行動も生まれやすい。

❖ 授業の資料 ❖

A 戦後の衆議院総選挙（大選挙区・中選挙区・小選挙区）における投票率の推移

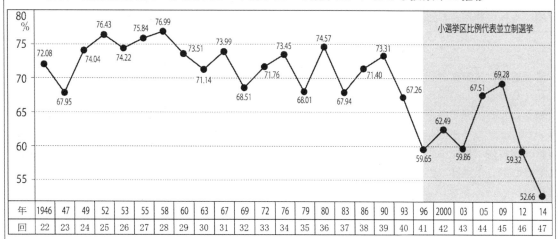

＊1963年は、投票時間が2時間延長され、午後8時まで。
＊1980年と1986年は、衆参同日選挙。
＊2000年より、投票時間が2時間延長となり、午後8時まで。2005年より、期日前投票制度の導入。

B 年齢別投票率（衆議院総選挙：％）

	20歳代	30歳代	40歳代	50歳代	60歳代	70歳代以上	全体
第33回（1972年）	61.89	75.48	81.84	83.38	82.34	68.01	71.76
第40回（1993年）	47.46	68.46	74.48	79.34	83.38	71.61	67.26
第46回（2012年）	37.89	50.10	59.38	68.02	74.93	63.30	59.32
第47回（2014年）	32.58	42.09	49.98	60.07	68.28	59.46	52.66

＊ 投票率は、全国の投票区から回ごとに144～188投票区を抽出し調査したもの。

C 18歳選挙権実現で、「政治教育」が必要

2016年の参議院議員選挙から18歳以上で投票できることになった。しかし、18歳選挙権について、若い世代からは、必ずしも賛成していない意見がある。大学生のなかには、「自信をもって投票できない」「選挙に行く人は増えると思うが、正しい判断ができるとは限らない」「面白半分で投票」「政治に関心と分別のある人だけが選挙に参加すればよい」などといった声があがっている。それでも、

「若い世代が政治に興味を持つような義務教育や高等教育、社会づくりをしないと、18歳の無意味な投票で的確な人選ができない可能性が大だと思う」

「今の高校の教育では現代の政治の仕組み、国外との関係などをほとんどの生徒は理解できないと思う」

「高校などの授業カリキュラムを一新してから始めないと危険」

「政治に興味があるというだけで異質に見られる。自分が主体になって物事を決める感覚を、初等教育でも家庭内においても根づかせていくことが大切」

「ネットに書かれている虚偽の情報にだまされることは多い」

などの声がある。また、高齢者が優遇されているという意識も浮かび上がった。

「40～50代以上の世代の意見が重視され、若者はないがしろにされているように感じる」

「高齢者の多くは時間やお金に余裕があり、私たち若年層のことよりも自分たちの損得を考えて政治家へ投票している」

「社会保障から集団的自衛権の問題まで、ルールを決めるのは大人たちだが、将来的に負担を負うのは若者だ。少子高齢化の社会で、若者は常にマイノリティーの立場を強いられる」

20　情報化社会と人権

【授業のねらい】　近年、ネットを媒体とした人権侵害が頻発している。情報化社会の進展のなかで、人権が尊重される社会をどのように築いたらよいか、考える。

❖ 教材研究 ❖

①情報通信システムの発達とネット社会

　私たちの暮らしの隅々に情報機器があり、日常生活に欠かせないものになっている。かつては文字情報としての新聞や書籍が中心だったが、それがテレビという映像情報にとって替わり、いまでは、コンピュータの発達に伴いインターネットや携帯電話（スマートフォン）が当たり前になっている。情報通信技術（information and communication technology）活用は、私たちの社会の中心に据えられている。日本では一般的に「ＩＴ」と言われているが、国際的には頭文字をとって「ＩＣＴ」と呼ばれている。

　日本のテレビ放送がはじまったのは1953年2月、そのときのテレビ受信契約数は866であったが、2014年度末は42,000,820となっている（ＮＨＫ「放送受信契約数統計要覧」による）。高度経済成長期は、テレビ時代であった。1980年代は、ワープロやゲーム機が流行し、90年代になるとパソコンが普及しはじめる。携帯電話は、右の表（総務省資料、人口比）でわかるように90年代後半から2000年代にかけて急速に普及した。50％を超えたのが21世紀に入ってからである。100％を超えているのは、一人2台、企業や団体所有も含まれていることが想定できる。世帯の携帯電話保有率は、総務省の調査で2013年3月末現在94.5％となっていた。携帯は、子どもたちにとっても欠かせないものになっている。また、固定電話よりも携帯電話の利用が増えている。

　インターネットの利用は、総務省の2014年公表の「通信利用動向調査」によれば、2013年末推計で1億44万人となっている。個人普及率は2002年末の57.8％から82.8％と高くなっている。まさに、ネット社会が形成されている。2013年末における個人の世代別インターネット利用率では、13歳から59歳までは9割を超えているが、70歳以上は低く、世代間での格差がある（下図）。

《参考》総務省公表資料　http://www.soumu.go.jp/johotsusintokei/statistics/statistics05a.html

携帯電話・ＰＨＳ普及率（％）
（各年3月末）

年	加入数	普及率
1989	242,888	0.2
1990	489,558	0.4
1991	868,078	0.7
1992	1,378,108	1.1
1993	1,712,545	1.4
1994	2,131,367	1.7
1995	4,331,369	3.5
1996	11,712,137	9.4
1997	26,906,511	21.5
1998	38,253,893	30.3
1999	47,307,592	37.4
2000	58,845,594	44.9
2001	66,784,374	52.6
2002	74,819,158	58.8
2003	81,118,324	63.7
2004	86,654,962	67.9
2005	91,473,940	71.6
2006	96,483,732	75.5
2007	101,698,165	79.6
2008	107,338,974	84.0
2009	112,050,077	87.7
2010	116,295,378	91.0
2011	123,287,125	96.3
2012	132,761,125	103.7
2013	141,129,280	110.0
2014	149,561,007	116.8

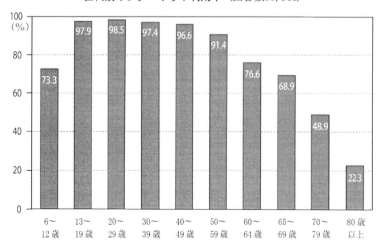

世代別インターネット利用率（回答数38,144）

②ネット社会と個人情報

　国民一人ひとりに12桁の個人番号を交付して、行政の効率化をめざす「マイナンバー」制度が2016年からはじまる。税と社会保障の手続きに活用するものであるが、ゆくゆくは、身分証明書としての利用、金融口座への適用と範囲を拡大する。そうすると、個人資産に関する情報についても政府が把握することになるという問題がある。また、2015年5月の年金情報125万件流出事件が発生した。これは、マイナンバーへの不安を募らせるものとなった。

　インターネットや携帯電話の普及は、利便性のいっぽうで、さまざまな問題を引き起こしている。果たして、どこまで情報システムは安全なのかが問われている。ネットを介して、個人情報を盗み取る行為、不正アクセスによりクレジットカード情報をはじめとする個人情報が流出する事件が続出している。団体の会員名簿の漏洩もあれば、ネット通販で入力した個人情報が流出することもある。ネットショッピングが増えているが、口座引き落としやカード決済で支払いをすれば、当然ながら相手側に金融機関の口座番号を教えることになる。個人情報が流出することのないように管理を厳格にしなければならない。

　個人情報の保護については、2003年5月に「個人情報の保護に関する法律」を制定して、個人の権利利益を保護することを定めている。個人に関する情報とは、氏名、性別、生年月日、職業、家族関係などの事実に係る情報のほかに、個人の判断・評価に関する情報も含め、個人と関連づけられるすべての情報を意味している。それだけに「個人情報取扱事業者」の責任は重いと言える。

《参考》個人情報の保護に関する法律　http://law.e-gov.go.jp/htmldata/H15/H15HO057.html
　　　　消費者庁　http://www.caa.go.jp/planning/kojin/gimon-kaitou.html
　　　　政府広報オンライン「マイナンバー」　http://www.gov-online.go.jp/tokusyu/mynumber/

③情報漏洩問題

　個人情報漏洩の分析は、JNSAが調査報告を公表している。2012年の報告書（2014年7月7日）によると、〈授業の資料〉にあるように漏洩件数、漏洩人数ともに増加傾向であることが明らかになっている。2012年の漏洩人数は927万65人、件数は2357件、想定損害賠償総額は2132億6405万円であった。漏洩インシデント（事件）のトップ10を見ると、管理ミスとともに、「不正」による漏洩が目立つ。業種では、「金融業、保険業」が多い。全体でみても、金融業・保険業は46.4％を占めている。2014年7月に発覚した「進研ゼミ」で知られているベネッセホールディングス（ベネッセ）の顧客情報漏洩問題では、アクセス権限のある保守管理業者が不正に情報を持ち出し名簿業者に販売した事件である。およそ760万件の流出が確認され、最大で約2070万件もの個人情報流失の可能性があり、国内最大規模という。ベネッセは通信教育業者の大手であり、流出したのは、未成年の子どもと保護者の氏名、住所、電話番号、生年月日、性別であった。背景には、子どもの情報が企業の収益につながり、少子化のなかで競争が激化していることがあげられる。

《参考》JNSA（特定非営利活動法人日本ネットワークセキュリティ協会）　http://www.jnsa.org/

　インターネットを利用して、さまざまなWebサイトを閲覧するが、これだけでも他者に情報を提供している行為になっている。例えば、あるWebサイトで、書籍などの商品を検索すると、そのサイトから繰り返し商品に関連した情報が一方的に送信されてくることがある。これは、アクセス解析を行っているサイトでは、訪問者のIPアドレス、訪問回数、訪問日時などの情報を得ているからである。ここから個人の住所などが漏洩することはないが、100％安心できるとも言えない。ただ、必要もない情報が繰り返し送信されることがある。また、Webサイトの画面を開いて、意図しないワンクリックで別の画面に誘導され、途方もない金額の請求をされることもある。ネットの利用では、常に注意が必要である。全国消費生活情報ネットワーク・システム（PIO-NET）の苦情相談情報によれば、インターネット通販相談件数は、以下のように年々増えている。

年度	2009	2010	2011	2012	2013
相談件数	131,653	155,943	178,131	175,231	201,521

（独立行政法人　国民生活センター）

④中高生のネット依存症とネットいじめ問題

2013年8月1日に、厚労省研究班の調査で「ネット依存中高生52万人」という推計が発表された。調査は、2012年10月から13年3月にかけて実施（47都道府県の中高生約10万人回答）、ネット依存が疑われる中高生は8.1％に上がった（『日本経済新聞』同年8月1日配信）。この調査では、「この30日間で利用したネットサービス」を問いかけている。最も多かったのが、「情報やニュースの検索」の69.2％であった（右表）。ネットを利用する際の機器は、パソコン、スマートフォン、携帯電話の順になっていた。平日のネット使用平均時間が5時間以上は、中学生9.0％、高校生14.4％で、休日の使用時間は、中学生13.9％、高校生21.2％であった。

中・高生が、この30日間に利用した
インターネットサービス（複数回答）

情報やニュースの検索	69.2%
ユーチューブなどの動画サイト	64.4%
メール	62.5%
フェイスブックやツイッターなど	33.4%
ブログや掲示板	28.2%
チャット	20.4%
オンラインゲーム	20.2%

ネットいじめ問題を分析したものが「情報通信白書」（2011年版）に掲載されている。そのなかで、中高生の被害体験にはどんな内容が多いか、〈授業の資料〉に上位5位までを取り上げた。子どもたちにとっては、身近な問題である。ネットいじめ問題について授業で考えさせたい。匿名のネットでの書き込みや伝達は一方的であり、双方向のコミュニケーションとは異なる。

ブログやSNS（ソーシャル・ネットワーキング・サービス）に書き込まれたことは、多くの人が閲覧できるし、それに反応して匿名でコメントを送信することもできる。多数の人が集中的に反応すると、「ネット炎上」となる。ときには、人を誹謗中傷したり差別したりすることも起きる。また、特定の個人に対し、迷惑メールの送りつけ、いやがらせ、ストーカー、果ては殺人に至るケースもある。

⑤パソコン遠隔操作事件、サイバー攻撃事件

2012年、インターネットを介して犯罪予告を書き込んだ事件が起きた。航空機に爆弾を仕掛けた、伊勢神宮爆破予告、小学校襲撃予告などの書き込みで、ことの重大性から威力業務妨害、脅迫などで警察が捜査した。その結果、IPアドレスから、容疑者4人を特定して逮捕した。しかし、いずれも他人のパソコンを遠隔操作した事件であることが判明する。未成年者を含む4人は誤認逮捕であることがわかるまで、否認していたにも拘らず、起訴、保護観察処分などを受けていた。

これは、他人のパソコンに侵入した、成りすましの事件であるが、遠隔操作で個人情報などを盗み取るサイバー犯罪も起きている。国家間でも他国の情報を盗むというサイバースパイが問題となっている。これらは、ネット社会の問題である。

●資料と扱い方

A 個人情報とは何か。「個人情報の保護に関する法律」に示されている個人情報とは何を指しているか明らかにする。資料は、消費者庁が出しているパンフレット「よくわかる個人情報保護のしくみ」（改訂版、2011年11月）からの引用である。

B 個人情報漏洩の件数。「ICT」の発達により、個人情報がコンピュータで管理されるなかで、そのデータが漏洩するインシデントが絶えない。情報の漏洩は、人権が侵害されることである。どんな個人情報が漏洩しているか、防ぐためにはどうするか考えたい。資料は、前述のJNSAより。

C ネットいじめの被害経験。資料は、前述の「情報通信白書」（2011年版）。身の回りのネットとのつながりについて調査するとよい。その上で、人権を侵害している問題にせまる。こうした問題を解決するために話し合うとよい。

❖ 授業の資料 ❖

A　個人情報とは何か

「個人情報」とは、生存する個人に関する情報で、特定の個人を識別することができるものをいいます。したがって、死者に関する情報や、法人に関する情報（例えば、企業名や企業の資本金といった情報）は、基本的に個人情報には該当しません。

また、映像や音声は、特定個人を識別できる限りにおいて個人情報に該当します。

なお、個人情報をデータベース化した場合、そのデータベースを構成する個人情報を、特に「個人データ」といいます。また、個人データのうち、開示等の権限を有し、6か月以上にわたって保有する情報を、特に「保有個人データ」といいます。

・個人データ（例：委託を受けて、入力、編集、加工等のみを行っているもの）
・保有個人データ（例：自社の事業活動に用いている顧客情報、事業として第三者に提供している個人情報、従業者等の人事管理情報）

B　個人情報漏洩の件数

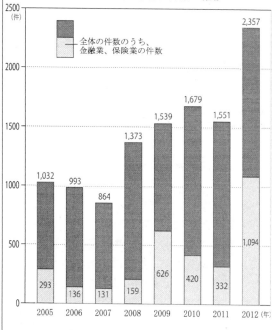

インシデント・トップ10（2012年）

No.	漏洩人数	業　種	原　因
1	76万人	情報通信業	設定ミス
2	40万6632人	金融業、保険業	管理ミス
3	17万1518人	情報通信業	不正アクセス
4	12万4471人	金融業、保険業	管理ミス
5	12万1191人	公務*	不正な情報持ち出し
6	11万人	サービス業**	不正アクセス
7	10万人	金融業、保険業	管理ミス
8	9万6000人	金融業、保険業	管理ミス
9	9万5689人	製造業	内部犯罪・内部不正行為
10	8万人	運輸業、郵便業	管理ミス

＊他に分類されるものを除く
＊＊他に分類されないもの

C　ネットいじめの被害経験

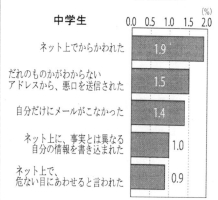
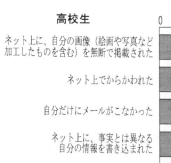
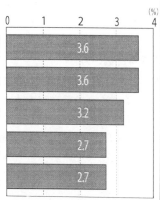

21 メディアと人権

【授業のねらい】 メディアの発信は、多くの人に影響を与える。そのメディアの情報に誘導されたり人権を傷つけられたりすることが起こる。この問題を通してメディアリテラシーについて考える。

❖ 教材研究 ❖

　権力者は、メディアを取り込み都合の良い情報を流そうとする。そのためにメディア関係者と緊密な関係を取ろうとする。そのことを問題視しなければ、国民はメディアから伝えられる情報が事実だと認識する。だからこそ、メディアリテラシーを身につけることが求められる。

①メディアと戦争

　1991年の湾岸戦争のとき、「原油にまみれた海鳥」が一斉に報道され、アメリカ国防総省の発表も否定しなかったため、イラクの環境破壊だと受けとめた。しかし、事実は違っていた。メディアの「やらせ」であったことがわかったのは、湾岸戦争後のことであった。マス・メディアの情報によって世論は操作されたことを示している。同じようなことは、2003年のイラク戦争でも繰り返された。「イラクは大量兵器を保有」が戦争の理由であった。メディアは、これを喧伝し、イラク戦争肯定の世論をつくり出している。しかし、大量破壊兵器が存在しなかったのである。しばしば、戦争は、このように偽りの情報を流して正当化しようとする。

②松本サリン事件とメディアの責任

　1994年6月27日に起きた松本サリン事件では、河野義行が犯人扱いにされた。当時の新聞の見出しは、「会社員宅から薬品押収」「農薬調合に失敗か」「住宅街の庭で薬物実験」「第一通報者宅を捜索」の記事が躍った。こうして、河野が農薬調合に失敗したという記事から、犯人は河野ではないかという見方が強調された。この事件が、オウム真理教の犯行であることがわかるのは、翌年の地下鉄サリン事件後であった。メディアによって犯人扱いにされた河野義行に、マス・メディアが謝罪するのは1995年4月から6月にかけてである。

　マス・メディアの報道と警察の不確かな捜査は、結果として河野義行の人権を踏みにじることになった。それだけに報道には、常に責任が問われることになる。

　河野は、「私は裁判で潔白を証明するつもりでした。単に名誉毀損などではありません。一歩間違えば、殺人犯とその家族なんです。私たちは、それを打ち砕くためには、逃げられません。逃げればいつまでも、あいつがやった、怪しい、ということがつきまとうのですから。事件後、メディアに対する認識は変わりました。うのみは危険だということです。一歩引いて、本当に事実なのかを見ることが必要だ、と。…新聞社はプライドが異常に高いですね。書いたことを取り消すことに非常に抵抗がある」と語る。(『朝日新聞』1995年7月8日付)

　サリン被害者の河野の妻・澄子は、2008年に亡くなった。また、河野は2010年、松本市から鹿児島市に移住した。『いまを生きるしあわせ』(鳳書院、2012年)を出版している。

《参考》河野義行オフィシャルＨＰ　http://www2k.biglobe.ne.jp/~ndskohno/
　　　　『日本の黒い夏　冤罪』(映画、熊井啓監督、2000年／日活配給)
　　　　『"犯人"にされた私—松本サリン事件から3年』(ドキュメント'97、1997年6月23日、日本テレビ放映)

●資料と扱い方

A　湾岸戦争と油にまみれた海鳥。油にまみれた海鳥の写真は、当時の新聞縮刷版から入手できる。また、ネットで検索すると画像を見ることができる。戦争をしかける側は、メディアを使って世論を誘導する。このことに気づかせたい。イラク戦争でも、開戦理由にはごまかしがあった。

B　松本サリン事件。すでに松本サリン事件から20余年である。いまの子どもたちにとっては昔の出来事に過ぎないが、これも冤罪事件になる可能性があった。メディアが伝える情報に引きずられやすいこと、人権を守るためにメディアとどう向きあうか、考え合う。「主なメディアの河野さんへの謝罪」は、『朝日新聞』1995年7月8日付による。

❖ 授業の資料 ❖

A 湾岸戦争と油にまみれた海鳥

1991年1月26日の新聞に掲載されたのが「油にまみれた海鳥」でした。アメリカ国防総省は「イラクはクウェート沖にある原油積み出し基地から、大量の原油をペルシャ湾に放出した」と発表しました。テレビでも同じ情報が一斉に報道されました。新聞の見出しには「米、環境テロと非難」と書いたものもありました。そのため、世界の人びとはイラクによる環境破壊だと受けとめるようになりました。新聞の投書欄には、「油で真っ黒になって、必死に生きようとするウミウを見て、私は『ごめん』としか言えませんでした」(『朝日新聞』1991年1月29日付)という高校生の意見が載りました。また、日本のインターナショナルスクールでは、CNNのニュースや新聞記事を調べた子どもたちが、油にまみれた鳥の姿にショックを受けたといいます。この情報はCNNがイギリスのテレビ局の映像として紹介した「特ダネ」でした。こうして、イラクを攻撃する湾岸戦争を支持する人が増えていきます。しかし、油まみれの海鳥がイラクの環境テロではないことがあとでわかってきました。アメリカは誤った報道を否定しなかったため、湾岸戦争の早い段階で、イラクが環境破壊をしているという世論が形成されていきました。

B 松本サリン事件とメディア

1994年6月27日、長野県松本市に住む河野義行さんが「息が苦しい、妻が苦しんでいる」と119番に通報しました。これが、7人が死亡し600人が被害を受けた松本サリン事件第一報でした。

翌28日、警察は河野さん宅を捜索し、薬品を押収しました。これを伝えた新聞記事によって、「河野さんが毒物を発生させた」犯人だという説が定着していきます。

河野さんが事件とまったく関係ないことがわかったのは、1995年の地下鉄サリン事件やオウム真理教の捜査を経てからでした。1年後の6月11日、警察は河野さんに謝罪しました。

河野さんは、松本サリン事件当時のことを、「あるテレビ局が『ここではサリンはできない』という専門家の検証結果を放映した8月半ばごろから、『おやっ、違うのでは』という風潮が出てきたと思っています」と振り返って話しています。

主なメディアの河野さんへの謝罪 (1995年)

社名 (掲載・放送日)	謝罪の理由
朝日新聞 (4月21日)	河野さんが自宅で農薬の調合に失敗し、有毒ガスを発生させた、との印象を読者に与えた。
読売新聞 (5月12日)	河野さんに関する記述に、事実に反する、あるいは結果として裏付けのない部分があった。
産經新聞 (5月27日)	河野さんが有毒ガスを発生させたかのような印象を読者に与えてしまった。
信濃毎日新聞 (6月2日)	初期段階で「会社員関与ほのめかす」などの報道をし、結果として、河野さんならびにご家族、関係者に大変なご迷惑をかけた。
毎日新聞 (6月6日)	報道に事実に反する部分があり、河野さんが事件にかかわっている印象を読者に与えた。
日本経済新聞 (6月13日)	第一通報者宅から有毒ガスが発生した、あるいは第一通報者が有毒ガスを発生させた、と受け取れる部分があった。
日本テレビ (6月2日)	河野さん宅が家宅捜索された際、河野さんが容疑者であるかのような報道をした。
NHK (6月5日)	結果的に河野さんが事件に関与しているという印象を与えかねない表現があった。
TBS (6月6日)	初期の段階、特に河野さん宅が家宅捜索された際などに、河野さんが事実上被疑者という印象を視聴者に与える報道をした。
フジテレビ (6月6日)	河野さんに関する報道で、一部、事実に反するところがあり、河野さんがあたかも事件にかかわっているかのような印象を与えた。
テレビ朝日 (6月6日)	初期報道の段階で警察情報に基づくものとはいえ、河野氏を犯人扱いするような報道を行った。
テレビ東京 (6月12日)	「第一通報者の会社員が薬品の調合を間違えたとの見方もある」などと報道、河野さんが毒ガスの発生源だとの印象を視聴者に与えた。

22 人権と国際連帯

> 【授業のねらい】 人権問題は、国境を越えた取り組みになっている。どのようにして人権を尊重する世界を築くことができるのか、地球時代を迎えた今日の人権の課題について深める。

❖ 教材研究 ❖

①地球時代の人権保障の取り組み

第二次世界大戦が終結してから、再び世界戦争を引き起こさないように国際連合（国連）が発足した。そして、国連は人権と民主主義を確立するために、1948年、世界人権宣言を採択した。以後、国連は、国際的な人権に関する条約の取り組みを進めてきた。その主な条約と宣言は以下の通りである（一般財団法人アジア・太平洋人権情報センター調べ、批准国数は2014年7月4日現在）。

採択年	発効年	宣言・条約（　）内の数字は批准国	日本の批准年
1948		世界人権宣言	ー
1948	1951	集団殺害罪（ジェノサイド）の防止及び犯罪に関する条約（146）	未批准
1949	1951	人身売買及び他人の売春からの搾取の禁止に関する条約（82）	1958
1951	1954	難民の地位に関する条約（145）	1981
1952	1954	婦人の参政権に関する条約（122）	1955
1954	1960	無国籍者の地位に関する条約（82）	未批准
1965	1969	あらゆる形態の人種差別の撤廃に関する国際条約（177）	1995
1966	1976	国際人権規約（社会権規約）（162）	1979
1966	1976	国際人権規約（自由権規約）（168）	1979
1973	1976	アパルトヘイト犯罪の禁止及び処罰に関する国際条約（109）	未批准
1979	1981	女子に対するあらゆる形態の差別の撤廃に関する条約（188）	1985
1984	1987	拷問及びその他の残虐な、非人道的な又は品位を傷つける取扱い又は刑罰に関する条約（155）	1999
1985	1988	スポーツ分野の反アパルトヘイト国際条約（60）	未批准
1989	1990	子どもの権利に関する条約（194）	1994
1989	1991	自由権規約第二選択議定書（死刑廃止条約）（81）	未批准
2006	2008	障害者の権利に関する条約（147）	2014
2007		先住民族の権利に関する国連宣言	ー

日本がまだ批准していない条約もあるが、なかには国連が採択してから日本が批准するまでかなりの年数を要している条約がある。1979年の女子差別撤廃条約や1989年の子どもの権利条約も批准まで数年を要している。これは、国内法の整備が遅れていたことが一つの理由になっている。1965年の人種差別撤廃条約の場合は、日本が批准したのは30年後の1995年である。これは南アフリカ（南ア）にマンデラ政権が誕生してからのことであった。なぜならば、日本がアパルトヘイト政策をとっていた南アと経済的な関係が深かったからある。南アにとって重要な貿易相手国であった日本人は、「名誉白人」として受け入れられていた。

②南アフリカ共和国のアパルトヘイト撤廃とネルソン・マンデラ

アパルトヘイト（人種隔離）体制が幕を閉じたのは1991年、南アの白人統治が終わったのは1994年のことである。アパルトヘイトは、人口の70％以上を占める黒人を無権利状態におき、15％ほどの白人の権益を守るためにつくり出された政策である。アパルトヘイトの制度化は、1948年の国民党政権誕生からで、その法律は300を超え、あらゆる面で黒人を差別してきた。その背景には、黒人を無権利状態におき搾取することで白人の豊かさを築き、豊富で貴重な資源を白人が占有するというもので

あった。1986年当時のアパルトヘイト政策は、右のようになっていた。

この政策の基本にあったのが、人口登録法であったが、これも1991年廃止を決め、法的にはアパルトヘイト体制が終わる。1992年3月に「アパルトヘイトの是非」を問う白人有権者投票がおこなわれ、人種差別の解消以外に南アの生きる道がないことを選択した。1994年には、黒人解放の先頭に立っていたマンデラのANC（アフリカ民族会議）が、全人種参加の選挙で圧勝した。マンデラは、人種融和を強調し、白人閣僚を含めて政府をつくり大統領になった。

マンデラの歩み（右）からは、27年にわたる投獄生活があったことがわかる。マンデラが何をめざしていたかは、〈授業の資料〉のマンデラ語録から読み取ることができる。

マンデラは、人種融和の「虹の国」をめざして政権を担ってきたが、深刻な貧困は解消されていない。南アの経済的格差はいまだに課題となっている。

③国境を越えて活動するNGO

人権侵害に対する国際的な取り組みには、国連のほかに多くのNGO（非政府組織）が活動している。アムネスティ・インターナショナルも、その一つである。

アパルトヘイト政策

- 原住民代表法　1936年―アフリカ人の参政権の否定
- 分離施設法　1953年（1985年廃止）
- 集団地域法　1950年―人種別居住指定
- パス法　1952年（1986年廃止）
- 治安・公安二法　1986年―裁判なしで180日間拘束できる
- 背徳法　1927年（1985年廃止）
- バンツー教育法　1953年―人種別教育でアフリカ人の地位向上阻止
- 雑婚禁止法　1949年（1985年廃止）
- 原住民土地法　1913年、1936年―ホームランドの源流

＊勝俣誠『現代アフリカ入門』（岩波新書、1991年）より

マンデラの歩み

1918年	東部トランスカイで誕生（7月18日）
44年	ANC青年同盟結成（4月）
52年	非白人初の弁護士事務所をヨハネスブルクで開設
60年	ANC非合法化
61年	武装組織「民族のやり」結成
62年	逮捕され収監（8月）
64年	反逆罪で終身刑（6月）
89年	獄中でデクラーク大統領と会談
90年	ANC合法化、27年ぶりに釈放（2月）
91年	アパルトヘイト終結宣言（6月）、ANC議長に就任（7月）
93年	デクラーク大統領とともにノーベル平和賞受賞
94年	初の全人種選挙でANC圧勝（4月）、大統領に就任（5月）
97年	ANC議長を退任、後任にムベキ（6月）
99年	大統領退任、後任にムベキ（6月）
2004年	公的活動から引退（6月）
13年	肺感染症再発で入院。退院した後に永眠（12月5日）

＊『毎日新聞』2013年12月7日付参考

1961年に発足したアムネスティ・インターナショナルは、国際的な人権組織で、その活動は、女性や子どもの権利、難民や移民の権利、死刑制度の廃止、企業の社会的責任など、紛争、貧困、拷問、差別などに苦しむ人びとの権利の保障を求めて、さまざまな分野にわたっている。NGOアムネスティ・インターナショナル日本支部は1970年に設立され、日本の人権状況について発信している。そのなかに、日本の死刑制度撤廃の運動がある。

活動の一つに「はがき（手紙）を書く」という取り組みがある。「1枚のハガキは、絶望の淵にいる人びとを励まし、生きる希望を与えます。何千通、何万通と国境を越えて届けられるハガキが、人権侵害の犠牲者を救うのです。あなたの書く1枚のハガキが、大きな力になる。それがアムネスティの『ハガキ（手紙）書き』です」（HPより）と訴えている。いま、ハガキ（手紙）書きに、「兵役拒否で囚われるイスラエルの若者たち」「袴田巖さん、奥西勝さんにメッセージを送ろう」「北朝鮮の人道に対する罪をとめるために、あなたの力を！」「差別される世界の労働者たち」「チベットの人権状況に、世界中の関心を！手紙に旅をさせよう！チベットピースリレー」などがある（2014年7月現在）。このほか、オンラインアクションといって、「各国の政府首脳や権力者などに、メールや署名を

送ることにより圧力をかけ、人権侵害を解決する」という取り組みもしている。「私たちに何ができるか」を子どもたちに考えさせる際、このような活動がヒントになる。
《参考》アムネスティ・インターナショナル日本　http://www.amnesty.or.jp/

④国連本部でスピーチしたマララ・ユスフザイ

　パキスタンのマララは、2012年にイスラム過激派タリバンに襲撃され、一命を取り留めた15歳（当時）の少女である。マララは、女の子が教育を受ける権利を訴えていた。これを否定するイスラム過激派が狙い撃ちしたものであった。

　マララは、2013年7月12日に国連で演説し、教育の重要性を訴えた。国連はマララの誕生日の7月12日を「マララ・デー」と位置づけ、世界中の女子が教育を受けられるよう声をあげる日とした。質の高い教育を少女たちが受けられるよう就学支援の「マララ基金」が立ち上げられている。いま、マララの訴えは世界に広がっている。マララ自身もさまざまな活動を繰り広げている。2014年7月には、ナイジェリアを訪れ、イスラム過激派ボコ・ハラムに拉致された少女の親や脱出した少女と会い、少女たちが解放され教育を受けられるまで支援することを語っている。そのマララは、2014年にノーベル平和賞を受賞した。

《参考》マララ・ユスフザイ他『わたしはマララ―教育のために立ち上がり、タリバンに撃たれた少女』（学研
　　　　マーケティング、2013年）
　　　　マララ国連スピーチ（映像）　http://www.youtube.com/watch?v=aGqcWmCJ8gM
　　　　国連広報センター「マララスピーチ」　http://www.unic.or.jp/news_press/features_backgrounders/4790/
　　　　ＮＨＫクローズアップ現代「16歳　不屈の少女―マララ・ユスフザイさん―」（2014年1月8日放映）
　　　　マララ基金　https://www.stayclassy.org/checkout/donation?eid=34625&utm_content=buffer7772f&utm_medium=social&utm_source=twitter.com&utm_campaign=buffer

　女子教育の機会を阻むものに、「児童婚」がある。これが、貧困の連鎖になっている。ＮＧＯ国際家族計画連盟は、児童婚撲滅に取り組んでいる。ユニセフの報告によると、途上国に住む20〜24歳の女性のうち、18歳未満で結婚したのは全体のおよそ3分の1にあたるという。『毎日新聞』（2014年6月7日付）のアフリカ・モザンビークルポ記事には、「児童婚の多くは低年齢での妊娠がきっかけになっている。このため、女性が学校に通えず学ぶ機会を奪われる。極端な多産傾向が強く、母体の健康が損なわれる」「学校教育を受けられず結果的に文字を読めない女性が増え、社会的な男女格差を助長し、女性が貧困から抜け出せない」とある。

《参考》ユニセフ「児童婚」　http://www.unicef.or.jp/library/pres_bn2014/pres_14_20.html

●資料と扱い方

A　マンデラ語録。アパルトヘイトがどういうものであったかを理解した上で、マンデラが求めていたことは何か、この文章からつかむ。『毎日新聞』2013年12月7日付より引用。なお、マンデラ『ネルソン・マンデラ自伝　自由への長い道（上・下）』（日本放送出版協会、1996年）には、アパルトヘイトにどう立ち向かったかが描かれている。

B　マララの国連本部でのスピーチ（抄）2013年7月12日。このスピーチは、参考にあげたアドレスのYouTubeから視聴できる（日本語字幕付）。共感したところにアンダーラインを引き、子ども相互の意見交換をする。資料は、国連広報センターＨＰより引用。

C　児童婚（18歳未満で結婚した少女）。20歳から24歳のうち18歳未満で結婚した人の割合で、上位10か国のうち9か国がアフリカとなっている。「なぜ児童婚が多いのか」と問いかけ、このことの問題について考えを深める。また、マララのスピーチと重なることをつかんでいく。資料はユニセフＨＰより引用。

❖ 授業の資料 ❖

A　マンデラ語録

・私は全ての人が公平な機会を持ち、調和の中でともに暮らせる民主的で自由な社会という理想を抱いてきた。私はこの理想を実現するために生きてきた。しかし、必要とあらば、この理想のために死ぬ用意もできている。（1964年、終身刑を宣告された裁判の公判で）

・人生で大切なのは、単に生きているということでもない。他の人々の人生にどれだけ違いをもたらすことができたかで、私たちの人生の重要性が決るのだ。（2002年、アパルトヘイト反対指導者の一人、故ウォルター・シスルの90歳の誕生日に）

・自由になるというのは、単に鎖を断ち切るということではない。他人の自由を尊重し、拡大することである。

　生まれたときから肌の色や出自や宗教を理由に誰かを憎む人はいない。憎むことを学ぶのである。そしてもし憎むことを学べるならば、愛することも学べるはずだ。愛は人の心にとってより自然なものだから。（自伝『自由への長い道』より）

B　マララの国連本部でのスピーチ（抄）2013年7月12日

　マララ・デーは私の日ではありません。今日は権利を求めて声を上げたすべての女性、すべての少年少女の日です。

　テロリストによって命を奪われた人々は数千人、負傷した人々は数百万人に上ります。私はその1人にすぎません。ですから私は、多くの少女たちの1人としてここに立っています。

　私は誰も敵だとは思っていません。ましてや、タリバンその他のテロ集団に対する個人的な復讐心もありません。私はあらゆる子どもの教育を受ける権利を訴えているのです。タリバンやすべてのテロリスト、過激派の子どもたちにも教育を受けてほしいと思っています。

　私を撃ったタリバン兵さえ憎んでいません。

　過激派が昔も今も恐れているのは、本とペンです。教育の力は彼らにとって脅威なのです。彼らは女性も恐れています。女性の声が持つ力が恐怖なのです。

　私たちはすべての政府に対し、全世界であらゆる子どもに無償の義務教育を与えるよう呼びかけます。私たちはすべての政府に対し、テロや暴力と闘い、残虐行為や危害から子どもたちを守るよう呼びかけます。私たちは先進国に対し、開発途上地域の女児の教育機会拡大を支援するよう呼びかけます。

　何百万もの人が貧困、不正、無知に苦しんでいることを忘れてはなりません。何百万もの子どもたちが学校に通えていない現実を忘れてはなりません。私たちの兄弟姉妹が、明るく平和な未来を待ち望んでいることを忘れてはならないのです。

　1人の子ども、1人の教師、1冊の本、そして1本のペンが、世界を変えられるのです。教育以外に解決策はありません。教育こそ最優先です。

C　児童婚（18歳未満で結婚した少女）

世界で児童婚の割合が高い上位10か国のうち9か国がアフリカ（アフリカで1,700万人）

1	ニジェール	75%	6	モザンビーク	56%
2	チャド	68%	7	マリ	55%
2	中央アフリカ共和国	68%	8	ブルキナファソ	52%
4	バングラデシュ	66%	8	南スーダン	52%
5	ギニア	63%	10	マラウイ	50%

＊ユニセフの2013年発表データ

《憲法改正をめぐって——改憲手続き法》

　憲法は最高法規である。その憲法改正について、2007年5月に「日本国憲法の改正手続に関する法律」が成立し、2014年6月に一部を「改正」した。この法律は、「国民投票法」とか「改憲手続き法」と略している。投票権年齢が18歳に引き下げられているが、その実施に当たっては改正施行4年後となっている。「改正」では、特定公務員の国民投票運動が禁止されている。また、改正すべき項目が複数あったときは、「内容において関連する事項ごとに提案され、それぞれの改正案ごとに一人一票を投じる」ことになる。憲法「改正」は、国のかたちを変えることになるので、ますます憲法学習が求められる。改憲手続きについても熟知しておきたい（下図は、総務省の資料をもとに作成）。なお、改憲は、憲法第96条で、国会が定める選挙の際におこなうこととされている。

《参考》総務省　http://www.soumu.go.jp/senkyo/kokumin_touhyou/index.html

憲法改正——国会の発議から国民投票の開票まで

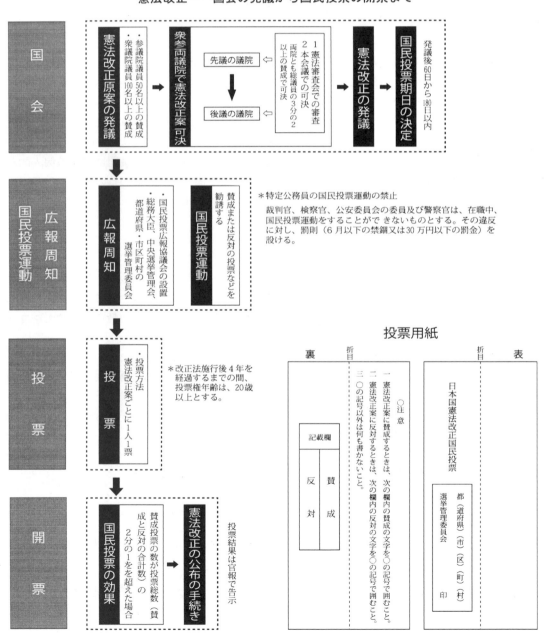

第2章
平和主義

【第2章・単元のねらい】

　日本国憲法第9条のもとで平和を築いてきた歴史に学ぶとともに、その平和主義が岐路に立っている現実をつかむ。未来に向けて、第9条をどのように受け継いでいくか考え深める。

石垣島9条の碑（写真提供：大和田孝行）

世界の子どもの平和像（広島）

5・3憲法集会（横浜・臨港パーク、2015年5月3日）

【この単元について】

　この単元では、平和主義を中心に学習する。日米安保体制、国連PKO参加など、戦後70余年、第9条は、試練を受けてきた。しかし、日本は「もう戦争はしない」と決意し歩んできたことも確かである。

　いま、その平和主義が危うい状況を迎えている。世論の反対が多いにもかかわらず、集団的自衛権容認の閣議決定で「戦争をする国」へ向かい、安保関連法を成立させた。こうした現実と対峙しながら、平和主義を深めていく。9条、自衛隊、日米安保、沖縄、さらには自衛隊を国防軍と位置づけている自民党「日本国憲法改正草案」の問題についても取り上げる。

子どもの意識をさぐる

　子どもの平和意識を確かめていきたい。以下の設問は、第1章で紹介した日本高等学校教職員組合が実施した調査（「2012年度高校生1万人憲法意識調査」）、各新聞社の世論調査の設問を参考にしている。

1．憲法9条について、あなたはどう考えますか。
　　ア，変えない方がよい　　イ，変える方がよい　　ウ，わからない
2．憲法9条は、戦後の日本の平和のために役立ったと思いますか。
　　ア，はい　　イ，いいえ　　ウ，わからない
3．徴兵制についてどう思いますか。
　　ア，賛成　　イ，反対　　ウ，わからない
4．日本には、核兵器を「つくらない、持たない、持ち込ませない」という非核三原則があります。この非核三原則を堅持すべきだと思いますか。
　　ア，思う　　イ，思わない　　ウ，わからない
5．武器輸出三原則の見直しがおこなわれ、政府は武器輸出を認める新しい防衛装備移転三原則を決めましたが、どう思いますか。
　　ア，賛成　　イ，反対　　ウ，どちらともいえない　　エ，わからない
6．政府は、集団的自衛権行使を容認し法律を制定しましたが、どう思いますか。
　　ア，賛成　　イ，反対　　ウ，どちらともいえない　　エ，わからない
7．米軍基地が沖縄に集中していますが、どう思いますか。
　　ア，いまのままでよい　　イ，縮小した方がいい　　ウ，沖縄県外に移設した方がいい
　　エ，日本全体で縮小した方がいい　　オ，どちらともいえない　　カ，わからない
8．日本の自衛隊は、どんな役割に重点をおいたらよいですか。
　　（　　　　　　　　　　　　　　　　　　　　　　　　　　　　　　　　　　　　　）
9．日本はいま、平和だと思いますか。その理由も答えてください。
　　（　　　　　　　　　　　　　　　　　　　　　　　　　　　　　　　　　　　　　）

単元の教材研究

①大人の平和意識と子どもたち

　戦後1953年から1968年までの国民の戦争観について、『図説戦後世論史』第二版（NHKブックス、1982年）によれば、1953年から1959年までは「自分の国を守るためにはやむをえない」という条件付き肯定が多かったが、ベトナム戦争と時期を同じくして「どんなことがあっても戦争はすべきではない」という戦争否定が多くなったとしている。これは「冷戦」下の世界情勢を国民が受けとめていたこと、ベトナム戦争を身近に感じていたことがうかがえる。また、「日本が戦争に巻き込まれる危険性はあるか」という問いに対して、米ソの緊張の度合いで戦争観が変化していることもわかる。
　1990年代以降、「冷戦」終結によって戦争の危機感が薄らいだかにみえたが、イラクのクウェート侵攻ではじまった湾岸戦争以後、地域紛争の絶えない情勢が続いた。2001年9月11日のアメリカ同時多発テロを契機として、「テロとの戦い」を鮮明にしたアメリカはアフガニスタンを攻撃し（アフガン戦争）、いまもアフガニスタンは混乱状態である。また、2003年3月20日に米英がイラクを攻撃してはじまったイラク戦争は、終結後も不安定なイラク情勢となっている。イラク戦争以降の中東は、シリアの内戦、イラクの内戦、イエメン内戦、IS（イスラム国）の勢力拡大、さらにずっと続いて

いるパレスチナとイスラエルの争いなど、「平和な世界に」という願いから遠のいている。

日本を取り巻く東アジアでは、北朝鮮のミサイル発射や核問題、中国・韓国との領土問題などで緊張感が煽られている。内閣府の「自衛隊・防衛問題に関する世論調査」（2012年1月調査）に、そのことがあらわれている。「危険がある」「どちらかといえば危険がある」と回答した人（72.4％）の理由は「国際的な緊張や対立があるから」の割合が最も高く81.4％となっていた。「危険がない」「どちらかといえば危険がない」と回答した人（22.1％）の理由では「日米安全保障条約があるから」が52.5％と高い割合となっていた。

《参考》内閣府「世論調査」　http://www8.cao.go.jp/survey/h23/h23-bouei/

いっぽう、憲法第9条との関連では、国民の平和意識は依然として根強い。戦後の各メディアの世論調査を調べると、戦後一貫して平和憲法を評価していることがわかる。例えば、2006年の世論調査（『朝日新聞』2006年5月3日付）では、「…この第9条は、日本の平和と繁栄にどの程度役立って来たと思いますか」の問いに「大いに役立ってきた」（25％）「ある程度役立ってきた」（49％）「あまり役立ってこなかった」（18％）「まったく役立ってこなかった」（2％）「その他・答えない」（6％）との結果を得ている。子どもたちの場合はどうか。16ページで取り上げた「2012年度高校生1万人憲法意識調査」には、「憲法9条について、あなたはどう考えますか」という設問がある。「変えない方がよい」（63.0％）、「変える方がよい」（14.4％）となっていた。「憲法9条は戦後の日本の平和のために役立ったと思いますか」に対しては、68.2％が「はい」と回答している。

《参考》日高教「高校生の憲法意識調査」　http://www.nikkokyo.org/news/2013/04/2012-5.php

読売新聞の世論調査で見ると、「憲法を改正する」は2004年に65.0％を占めていたが、その後、減少した。集団的自衛権問題が浮上した2014年以降は「改正」「改正しない」が拮抗している。9条「改正する」は2004年が44％だったのに対し2015年は35％と減少した。他のメディアの世論調査を含めて、以下のように「改正反対」が増えている。なお、9条「改正反対」が増えてきた背景には、2004年6月に発足した「九条の会」がある。各地に「九条の会」が生まれ賛同者が広がっている。

《参考》九条の会　https://www.9-jo.jp/

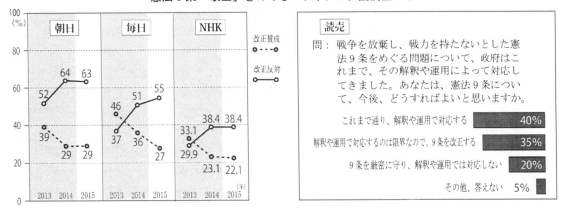

憲法9条「改正」をめぐるメディアの世論調査から

* 2015年の調査結果について、朝日は『朝日新聞』の3〜4月調査、毎日は『毎日新聞』の4月調査、NHKは4月調査、読売は『読売新聞』の2月調査。
* 「改正」賛成・反対は、メディアによって、「改正の必要があるかないか」や「改正すべきかどうか」「変えない方がいいかどうか」などと異なる。また、NHKは回答の選択肢に「どちらともいえない」があり、2015年は33.8％であった。

②憲法第9条の思想

戦後生まれの教師と子どもにとって、憲法第9条は生まれながらに存在している。9条と矛盾するものの、日米安保も米軍基地も自衛隊も、同様に生まれながら存在する。その9条の戦後史は、常に

現実政治との葛藤のなかで歩んできた。「9条＝平和主義」を強調すると、「一国平和主義でいいのか」「9条があると国際貢献がやりにくい」という反論が起こる。ときには、9条を邪魔者扱いにしてきたこともあるが、世論調査でもわかるように、9条の存在が日本の平和と繁栄に寄与してきたことは間違いない。

憲法第9条の源流をたどってみると、1928年の不戦条約にたどりつく。不戦条約は、国際連盟規約を補うものとして、1928年にパリで調印されたケロッグ＝ブリアン条約である。この条約は第一次世界大戦の反省から生まれた。第1条に「締約国は、国際紛争解決のため戦争に訴えることを非とし、かつ、その相互関係において国家の政策の手段としての戦争を放棄することを、その各自の人民の名において厳粛に宣言する」とある。当時の日本の政府もこの条約を批准している。不戦条約第1条は、日本国憲法の第9条に生かされているのである。9条は、連盟規約—不戦条約—国連憲章の延長線上に位置づけられている。不戦条約の趣旨は、フランスやイタリアの戦後の憲法にも取り込まれた。9条が生まれた背景をとらえれば、二度の大戦を経験した人びとの願いが日本国憲法に受け継がれていると言える。

世界に目を向けてみると、日本国憲法の評価は高い。9条があることで、アジアの人びとにも「再び日本が攻めてくることはない」という安心感を与えてきた。「戦争だけはしない」と誓っている日本国憲法が果たしてきた役割は大きい。1991年に、アメリカのオーバービー博士によってつくられた「第9条の会」は、9条を21世紀の平和共存のモデルと位置づけ、世界に広げる運動をしてきた。1999年5月にはオランダのハーグに世界100か国から1万人が集まり、「ハーグ平和アピール」の世界市民平和会議が開かれた。会議では今後の目標に「公正な世界秩序のための基本10原則」が発表された。その第一目標は「各国の議会は、日本国憲法第9条のように、自国政府が戦争を禁止する決議を採択するべきである」というものであった。9条は、21世紀の世界を導く羅針盤の役割を担っている。2014年、「憲法9条にノーベル平和賞を」という運動はノルウェー・ノーベル委員会が推薦書を受理したことで、世界中に賛同の輪が広がっていった。

《参考》拙稿「ゆれる日本国憲法—どこから来てどこへ行くの」（『朝日学習年鑑2001年版』所収、朝日新聞社）
　　　藤田久一 他編『軍縮条約・資料集 第三版』（不戦条約全文を収める、有信堂、2009年）

③憲法第9条と自衛隊・憲法解釈のこれまでとこれから

政府は、憲法制定当時から9条についての見解・解釈を発信してきた。1946年の帝国議会で、当時の吉田茂首相は、9条についての質疑に何度となく答弁に立った。以下は、その一部分である（国会会議録検索システムより引用）。

「戦争抛棄に關する本案の規定は、直接には自衛權を否定はして居りませぬが、第九條第二項に於て一切の軍備と國の交戦權を認めない結果、自衛權の發動としての戦争も、又交戦權も抛棄したものであります、從来近年の戦争は多く自衛權の名に於て戰はれたのであります、滿洲事變然り、大東亜戦争亦然りであります…」—1946年6月26日帝国議会（衆議院本会議）

「又戦争抛棄に關する憲法草案の條項に於きまして、國家正當防衛權に依る戦争は正當なりとせらるるやうであるが、私は斯くの如きことを認むることが有害であると思ふのであります（拍手）近年の戦争は多くは國家防衛權の名に於て行はれたことは顕著なる事實であります、故に正當防衛權を認むることが偶々戦争を誘發する所以であると思ふのであります…」—1946年6月28日帝国議会（衆議院本会議）

ここには、「もう戦争はしない」という戦争放棄に託した思いが表れている。しかし、冷戦、朝鮮戦争の勃発のなかで、警察予備隊が誕生する。その後、保安隊から自衛隊として変遷していくが、国際情勢の変化とアメリカの戦略の一

主な自衛隊違憲訴訟

恵庭事件	1967年3月29日、札幌地裁	憲法判断は必要ない
長沼基地事件	1973年9月7日、札幌地裁	自衛隊は軍隊、違憲
	1976年8月5日、札幌高裁	裁判所の判断外
百里基地事件	1977年2月17日、水戸地裁	裁判所の判断外
	1981年7月7日、東京高裁	戦力の判断は必要ない
	1989年6月20日、最高裁	平和的生存権は抽象的

翼を担うようになり、政府の９条への見解・解釈が変化する。恵庭事件など、自衛隊が合憲か違憲かをめぐる訴訟も起こった。しかし、地裁では「違憲」判決が下された事例もあるが、多くは「憲法判断」を避けている。最高裁を含めて、少なくとも「合憲」判断は下されていない。

2014年７月１日、安倍晋三内閣は、憲法解釈の変更、集団的自衛権行使を容認する閣議決定（「国の存立を全うし、国民を守るための切れ目のない安全保障法制の整備について」）をおこなった。

戦後70年、日本国憲法第９条は、最大の危機を迎えている。改憲を国民に問うこともなく、与党の合意を経て、憲法解釈を変えた。これは、時の政府によって、いかようにでも変更できるということであり、憲法破壊につながる。こうした稚拙な決定は、国民の反発を招いていて、世論調査でも明らかである（107ページ参照）。閣議決定を受けて、具体的には自衛隊が海外で武力行使をするために安保法整備がはじまった。新３要件に示された「明白な危険」も曖昧であり、戦争への歯止めがない。また、海外での武力行使によって、自衛隊員の犠牲が伴うことが想定される。安保関連法案について、2015年６月、政府は砂川事件最高裁判決を根拠に合憲と主張した。しかし、多くの憲法学者や弁護士が、この判決を曲解していることを指摘し、安保関連法は、違憲と表明している。こうした状況のなかで、2015年９月19日に法案が成立した。それでも、憲法を逸脱している問題から免れることはない。

　教材研究としては、今後の成り行きについて、安保関連法に対する反対の動向を注視していく必要がある。

《参考》浅井基文『すっきり！わかる 集団的自衛権Ｑ＆Ａ』（大月書店、2014年）
　　　　半田滋『Ｑ＆Ａまるわかり集団的自衛権』（旬報社、2014年）
　　　　阪田雅裕・川口創『「法の番人」内閣法制局の矜持』（大月書店、2014年）

憲法第９条についての政府見解・解釈の変化

・吉田茂首相答弁（1946年）
第９条第２項において一切の軍備と国の交戦権を認めない結果、自衛権の発動としての戦争も、また交戦権も放棄した。

・大村清一防衛庁長官答弁（1954年）
憲法は自衛権を否定していない。自国に対して武力攻撃が加えられた場合に、国土を防衛する手段として武力を行使することは、憲法に違反しない。

・岸信介首相答弁（1960年）
その国まで出かけて行って、その国を防衛するという意味における集団的自衛権は、憲法上は日本は持っていないと考えている。

・72年政府見解（1972年）
憲法が自国の平和と安全を維持し存立を全うするために必要な自衛の措置をとることを禁じているとは解されない。しかし、その措置は、急迫、不正の事態を排除するための必要最小限度の範囲にとどまるべきものである。したがって、他国に加えられた武力攻撃を阻止することを内容とする集団的自衛権の行使は、憲法上許されないといわざるを得ない。

・81年政府答弁書（1981年）
憲法９条の下において許容されている自衛権の行使は、わが国を防衛するために必要最小限度の範囲にとどまるべきものと解しており、集団的自衛権を行使することは、その範囲を超えるものであって、憲法上許されないと考えている。

・自衛権行使の３要件（1985年政府答弁書）
憲法９条の下において認められる自衛権の発動としての武力の行使は、政府は従来、①わが国に対する急迫不正の侵害があること②これを排除するために他の適当な手段がないこと③必要最小限度の実力行使にとどまるべきこと、という３要件に該当する場合に限られると解している。

・武力行使の新３要件（2014年閣議決定）
①わが国と密接な関係にある他国へ武力攻撃が発生し、国民の生命、自由及び幸福追求の権利が根底から覆される明白な危険がある場合に、②これを排除し、わが国の存立を全うし、国民を守るために他に適当な手段がないときに、③必要最小限度の実力を行使すること、これは憲法上許される。武力行使は、国際法上は集団的自衛権が根拠となる場合がある。

（『毎日新聞』と『東京新聞』の2014年７月２日付記事一部分引用、ならびに閣議決定全文参照）

④日米安保条約と日本の安全保障政策

　1951年のサンフランシスコ講和条約締結の際に、日米二国間で日米安全保障（日米安保）条約（「日本国とアメリカ合衆国との間の相互協力及び安全保障条約」）が結ばれた。その結果、それまでの占領軍に代わり米軍が駐留することになった。この背景に、当時の米ソ（東西）対立、冷戦という情勢があったとはいえ、戦後70余年もの間、外国の軍隊が駐留するというのは世界のなかでも珍しいことである。

　日米安保条約は1960年に改定され、政治や経済などの結びつきを強める。条約の第6条「日本国の安全に寄与し、並びに極東における国際の平和及び安全の維持に寄与する」に基づいて日米地位協定（「日本国とアメリカ合衆国との間の相互協力及び安全保障条約第6条に基づく施設及び区域並びに日本国における合衆国軍隊の地位に関する協定」）を結び、アメリカに基地を提供すること、日本の国内法の適用がないこと、米軍兵士が公務中に起こした犯罪については第一次裁判権がアメリカ側にあることなどを定めている。たいへん不平等な地位協定である。2011年に裁判権の運用見直しが日米間でおこなわれたものの、不十分なままである。

　日米安保条約の内容を、いっそうアメリカの世界戦略に適合させるように、「日米防衛協力の指針（ガイドライン）」の見直しがおこなわれたのが1997年である。ガイドラインは、米軍の戦闘行動への日本政府あげての支援体制づくりであった。条約ではない指針をもって日米安保の実質的改定であり、日本防衛から周辺有事へ、極東は日本周辺地域（アジア太平洋地域）へと踏み出した。新ガイドラインを実行するために1999年、周辺事態法（周辺事態安全確保法）などを成立させ、海外派兵をめざした。21世紀初頭のアメリカ同時多発テロ、アフガン戦争を受けて、日本の安全保障政策は、有事に備えるかたち（2003年、有事関連三法）でアメリカ支援をいっそう強めた。また、米軍再編が2005年に日米間で合意されると、自衛隊との共同作戦を可能にする在日米軍の再編へと進んだ。沖縄普天間飛行場へのオスプレイ配備もその一例である。

　次ページに「主な日米防衛協力・海外派兵協力など、日本の安全保障政策の変遷」をまとめた。これは、この20数年の動きを整理したものである。集団的自衛権の行使容認に至る過程を見ることができる。単に、東アジアの緊張や、いたずらに近隣諸国との対立に目を奪われるのではなく、アメリカの地球を俯瞰する戦略を熟知した上で、日米の安全保障政策を見ていかないといけない。集団的自衛権容認の閣議決定以後、2015年4月にガイドラインの改定に合意し、自衛隊による米軍支援を世界規模に広げることにした。合意文書は、アジア太平洋地域を超えた地域と明記している。安保関連法案は、まさしくこのガイドラインに沿うかたちで成立したのである。

⑤日本の国際貢献と改憲問題

　湾岸戦争後によく言われたのが「金だけ出せばいいのか、一国平和主義でいいのか」であった。この裏返しの言い分は、「軍隊を出せ」である。しかし、軍事力が国際貢献ではないことが、かつてのカンボジア、その後のイラクで明らかになったのではないか。国際貢献の問いかけを子どもたちにすれば、「困っている人を助ける」ことが答えである。決して軍事的貢献ではない。しかし、日本は湾岸戦争を契機に、国連平和維持活動（PKO）協力法をつくり、陸上自衛隊をカンボジア派遣した。その後も日本のPKOは、世界各地に派遣されている。国際貢献とは、こういうことだけなのか。

　国際貢献は、改憲問題ともリンクする。日本がアメリカの戦略に追随していけばいいのかが問われている。あらためて、平和をどう築くか、未来に「憲法9条」をどう引き継ぐか、考え合いたい。集団的自衛権行使容認の閣議決定、安保関連法が成立したいまの情勢にあって、深めたい学習テーマである。

　沖縄の米軍基地問題は、深刻である。一時、2009年の民主党・鳩山政権下で、米軍基地は県外移設を掲げたが、挫折する。以後、米軍再編の進行とともに沖縄の基地問題は混迷していく。沖縄の基地問題は、この単元のなかの授業テーマで扱う。

主な日米防衛協力・海外派兵協力など、日本の安全保障政策の変遷

年	主な政策など	首相	関連の出来事
1991年	湾岸戦争停戦後、海上自衛隊（海自）がペルシャ湾で機雷除去（4月）	海部→宮沢	湾岸戦争（1月）
1992年	国連平和維持活動（PKO）協力法成立（6月）、陸自をカンボジア派遣（9月）	宮沢	
1993年		宮沢→細川	北朝鮮弾道ミサイル発射
1994年		細川→羽田→村山	衆院選に小選挙区導入
1995年		村山	
1996年	日米安保共同宣言（4月） 2+2（外交・防衛）	村山→橋本	
1997年	日米防衛協力のための指針（新ガイドライン）合意（9月）	橋本	
1998年		橋本→小渕	北朝鮮弾道ミサイルを三陸沖に発射
1999年	周辺事態法成立（5月）	小渕	国旗国歌法
2000年		小渕→森	
2001年	テロ対策特別措置法成立（10月）、海自補給艦・護衛艦インド洋派遣（11月）	森→小泉	米同時多発テロ、米国がアフガン攻撃
2002年		小泉	
2003年	有事関連三法成立（武力攻撃事態対処法等＊）（6月）、イラク復興特別措置法成立（7月）	小泉	米英軍がイラク攻撃（イラク戦争）
2004年	陸自イラクのサマワで活動開始（1月）、国民保護法成立（6月）	小泉	
2005年	日米同盟： 未来のための変革と再編（仮訳）(10月)	小泉	
2006年		小泉→安倍	「改正」教育基本法
2007年	防衛庁→防衛省、安保法制懇発足（4月）	安倍→福田	改憲手続き法
2008年	安保法制懇が集団的自衛権行使容認の報告書（6月）	福田→麻生	名古屋高裁の空自イラクでの空輸違憲
2009年	海賊対処法成立（6月）	麻生→鳩山	自民から民主へ政権交代
2010年		鳩山→菅	
2011年		菅→野田	
2012年	自民党が自衛隊を「国防軍」とする憲法改正草案を決定（4月）、自民党「国家安全保障基本法案」を策定	野田→安倍	尖閣諸島を国有化、民主から自民に政権交代
2013年	安保法制懇再開（2月）、国家安全保障会議発足（12月）、特定秘密保護法成立（12月）	安倍	
2014年	防衛装備移転三原則策定（4月）、集団的自衛権容認（解釈改憲の変更）閣議決定（7月）、特定秘密保護法施行（12月）	安倍	
2015年	日米安保ガイドライン改定（4月）、安保関連法成立（9月）	安倍	

＊「安全保障会議設置法の一部改正法」「自衛隊法等の一部改正法」

23 もう、戦争はしない──憲法第9条

> 【授業のねらい】 「戦争はしない」ということを宣言した日本国憲法第9条の内容をつかみ、9条はどのようにして生まれたのか明らかにする。また、各国の平和主義の憲法にふれる。

❖ 教材研究 ❖

　いまの子どもたちにとっては、アジア太平洋戦争は、実感を伴わない昔の出来事に映る。祖父母から戦争体験を聞いても、戦争を実感することが難しい。それほど、戦争の時代とは隔絶された現代社会に生きている。そのため、9条の意義が見えにくくなっているのではないか。

　憲法制定当時、「戦争放棄」を7割の国民が支持していた（31ページ参照）。これは、戦争の被害──空襲、原爆の被災をはじめ多数の戦死者──を肌で受けとめていた人びとの願いであった。いっぽう、日本が進めた戦争は、アジア諸国の人びとを犠牲にした。日本は、戦後、サンフランシスコ講和条約や当事国との間で賠償問題を処理してきた。これを受けて、日本は解決済みとしているが、戦争責任には法律・政治的責任と人道的責任があり、戦争犯罪や人道上の罪には時効はなく、個人の請求権は消滅しないということが国際的にも認められている。何十年も経ってから戦争時の犯罪が明らかになって補償請求の裁判も起こされている。

　こうした戦争の被害や加害の問題にふれ、9条の意味を考える。

　9条がどのようないきさつで誕生したかは、91ページの〈単元の教材研究〉をもとに授業で扱うようにする。平和主義を掲げた憲法は、日本だけではない。侵略戦争の否認は13か国、軍隊のない国もある。戦争よりも平和を求める人びとの願いを受けとめたい。すでに取り上げた「ハーグ平和アピール」も授業で活用したい。9条が先進的な条文であり、未来の羅針盤になっている。

第二次世界大戦の主な国の犠牲者数

国または地域	犠牲者数、単位：万人	
中　　国	2,100	（中国政府資料）
朝鮮半島	35～36	（韓国政府資料）
台　　湾	2.9	（台湾赤十字会資料）
香　　港	7	（飢餓6万人を含む）
シンガポール	4～5	（華僑の虐殺人数）
マレーシア	4～5	（華僑の虐殺人数）
フィリピン	111.2	（フィリピン政府資料）
インドネシア	400	（インドネシア政府資料）
ベトナム	200	（多くは餓死者）
ミャンマー	5	
日　　本	310	（厚生省資料）

『朝日新聞』1995年1月1日付

原爆投下による犠牲者と被害

	広　島	長　崎
死者・行方不明者	122,338人	73,884人
負　傷　者	79,130人	74,909人
全　焼　戸　数	55,000戸	11,574戸
全　壊　戸　数	6,820戸	1,326戸

＊広島市（8月10日の市の調査、また1945年末までに死者約14万人として、1976年に国連に報告している）／長崎市調査

●資料と扱い方

A　新憲法発布記念灯籠の石碑（1946年11月3日）。八幡神社（千葉県市川市行徳）にある。行徳3丁目青年会が新憲法の成立を記念して灯籠を地元の神社に奉納した。「どんな思いで奉納したのか」と問いかけ、青年たちの思いを受けとめる。当時の青年たちは、各地で民主主義を学んでいた。

B　名誉ある73語。アメリカの新聞に掲載された市民団体の広告。

C　日本国憲法第9条（英文）。Bの名誉ある73語に関連、「英文を訳してみよう」として取り上げて9条を自分なりに翻訳する。

D　日本の憲法第9条と似ているところ。「9条と似ているところを探してみよう」「最も似ているのはどれだろう」と問いかけ、グループワークで出し合うとよい。（1）はイタリアの憲法、（2）はフランスの憲法、（3）は不戦条約。

E　世界の現行憲法における「平和主義」条項の類型。9条ほど徹底していないが、平和主義は日本だけでないことを確かめる。この資料は、衆議院憲法調査会事務局が2003年6月にまとめた基礎的資料であるが、ここには、日本が「軍隊の非設置」に入っていない。

❖ 授業の資料 ❖

A　新憲法発布記念灯籠の石碑

表面「奉納　燈籠壹對　新憲法発布記念　三丁目青年會」

裏面「昭和二十一丙戌年十一月三日」

B　名誉ある73語

C　日本国憲法第9条（英文）

Article 9:

1) Aspiring sincerely to an international peace based on justice and order, the Japanese people forever renounce war as a sovereign right of the nation and the threat or use of force as means of settling international disputes.

2) In order to accomplish the aim of the preceding paragraph, land, sea, and air forces, as well as other war potential, will never be maintained. The right of belligerency of the state will not be recognized.

D　日本の憲法第9条と似ているところ

（1）他国民の自由を侵害する手段として、および国際紛争を解決する方法として、戦争を否認する。

（2）征服を目的とするいかなる戦争も企てず、また、どの国民の自由に対しても決してその武力を行使しない。

（3）締約国は、国際紛争解決のための戦争に訴えることを非とし、かつその相互関係において国家の政策の手段としての戦争を放棄することを、その各自の人民の名において厳粛に宣言する。

E　世界の現行憲法における「平和主義」条項の類型

(2001年12月末現在)

類　型	国数	主な国（カッコ内は根拠条文）
侵略戦争の否認	13	ドイツ(26)、フランス(前文)、バーレーン(36)、キューバ(12)、韓国(5)等
国際紛争を解決する手段としての戦争放棄	5	日本(9)、イタリア(11)、ハンガリー(6)、アゼルバイジャン(9)、エクアドル(4)
国家政策を遂行する手段としての戦争放棄	1	フィリピン(2-2)
軍隊の非設置	2	コスタリカ(12)、パナマ(305)

24　平和主義と自衛隊

【授業のねらい】　日本国憲法の下で、なぜ自衛隊が生まれたのかを明らかにし、その自衛隊の現状をふまえ、海外に展開する自衛隊のあり方を考える。

❖ 教材研究 ❖

①自衛隊の発足と歩み

　軍隊を持たないとした憲法第９条が文字通り存在した時期は、憲法制定から1950年までの数年間である。以後、警察予備隊、保安隊、自衛隊として現在に至っている。

　前田哲男『ぼくたちの軍隊―武装した日本を考える』（岩波ジュニア新書、1988年）には、「戦争の傷あといまだ生々しい1950年の日本を、６月朝鮮戦争勃発の報せが、続いて米軍参戦の報せがおそい、そのあとに第三の衝撃―連合国軍最高司令官マッカーサー元帥の発した『日本再軍備』の命令が加わった。政府にもたらされた『日本警察力の増強に関する書簡』のなかで連合国軍司令官は、『人員７万5000名からなる国家警察予備隊』の設立を命じていた。こうして日本再軍備の第一歩が踏み出されたのだった」と説明されている。自衛隊の前身である警察予備隊は、主権者である国民の意思ではないこと、占領下とはいえ、アメリカの要求によって生まれたこと、アメリカの後ろ盾のもとに、つじつまをあわせるかたちで９条を解釈してきた。

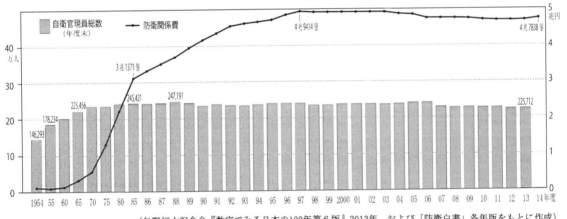

自衛官現員総数と防衛費の移り変わり

（矢野恒太記念会『数字でみる日本の100年第６版』2013年、および「防衛白書」各年版をもとに作成）

自衛隊の歩みと主な出来事

1947年	日本国憲法施行
1949年	中華人民共和国成立、NATO発足、東西ドイツ成立
1950年	朝鮮戦争、警察予備隊発足
1951年	サンフランシスコ講和条約、日米安全保障条約調印
1952年	警察予備隊を保安隊へ
1954年	防衛庁設置、自衛隊発足
1955年	ワルシャワ条約
1956年	日本の国連加盟
1960年	日米安全保障条約改定
1972年	沖縄返還
1973年	ベトナム和平協定
1976年	防衛費ＧＮＰ１％以内を決定
1986年	防衛費ＧＮＰ１％枠をなくす
1989年	「冷戦」終結
1991年	湾岸戦争、ペルシャ湾へ掃海艇派遣
1992年	ＰＫＯ協力法成立、カンボジアへ派遣
1997年	新ガイドライン
2001年	９・11アメリカ同時多発テロ、アフガン戦争、自衛隊インド洋での給油活動に派兵
2003年	イラク戦争、自衛隊派兵開始
2007年	防衛庁から防衛省へ
2009年	ソマリア沖などに海賊対処で自衛隊派遣
2015年	ガイドライン改定、安保関連法

②自衛隊の現状

　安倍晋三首相は、2013年9月25日、アメリカのシンクタンクでおこなった講演で「私の愛する国を積極的平和主義の国にしようと」決意していると語り、翌26日の国連総会の演説で「積極的平和主義」について「国際社会との協調を柱としつつ、世界に繁栄と、平和をもたらすべく努めてきた我が国の、紛うかたなき実績、揺るぎのない評価を土台とし、新たに『積極的平和主義』の旗を掲げようとするものです」(首相官邸HP)と述べ、〈授業の資料〉に掲載した姿勢を示した。以後、「積極的平和主義」は、安倍政権の安全保障戦略の基本理念となっている。この言葉は、所信表明演説でも「積極的平和主義」こそ日本が背負うべき21世紀の看板だとした。2013年12月4日、国家安全保障会議が設置され、国家安全保障戦略を策定し、「積極的平和主義」政策を内外に発信した。この政策の一環として「武器輸出三原則の見直し」(防衛装備品等の海外移転に関する基準の策定)と集団的自衛権行使へと突き進んできた。2014年3月に外務省は、「日本の安全保障政策―積極的平和主義」というパンフレットを作成して、日本の防衛政策を発信している。

《参考》首相官邸　http://www.kantei.go.jp/jp/96_abe/statement/2013/26generaldebate.html
　　　　外務省「日本の安全保障政策」　http://www.mofa.go.jp/mofaj/gaiko/page22_000407.html

　ノルウェーのヨハン・ガルトゥングが唱えた「積極的平和」は、「消極的平和」(平和を戦争のない状態)に限らず、貧困、抑圧、差別などの構造的暴力がない「積極的平和」を提唱したものである。安倍政権の「積極的平和主義」の内容は、平和学における概念とは異なる。

　自衛隊法は第3条で自衛隊の任務を定めているが、安保関連法のうち自衛隊法「改正」によって右の下線部分を削除した。自衛隊の活動については、同法76条以下に、防衛出動をはじめとする活動(安保関連法のうち76条には「存立危機事態」を追加)を具体的に規定している。災害派遣では、東日本大震災における任務で自衛隊の役割を評価している国民が多いが、日米安保によって米軍と任務を分担し共同行動も明記されている。また、2007年の防衛省昇格後、国際平和協力活動が自衛隊本来の任務となっている。なお、自衛隊の勢力は右のようになっている。

　自衛隊の指揮権発動については、自衛隊法でシビリアン・コントロールの原則を定めている。これは、憲法第66条で内閣総理大臣や国務大臣は「文民でなければならない」と定めているように軍人でないことが明記されていることによる。

自衛隊法第3条

第1項
　自衛隊は、我が国の平和と独立を守り、国の安全を保つため、<u>直接侵略及び間接侵略に対し我が国を防衛することを主たる任務</u>とし、必要に応じ、公共の秩序の維持に当たるものとする。

第2項
　自衛隊は、前項に規定するもののほか、同項の主たる任務の遂行に支障を生じない限度において、かつ、武力による威嚇又は武力の行使に当たらない範囲において、次に掲げる活動であって、別に法律で定めるところにより自衛隊が実施することとされるものを行うことを任務とする。

自衛隊の勢力（2013年度完成時見込み）

陸上自衛隊		海上自衛隊		航空自衛隊	
自衛官定員	151063	自衛官定員	45517	自衛官定員	47097
兵力現員	136573	兵力現員	42007	兵力現員	42733
戦車	670	艦艇	135	作戦用航空機	340
装甲車	960	護衛艦	47	戦闘機	260
主要火砲	510	潜水艦	18	偵察機	10
作戦用航空機	370	その他	70	輸送機	50
地対空誘導弾①	8個群	作戦用航空機	150	空中給油・輸送機	4
				早期警戒機	20
				地対空誘導弾②	6個群

①改良ホーク、新中距離対空ミサイルなど　②パトリオットなど
（矢野恒太記念会『日本国勢図会2014-15年版』2014年）

③自衛隊の海外派遣の拡張とイラク派兵違憲訴訟

　湾岸戦争を経て、国際貢献が叫ばれるようになり、1992年に停戦合意が成立していることを条件に「国際連合平和維持活動等に対する協力に関する法」（ＰＫＯ協力法）が制定されて、最初にカンボジアに自衛隊を派遣した。以後、今日まで〈授業の資料〉にあるように、何度となく派遣している。自衛隊の海外派遣は、こうして新たな展開を見せる。国連によるＰＫＯ（Peace-Keeping Operation）は、国連が実践的に積み重ねてきた活動であり、組織として制度化されてはいない。

　イラクへの自衛隊派兵は、このＰＫＯとは異なる。「イラクにおける人道復興支援活動及び安全確保支援活動の実施に関する特別措置法」（「イラク特措法」）に基づき、戦闘地域に派兵するものであった。その規模、派兵人員もＰＫＯとは比べものならない。「武器を持たない大勢の人が集合して暴行脅迫の危険があると認めた場合」や「武器を所持した者による暴行脅迫の危険がある場合」、そして「警護活動中、暴行・侵害を受ける危険がある場合」には武器を使用できるようになっている。この法律は期限付きであったが、集団的自衛権の行使容認の閣議決定を経て、政府は「自衛隊海外派兵恒久法」の整備に向かった。イラク派兵後の自衛隊員の自殺者の問題や、自衛隊イラク派兵差止め訴訟名古屋高裁判決について深めていきたい。

　自衛隊イラク派兵差止め訴訟は、2008年４月17日に名古屋高裁で違憲の判決が下された（同年５月２日確定）。判決を受けて、「自衛隊イラク派兵差止め訴訟の会」は声明を出した。「第一は、アメリカ、ブッシュ政権が引き起こしたイラク戦争が明らかに違法な侵略戦争であり、自衛隊のイラク派兵はその違法な侵略戦争に加担するものであったということである。第二は、自衛隊のイラク派兵は、日本国憲法下においてはじめて『戦闘地域』に自衛隊が展開し、米軍の武力行使と一体化する軍事活動を行ったことであり、これは日本がイラク戦争に実質的に参戦したことを意味しているという点である」と、訴訟の意義を指摘した。

《参考》自衛隊イラク派兵差止め訴訟の会　http://www.haheisashidome.jp/
　　　　川口創・大塚英志『「自衛隊のイラク派兵差止訴訟」判決文を読む』（角川書店、2009年）

④これからの自衛隊の行方

　世界の主な国の国防予算を比べると、アメリカが突出し、中国、ロシア、イギリスの国防費が続いている。右の資料は2011年度だが、この傾向はいまも同じである。アメリカはＧＤＰに対する比率でも高く、これが財政に負担となれば、その肩代わりを同盟国・日本に押しつけることになる。これからの自衛隊をどうするか、世論調査では災害救援を求めている。海外派兵が当たり前になり、自民党「改憲草案」にあるように「国防軍」となれば、どうなるか。

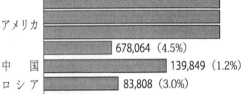

主要国の国防費（2011年度）

国	国防費	GDPに対する比率
アメリカ	678,064	(4.5%)
中国	139,849	(1.2%)
ロシア	83,808	(3.0%)
イギリス	54,757	(2.4%)
日本	43,671	(0.96%)
フランス	43,213	(1.9%)
ドイツ	39,274	(1.2%)

単位：百万ドル　（　）内：GDPに対する比率
（「防衛白書」2013年版より）

●資料と扱い方

A　積極的平和主義とは。安倍首相は、国連総会の演説で述べたが、これをどう受けとめるか。その後の政府の政策などとも連動するが、ここは、意見を出し合いたい。資料は首相官邸ＨＰより。

B　自衛隊の国連ＰＫＯ協力法による派遣。自衛隊の歩みと重ねながら、どういう活動をしてきたかについて取り上げる。『日本国勢図会2014-15年版』（矢野恒太記念会、2014年）より引用。

C　イラク特措法による自衛隊イラク派兵。派兵の規模、派兵の実態にもふれ、軍事行動であったことや、自殺者についても取り上げる。活動実績は国会報告による資料と政府の国会答弁より。

D　自衛隊イラク派兵差止め訴訟・名古屋高裁違憲判決。判決文から、あらためて９条や平和的生存権の意味を考え合う。裁判所ＨＰ「名古屋高裁判決全文」は以下のサイト。
　　http://www.courts.go.jp/search/jhsp0030?hanreiid=36331&hanreiKbn=04

❖ 授業の資料 ❖

A　積極的平和主義とは

　日本として、積極的平和主義の立場から、ＰＫＯを始め、国連の集団安全保障措置に対し、より一層積極的な参加ができるよう、私は図ってまいります。国連の活動にふさわしい人材を、我が国は、弛まず育てなくてはならないと考えます。

B　自衛隊の国連ＰＫＯ協力法による派遣 （1992年～2014年3月現在）

	派遣期間	延べ人数(人)	主な業務
国連カンボジア暫定機構	1992.9～93.9	1,216	停戦遵守状況の監視、道路・橋などの修理
国連モザンビーク活動	1993.5～95.1	154	輸送業務に関する企画・調整・通関の補助
ルワンダ難民救援	1994.9～94.12	378	医療・防疫・給水活動、隊員・要員や補給物資の航空輸送
国連兵力引き離し監視隊	1996.2～13.1	1,501	食料品などの輸送、道路などの補修、消防、除雪
東ティモール避難民救援	1999.11～00.3	113	国連高等弁務官事務所（UNHCR）のための援助物資の航空輸送
アフガニスタン難民救援	2001.10	138	UNHCRのための援助物資の航空輸送
国連東ティモール暫定行政機構	2002.2～04.6	2,304	PKOの活動に必要な道路・橋などの補修、給水所の維持
イラク難民救援	2003.3～03.4	50	UNHCRのための援助物資の航空輸送
イラク被災民救援	2003.7～03.8	98	物資等の航空輸送
国連ネパール政治ミッション	2007.3～11.1	24	マオイストとネパール国軍の武器・兵士の監視
国連スーダン派遣団	2008.10～11.9	12	連絡調整
国連ハイチ安定化ミッション	2010.2～13.2	2,196	大震災後の復興作業とコレラ対策
東ティモール統合ミッション	2010.9～12.9	8	治安情報の収集
国連南スーダン共和国ミッション	2012.1～	1,650	道路整備や河川港の整備

C　イラク特措法による自衛隊イラク派兵

2003.12 ～09.2	・陸上自衛隊のサマーワでの医療・給水・施設改修など（延べ人数約5,600人） ・海上自衛隊の艦艇による車両・人員の輸送（延べ人数約320人） ・航空自衛隊の輸送支援、関係国の物資・人員輸送、バグダッドなどへの国連・多国籍軍への輸送支援の拡大（クウェート派遣延べ人数約3,270人）

　＊　このほか、アフガン・イラクに関連した海自のインド洋派兵（延べ人数約1万3,300人）
　＊　イラク派兵自衛官の帰国後の自殺者数29人、インド洋派兵自衛官の自殺者25人（2015年5月現在）

D　自衛隊イラク派兵差止め訴訟・名古屋高裁違憲判決

　現在イラクにおいて行われている航空自衛隊の空輸活動は、政府と同じ憲法解釈に立ち、イラク特措法を合憲とした場合であっても、武力行使を禁止したイラク特措法2条2項、活動地域を非戦闘地域に限定した同条3項に違反し、かつ、憲法9条1項に違反する活動を含んでいることが認められる。

　憲法9条に違反する国の行為、すなわち戦争の遂行、武力の行使等や、戦争の準備行為等によって、個人の生命、自由が侵害され又は侵害の危機にさらされ、あるいは、現実的な戦争等による被害や恐怖にさらされるような場合、また、憲法9条に違反する戦争の遂行等への加担・協力を強制されるような場合には、平和的生存権の主として自由権的な態様の表れとして、裁判所に対し当該違憲行為の差止請求や損害賠償請求等の方法により救済を求めることができる場合があると解することができ、その限りでは平和的生存権に具体的権利性がある。

25 日米安保と米軍基地

【授業のねらい】 米軍基地が集中している沖縄の人たちの願いを受けとめ、日米安保条約、米軍基地の問題について、考えを深める。

❖ 教材研究 ❖

①日米安保条約

日米安保条約については、〈単元の教材研究〉で取り上げている。少し補えば、この条約の前文は、平和と友好関係、民主主義の擁護、両国の経済協力、「両国が国際連合憲章に定める個別的又は集団的自衛の固有の権利を有していることを確認し、両国が極東における国際の平和及び安全の維持に共通の関心を有することを考慮し、相互協力及び安全保障条約を締結することを決意し」とあり、経済と軍事の条約になっている。

日米地位協定第24条（経費の分担）は、以下のように定めている。

「1 日本国に合衆国軍隊を維持することに伴うすべての経費は、2に規定するところにより日本国が負担すべきものを除くほか、この協定の存続期間中日本国に負担をかけないで合衆国が負担することが合意される。2 日本国は、第二条及び第三条に定めるすべての施設及び区域並びに路線権（飛行場及び港における施設及び区域のように共同に使用される施設及び区域を含む。）をこの協定の存続期間中合衆国に負担をかけないで提供し、かつ、相当の場合には、施設及び区域並びに路線権の所有者及び提供者に補償を行なうことが合意される。3 この協定に基づいて生ずる資金上の取引に適用すべき経理のため、日本国政府と合衆国政府との間に取極を行なうことが合意される。」

これに基づいて在日米軍駐留に伴う経費を日本も負担することになっている。1978年6月に、当時の金丸信防衛庁長官が「思いやりの精神で米軍駐留費の分担増に応じる」と発言したことから、いわゆる「思いやり予算」と呼ばれるようになった。在日米軍駐留経費負担の推移は、グラフに見るように1990年代以降に急増している。

《参考》防衛省・自衛隊「在日米軍駐留経費負担推移」
　　　http://www.mod.go.jp/j/approach/zaibeigun/us_keihi/suii_img.html

在日米軍駐留経費負担の推移（歳出ベース）

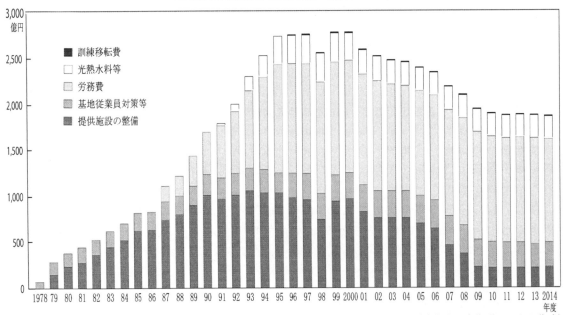

（防衛省・自衛隊HPより作成）

②アメリカの世界戦略と日本

　アメリカは、20～21世紀にかけて、朝鮮戦争やベトナム戦争、冷戦が終結してからも湾岸戦争やイラク戦争など多くの戦争を続けてきた。これらの戦争には、軍事・石油産業の成長がアメリカを支えているという背景がある。そのため、軍事面でアメリカの国益に反する国・地域があれば、いつでもかけつけることができるように世界中に米軍を配備している。アメリカ以外で米軍兵士が駐留しているのは、148の国・地域に及んでいる（2011年末現在、アメリカ国防総省発表）。米軍駐留を受け入れている国の負担経費では、日本が突出している。最新のものではないが、米軍駐留経費の受け入れ国負担で比較したのが右の資料である。日米同盟を基軸にした外交・安保政策が、「思いやり予算」にあらわれていると言えよう。

米軍駐留経費の受け入れ国負担
（2002年）

日　本	441,134万ドル
ドイツ	156,392
韓　国	84,281
イタリア	36,665
クウェート	25,298
イギリス	23,846

（『東京新聞』2010年6月13日付）

　米軍は、陸軍・海軍・海兵隊・空軍の4軍で編成されている。このうち、日本に駐留する海兵隊は紛争地域を除けば最も多く、1万人を超えている。海兵隊は、戦争・紛争の際、最前線で行動する部隊である。在日米軍の兵力は〈授業の資料〉に掲載した。この兵力には、日本の港を基地（司令部は神奈川県横須賀海軍施設）にして太平洋（ハワイ沖）からインド洋までの広い範囲に展開している第7艦隊は含まれていない。

米軍総兵力（2011年末）

陸　　　軍	558,571人
海　　　軍	322,629
海　兵　隊	200,225
空　　　軍	332,724
合　　　計	1,414,149

（アメリカ国防総省発表）

③沖縄と米軍基地

　在日米軍は、約310㎢の土地（施設・区域）を使用している。このうち74％にあたる土地が沖縄である。沖縄の米軍基地は、国有地もあるが民有地も多い。沖縄の戦後は、「銃剣とブルドーザーによる接収」で民有地が強制的に取り上げられてはじまった。沖縄戦で約20万人の犠牲があったこと、戦後の占領と復帰後の沖縄の歩みは教材研究で欠かせない。

　沖縄の在日米軍の中心は〈授業の資料〉にあるように海兵隊である。沖縄以外では、山口県岩国基地と静岡県御殿場のキャンプ富士（陸上自衛隊東富士演習場に隣接）に駐留している。沖縄で最大の面積を持つ北部訓練場（キャンプ・ゴンザレス）は、海兵隊が保有する世界で唯一の「ジャングル戦闘訓練センター（JWTC）」と呼ばれ、「脱出生還訓練、救命生存訓練、ヘリコプター訓練、探検合宿などを提供して、上限千人の隊員が30日間のジャングル環境下での訓練が可能」（在日米海兵隊HP）という。　《参考》在日米海兵隊　http://www.kanji.okinawa.usmc.mil/

　SACO（Special Action Committee on Okinawa、沖縄に関する特別行動委員会）ならびに在日米軍再編は、沖縄に集中している米軍基地機能を本土に移転させることや北部訓練場の北側半分を返還、普天間飛行場の移転が含まれているが、いっぽうで、オスプレイ配備（2012年10月）、北部訓練場に新たなヘリパッド建設、辺野古崎への新基地建設と、代替施設建設に動き出している。

　北部訓練場は、「やんばるの森」と言われ、森林と山の自然豊かな場所である。ここで、オスプレイ離発着訓練がおこなわれるようになり、東村高江地区にはヘリパッドの建設である。地元住民は、建設撤回と北部訓練場の無条件返還を求めている。

　普天間飛行場の早期返還を求める運動の契機となったのは、1995年9月の米兵3人による12歳少女暴行事件であった。同年10月21日には、8万5000人が集結して「県民総決起大会」が開催された。集会で高校生代表は「基地があるが故の苦悩から早く私たちを解放して」と訴えた。

《参考》沖縄県民総決起大会・高校生代表あいさつ全文（『沖縄タイムス』1995年10月22日付）YouTube「平和な沖縄を返して」　https://www.youtube.com/watch?v=B2XpTyJ1-Ec

「住民の会」の反対運動
（2014年7月15日撮影）

その後、ＳＡＣＯ最終報告で、普天間飛行場の返還が合意された。しかし、これは普天間飛行場の移転問題であり、当初から代替地として有力視されていたのが辺野古崎周辺であった。海上ヘリポート案も浮上したが、1997年12月に名護市住民投票では、反対が多数を占めた。主な経過は右の資料の通りである。2010年4月25日、「米軍普天間飛行場の早期閉鎖・返還と、県内移設に反対し、国外・県外移設を求める県民大会」が開催され、9万人が結集した。当時の鳩山由紀夫首相が「最低でも県外」の公約を断念すると、移設先が辺野古崎周辺という動きが加速する。しかも、県外移設を公約にして再選された仲井真県知事が、2013年、埋立て承認に動き、2014年に辺野古移設工事がはじまる。それでも、移設反対の住民運動は根強い。ひとたび環境を破壊すれば、取り戻すことはできないし、何よりも米軍基地からの解放こそ沖縄県民の願いである。

《参考》『琉球新報・号外』2010年4月25日付

　米軍基地があることで起こる事故は絶えない。これは沖縄に限らず米軍基地周辺で起きている。1977年9月27日、横浜市緑区（現在の青葉区）に米軍機が墜落し、市民3人（母と幼児2人）が犠牲になった。また、沖縄では演習事故や交通事故のほかに、米軍兵士ら（米軍構成員等）の犯罪が目立っている。沖縄県の資料によれば、復帰後の1972年から2013年までの検挙件数は、凶悪犯570、粗暴犯1,050、窃盗犯2,899、知能犯237、風俗犯70、その他1,007、合計5,833となっている。

《参考》沖縄県　http://www.pref.okinawa.jp/index.html

●資料と扱い方

A　沖縄の米軍基地。写真、地図、グラフなどから沖縄の米軍基地の実態を明らかにする。その際、〈教材研究〉の図表などを活用し、今日の基地移転問題を取り上げる。在日米軍施設・区域（土地）の地域的分布は、「防衛白書2014年版」、在沖米軍人総数は沖縄県資料による。

B　米軍基地集中は不平等。米軍基地に対する全国と沖縄の温度差から考えを深める。毎日新聞と琉球新報合同調査、『毎日新聞』2012年5月9日付。

C　翁長沖縄県知事の発信。「止めよう辺野古県民大会」での翁長知事の挨拶から、辺野古移設を考える。資料は『琉球新報』2015年5月17日配信。

http://ryukyushimpo.jp/news/storyid-243054-storytopic-271.html

米軍普天間飛行場移設問題の主な動向

1995.9	沖縄米兵による少女暴行事件
95.10	県民総決起大会
96.4	日米が普天間飛行場返還で合意
96.12	ＳＡＣＯ最終報告
97.12	海上基地建設是非の名護市住民投票
99.12	閣議決定で辺野古崎沿岸域を施設先
2002.7	政府・県・市が辺野古沖埋立て合意
04.8	米海兵隊ヘリが沖縄国際大学に墜落
05.10	日米安保協議委で辺野古崎に滑走路建設修正計画で合意
06.5	日米安保協議委で辺野古キャンプ・シュワブ沿岸にV字型滑走路に変更
09.8	国政選挙で民主党は「最低でも県外」
10.1	名護市長選で辺野古辺野移設反対の稲嶺進が当選
10.2	沖縄県議会が県内移設反対の意見書を全会一致で可決
10.4	国外・県外移設を求める県民大会
10.5	鳩山首相が県外移設断念
10.11	県知事選で県外移設を公約にした仲井真弘多が再選
11.6	日米安保協議委で辺野古崎にV字型1800m滑走路建設で合意
12.9	オスプレイ配備に反対する県民大会
12.10	オスプレイの普天間飛行場への配備
13.3	沖縄防衛局は辺野古沖移設に向け公有水面埋立て承認願書を県に提出
13.11	県選出自民党国会議員及び自民党県連が辺野古移設容認に主張を転換
13.12	仲井真知事が公有水面埋立て申請承認
14.1	名護市長選で稲嶺進再選
14.7	沖縄防衛局が辺野古移設工事着手
14.11	県知事選で移設反対の翁長雄志当選
14.12	衆院総選挙の沖縄県小選挙区で移設反対候補が当選
15.5	止めよう辺野古県民大会
15.9	翁長知事は辺野古埋立て承認取り消し

（『毎日新聞』2010年5月31日付と名護市企画部広報渉外課資料などを参考に作成）

❖ 授業の資料 ❖

A　沖縄の米軍基地

普天間飛行場とオスプレイ（2014年7月16日撮影）

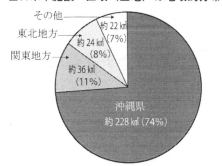

在日米軍施設・区域（土地）の地域的分布

（2014年1月1日現在）

```
在沖縄米軍人総数　25,843人（2011年6月末）
　　陸　軍　　 1,547人
　　海　軍　　 2,159人
　　空　軍　　 6,772人
　　海兵隊　　15,368人
```

B　米軍基地集中は不平等―沖縄69％ 全国33％

沖縄本土復帰40周年を機におこなった世論調査。自分が住んでいる地域に沖縄の米軍基地が移設されることの賛否では、全国は、賛成24％、反対は67％を占めていました。

沖縄県に在日米軍基地の7割以上が集中している現状は

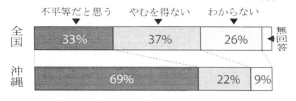

C　翁長沖縄県知事の発信

　政府は普天間基地の危険性の除去がこの問題の原点だと言っているが、沖縄から言わせると、さらなる原点は普天間基地が戦後、米軍に強制接収されたことだ。何回も確認する。沖縄は自ら基地を提供したことは一度もない。

　普天間飛行場もそれ以外の基地も戦後、県民が収容所に収容されている間に接収をされ、また、居住場所をはじめ、銃剣とブルドーザーで強制接収をされ、基地建設がなされた。自ら土地を奪っておきながら、普天間飛行場が老朽化したから、世界一危険だから、辺野古が唯一の解決策だ。沖縄が負担しろ、嫌なら沖縄が代替案を出せ、こういうふうに言っているが、こんなことが、許されるだろうか。

　私はこのことを日本の政治の堕落だと言っている。自国民に自由と人権、民主主義という価値観を保障できない国が、世界の国々とその価値観を共有できるのだろうか。日米安保体制、日米同盟というものはもっと品格のある、世界に冠たる、誇れるものであってほしいと思っている。

26 解釈改憲と集団的自衛権

【授業のねらい】 集団的自衛権容認の閣議決定がおこなわれ、それに沿うかたちで安保関連法へ向かったが、この問題について世論の動向を確かめ、戦争する国をめざすのかどうか考え合う。

❖ 教材研究 ❖

①集団的自衛権行使の容認、安保関連法案をめぐる世論・メディア

経過については、〈単元の教材研究〉で「憲法第9条についての政府見解・解釈の変化」を取り上げている。

メディアの主張については、次の社説・論説の見出しが参考になる。これを掲載した毎日新聞の記事には、「全国紙の論調は二分」「大半の地方紙は批判」という見出しであった。「ブロック紙・地方紙の大半の38紙は批判的内容だった」と解説している。

集団的自衛権の行使容認を閣議決定した翌日(2014年7月2日)の主な新聞の社説・論説の見出し

全国紙			
毎日新聞	歯止めは国民がかける	読売新聞	抑止力向上へ意義深い「容認」 日米防衛指針に適切に反映せよ
朝日新聞	この暴挙を超えて	産經新聞	「助け合えぬ国」に決別を 日米指針と法整備へ対応急げ
日本経済新聞	助け合いで安全保障を固める道へ		
地 方 紙			
北海道新聞	日本を誤った方向に導く	岐阜新聞	性急かつ乱暴なプロセス
室蘭民報	決め方が軽すぎる	京都新聞	9条空洞化の責任は重大だ
東奥日報	国民に改正の是非を問え	神戸新聞	憲法を骨抜きにする閣議決定
デーリー東北	専守防衛の国是揺らぐ	日本海新聞	国のありよう託せない
岩手日報	主権者の意思を顧みよ	山陰中央新聞	国民的議論尽すべき
河北新報	重い選択、あまりに軽く	山陽新聞	これで歯止めがかかるのか
秋田魁新報	9条踏みにじる暴挙だ	中国新聞	平和主義を踏みにじる
山形新聞	平和憲法に最大の試練	山口新聞	専守防衛の国是揺らぐ
福島民友	安保政策の歴史的転換点だ	徳島新聞	将来に禍根を残す暴挙だ
茨城新聞	国のありよう託せない	愛媛新聞	平和国家を危うくする暴挙だ
下野新聞	国のありよう託せない	高知新聞	「限定的容認」の危うさ
上毛新聞	性急過ぎるプロセス	西日本新聞	試される民主主義の底力
神奈川新聞	首相は説明責任果たせ	佐賀新聞	安心感よりも不安が強い
山梨日日新聞	越えた一線、国民の覚悟聞け	長崎新聞	国民不在、反対は続く
新潟日報	平和国家の根幹が揺らぐ	熊本日日新聞	「9条」の信頼捨てるのか
北日本新聞	「国民無視」を貫く政権	大分合同新聞	国のありよう託せない
北国新聞	法整備へ理解深めたい	宮崎日日新聞	急がず国民的議論が必要だ
富山新聞		南日本新聞	憲政に汚点残さないか 禍根を残した国民不在
福井新聞	戦う国がなぜ安全なのか		
信濃毎日新聞	政府の暴走を許すな	沖縄タイムス	思慮欠いた政権の暴走
中日新聞	9条破棄に等しい暴挙	琉球新報	国民が「悪魔の島」に 国民を危険にさらす暴挙
東京新聞			

(『毎日新聞』2014年7月21日付)

メデイア各社の世論調査は、以下の資料にあるように、二者択一で問いかけた場合は、反対が上回っていた。しかし、選択肢の設定で、回答が揺れていることもわかる。

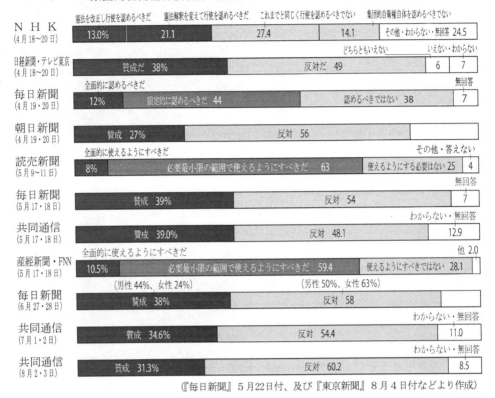

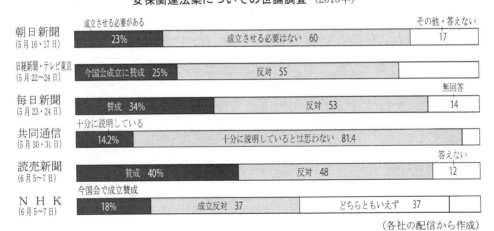

毎日新聞の世論調査の集計に男女別が掲載されていたが、男性より女性の反対が多くなっていた。閣議決定後、多くのメデイアの世論調査は、設問を変えているためわかりにくいが、共同通信の世論調査（『東京新聞』配信）は、比較的同じ設問であり、閣議決定の前と後の世論調査を比べると、反対が次第に増えていることがわかる。また、集団的自衛権行使容認がどんなことを想定しているのか、これまでとどういう違いがあるのか、こうした点が見えてきたこととも関係する。

読売新聞は、世論調査で「政府は、集団的自衛権を巡る問題について、国民に十分説明していると思いますか、そうは思いませんか」を聞いている。「十分に説明している」11%、「そうは思わない」

85％であった（『読売新聞』2014年8月4日付、8月1～3日調査）。このような設問と回答の傾向は他のメディアも同様であった。

閣議決定に反対する国民の運動は、2014年5月から7月にかけて、全国で拡大した。憲法会議の調べでは、7月8日現在で「集団的自衛権行使容認に反対、慎重な対応を求める意見書を採択した地方議会」は208自治体に及んでいた。集団的自衛権容認に対して内閣法制局元長官の阪田雅裕や自民党元幹事長の野中広務らも閣議決定を批判している。市民団体は、署名活動や集会を開催して、閣議決定反対の声をあげた。

日比谷野音での集会（2014年6月17日撮影）

2015年、安保関連法案が国会で審議されるようになってから、世論は集団的自衛権行使に懐疑的反応を示すようになった。「戦争法案」という呼称も使われるようになった。さらに、大多数の憲法学者が、この法案を「違憲法案」であると指摘した。「安全保障関連法案に反対する学者の会」の賛同署名は1週間（6月11～18日）で5,289人となった（同年9月18日現在、14,120人の学者・研究者の賛同）。日本弁護士連合会も意見書をまとめている（6月18日）。なお、2015年の世論調査は6月上旬までのものであり、成立後の動向に注目していきたい。

国会前で安保関連法案に反対する人たち
（2015年6月14日撮影）

また、連日、全国各地で反対集会が開催されるようになった。女性団体が中心になっての集会やデモ、高校生や大学生の集会やデモがおこなわれてきた。8月30日には、いくつもの団体が連帯しての国会包囲集会も開催された。こうして、2015年の夏は、集団的自衛権行使反対、安保関連法案反対の運動が高まった。

《参考》戦争をさせない1000人委員会　http://www.anti-war.info/
　　　　ゆるすな！憲法改悪、市民連絡会　http://web-saiyuki.net/kenpoh/
　　　　安全保障関連法案に反対する学者の会　http://anti-security-related-bill.jp/list.html
　　　　日本弁護士連合会　http://www.nichibenren.or.jp/
　　　　安保関連法案に反対するママの会　http://mothers-no-war.colorballoons.net/
　　　　自由と民主主義のための学生緊急行動（SEALDs）　http://www.sealds.com/
　　　　安全保障関連法案に反対する創価大学・創価女子短期大学関係者有志の会」
　　　　　http://sokauniv-nowar.strikingly.com/
　　　　映画人九条の会　http://kenpo-9.net/

②集団的自衛権と自衛隊

自衛官は、集団的自衛権の行使をどう考えているだろうか。次ページの資料は、その一例であるが、元自衛官の行使容認に対する批判の声は、メディア、各地の集会、ネットでも取り上げられている。

「自衛官は死ぬことは考えていません。自衛官も一生活者。先輩たちからは、『定年まで国に面倒を見てもらえるよ』と何度も言われましたし、ある先輩は『自分たちが自衛隊にいる間は何も起きないよ』と言っていました。でも、そんなに楽観的に考えられませんでした。政権や世界情勢によって、自衛隊の立ち位置は変わります。10年後、どうなっているのか分かりません。定年まで無事という言葉は信用できませんでした。仕事としての自衛官なので、全ての自衛官が、24時間、国を守るという

気概があるかは疑問が残ります。」(『沖縄タイムス』2014年7月14日配信)

　これは、集団的自衛権容認問題で辞職した20代の元自衛官インタビューの一部である。これも授業の資料になる。
　自衛官は、宣誓文を読み上げ、署名・押印して入隊する。安保関連法案が成立し、集団的自衛権の行使が他国の防衛を意味するため、その任務に合わせて宣誓文を変えることが想定される。「防衛白書」の2013年版と2014年版を比較すると、集団的自衛権容認の閣議決定によって変化していることがわかる。

自衛隊の宣誓文

私は、我が国の平和と独立を守る自衛隊の使命を自覚し、日本国憲法及び法令を遵守し、一致団結、厳正な規律を保持し、常に徳操を養い、人格を尊重し、身を鍛え、技能を磨き、政治的活動に関与せず、強い責任感をもって専心職務の遂行に当たり、事に臨んでは危険を顧みず、身をもって責務の完遂に務め、もって国民の負託にこたえることを誓います。

(『東京新聞』2014年7月3日付より作成)

集団的自衛権行使容認についての自衛官の意見

階級	年齢・性別	業種	賛否	その理由
陸佐	40代・男	幹部	×	なぜ憲法改正ではないのか
陸佐	40代・男	幹部	○	粛々と受け止めたい
陸曹	40代・男	補給	×	議論が深まっていない
陸尉	30代・男	運用	○	議論は尽された
陸曹長	30代・男	衛生	×	歯止めが利くのか不安だ
陸曹	30代・男	補給	×	国民の支持が得られているのか
陸曹	30代・男	補給	×	現状の問題点を検証しきれた疑問
陸曹	20代・男	通信	×	今の議論は机上の空論だ
陸士長	20代・女	通信	△	深く考えたことがない
陸士	20代・女	衛生	△	心配する家族の気持ちは分かる
海曹	20代・男	機械	△	任務への影響は未知数
海曹	20代・男	衛生	○	必要性は十分説明された
空曹	40代・男	業務	×	集団的自衛権そのものに反対だ

(『毎日新聞』2014年6月20日付夕刊)

「防衛白書」の比較

《2013年版》
　国際法上、国家は、集団的自衛権、すなわち、自国と密接な関係にある外国に対する武力攻撃を、自国が直接攻撃されていないにもかかわらず、実力をもって阻止する権利を有するとされている。わが国は、主権国家である以上、国際法上、当然に集団的自衛権を有しているが、これを行使して、わが国が直接攻撃されていないにもかかわらず他国に加えられた武力攻撃を実力で阻止することは、憲法第9条のもとで許容される実力の行使の範囲を超えるものであり、許されないと考えている。

《2014年版》
　わが国による「武力の行使」が国際法を遵守して行われることは当然であるが、国際法上の根拠と憲法解釈は区別して理解する必要がある。憲法上許容される上記の「武力の行使」は、国際法上は、集団的自衛権が根拠となる場合がある。この「武力の行使」には、他国に対する武力攻撃が発生した場合を契機とするものが含まれるが、憲法上は、あくまでもわが国の存立を全うし、国民を守るため、すなわち、わが国を防衛するためのやむを得ない自衛の措置として初めて許容されるものである。

③閣議決定から安保関連法の整備へ

　安保関連法案の内容は、10法案を一括「改正」する「平和安全法制整備法案」と「国際平和支援法案」2法案からなっている。この法律が成立したことで、海外派兵はとめどもなく拡大する。自衛官のリスクも避けられない。日本の平和主義は空洞化する。

《平和安全法制整備法》
(1) 自衛隊が「武力行使」するための法
　　・武力攻撃事態法を、武力攻撃・存立危機事態法…集団的自衛権行使の新3要件（存立危機事態、他に適当な手段がない、必要最小限の実力行使）、
　　・米軍行動関連措置法「改正」
　　・海上輸送規制法「改正」
　　・捕虜取り扱い法「改正」
　　・特定公共施設利用法「改正」
　　　…他国軍が港湾・空港利用可能
(2) 米軍と他国軍の戦闘を支援するための法
　　・周辺事態法を「改正」し、重要影響事態法
　　・海上輸送規制法「改正」
(3) 国際連携を目的に自衛隊派遣拡大する法
　　・国連平和維持活動（PKO）協力法「改正」
(4) 自衛隊派遣とその活動拡大のための法
　　・自衛隊法「改正」
(5) 戦争司令塔の機能強化のための法
　　・国家安全保障会議設置法「改正」

「戦争法案破棄」を求める国会前集会。小学生も訴える。（2015年8月30日撮影）

《国際平和支援法》
　　…非戦闘地域に限定しない恒久法として、米軍や他国軍への戦闘支援を可能にする。

　この一括法は、海外で戦争ができる「国のかたち」をめざしたものであり、これらによって日本が失うものは何か、考えたい。また、明らかに違憲であることを、政府は合憲であるとする見解を出している。

《参考》内閣官房「平和安全法制等の整備について」http://www.cas.go.jp/jp/gaiyou/jimu/housei_seibi.html
　　　豊下楢彦・古関彰一『集団的自衛権と安全保障』（岩波新書、2014年）

●資料と扱い方
A　集団的自衛権行使容認の賛否の意見。これをもとに意見交換をおこなう。「どの意見に賛成できますか」と問うのもよい。ただし、集団的自衛権や安保関連法の内容を理解させた上で意見を求める。資料は、『朝日新聞』2014年7月9日付記事（各紙の主な社説）をもとに賛否の意見を整理したもの。
B　憲法学者は、安保関連法案「違憲」。2015年6月4日におこなわれた衆院憲法調査会での参考人の主な意見である。政府与党の推薦した憲法学者まで、「違憲」と表明したことで、安保関連法案に大きな影響を与えた。この報道で、多くの国民の安保関連法案に対する見方が変わったと言われる。子どもたちにも、憲法学者の考えを聞かせたい。また、政府がこの意見に対して、どのような見解を示しているのか、扱うとよい。資料は『朝日新聞』2015年6月5日配信より引用。

❖ 授業の資料 ❖

A 集団的自衛権行使容認の賛否の意見

賛　　成	反　　対
▷行使容認に転じたことは、長年の安全保障上の課題を克服したという意味で画期的である。「戦争への道を開く」といった左翼・リベラル勢力による情緒的な煽動も見当違いだ。 ▷アジアの安定を守り、戦争を防いでいく上で、今回の決定は適切。米国の警察力が弱まった分だけ、他国がその役割を補い、平和を守るしかない。 ▷仲間の国と助け合う態勢をとって抑止力を高めることこそ、平和の確保に重要である。 ▷日本が他国の戦争に加担したり、自衛隊が国軍化して歯止めが効かなくなるなどの主張は、現実感のないプロパガンダ（宣伝）としか思えない。	▷「国の存立」が自在に解釈され、その名の下に他国の戦争への参加を正当化することは、あってはならない。同盟の約束から参戦し、「自存自衛」を叫んで滅んだ大正、昭和の戦争の過ちを、繰り返すことになるからだ。 ▷なし崩し的に自衛隊の海外での武力行使に大きく道を開く内容だ。政府は憲法の解釈変更と言うが、憲法の破壊に等しい。 ▷平和憲法の下、歴代政府が「認められない」としたことを認める。安倍首相は「基本的な考えは変わらない」としたが、改憲に等しい大転換。 ▷一内閣の解釈変更は立憲主義の否定。

B 憲法学者は、安保関連法案「違憲」

《衆院憲法調査会での参考人の主な意見》

Q「安全保障関連法案は、憲法違反か？」

長谷部恭男「集団的自衛権の行使が許されるというのは憲法違反。法的な安全性を揺るがす。閣議決定の文脈自体におおいに欠陥がある。個別的自衛権のみ許されるという論理で、なぜ、集団的自衛権が許されるのか。どこまで武力行使が許されるかも不明確で、立憲主義にもとる。」

小林節「海外で軍事活動する法的資格は与えられていない。仲間の国を助けるため、海外に戦争にいくのは集団的自衛権で、閣議決定で、政府が積み上げてきたものが、論理的に吹っ飛んだ。国会が多数決で法律をつくれば、国会による憲法軽視。これも立憲主義に反する。」

笹田栄司「自民党政権と内閣法制局がつくってきた（従来の憲法解釈は）ガラス細工で、ぎりぎり保っていた。いまの安保法制の定義は、踏み越えてしまっている。閣議決定は、一読して分からないどころか、どうなるんだろうと思った。（法案に）落とし込む作業をされているが、やはり分からない。（違憲という）我々の結論はやむを得ない。」

Q「自衛隊の活動範囲を拡大すれば、戦闘行為と一体化しないか？」

長谷部恭男「（従来の）戦闘地域と非戦闘地域の区別をなくしてしまうと、指揮官の判断に委ねられる。（他国軍隊と）武力行使の一体化が生じるおそれが極めて高い。」

小林節「（武力行使の）一体化そのもの。兵站なしには戦争はできない。露骨な戦争参加法案だ。」

笹田栄司「後方支援で兵站を担うことについて、大きな疑問を感じている。小林先生の説明に、私もそう思う。」

※ 参考人の長谷部恭男（やすお）は自民・公明・次世代推薦、小林節（せつ）は民主推薦、笹田栄司（えいじ）は維新推薦の憲法学者であった。

27　第9条の未来を考える

【授業のねらい】　憲法第9条「戦争放棄」の世界を未来にどう引き継ぐか、何をすべきか、どんなことができるのか、考え合う。

❖ 教材研究 ❖

①身近なところで起きている「政治的中立性」を理由にした抑制

　憲法記念日の政府主催行事は、24年ぶりに開催された1976年が最後である。そのいっぽうで、「改憲草案」を掲げた自民党は、2012年の選挙公約「日本を、取り戻す Ⅻ.憲法・国のかたち328」に「建国記念の日」、「主権回復の日」、「竹島の日」を祝う式典の開催」という項目のなかで、「政府主催で、2月11日の建国記念の日、そして2月22日を『竹島の日』、4月28日を『主権回復の日』として祝う式典を開催します」とした。自民党は政権復帰後、2013年に政府主催で「主権回復・国際社会復帰を記念する式典」を開催した。沖縄は28日がアメリカの信託統治日であり、「4・28『屈辱の日』沖縄大会」をおこなった。「主権回復の日」に対する批判を受けて2014・15年には開催されなかった。

　このように、日本国憲法を無視する政府の姿勢が一段と強まる今日、身近な地域で「政治的中立性」を楯に市民団体主催の憲法行事などに会場を貸さないなどの事態が起きている。これまで後援してきたことを見直す自治体も出てきた。『毎日新聞』2014年5月3日付の見出しは「『憲法』自治体尻込み　イベント後援見直し相次ぐ　内規変え批判かわす」、『東京新聞』同日付の見出しは「表現の自由揺らぐ　『憲法は政治的』集会後援を自治体拒否　『政権意向に迎合』　市民萎縮　議論停滞も」とある。また、平和や原発を考える集会に明治大学が会場提供を拒否ということも起きている。憲法第21条が保障する「集会・結社・表現の自由、検閲の禁止、通信の秘密」という権利が危うい状況を迎えている。背景には、護憲に反対する市議などの圧力がある。憲法行事に対するネット上での誹謗・中傷も激しい。こうしたことは、市民を萎縮させることにつながる。

憲法行事をめぐる自治体の動き

札幌市	2013年11月に札幌市の弁護士らが開いた憲法問題を考える市民集会の後援を拒否
千葉市	護憲派の弁護士が「自民党の改憲案で何が変わるか」と題して講演をした2014年1月の市民集会の後援を拒否、4月から平和行事の後援の基準を新設
千葉県白井市	2014年4月から行事の後援要件を定めた市の規程を厳格化。後援を認めない例を「政治的目的を有する行事」から「政治的色彩を有する行事」に変える
長野県千曲市と千曲市教委	「千曲市九条の会」などが主催した3月の講演会の後援を拒否
三重県鈴鹿市	「九条の会すずか」が2013年11月に開いた、憲法草案作りに関わった故ベアテ・シロタ・ゴードンさんのドキュメンタリー映画の上映を含む学習会の後援を拒否
京都市教委	公益社団法人・日本青年会議所近畿地区京都ブロック協議会が2013年5月に開いた憲法シンポジウムの後援申請を事前の相談段階で断る
大阪府堺市	2013年7月に開かれた「堺平和のための戦争展」の後援を拒否。一部の展示に憲法9条改正反対を訴える内容があるため
神戸市と神戸市教委	護憲派の市民グループが5月3日に開く「神戸憲法集会」の後援を拒否
鳥取市と鳥取市教委	平和を願うメッセージを付けて「はと風船」を飛ばす5月3日のイベントの後援を拒否。主催は鳥取市「9条の会」など
岡山県教委	5月2日の日本青年会議所中国地区岡山ブロック協議会主催の憲法の改善点などを話し合うパネルディスカッションの後援を拒否

＊　教委：教育委員会、年次表示のない箇所は2014年。『東京新聞』2014年5月3日付

②犠牲を強いるのが戦争

　戦争は、いつでも「自衛のため」と称してはじまる。それが歴史の教訓である。憲法は多くの犠牲を出した反省から生まれた。しかし、いったん戦争がはじまれば、国家から犠牲を強いられる。戦争で人を殺すことも殺されることも正当化される。それが国家のおこなう戦争である。

　沖縄戦では、多くの非戦闘員が犠牲になった。そのなかには、日本軍によって「集団自決」を強制されたりスパイ容疑で殺害されたりした一般人も少なくなかった。国は、日本軍による「集団自決」の事実を歴史教科書から削除しようとするが、歴史事実を歪めることはできない。こうした犠牲は、原爆投下や空襲も同様である。また、日本の侵略戦争によって、アジアの人たちにも多くの犠牲を強いた。

沖縄戦による死亡者数

日　本　側	188,136人
他都道府県出身兵	65,908人
沖縄県出身者	122,228人
（軍人軍属	28,228人）
（一　般　人	94,000人）
アメリカ側	12,520人

（沖縄県平和祈念資料館資料）

　戦争の犠牲は、突然やってくるものではない。ふだんの暮らし、平和が保たれているときに進行する。市民を萎縮させて意見を封じ込めるのも犠牲を強いることにつながっていく。沖縄の普天間飛行場の代替としての辺野古岬の埋立てで米軍基地建設というが、基地一つとっても、国は名護市民の意思を踏みにじるかたちで犠牲を求めている。米軍基地の負担を沖縄に押しつけ、戦争の前線になる可能性もはらんでいるにも拘らず、である。集団的自衛権行使容認にしても自衛隊員の犠牲を想定しなければならない。私たちは、こうしたことに無関心でいることが、戦争をつくり、犠牲をつくり出すことを意識する必要がある。このことは、中・高校生にも言えることではないか。

③戦争体験とトラウマ

　いまも戦争を体験した方々は、そのとき起きたことを鮮明に記憶している。原爆、空襲、沖縄戦など被害体験のなかに、「自分がどうして生き残ったのか、亡くなった肉親や友人に申し訳ないという罪悪感の意識が消えない」というのがある。そして、大戦から70年余経っても、そのときの情景がよみがえってくるという。

　蟻塚亮二『沖縄戦と心の傷』（大月書店、2014年）に、「沖縄戦のことをたとえにあげてみよう。『本土』では、大方の人々の意識のなかでは、先の大戦はとっくに過去のこととして清算済みとされている。しかし、住民の4人に1人が亡くなった沖縄においては、今も戦争のトラウマを話すことができなくて、不眠やうつ病を発症している人たちがたくさんいる。つまり、沖縄の人の大多数にとって、沖縄戦は時間的には過去であるのに、思い出すと体が締め付けられたり、涙が出たり、体が震えてくるという、現在進行形の、熱い、ライブな記憶なのである」とある。トラウマとは精神的外傷のことである。戦争体験が精神に与えるトラウマという心の傷がストレスを引き起こすＰＴＳＤは、戦場で殺し合いに直面した人にとって、より深刻であろう。それは、イラク戦争に従軍した米軍兵士が帰国後にストレス障がいを発症していることでもわかる。また、トラウマに悩まされているのは東日本大震災・福島原発事故の被災者も同様である。

《参考》NHK「ヒバクシャからの手紙」(2014年8月17日放映)　http://www.nhk.or.jp/hiroshima/tegami/
　　　　読谷村　読谷村史　http://www.yomitan.jp/sonsi/index.htm
　　　　林博史『沖縄戦が問うもの』（大月書店、2010年）

④戦争と平和の想像力をはたらかせる

　戦争の時代を生きてきた人は、「もう、戦争はこりごりだ」という。戦争体験がない世代は、戦争の実相を描くことが難しい。それでも、その実相をさまざまな記録から想像することはできる。知ることができる。戦場という場所に立って、どういうことが起きているのか。

　中・高校生の修学旅行では、沖縄や広島・長崎を訪れる学校がある。そこでは、戦争体験者の「語り部」から当時の話を聞く機会がある。子どもたちは、戦争のあった場で、体験者から聞くことによって、学びを深める。これは、体験の継承である。最近の広島や沖縄では、若い世代が「平和ガイド」となって、受け継いできた戦争体験を子どもたちに話すことがおこなわれている。

沖縄・韓国人慰霊塔公園

広島での平和ガイド

東京大空襲（墨田公園）

　戦災の碑は、各地につくられている。こうした碑を訪ねて、学ぶこともできる。東京は、他の地域にあるような平和を受け継ぐ公的施設はつくられていない。それでも、4000名を超える人たちの募金で設立された「東京大空襲・戦災資料センター」がある。また、写真の隅田公園には慰霊の碑が建てられている。
《参考》東京大空襲・戦災資料センター　http://www.tokyo-sensai.net/
　　　　早乙女勝元『戦争を語りつぐ―女たちの証言』（岩波新書、1998年）
　　　　平井美津子ほか『シリーズ戦争遺跡（全5巻）』（汐文社、2010年）
　世論調査などでは、憲法第9条の平和主義の国民の支持率は高い。それだけ、平和を維持することに対する思いが強い。それでも、世界各地で紛争や戦争が起こると、平和を貫くことに疑問を持つ人もいる。しかし、どのように平和を築くかは誰もが同じ思いである。だからこそ、自分の考えを伝えることが大事である。〈授業の資料〉の中学生の発信は、そういう意味がある。

● 資料と扱い方
A　東京都中野区の取り組み。地方自治体の一例である。憲法問題で後援拒否が起きているなか、平和をつくる自治体の取り組みを取り上げる（中野区HP）。写真は区役所の横断幕。
　《参考》中野区「中野区の取り組み」　http://www.city.tokyo-nakano.lg.jp/dept/101500/d005561.html
B　中学生の投書「僕は戦場で人を殺せません」。この投書をもとに、話し合い、自分なりの意見をまとめる。投書は、東京都の中学生（15歳）、『朝日新聞』2014年6月25日付より。

❖ 授業の資料 ❖

A　東京都中野区の取り組み

憲法擁護・非核都市の宣言

まちには　こどもの笑顔がある
ひろばには　若者の歌がある
ここには　私たちのくらしがある

海を越えた　かなたにも
同じ人間の　くらしがある

いま　地球をおおう　核兵器は
あらゆる　いのちの営みを
この　しあわせを　奪い去る

私たちの憲法は
くらしを守り　自由を守り
恒久の平和を誓う

私たちは　この憲法を大切にし
世界中の人びとと　手をつなぎ
核をもつ　すべての国に
核兵器をすてよ　と訴える

この区民の声を
憲法擁護・非核都市
中野区の宣言とする

昭和五七年八月十五日
中野区

「区は、1982（昭和57）年8月に『憲法擁護・非核都市』の宣言を行いました。この宣言は、区民の平和を希求する声を背景に、約12,000人の請願を区議会が採択したことによって生まれたもので、私たちのいのちと暮らしを守るために、核を持つすべての国に対して、核兵器をすてよと訴える区民の率直な願いと崇高な思いが込められています。」

2014年7月1日現在、非核宣言自治体は、全国で1579自治体。

B　中学生の投書「僕は戦場で人を殺せません」

「日本が憲法の解釈を変更して集団的自衛権の行使を容認し、戦争ができる国になる可能性が日々増しています。おそらく戦場へ向かわされるであろう世代のひとりとして、気持ちを述べさせていただきます。

僕の友人の中にも、集団的自衛権の行使が必要だと考える人はいます。しかし僕は反対です。徴兵され、戦場に送られ、人を殺したくないからです。

人を殺すことは、通常の世界では最も重い罪です。しかし戦場では、その一番重い罪である人殺しを命令されるのです。命令に従うのがよいことで、命令に背けば罰せられます。この矛盾が僕には理解できず、受け入れられません。

それに、人は何のために生まれてくるのでしょうか。戦いで人を殺したり、殺されたりするためではないはずです。全ての人間に与えられる人生は、たった一度です。人を殺した罪を引きずって生きたり、自分が望まない時に命が無理やり終わったりすることは、あまりにも残念で、悲しいことです。

集団的自衛権の行使は、海外で人を殺すことを伴います。僕には、それは絶対できません。集団的自衛権行使の意味を、国全体で考え直す必要があると強く思います。」

《平和主義の行方——自民党「改憲草案」第9条を読む》

　自民党の「改憲草案」は、現行憲法の国際紛争を解決する手段としては「永久にこれを放棄する」と、第2項の「前項の目的を達するため、陸海空軍その他の戦力は、これを保持しない。国の交戦権は、これを認めない」を削除している。また、以前の自民党の改憲草案（2005年）の時は「自衛軍」だったが、「国防軍」に変更している。

　自民党の『日本国憲法改正草案Q＆A』は、第9条1項について、次のように解説している。

　「新たな9条1項で全面的に放棄するとしている『戦争』は、国際法上一般的に『違法』とされているところです。また、『戦争』以外の『武力の行使』や『武力による威嚇』が行われるのは、1　侵略目的の場合　2　自衛権の行使の場合　3　制裁の場合　の3つの場合に類型化できますが、9条1項で禁止されているのは、飽くまでも『国際紛争を解決する手段として』の武力行使等に限られます。この意味を1の『侵略目的の場合』に限定する解釈は、パリ不戦条約以来確立しているところです。したがって、9条1項で禁止されるのは『戦争』及び侵略目的による武力行使（上記1）のみであり、自衛権の行使（上記2）や国際機関による制裁措置（上記3）は、禁止されていないものと考えます。」

　さらに、集団的自衛権を容認した上で、「草案では、自衛権の行使について憲法上の制約はなくなりますが、政府が何でもできるわけではなく、法律の根拠が必要です。国家安全保障基本法のような法律を制定して、いかなる場合にどのような要件を満たすときに自衛権が行使できるのか、明確に規定することが必要です」とする。国防軍については「現代の世界では常識」と断じている。

　日本の未来は、この路線でいいのか、日本の平和主義の行方に想像力をはたらかせて考え合いたいことである。

自由民主党「日本国憲法改正草案」第9条

第二章　安全保障
（平和主義）
第九条　日本国民は、正義と秩序を基調とする国際平和を誠実に希求し、国権の発動としての戦争を放棄し、武力による威嚇及び武力の行使は、国際紛争を解決する手段としては用いない。
　2　前項の規定は、自衛権の発動を妨げるものではない。
（国防軍）
第九条の二　我が国の平和と独立並びに国及び国民の安全を確保するため、内閣総理大臣を最高指揮官とする国防軍を保持する。
　2　国防軍は、前項の規定による任務を遂行する際は、法律の定めるところにより、国会の承認その他の統制に服する。
　3　国防軍は、第一項に規定する任務を遂行するための活動のほか、法律の定めるところにより、国際社会の平和と安全を確保するために国際的に協調して行われる活動及び公の秩序を維持し、又は国民の生命若しくは自由を守るための活動を行うことができる。
　4　前二項に定めるもののほか、国防軍の組織、統制及び密の保持に関する事項は、法律で定める。
　5　国防軍に属する軍人その他の公務員がその職務の実施に伴う罪又は国防軍の機密に関する罪を犯した場合の裁判を行うため、法律の定めるところにより、国防軍に審判所を置く。この場合においては、被告人が裁判所へ上訴する権利は、保障されなければならない。
（領土等の保全等）
第九条の三　国は、主権と独立を守るため、国民と協力して、領土、領海及び領空を保全し、その資源を確保しなければならない。

第3章
民主主義の政治

―【第3章・単元のねらい】―

民主政治のしくみとはたらきを学び、政治に対する関心を高め、今日の日本の政治のあり方を考え深める。

上：投票に向かう有権者
左：北海道庁旧本庁舎

―【この単元について】―

この単元では、国と地方の政治を中心に学習する。民主政治は代議制のしくみをとっている。これは、主権者である国民の意思に基づいておこなわれる政治である。選挙制度の問題、国会のあり方、裁判員制度、地方自治の問題など、今日、課題となっていることを取り上げていく。

政治のしくみとはたらきでは、子どもにとってなじみのない用語が多く、ともすれば用語の暗記になりやすい。いっぽう教師にとっても、説明中心の授業になりやすい。この点を克服する授業が求められる。そこで、国民が政治の主人公であることを意識し、子どもの関心を引き出しながら授業を進めるようにする。18歳選挙権が実現した現在、政治教育は重要である。

子どもの意識をさぐる

　子どもにとって政治は身近なものに映っていないが、政治に対する要求はある。そうした要求や願いを把握した上で、この単元の授業を進めるようにしたい。以下の設問は、政府やメディアの世論調査を参考にしている。

1．あなたは、いまの国の政治について満足していますか。
　　ア，満足している　　イ，どちらかといえば満足している　　ウ，どちらかといえば不満だ
　　エ，不満だ
2．あなたは、いまの政治を信頼していますか。
　　ア，信頼している　　イ，信頼していない　　ウ，どちらともいえない
3．国の政治に国民の意見が反映されていると思いますか。
　　ア，反映されている　　イ，ある程度反映されている　　ウ，あまり反映されていない
　　エ，反映されていない
4．小選挙区比例代表制のしくみを知っていますか。
　　ア，説明できる　　イ，知っているが説明できない　　ウ，わからない
5．一票の価値について、選挙区によって不平等になっていますが、これを認めますか。
　　ア，不平等でも仕方がない　　イ，不平等を正さなければいけない　　ウ，わからない
6．裁判員制度が導入されましたが、この制度を知っていますか。
　　ア，説明できる　　イ，知っているが説明できない　　ウ，わからない
7．国の予算を増やした方がよいというのはどの分野ですか（2つまで複数回答）。
　　ア，公共事業　　　　　　　カ，環境
　　イ，雇用・経済対策　　　　キ，防衛
　　ウ，医療・福祉　　　　　　ク，国際協力
　　エ，教育・文化　　　　　　ケ，農業・食糧
　　オ，科学技術
8．これからの日本は、どんな国になってほしいですか。
　　ア，経済大国　　イ，福祉国家　　ウ，平和・文化国家　　エ，環境先進国
　　オ，科学技術先進国

単元の教材研究

①子どもの政治意識と政治的教養

　1947年の教育基本法は、2006年に改定された。政治教育についての項目は、「第14条　良識ある公民として必要な政治的教養は、教育上尊重されなければならない。2　法律に定める学校は、特定の政党を支持し、又はこれに反対するための政治教育その他政治的活動をしてはならない」とあり、旧教育基本法をほぼ踏襲している。

　民主主義を担う主権者として政治的教養を身につけることが、この単元の学習で求められる。そのためには、政治をわかりやすく、子どもたちの暮らしとつなげて学ぶことである。政治への関心度は、第1章でもふれたように、20～30歳代の投票率が低く、若い世代ほど無関心層が多くなっている。「どうせ、選挙で一票を投じても何も変わらない」と考えがちである。支持政党のない「無党派層」が多いことも、そのあらわれである。中・高校の授業が担っている政治学習が問われている。子ども

たちに政策判断を求めるような授業を進めると、「政治的中立性」を損ねると考えがちであるが、政府の政策をおうむ返しのように浸透させる授業もまた「政治的中立性」を損ねることにつながる。政府見解を「押しつける」授業であっては、子どもの政治的教養は身につかない。政策判断は、さまざまな情報に基づいて子ども自身が考えればよいことである。また、

政治への満足感（％）

	2009年（衆）	2010年（参）	2012年（衆）	2013年（参）
満足している	0.3	0.2	1.0	1.3
どちらかといえば、満足している	16.5	8.9	23.4	23.4
どちらかといえば、不満だ	60.9	58.0	57.5	55.7
不満だ	21.9	32.7	17.7	18.8
無回答	0.4	0.2	0.4	0.8

＊設問：「あなたは、全体として、今の国の政治に満足していますか、それとも不満ですか。1つだけ〇をつけてください。」

子どもの生活と切り離された政治学習になれば、複雑で難解な用語の暗記に終始するだろう。その弊害を克服するためにも、子どもの政治意識や政治への要求をさぐり、授業づくりを進めたい。そうすることで、子どもは政治に無関心ではいられなくなるはずである。

　前ページの調査のうち1の問いは、選択肢こそ若干の相違はあるが、各メディアでおこなわれている。NHKは、国政選挙後に、国民の政治意識調査を実施している（上表）。全体としては、「満足」より「不満」の層が多いことがわかる。2013年の調査は、2,627人から回答を得ている。年齢層では、60代以上が42％であった。同じ問いで、子どもの意識をさぐり、有権者の意識との差異を比較することができる。

《参考》NHK放送文化研究所　http://www.nhk.or.jp/bunken/yoron/social/index.html

　同じく前ページの8の問いは、朝日新聞が2009年3月17日に配信した世論調査（結果は右図）の選択肢である。時期を問わず、この国のかたちを考えることができる。政治に対する信頼感では、同じ朝日新聞の調査のなかに「日本の政治家をどの程度信頼していますか」という問いがある。「あまり信頼していない」と「まったく信頼していない」が78％であった。信頼度は、イメージで答える一面があるものの、信頼度が低い理由に政治家と国民感覚との乖離がある。

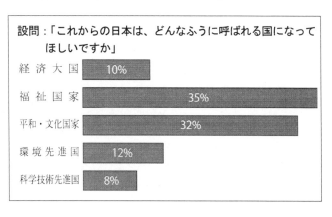

しばしば発覚する政治家の不祥事や妄言も背景になっている。また、国政ではないが、地方議員のセクハラ発言、政務活動費の不適切な支出も、その要因である。

　子どもと政治との接点については、さまざまな取り組みがある。近年、学校でおこなわれるようになった「模擬選挙」もその一つである。国会見学、政党訪問、裁判傍聴など、子ども自身の直接的な体験活動が広がってもいいのだが、なかなか広がっていない。こうしたことが困難な場合は、「政党への質問」を位置づけることができる。身近な地域の政治では、地方議会傍聴、「首長への手紙」などに取り組むことも可能である。

②民主政治のしくみと課題

　国民が主権者であり、その国民によって選ばれた代表者によって政治が進められている。これが代議制（議会制民主主義）であり、市民革命とその後の憲法によって確立したシステムである。日本も、日本国憲法によって位置づけられている。前文には「日本国民は、正当に選挙された国会における代表者を通じて行動し」とある。しかし、このことがほんとうに機能するためには、主権者である国民の政治へのはたらきかけと監視が必要である。フランスのルソーが『社会契約論』で「イギリス人は自由だと思っているが、それは大きなまちがいである。彼らが自由なのは議員を選挙する間だけのこ

と」と説いていたが、いまの日本の政治にもあてはまる。議会制民主主義は、国民の意思を反映した選挙制度でなければならないし、国会や内閣・行政機関を監視する制度が求められる。福島原発事故に見られるように、情報公開制度には課題がある。
《参考》総務省「情報公開制度」　http://www.soumu.go.jp/main_sosiki/gyoukan/kanri/jyohokokai/

　近代民主政治では三権分立のしくみを整えてきた。日本国憲法は、この原則のもとで権力の均衡をはかっている。中・高校の教科書も、次のように記述してきた。

　「三権分立は、一つの機関に権力を集中させないで、権力の乱用などをはばむしくみである。したがって、このしくみは、権力集中の弊害をふせぎ、人権を尊重する民主政治を守るものである。しかし、今日の政治では、内閣の比重が重くなっており、三権分立の意義はあらためて重要になっている。」（2005年文科省検定済・日本書籍新社『わたしたちの中学社会　公民的分野』―行政権での扱い）

　「国の権力は強制力をもっているので、それが一つの機関に集まるととても大きな力となり、濫用されると国民の自由をおびやかすことになります。…三権は、それぞれが互いに抑制し合い、均衡を保っています。国による行きすぎた権力の行使を防ぎ、バランスのとれた政治を実現することで、国民の自由と権利を保障しようとしているのです。」（2011年文科省検定済・教育出版『中学社会　公民　ともに生きる』―司法権での扱い）

　「憲法は、この代表民主制を前提として、立法・行政・司法の三権をそれぞれ国会・内閣・裁判所にゆだね、お互いの権限を抑制し、均衡を図る三権分立制をとっている。」（2006年文科省検定済・教育出版『新　現代社会　地球社会に生きる』―立法権での扱い）

　「権力分立制を採用し、立法・行政・司法の三権をそれぞれ国会・内閣・裁判所に属させて、相互の抑制と均衡をはかっている（三権分立）。」（2006年文科省検定済・実教出版『新版政治・経済』―立法権での扱い）

　中・高校では、三権分立を取り上げる箇所が異なっているものの、三権の抑制と均衡に重点をおいて記述されている。民主政治の一つのシステムではあるが、実際には、行政権（内閣）の権限が強い。それは、右の資料（行政の権限）でもわかるように、国会をいつ開催するかを決めるのは内閣であり、裁判所の裁判官指名や任命も内閣の権限である。国務大臣の任命をはじめ、国民生活に関係の深い予算や法律案、国家公務員人事も内閣の仕事である。このように、司法や行政の人事を掌握するようになっていて、他の権力よりも行政権の力が大きくなっている。

　2014年2月12日の衆議院予算委員会で、集団的自衛権をめぐる議論のなかで、安倍首相が「先ほど来、法制局長官の答弁を求めていますが、最高の責任者は私です。私が責任者であって、政府の答弁に対しても私が責任を持って、その上において、私たちは選挙で国民から審判を受けるんですよ。審判を受けるのは、法制局長官ではないんです、私なんですよ。だからこそ、私は今こうやって答弁をしているわけであります」（国会会議録検索システムより）と答弁した。内閣総理大臣が最高責任者だということは憲法にはない。システムとしての三権分立論のもとで行政権が強まると、こうした錯覚に陥りやすい。内閣は「国会に対して連帯して責任を負う」こととなっていて、国会が「国権の最高機関」と憲法に明記されている。国民の代表者で構成される国会の地位と役割こそ、重要である。

行政の権限
行政権（内閣）→立法権（国会） ・衆議院の解散 ・国会の召集を決める 行政権（内閣）→司法権（裁判所） ・最高裁判所裁判官の指名 ・裁判官の任命 行政権（内閣）がおこなう仕事 ・国務大臣の任命 ・予算案の作成 ・法律案の作成 ・政令の制定 ・外交、条約の締結 ・国家公務員に関する事務　　など

《参考》石川真澄『日本政治のしくみ』（岩波ジュニア新書、1995年）
　　　　朝日新聞特別取材班『政治家よ　不信を越える道はある』（朝日新聞社、2000年）
　　　　山口二郎『政治のしくみがわかる本』（岩波ジュニア新書、2009年）
　　　　石川真澄・山口二郎『戦後政治史　第三版』（岩波新書、2010年）
　　　　拙著『イラストで学べる政治のしくみ（全3巻）』（汐文社、2012～2013年）

③子どもの学びを深めるための教材

　政治のしくみを子どもにより身近にするためには、本書の「はじめに―公民の授業づくり」でもふれたことであるが、実物資料など具体的な教材が欠かせない。教科書や副教材にも、こうした資料・写真などが掲載されている。それでも、より授業で活用するためには、できるだけ実物資料を収集することが必要である。政治は、日常の暮らしのなかに教材があるので、常に意識しておきたいことである。

　まず一つの事例として、選挙を取り上げておこう。この章の扉に載せた国政選挙の「投票用紙」（投票所に掲示されている）も、その一つである。ただ、投票所に出向いて投票するだけでなく、教材を探すという視点で投票所に行けば、いろいろと活用できる教材がある。また、選挙の七つ道具や選挙公報、選挙ポスター、証紙、投票所入場券など、写真を含めて収集しておく。その資料が教える教師の所有物ならば、なおさら効果がある。実物教材は、このようにして収集していく。街を歩けば、選挙とつながる教材はある（選挙運動に関しては、授業テーマ「29 国民の代表を選ぶ」に掲載）。

　このほか、国会や裁判所も、ポスター、パンフなどがある。地方自治ならば、身近な役所で資料を収集できるものがある。写真ならばネットから画像を入手できるが、より鮮明な画像で提示するには自ら見学をして取材する方がいい。

　裁判員制度が2009年5月21日にスタートした。司法制度改革の一つで、裁判員制度をはじめ裁判が比較的身近になってきている。最高裁はパンフを作成しているので、利用できるものは授業で活用したい。

　実物教材については、政治単元だけでなく経済単元などでも言える。学習教材を扱っている教材開発会社があり、そこから入手することもできるが、大事なことは、どういう授業を展開するか、それに対応した教材収集が欠かせない。

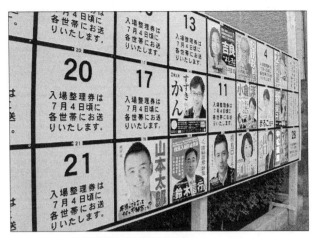

参議院議員選挙ポスター（2013年）

地下鉄改札口の選挙公報

都議会議員選挙　投票所入場券

28 政治とは何か

> 【授業のねらい】 子どもたちの暮らしのなかに政治のはたらきがあることを実感させ、政治が一人ひとりの権利や幸福の実現のためにはたらいていることをつかむ。

❖ 教材研究 ❖

①暮らしと政治

　子どもに「政治とは何か」と問いかけても、なかなか答えは出てこない。子どもたちの日常から遠い世界のことと映る。そうだからこそ、身近な暮らしのなかに政治のはたらきがあることを見つけ、政治学習の入口にしたい。
　日本には、右の資料のように、およそ2000近くの法律がある。この法律によって、私

法令の種類と数

	法令数	
憲法	1	国の最高法規
法律	1,940	憲法の定める方式に従い、国会の議決を経て「法律」として制定される法
政令	2,079	内閣の制定する命令

（2015年4月1日現在。総務省行政管理局の資料より）

たちの暮らしが守られたり規制されたりしている。人の一生は、こうしたいくつもの法律とつながっている。義務教育、運転免許取得、参政権、婚姻、相続なども法律で決められている。法律は、主権者である国民が選んだ代表者によって国会でつくられる。その法律に基づいて行政機関が仕事をおこなう。これが政治の仕事である。税金を集めることも、その税金の使いみちを決めることも、政治の仕事である。

②政治への要求

　政治が子どもたちに身近なものになれば、子どもたちも政治への要求が出てくるはずである。例えば、「学用品には消費税を0％にする」「公園をもっと増やす」など、子どもの意見や要求を出し合うことで、政治とのつながりを考えることができる。
　国会への請願は、〈授業の資料〉にあるように、請願書を提出することからはじまる。国会議員を通して請願書を提出したあとは、おおむね、右のような順序で処理されていく。本会議で採択された場合は、内閣へ送付か

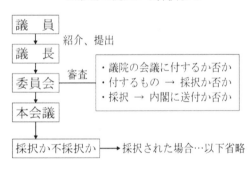

請願書の提出から採択まで

国会で処理するかになる。また、請願ではなく陳情の場合は、要望する内容を簡潔にまとめた文書に住所氏名を明記して、郵送等で議長宛てに提出する。この陳情は、議員の紹介は必要ない。議長が必要と認めた場合には、適当な委員会に参考資料として送付される。

●資料と扱い方

A　現代のリバイアサン。リバイアサンとは、国家を旧約聖書の怪物リバイアサンにたとえたホッブスの著書にちなんだものである。この文章をもとに、日常の暮らしが政治とつながっていることに気づかせる。これ以外にも、子どもの暮らしとのつながり、例えば、教科書、高校授業料、学校など気づいたことを出し合うとよい。それぞれどんな法律と関係するかがわかる。杉原泰雄『憲法読本 初版』（岩波ジュニア新書、1981年）より引用。

B　国会請願。請願権は憲法第16条で保障された権利である。請願書の書き方、方法などをつかむ。また、何人にも保障されている権利であり、子どもや外国人にも保障されていることに注目する。この書式に沿って、請願書を書いてみるという取り組みをするのもよい。写真（2014年3月9日撮影）は、衆議院議員（政党）が国会議事堂前で請願を受け取っている場面、請願書の書式や手続きは、衆議院の説明を参考に作成。

❖ 授業の資料 ❖

A　現代のリバイアサン

　わたしたちは、ともすれば、政治は政治家や公務員だけの問題であって、わたしたちの生活には関係がないと考えがちです。しかし、現代においては、政治は、わたしたちの生活のほとんどすべての面にはいりこんでいます。わたしたちの日常生活を考えてみましょう。
　朝起きるとまず顔を洗います。その水は、多くのばあい、都道府県や市町村という地方公共団体から供給されています。地方公共団体は、そのために多額の公金を支出して、貯水池・浄水場・水道などの給水施設を設けています。水の供給については、水道法などで水質や施設についてきびしい基準が定められており、国や都道府県がこれを監督しています。
　顔を洗ってから食事をします。……食品一般については、食品衛生法などによって、その衛生・添加物・表示・検査などがきびしく規制されています。調理や洗濯につかうガス・電気についても、ガス事業法や電気事業法などの法律によって、施設・保安などの基準が定められています。
　そのほか、わたしたちの日常生活に関係する交通・労働・教育・通信・マスコミュニケーション（マスコミ）・医療・土地・住宅・租税などいずれの分野にも、政治がふかく入りこんでいます。わたしたちの生活で、政治に関係をもっていない分野はほとんどないといってもよいほどです。

B　国会請願

請願の手続き

・日本国内在住の外国人及び未成年も請願できる。
・請願書は、議員の紹介により提出する。
・同じ請願者が同一会期中に同一趣旨の請願書を重複して提出することはできない。
・衆議院、参議院は、請願をそれぞれ別個に受け付ける。両院は互いに干与しない。
・請願は、国会が開会すると、召集日からおおむね会期終了7日前に締め切るのが通例になっている。
・署名簿（自署が原則）がある場合は、末尾に添付する。

請願書見本

（表紙）

　　　　　　　　　平成　　年　月　日

衆議院議長　　　　　殿
　　　　　　　　に関する請願書
　　紹介議員　　　　　（押印）
　　請願者 氏名　　　　　外　　名
　　住所〒　　　　
　　　　　　　　　　　

（本文）

　　　　　　　　に関する請願書
一　請願要旨
　　　　　　　　　　　　
　　　　　　　　　　　　
二　請願事項
1　　　　　　　　　　　
　　　　　　　　　　　　
2　　　　　　　　　　　
　　　　　　　　　　　　

＊衆議院議長宛の請願書
＊外国語による請願書の場合は訳文を添付

29 国民の代表を選ぶ

【授業のねらい】 国政における選挙制度を理解し、「一票の格差」や「小選挙区制」など、選挙をめぐる問題点を考える。

❖ 教材研究 ❖

　選挙の原則・投票・開票・選挙運動については、各都道府県選挙管理委員会が発行している選挙パンフレットを活用する。選挙権・被選挙権は教科書の記述や資料で理解できる。難解なのは、衆議院総選挙の小選挙区制度であり、とくに当選者の決定の複雑さである。この制度が導入されてからの投票率は70％を超えることがなかった。投票時間の延長や期日前投票の施策がおこなわれても2012・14年の衆議院総選挙は50％台である（77ページ参照）。これには、この選挙制度の問題点も影響していると考えられる。子どもたちが選挙の意義を理解することは、民主主義を担う主権者としての実践的な課題である。なお、選挙を扱う際の教材として、〈単元の教材研究〉に載せた写真や126ページの選挙運動に関連した写真などを提示するとよい。
《参考》総務省　なるほど！選挙　http://www.soumu.go.jp/senkyo/senkyo_s/naruhodo/index.html
　　　　拙著『イラストで学べる選挙制度（全3巻）』（汐文社、2008～2009年）

①衆議院選挙制度に小選挙区制を導入

　「小選挙区比例代表並立制」という選挙制度は、政治改革の必要という世論を受けて、第8次選挙制度審議会の答申をもとに1994年1月に成立した制度である。それまでにも小選挙区制の導入は、1956年の鳩山一郎内閣、1973年の田中角栄内閣のときにも構想されたが、実現しなかった。それが、細川護熙内閣（8党派連立）のもとで導入された。政治改革が問われたのは、1988年のリクルート事件に端を発した政治腐敗に国民の不信が高まったからである。とくに、政治改革で国民が注目してきたのは政治資金や政治献金などの根絶である。当時の世論調査（『朝日新聞』1993年9月9日付）でも、最も注目しているものは、「政治資金の流れの透明化」（42％）であった。「選挙制度の改革」（18％）、「政党への公費助成」（4％）は、低かった。しかし、実際に政治改革で実現させたのは、「政党助成金」「選挙違反の罰則強化」「選挙制度の改革」が中心になった。国民の意思とは異なるかたちで改革が進んだ。小選挙区制度の導入は、「政権交代可能な保守二大政党制」を求める保守政党の主張を取り込んだものになった。その後の衆議院総選挙は、民意を反映しない選挙結果が続くことになった。こうした選挙制度であっては、政治不信は常態化する。

②選挙の問題点をさぐる

　〈選挙区制度〉 選挙の問題点の一つに、選挙区制によっては民意を反映しないことがある。選挙区制の違いから、民意を反映する選挙区制を考えさせたい。また、諸外国ではどのような選挙制度になっているか、こうしたことについても教材研究で深めておきたい。世界では、比例代表もしくはそれに類似した選挙制度が圧倒的に多い。民意を反映した制度が望ましいからだ。子どもたちには、〈授業の資料〉を使ってこの制度の問題点に気づかせる。民意と乖離する選挙制度は、国の政治を間違った方向に進めることになる。選挙制度は、党利党略で決めては

選挙区制

大選挙区制	1つの選挙区から2人以上を選出。死票が少ない。（以前の衆院での中選挙区制も該当）
小選挙区制	1つの選挙区から1人を選出。死票が多くなる。（現在の衆院小選挙区の制度）
比例代表制	政党を選ぶ。政党の得票数に比例した数の当選人を割りふる。得票数と議席の割合が一致する。（現在の衆院比例代表、参院の比例代表制度）

主な国の議会の選挙区制

イギリス　下院（庶民院）	小選挙区制
アメリカ　下院（代議院）	小選挙区制
ドイツ　下院（連邦議会）	比例代表と小選挙区の併用
イタリア　下院（代議院）	比例代表制
ロ シ ア　下院（国家院）	比例代表制

ならない。

　小選挙区制は、「死票」が非常に多い。総務省によると、2012年衆議院総選挙では、当選者以外の候補者の得票は得票総数の53.06％を占めていた。死票率が70％を超える選挙区もあった。これでは、国民の選挙への関心も薄れ、「誰に投票しても同じだ」と考えて投票所に行かないということになる。国民の意思が反映しない選挙制度であることは、〈授業の資料〉で提示したように、小選挙区の政党得票率と議席率の開きが大きいことでもわかる。

　また、小選挙区比例代表並立制には、候補者が選挙区と比例代表の両方に立候補するという重複立候補が認められ、小選挙区で落選しても比例代表で復活当選する可能性（復活当選は比例代表の名簿が上位でも、小選挙区で有効投票総数の10分の1以上獲得）がある。重複立候補者は名簿で同じ順位にできる。この場合、小選挙区での惜敗率（当選者の得票数に対する候補者の得票数の割合）が高い順に当選となる。こうした複雑なしくみになっていることが、子どもの理解を阻んでいる。

〈一票の格差〉日本国憲法は「一人一票」の選挙権を持つ有権者の意思によって、国権の最高機関である国会が構成され、政府がつくられることを想定している。有権者が選挙で投じる一票が、選挙区によって価値に格差が生じるということは、著しく平等性を欠いている。小選挙区の地域割は、人口（有権者数）を基本につくられているが、2012年の衆議院総選挙では、44,027票で当選した候補者（高知1区）もいれば、120,298票で落選した候補者（東京3区、比例で復活当選）もいた。人口動態によって、一票の格差が大きくなることは、民意を尊重しない選挙制度ということになる。参議院の選挙区の定数配分も同様である。参議院は、衆議院よりも格差が大きい。この「一票の格差」については、裁判でも争われ、最高裁は違憲（違憲状態）判断を下しているが、これを是正するため参議院は2015年、憲政史

主な「一票の格差」をめぐる訴訟

1976年4月	最高裁が72年衆院選で初の違憲判断（最大格差4.99倍）
1985年7月	最高裁が83年衆院選で2度目の違憲判断（最大格差4.41倍）
1996年9月	最高裁が92年参院選で初の違憲状態と判断（最大格差6.59倍）
2011年3月	最高裁が09年衆院選を違憲状態と判断（最大格差2.30倍）
2012年10月	最高裁が10年参院選を違憲状態と判断（最大格差5倍）
2013年11月	最高裁が12年衆院選を違憲状態と判断（最大格差2.43倍）
2014年11月	最高裁が13年参院選を違憲状態と判断（最大格差4.77倍）

上初の「合区」が導入された。1都道府県単位であった選挙区は、「鳥取と島根」「徳島と高知」を合区とし、全体で10増10減を決めた。これは、2016年の参院選から実施されるが、それでも格差は約3倍だ。衆議院小選挙区は2013年に「0増5減」となったが、格差2倍を超えている。国会は第三者機関「衆議院選挙制度に関する調査会」を設置して議員定数削減を含めて議論しているが、2015年までに答申が出されるかどうかはわからない。

《参考》特定非営利活動法人　一人一票実現国民会議　http://www.ippyo.org/
　　　　小沢隆一他『ここがヘンだよ日本の選挙（シリーズ世界と日本21）』（学習の友社、2007年）

〈選挙運動〉諸外国では、選挙運動の中心が討論会や戸別訪問である。戸別訪問は、イギリスやアメリカの国の伝統になっている。ドイツでは政党が政策ビラを自由にまき、戸別訪問でも党の政策を伝える運動がおこなわれている。日本の場合、戸別訪問は、1950年の公職選挙法で認められていたが、1952年に同法の改正で禁止された。以後、1993年の国会で戸別訪問「解禁」法案が検討されたこともあったものの、実現には至っていない。戸別訪問は、買収を招きやすいことが禁止の理由になっているが、表現の自由を制約するとの考えで一律に禁止はいけないという主張もある。また、日本の選挙運動は禁止や制限が多く自由な選挙運動にはなっていない。

　選挙に立候補すると、供託金を納めなければならない。その金額は、次ページの表のように高額である。基準点を上回れば返還されるが、このような高い金額は、誰でも立候補できることを妨げている。諸外国では、日本のように高額ではない。アメリカ・フランス・ドイツ・イタリアでは供託金制度がない。イギリスでも500ポンド（約8.5万円）、オーストラリア下院700ドル（約6.7万円）、カナダ

1000ドル（約9.5万円）、インド１万ルピー（約1.7万円）である。

選挙運動では、七つ道具や選挙の公営、選挙費用についても取り上げる。候補者がやってはいけない選挙運動には、事前運動（例えば候補者名と顔だけのポスター掲示）、買収、戸別訪問、祝儀や香典、飲食物の提供、自動車など隊列を組んだ往来などがある。候補者自身でなくても候補者と関係が深い親族や秘書、選挙運動の責任者が選挙違反で刑を受けたときは、当選が無効となる連座制が適用される。また、18歳未満は選挙運動ができない。ネット選挙も全面解禁ではなく、投票依頼を公示前、投票日当日におこなえば違反となる。こうした選挙運動に関しては、公職選挙法に定められている。

日本の選挙運動は、ビラの配布やポスターについては枚数に制限が設けているし、街頭演説も標旗を立てておこなうなど、「してはならない」ことが多い。

②模擬選挙の取り組み

国政選挙が近づくと、模擬選挙の取り組みが街頭・ネットや学校でおこなわれるようになった。大学生の教職科目の模擬授業でも模擬選挙を取り入れた実践がある。模擬選挙は、この章のどこかで位置づけるとよい。３章の最後に、いくつかの模擬選挙の方法を紹介しておいた。

ネットでは未成年模擬選挙の活動が広がっていった。とくに18歳選挙権が実現したことで、10代の選挙権がない時期に体験を通して身につけることが、選挙権を行使するときに生かせるはずだ。

《参考》未成年模擬選挙　http://www.mogisenkyo.com/

●資料と扱い方

A　国政の選挙制度。この図解で、立候補から開票までの経過をつかむことができる。選挙運動も位置づけるといい。衆議院選挙を例に、次の色を塗って作業をする。青＝△山△郎、赤＝☆野☆子、黒＝□木□夫。小選挙区での当落の票数を計算すれば、死票が多いこと、復活当選もわかる。

B　衆院選小選挙区の政党得票率と議席占有率。小選挙区制の問題点を取り上げる。得票率と議席率が一致しないことが、民意を反映していない制度であり、どういう制度にしたらよいか深めたい。総務省選挙関連資料をもとに作成。

C　１票の格差。2000年代の衆・参議院選挙時の格差を示している。一票が平等ではない問題を考え合う。参議院の格差はさらに大きい。格差の資料は、各選挙時の総務省公表資料より作成。

公職選挙における供託金の金額

選挙の種類	金額	供託金を没収する基準点
衆議院小選挙区	300万円	有効得票総数÷10
衆議院比例代表	600万円	（当選者の２倍を超える人数分）
参議院選挙区	300万円	有効得票総数÷議員定数÷8
参議院比例代表	600万円	（当選者の２倍を超える人数分）
都道府県知事	300万円	有効得票総数÷10
都道府県議会議員	60万円	有効得票総数÷議員定数÷10

＊指定都市、市町村の金額は、上記の都道府県より下回る。町村議会議員は供託金無し
＊衆議院比例で、小選挙区と重複立候補の場合は、立候補者数×300万円

街頭演説用標旗

候補者ビラ証紙
（横2.4cm×縦1.7cm）

2013年参院選の主な選挙違反

違反の内容	件数	人員（逮捕）
買収	61	85 (19)
自由妨害	19	19 (15)
詐欺投票等	16	19 (4)
文書違反	14	15 (1)
投票干渉	10	14 (6)
投票偽造	3	8 (4)
戸別訪問	1	1 (0)
その他	9	9 (3)
総数	133	170 (52)

＊選挙期日後90日現在
（警察庁調べ）

❖ 授業の資料 ❖

A 国政の選挙制度

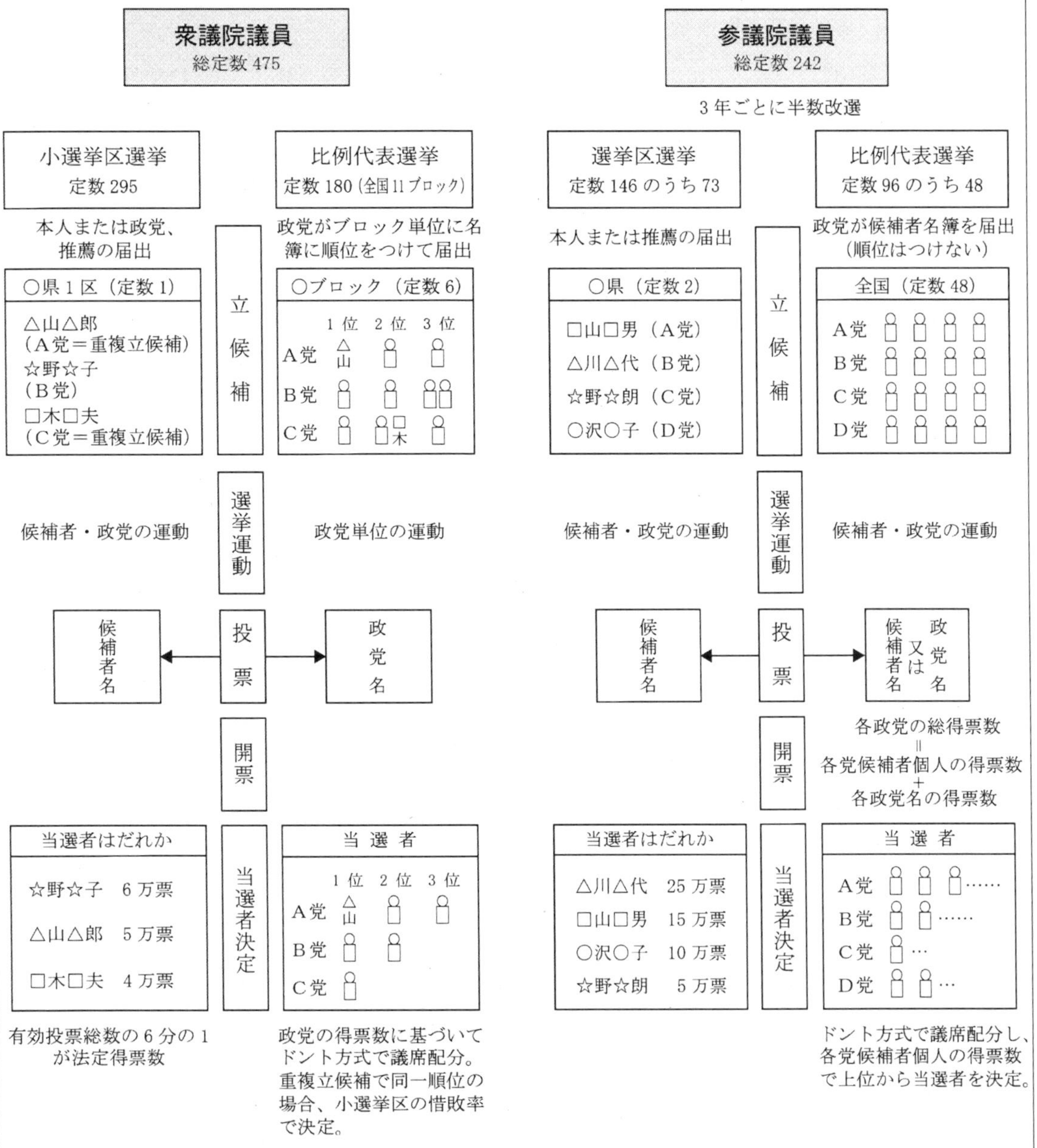

衆議院議員 総定数 475

小選挙区選挙 定数295

本人または政党、推薦の届出

○県1区（定数1）
- △山△郎（A党＝重複立候補）
- ☆野☆子（B党）
- □木□夫（C党＝重複立候補）

候補者・政党の運動

投票 → 候補者名

当選者はだれか
- ☆野☆子　6万票
- △山△郎　5万票
- □木□夫　4万票

有効投票総数の6分の1が法定得票数

比例代表選挙 定数180（全国11ブロック）

政党がブロック単位に名簿に順位をつけて届出

○ブロック（定数6）
　　1位　2位　3位
A党　山
B党
C党　　　　木

政党単位の運動

投票 → 政党名

当選者
　　1位　2位　3位
A党　山
B党
C党

政党の得票数に基づいてドント方式で議席配分。重複立候補で同一順位の場合、小選挙区の惜敗率で決定。

参議院議員 総定数 242
3年ごとに半数改選

選挙区選挙 定数146のうち73

本人または推薦の届出

○県（定数2）
- □山□男（A党）
- △川△代（B党）
- ☆野☆朗（C党）
- ○沢○子（D党）

候補者・政党の運動

投票 → 候補者名

当選者はだれか
- △川△代　25万票
- □山□男　15万票
- ○沢○子　10万票
- ☆野☆朗　5万票

比例代表選挙 定数96のうち48

政党が候補者名簿を届出（順位はつけない）

全国（定数48）
A党
B党
C党
D党

候補者・政党の運動

投票 → 候補者名又は政党名

各政党の総得票数 ＝ 各党候補者個人の得票数 ＋ 各政党名の得票数

当選者
A党 ……
B党 ……
C党 …
D党 …

ドント方式で議席配分し、各党候補者個人の得票数で上位から当選者を決定。

B 衆院選小選挙区の政党得票率と議席占有率

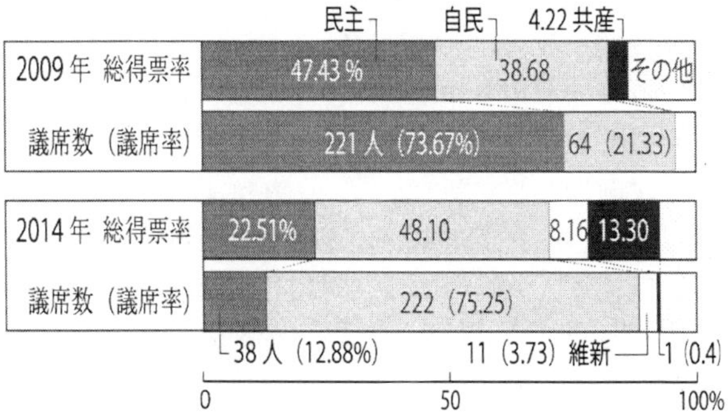

凡例：民主／自民／4.22 共産／その他

2009年 総得票率：47.43%　38.68
議席数（議席率）：221人（73.67%）　64（21.33）

2014年 総得票率：22.51%　48.10　8.16　13.30
議席数（議席率）：38人（12.88%）　222（75.25）　11（3.73）　維新 1（0.4）

C 1票の格差

衆院選	格差	判断	参院選	格差	判断
2000年	2.47	○	2001年	5.06	○
2005年	2.17	○	2004年	5.13	○
2009年	2.30	△	2007年	4.86	○
2012年	2.43	△	2010年	5.00	△
2014年	2.14	△	2013年	4.77	△

＊判断は最高裁判決で、○合憲、△違憲状態

30 政党―助成金・公約・マニフェスト

【授業のねらい】 民主政治のもとで政党はどのようなはたらきをしているか明らかにし、政党の実像をつかむ。また、政党助成金・公約・マニフェストを考える。

❖ 教材研究 ❖

①政党とは何か

　政党とは何か。国民の間には、いろいろな立場の違いや利害の対立がある。そのため、さまざまな立場から多様な要求が出てくる。要求や意見を政治の上で反映させていくのが政党である。その要求や意見がまとまって世論となれば、政党はその世論を取り入れようとする。それらをもとに、政党は党の政策を国民に示す。政党は、多くの支持を得るために演説会を開いたり機関紙を発行したりする。そして、より多くの人の支持を得て議会で多くの議席を得て政治を進めようとする。こうしたことから、民主政治が政党政治と言われている。議会で多数を占めて政権を担当する政党が与党、政党政治で政権を担当していない政党が野党と呼ばれている。

　政党は憲法に定められていないが、憲法第21条の「結社の自由」に基づく存在になっている。世界で政党条項を有する憲法として知られているのは、ドイツである。ドイツの場合は、ナチス時代の反省から自由民主主義を危うくする政党を禁止している。政党条項がある国は多いが、それぞれの国の成り立ちと関係している。オランダ、デンマーク、アメリカ、カナダには定めがない。日本では、政党の規律まで踏み込んだ政党法をつくるべきだという議論がされている（自民党「改憲草案」では位置づけている）。しかし、政党の活動の自由を損ねる懸念もあり、本来、私的な結社である政党が憲法や法律で規制を受けるのは好ましくないという意見がある。

ドイツ連邦共和国憲法

第21条 (1) 政党は国民の政治的意思形成に協力する。政党の結成は自由である。政党の内部秩序は、民主制の原則に合致していなければならない。政党は、その資金の出所および使途について、ならびにその財産について、公的に報告しなければならない。
(2) 政党のうちで、その目的またはその支持者の行動からして、自由で民主的な基本秩序を侵害もしくは除去し、またはドイツ連邦共和国の存立を危うくすることを目指すものは、違憲である。その違憲の問題については、連邦憲法裁判所がこれを決定する。
(3) 詳細は、連邦法律でこれを規律する。
（国立国会図書館調査及び立法考査局資料、2006年3月）

自民党「改憲草案」の政党条項

第六十四条の二　国は、政党が議会制民主主義に不可欠の存在であることに鑑み、その活動の公正の確保及びその健全な発展に努めなければならない。　2　政党の政治活動の自由は、保障する。　3　前二項に定めるもののほか、政党に関する事項は、法律で定める。

---

②政党の変遷

　子どもたちに「政党名を全部答えて」と質問しても、すべては答えられないだろう。これは大人にしても同じ結果が予想できる。1990年代以降、政党の離合集散は激しくなり、なかには、誕生したばかりの政党が数日をおいて名称変更したり、他政党と合流したりと、複雑である。1955年以降の「政党の移り変わり」は、次ページに掲載した。この資料で、どういう時期に政党が結成されたか、解散した政党の行方などを追跡できる。今後も、政党の再編は予想されるので、注視していきたい。

　1993年から数年間の離合集散は、冷戦終結の世界情勢を受けて「保守」対「革新」の対立構造の変化、細川護熙連立内閣の誕生、選挙制度が小選挙区比例代表並立制になったことによる。さらに、政党助成制度がはじまったことも要因になっている。とりわけ、年末年始に離合集散が見られるのも、このことが理由になっている。新進党の結成は1994年12月、太陽党は1996年12月、解散（解党）した新進党から6政党が誕生したのが1998年1月である。離合集散の動きは、国政選挙直前に起きている。これがもう一つの傾向である。2012年衆議院総選挙の際は、とりわけ激しかった。なかには、国民の支持を得るために「新党」の看板をつくってイメージを売り込む政党があった。

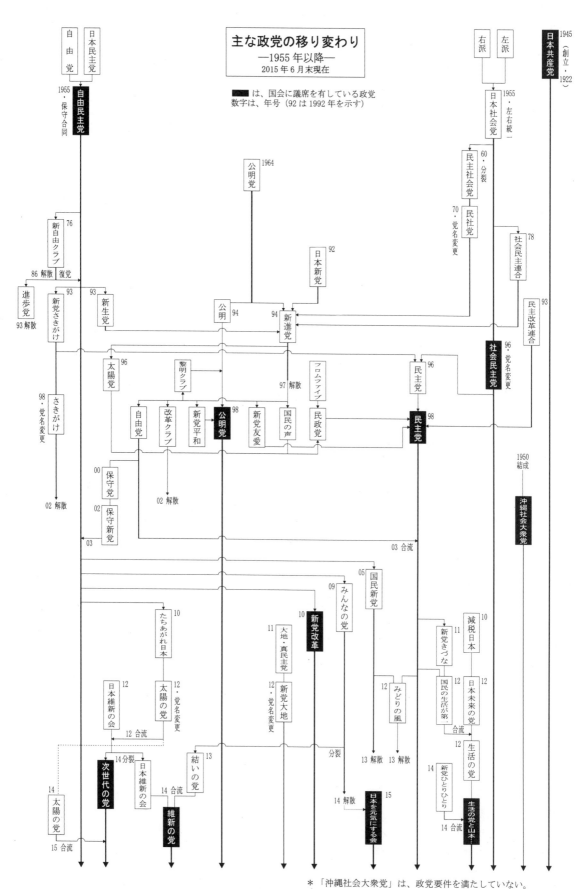

③政治とお金

　政治にはお金がかかるというが、政治家を腐敗させているのがお金である。過去にも、日本歯科医師連盟ヤミ献金、東京佐川急便ヤミ献金など腐敗した事件が起きた。企業の政治献金には、利益工作の意図が明らかである。企業・団体献金は、政治と企業の癒着の構造をつくり出してきた。最近（2014年7月）、関西電力元副社長が、1972年から18年間、在任中の歴代首相7人に「盆暮れに1千万円ずつ献金してきた」と証言した。この献金の元は電気料金であり、原発推進が目的である。企業献金は、政策をお金で買うものであり、これを積極的に進めているのが経団連である。政治家とお

> **政党助成制度の主な内容**
>
> 〈政党交付金の総額〉
> 　毎年の政党交付金の総額は、人口（直近において官報で公示された国勢調査の結果による確定数）に250円を乗じて得た額を基準として予算で定める。2012年で算出すると約320億円。
> 　250円×128,057,352人(2010年国勢調査人口)＝32,014,338,000円
> 〈政党の要件〉
> 　交付の対象となる政党は、「政治資金規正法」上の政治団体であって、次の①②のいずれかに該当するもの。
> ① 所属国会議員が5人以上
> ② 所属国会議員が1人以上、かつ、次のいずれかの選挙における全国を通じた得票率が2％以上。
> ・前回の衆議院議員総選挙（小選挙区選挙又は比例代表選挙）
> ・前回の参議院議員通常選挙（比例代表選挙又は選挙区選挙）
> ・前々回の参議院議員通常選挙（比例代表選挙又は選挙区選挙）
> 〈その他〉
> 　政党の届出、交付申請をすること、政党交付金の会計処理など。
>
> （総務省資料を参考）

金をめぐる事件を見聞きすれば、国民の政治不信は増す。子どもには「政治は汚い」と映る。
　こうした政治と企業の癒着を断ち切ることが求められている。しかし、1994年に成立した「政党助成法」は、問題を根本から変えることができなかった。この法律は、税金でお金を政党に出すというもので、国民1人当たり250円を基準に支出することになった。当初、企業献金廃止のねらいがあったが、企業献金はなくならなかった。さらに、献金の抜け道がつくられている。政党助成金（政党交付金）は、総額を決めてから申請のあった政党の国会議員数に応じて分配する。各政党に分配されている金額は〈授業の資料〉として提示した。この法律が施行されてからおよそ20年、大まかに計算しても6400億円にのぼる。また、受け取った助成金の使い道にも問題がある。助成金の使途報告書と政治資金収支報告書（2012年分、総務省資料）によれば、衆院選の供託金を賄っていた政党があることがわかっている。そのほか、選挙費用に支出している割合も高い。私的流用の疑いのある政党もあれば、基金としてため込んでいる政党もある。こうした政党助成金制度だから、「支持していない政党にお金が使われる」「どの政党も支持していないのにおかしい」「本来、私的な政治団体である政党が官営政党になっている」「憲法に反する」など、この制度に対する批判がある。政党助成金を受け取って消えた政党は、1995年から2012年までに21党に及ぶという。

《参考》総務省「政治資金規正法のあらまし」　http://www.soumu.go.jp/main_content/000174716.pdf
　　　　「政党助成関係資料」　http://www.soumu.go.jp/senkyo/seiji_s/data_seitou/
　　　上脇博之『誰も言わない 政党助成金の闇—「政治とカネ」の本質に迫る』（日本機関紙出版センター、2014年）

　政党は、集めたお金を政治活動にあてている。政治活動費はさまざまで、経常経費（事務所費、事務員などの人件費）と、党大会開催費用、会議費、地方遊説の交通費や宿泊費、通信運搬費、新聞発行費、広報宣伝費（パンフ、ビラ、テレビCM）などである。ただし、政党によって支出項目の軽重があるので、毎年11月頃に公表される政党の収支報告書（総務省HPに掲載）で確認するとよい。国政選挙や統一地方選挙の年は、選挙にかかる費用が増えている。

《参考》総務省「政治資金収支報告書」　http://www.soumu.go.jp/senkyo/seiji_s/naruhodo03.html

④増える無党派層と子どもの政治意識

　政党の離合集散、選挙のたびに変幻自在、乱立する政党の姿は、国民の政治不信や政治離れを引き起こしている。無党派層と呼ばれる「支持政党なし」が増えてきたのは、1990年代以降である。とくに、小選挙区制が導入されてから投票率の低下とともに、この傾向が強まってきた。政策の違いがわかりにくくなっていることもある。若い世代の投票率の低下については、本書の第1章でふれてきた。

　日本青少年研究所の「中学生・高校生の生活と意識」調査報告書（2009年）のなかに政治に関する日本・アメリカ・中国・韓国の比較がある。その一つに「あなたは学校の生徒自治活動に参加したいですか」という問いがある。日本は、中・高校生ともに「参加したい」（中学生14.7％、高校生10.9％）は低いが、アメリカ・中国は40～53％、韓国は20％台になっていた。学校教育の自治活動は、民主主義を体験的に学ぶ場である。政治へ

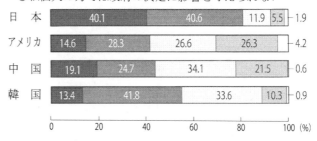

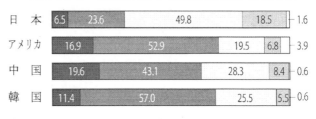

（日本青少年研究所の「中学生・高校生の生活と意識」調査報告書、2009年より）

の参加意識を育てることは、学校教育が負っている使命である。同じ調査報告書のなかに、高校生の政治意識の比較があり、その結果は上のグラフのようになっていた。アメリカ・中国・韓国の政治意識の高さに対して、日本の高校生はマイナスイメージが強いことがわかる。同じ設問で、学級・学年ごとに調査して比較すれば、子どもの実態をつかむことができる。その実態を受けて授業を構想していきたい。いま、政治を身近に感じさせる社会科の授業が求められている。

《参考》一般財団法人日本児童教育振興財団内　日本青少年研究所　http://www1.odn.ne.jp/youth-study/

⑤政党の公約・マニフェスト

　最近、マニフェスト選挙という言葉が流行ったが、マニフェストのもともとの意味は「宣言」である。よく知られている宣言に「共産党宣言」（ドイツ語：Manifest der Kommunistischen Partei）がある。「公約」（pledge）は、公の約束とか誓約という意味である。日本では、2000年代、マニフェストという言葉が数値目標を掲げた政策として使われるようになった。とくに政権交代をめざした政党の「政権公約」として打ち出された性格が強い。政党の公約とは、選挙のときに政党が有権者に示す「選挙公約」である。選挙で有権者が各党の公約を比較すれば、どこに誰に投票する判断材料になる。

　授業で公約を扱うなら、選挙公報や政党のWebサイトを活用して入手することができる。また、選挙のあった時期にメディアが各党公約を一覧にした記事がある。すでに指摘したように、国政選挙の時期に政党の公約を比較して模擬選挙をおこなう実践は、子どもの政治意識を高める一つの方法である（180ページ参照）。

　もう一つの実践事例として、「政党への質問」がある。次ページの「政党への質問」は、その取り組みの一例である。子どもの質問には、子どもなりの社会や経済、政治についての受けとめ方、身近に感じている疑問があがってくる。消費税、原発、紛争などもあれば、政党の公約に対する疑問もある。政党からの回答は、すべて返ってくるとは限らない。子どもは、回答のなかった政党に対する不信感を持つが、いっぽう、政党の回答に対する関心の度合いは高い。政党からの回答は、そのまま印刷して配付する。質問と回答の内容によっては、いろいろな授業テーマで活用することができる。回

答が届いたら、それをもとに授業を構想する。この実践を中学校でおこなった際、回答を寄せてくれた政党に子どもが書いた礼状に「今の私たちには、政治に参加することができません。ですから興味関心をもっている人も少なかったと思います。しかし、自ら質問をしてそして回答をしていただいたことで、毎回少しずつ政治がわかってきました」とあった。そして「国民のためにウソをつかない信頼される政治をして下さい」という要望も書き添えていた。

《参考》拙稿「教室から政党への手紙─子どもたちが問う政党の公約違反」（千葉県歴史教育者協議会『子どもが主役になる社会科』会誌25・26号合併号、1995年8月）
朝日新聞特別取材班『政治家よ「不信」を越える道はある』（朝日新聞社、2000年）

政党への質問

〈準備〉
・政党の公約を提示し、子どもたちに質問を考えさせる。
・政治・経済・社会について、聞きたいことや疑問などを集める。
・学級・学年で集約し、質問を10項目程度に絞る。

〈留意事項〉
・挨拶文を作成する（教師が提示するか、子どもの代表がまとめる）。
・返信用切手を同封する（費用は私費）。
・あらかじめ、管理職に了解をとる。また、同僚の教職員にも周知する。
・回答締切日を指定する。

〈送付先〉
〒100-0014　東京都千代田区永田町2-2-1
衆議院第一議員会館内○○党政策担当者　宛

●資料と扱い方

A　政党助成金。「各党の助成金（交付金）の割合が多い政党は？」と問いかけ、国民の税金でいかにまかなわれているかを理解する。その上で「政党は助成金への依存度を高め、党員や個人献金を増やすなどの自助努力をしなくなる」（『東京新聞』1997年9月19日付の指摘）をどう受けとめるか。右の資料は「基金残高」を示したものである。使い切れなかった交付金を返納するのではなく企業の内部留保と同じことをしている。こうした問題点について考える。なお、残高は、維新は合流した太陽の党。みどりの風は13年に解散。基金残高合計に

政党からの返信

は、2012年時の政党を含む。日本共産党は、政党助成制度に反対し申請していない。総務省資料より作成。

B　増える無党派層。「なぜ増えてきたのだろうか」と問いかけ、子どもの政治感覚から意見を出し合う。政党の離合集散が激しくなってから無党派層も増えてきたこと、政治不信の反映である。資料は、時事通信の世論調査で年平均値を示している。NHK放送世論調査所『図説戦後世論史第二版』（NHKブックス、1987年）、2013年（7月参院選時）と14年（12月衆院選時）は時事通信社の世論調査より作成。

C　政治献金の抜け道。政治資金が迂回して政治家のもとに入っていくしくみを明らかにする。政治資金団体は、政党のために資金を援助することを目的に政党が指定した団体。資金管理団体は政治家（国会議員または候補者）が代表。政治資金規正法をもとに作成。

D　公約違反─政党への質問。「政党の公約違反をどう考えるか」と問い、話し合う。子どもに身近な問題で公約違反を考えやすい事例として、2014年の消費税増税がある。2009年の民主党は増税をしないと約束していたが、2012年に民主・自民・公明の三党合意で増税が確認された。資料は、〈教材研究〉で紹介した「政党への質問」である。なお、A党は自民党、B党は共産党からの回答。

❖ 授業の資料 ❖

A 政党助成金

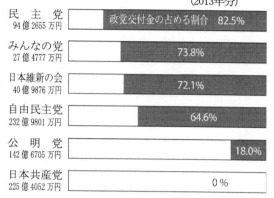

主な政党本部の収入と交付金の占める割合（2013年分）

- 民主党 94億2655万円：政党交付金の占める割合 82.5%
- みんなの党 27億4777万円：73.8%
- 日本維新の会 40億9876万円：72.1%
- 自由民主党 232億9801万円：64.6%
- 公明党 142億6705万円：18.0%
- 日本共産党 225億4052万円：0%

政党助成金（2013年分の交付金）

政党の名称	交付金（円）	12年末基金残高(円)
自由民主党	15,058,582,000	994,186,000
民主党	7,774,944,000	15,524,123,000
日本維新の会	2,956,205,000	72,677,000
公明党	2,574,747,000	1,075,685,000
みんなの党	2,027,687,000	432,379,000
生活の党	787,870,000	―
社会民主党	494,344,000	312,612,000
新党改革	115,492,000	29,566,000
みどりの風	80,961,114	―
合計	31,870,832,114	(18,593,408,000)

B 増える無党派層

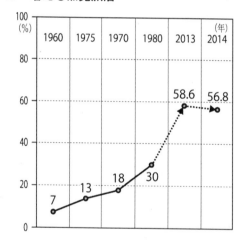

1960年：7、1975年：13、1970年：18、1980年：30、2013年：58.6、2014年：56.8

C 政治献金の抜け道

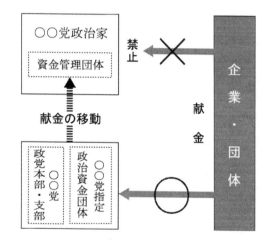

D 公約違反―政党への質問

　1990年代に消費税増税がおこなわれた頃、中学生が政党に「選挙のときと今で、意見を変えるのはよいのですか」という質問をしました。政党からは次の回答が寄せられました。

A党：社会情勢・国際情勢に変化があり、それにともなって国民の考え方にも変化が生じており、大きな政策判断は政治家の務めであり、情勢変化以前の選挙時の公約にしばられて的確な判断ができないことの方が、国にとっては損害が大きいのではありませんか。その判断については、次の選挙において国民の判断が常に下されるものと考えています。

B党：選挙のときの公約とは、国民に対する約束です。国民は政党の公約で判断して投票するわけですから、選挙が終わったら公約を投げ捨てるというのでは、国民に対する裏切り行為といわなければなりません。

31　国会のしくみと国会議員

【授業のねらい】　国会の地位（国権の最高機関であり国の唯一の立法機関であること）を明らかにするとともに、国会議員の実像を深める。また、二院制の是非について考える。

❖ 教材研究 ❖

①国会の地位

憲法は、「日本国民は正当に選挙された代表者を通じて行動し」（前文）、「両議院は全国民を代表する選挙された議員でこれを組織する」（第43条）と定めている。国政の権威は国民に由来し、「その権力は国民の代表者がこれを行使」（前文）とあり、「国会は、国権の最高機関であって、国の唯一の立法機関である」（第41条）と国会の地位を明らかにしている。国権の最高機関にふさわしい国会議員は、人格が優れ、政策をつくる能力、そして、国民に信頼されることが求められている。

ここでは、国会の地位とともに、二院制、国会の種類、本会議と委員会といった国会のしくみの基本を整理して学ぶ。これだけでも複雑なしくみであるが、なぜ、複雑になっているのかを問うことで、国会の役割がわかる。国会は、法律を制定して、国民の暮らしを守ったり規制したりするからであること、その法律は国民が選んだ代表者の仕事である。国の予算を決めることや外国と締結する条約にしても同様である。

②国会議員の実像—国会議員は多いか

国会議員のうち、衆議院議員のプロフィール（2014年12月）は〈授業の資料〉に掲載した。50歳代以上が6割近く占めていること、世襲議員が多いこと、女性が少ないことなどがわかる。参議院の女性議員は242人中39人で16.1％である（2013年7月現在）。

日本の女性議員の順位と比率は、IPU（列国議会同盟）の報告で世界での位置が極めて低い。女性議員の割合が高い国はルワンダで、この国は憲法でクオータ制（Quota System）を定めている。クオータ制は割当制という意味で、女性の政治参加を促すシステムであり、一定の割合の女性議員を選出するようにしている。また、女性議員が多い国は選挙制度が比例代表制を導入している国が多く、これまでに述べてきたように、世界の選挙制度は、比例代表制が潮流になっている。

国会議員の特権のうち、歳費は、憲法第49条で定められている。「両議院の議員は、法律の定めるところにより、国庫から相当額の歳費を受ける」とあり、この定めは、国会が国権の最高機関であり、国会議員が国民の代表者としてふさわしい仕事をしていくためである。たとえ財産がなくても、誰もが仕事をすることができることを保障するということである。

それでも疑問は残る。相当額の歳費は、「国会議員の歳費、旅費及び手当等に関する法律」による。ここに、報酬金額、文書通信滞在費（使途を公表する義務はない）、JR無料パスなどが定められている。期末手当を含めた歳費だけでも年額は約2100万円になる。政党助成金にしても議員一人当たりで計算すると約4400万円にのぼる。立法事務費は「国会における各会派に対する立法事務費の交付に関する法律」による。ほかにも議員宿舎の提供などがあり、国民の常識的な暮らしと異なる。いずれも国会議員が国会で制定した法律によるものであり、歳費などを削減するなら国会議員自身の努力に待たなければならないのが実情である。最近の国政選挙における政党の選挙公約を見ても、この問題を取り上げている政党は少ない。議員の歳費は、東日本大震災を受けて20％削減を期限付きで実施したが、すでにその期限は終了した。

《参考》IPU（列国議会同盟）各国の女性議員の割合
http://www.ipu.org/wmn-e/classif.htm

国会議員の特権

・歳費（憲法第49条）—国会議員が受け取る報酬のこと。
・不逮捕特権（憲法第50条）—現行犯や所属議院の許諾のある場合は除く。
・議員の発言・表決の無責任（憲法第51条）—原則として法的責任を負わないだけで、政治的、社会的な責任は別。所属政党からの処分もある。

国会議員の歳費、旅費及び手当等に関する法律　http://law.e-gov.go.jp/htmldata/S22/S22HO080.html

　他国の議員の歳費（報酬）はどうなっているか。次の資料で欧米諸国と比較すると、日本が高いことがわかる。この比較表も授業の参考資料になる。職務手当が充実しているのがアメリカだが、この手当を秘書雇用手当にあてている。なお、他国との比較では、変動している為替相場に合わせて換算する必要がある。例えば1ドル＝100円ならば、アメリカ下院の歳費・期末手当は約1739万円になる。

議員定数、費用の主要国比較

		日　本	アメリカ	イギリス	ドイツ	フランス
議席数		衆院　480*	下院　435	下院　650	下院　620	下院　577
		参院　242	上院　100	上院　826**	上院　69***	上院　348
		合計　722	合計　535	合計　1476	合計　689	合計　925
議員1人当たりの人口		17万人	57万人	4万人	11万人	6万人
人口10万人当たりの議席数		0.57	0.17	2.42	0.84	1.48
歳費・期末手当（議員1人当たり）	衆院	2106万円	下院 1357万円	下院 802万円	下院 947万円	下院 877万円
	参院		上院	上院 なし	上院 なし	上院
職務手当（議員1人当たり）	衆院	文書通信交通滞在費	下院 1億1141万〜1億3724万円	下院 計499万円	下院 計616万円	下院 792万円
	参院	1200万円（月100万円）	上院 2億4103万〜3億8010万円	上院 日当	上院 68万円	上院 771万円
秘書雇用手当（議員1人当たり）	衆院	2512万円（3人まで）	下院 なし（職務手当から支給）	下院 1336万円	下院 1851万円	下院 1129万円
	参院	2610万円（3人まで）	上院	上院 日当内で雇用	上院 なし	上院 932万円
歳費＋手当（議員1人当たり）	衆院	5818万円	下院 1億2498万〜1億5081万円	下院 2637万円	下院 3414万円	下院 2798万円
	参院	5916万円	上院 2億5460万〜3億9367万円	上院	上院 68万円	上院 2580万円
会派補助（議員1人当たり）	衆院	立法事務費	・国立国会図書館資料などから作成。議員1人当たり人口は1万人未満を切り捨て ・ドイツの下院は連邦議会、上院は連邦参議院。フランスの下院は国民議会 ・金額は年額。1ドル＝78円、職務手当、秘書雇用手当は、いずれも1万円未満を切り捨て。この3項目の合計が「歳費＋手当」 ・共産党は政党交付金を受け取っていないが、議員1人当たりの額は総額の320億円を全定数の722で割った			
	参院	780万円（月65万円）				
政党交付金		総額　約320億円（議員1人当たり4432万円）				

　　　　　　　　　　　　　　　　　　＊定数改正があり、現在は475　　＊＊原則貴族　　＊＊＊州政府代表
　　　　　　　　　　　　　　　　　　　　　　　　　　　　　　　（『東京新聞』2012年2月26日付より引用）

　選挙制度改革の議論と重なるが、国会議員定数の削減が話題になっている。議員削減の理由にあげられるのは、「コスト」「国会議員の質」がある。この両者は相互に関連していて、議員一人当たりにかかる費用と議員の国会活動の質が問題視されている。国会中継で「居眠り」「ヤジ」「おしゃべり」などを目にすると、こんな議員ならいらないと受けとめてしまいがちである。しかし、削減によって多様な国民の意思が反映しなくなるという問題があり、いまの選挙区制度で比例代表の定数を削減すると、小政党の議席確保が難しい。国会議員の削減は、民意が国会に反映しなくなることにつながる。民主主義には、選挙にしても歳費にしても必要なコストである。その上で、コスト削減ならば、歳費の額や政党助成金（交付金）こそ問題にしなければならない。

　諸外国と比較してみよう。ほんとうに日本の国会議員は多すぎるのかどうか。「主な国の人口100万人当たりの下院議員数」を見ると、日本の国会議員数は決して多くはない。アメリカは連邦制の国で各州の権限が大きいため、これを除外すると、G7（先進7か国）のなかで日本は最低である。北欧

諸国は一院制が多く、人口は１千万人以下がほとんどで、イギリス、イタリア、フランスは人口６千万人台である。こうしたことを比較しても日本の国会議員が多過ぎるとはいえない。国会議員の削減問題にせまる上で、国際的に見てどうなのか、その比較も取り上げておきたい。

③国会のしくみ―二院制

日本は二院制のしくみだが、世界には一院制の国もある。近年の動向を見ると、二院制採用国は増加傾向にある（ＩＰＵの資料など）。日本の二院制では、参議院の役割や衆議院の優越権、二院制が慎重に審議できること、各院の本会議と委員会のしくみを扱うことになる。両院で任期や選挙制度も異なるため、しばしば野党が参議院で多数を占めることがある。いわゆる「ねじれ国会」である。これを「なかなか決まらない政治」と揶揄する見方があるが、議論を後方において「何でも決める政治」は、国民を置き去りにする政治につながる。あらためて、慎重審議が可能な二院制の意義を考えたい。

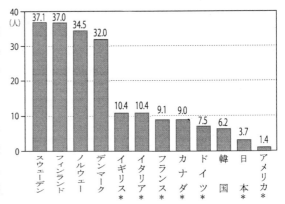

主な国の人口100万人当たりの下院議員数 (2011年)

＊＝Ｇ７　（ＩＰＵ〔列国議会同盟〕資料などで作成）

二院制採用国数 (割合)

1995年	180か国中53か国	29.4％
1999年	178か国中63か国	35.4％
2003年	183か国中68か国	37.2％
2014年	188か国中76か国	40.4％

（国立国会図書館資料情報ならびにＩＰＵより）

国会のしくみや仕事の授業を進めるにあたって、国会の本会議・委員会を傍聴することも、教材研究の対象である。両院ともＨＰで、「傍聴の案内」を周知している。衆議院は、「本会議を傍聴するには、一般傍聴券又は議員紹介券が必要です。 一般傍聴券については、本会議の当日、衆議院面会受付所において先着順に交付することとしております。議員紹介券については、衆議院議員の紹介を受けて、同議員を通じて傍聴券の交付をお受けください。委員会は、衆議院議員の紹介で委員長の許可を得れば一般の方も傍聴することができます。 衆議院議員を通じてお申し込みください」と案内している。参議院もほぼ同様である。

《参考》衆議院　http://www.shugiin.go.jp/internet/index.nsf/html/index.htm
　　　　参議院　http://www.sangiin.go.jp/index.htm

●資料と扱い方

A　国会議員の実像をさぐる。資料を提示する前に、どういう人が国会議員になっているか、議員の特権について子どもたちのイメージを確かめておくとよい。その上で、プロフィール（衆議院議員）からわかることを出し合う。プロフィールは、2014年12月の衆院選後の毎日新聞及び時事通信社の集計より引用。国会議員の歳費は、2015年６月現在。

B　各国・地域の女性国会議員（二院制の場合は下院）の順位と比率。日本の順位を確かめる。女性の比率が高い国は、クオータ制を導入している国、また比例代表選挙制度を取り入れている国の比率が高くなっている。資料は、ＩＰＵ（列国議会同盟）による。最新のデータを入手するならネットで検索することができる。

C　二院制か一院制か。長所・短所を提示し、いずれが民主政治にとってふさわしいか考える。効率を優先するか、議論を重ね判断を慎重にするか。

❖ 授業の資料 ❖

A 国会議員の実像をさぐる

衆議院議員475人のプロフィール（2014年12月）

① 年齢別（平均年齢53.0歳）			
70代	6.1%	40代	27.6%
60代	23.2%	30代	10.9%
50代	32.0%	20代	0.2%

② 世襲議員……………………………… 23.6%
③ 官僚出身議員………………………… 14.1%
④ 地方議員など地方政界出身議員… 29.1%
⑤ 女性議員……………………………… 9.5%

国会議員の歳費

①歳費	議　員：月129万4000円 議　長：月217万円 副議長：月158万4000円
②文書通信交通滞在費	月100万円
③立法事務費	月65万円（各政党・会派に支給）
④期末手当	年約550万円
⑤その他	議員1人につき3人の公設秘書

B 各国の女性国会議員（二院制の場合は下院）の順位と比率（2015年4月1日現在）

位	国　名	%	女性／総議員	選挙年
1	ルワンダ	63.8	51／80	2013
2	ボリビア	53.1	69／130	2014
3	キューバ	48.9	299／612	2013
4	セイシェル	43.8	14／32	2011
5	スウェーデン	43.6	152／349	2014
6	セネガル	42.7	64／150	2012
7	南アフリカ	41.9	166／396	2014
8	エクアドル	41.6	57／137	2013
9	フィンランド	41.5	83／200	2015
10	アイスランド	41.3	26／63	2013
	ナミビア	41.3	43／104	2014
︙				
20	ドイツ	36.5	230／631	2013
︙				
44	フランス	26.2	151／577	2012
︙				
54	中国	23.6	699／2959	2013
︙				
72	アメリカ	19.4	84／432	2014
︙				
84	韓国	16.3	49／300	2012
︙				
116	日本	9.5	45／475	2014

C 二院制か一院制か

二院制		一院制
・慎重に審議することができる ・行き過ぎや誤った判断をチェックすることができる ・第二院の選挙制度が異なれば、国民の多様な意見を代表することができる	長所	・審議や立法過程がスムーズに進む。効率がよい ・審議の行きづまりが生じにくい ・両院間の判断の統一を図る必要がない ・第二院の維持費用が不要
・両院の判断が同じなら非効率になり、立法化に時間を要する ・判断が食い違うと、審議の行きづまりが生じやすい ・第二院の維持費用がかかる	短所	・慎重に審議する点で劣る ・第一院の数だけで立法化が進む ・行き過ぎのチェックができない ・国民の多様な意見を代表しにくい

32 国会の仕事―法律ができるまで

【授業のねらい】 国会の仕事を理解する。なかでも法律がどのように制定されているか、具体的な事例で深める。また、審議と多数決の原理について考える。

❖ 教材研究 ❖

①子ども国会

国会の審議は、委員会審議と議決を受けてから本会議へと進む。両院の議決を経てから法律や予算が決まる。この過程を子どもが学級などで「模擬国会」を開催し、疑似体験をすることで国会のしくみやはたらきを学ぶことができる。時間があれば取り組みたい。

1997年7月に、参議院創設50周年を記念して「子ども国会」が開催された。子ども議員が252人というのは、その当時の議員定数に一致させている。以後、参議院主催で2000年（2000年というミレニアムの節目を迎えて）、2012年（東日本大震災からの復興から未来へ）に開催されている。議員募集のポスターは、1997年のものである。右は、2012年の「復興から未来へ」のポスターである。また、開催の様子は参議院のＨＰから入手することができる。次の文章は、日本書籍新社版教科書（2006年度）に掲載したコラムで、その後の開催年を加筆した。子ども国会の様子は、授業の導入として活用できる。

参議院開設50周年を記念して1997年7月29日に子ども国会が開かれました。全国から集まった子ども議員は、小学校5年生から中学校3年生までの252人でした。会期は2日間で、国会開会式のあと、子ども議員は希望した委員会で活発に議論しました。

委員会は、①自然と環境、②お年寄りや体の不自由な人たちとのふれあい、③世界の国々と人々とのかかわり、④学校・あそび・友だち、⑤未来と科学、⑥ふるさと、街づくり、といった6つのテーマによって開かれました。

「自然と環境」委員会では、「子ども環境会議の開催をおこないたい」という提案が出されました。子ども国会の閉会宣言では、「大人の人たちには一つだけお願いがあります。…子どもだって考えています。」「これからも、この子ども国会のように、子どもの声を聞いてもらえる機会をつくってください。」と結びました。（2000年、2012年にも開催されました。）

参議院は、国会見学を兼ねた「参議院特別体験プログラム」を実施している。これには予約が必要であるが、学校・学年単位で計画を立てるのもよい。また、子ども国会実行委員会の主催で「子ども国会」の取り組みもおこなわれている。

《参考》参議院「子ども国会」　http://www.sangiin.go.jp/japanese/annai/jimukyoku/h24/sengen.html
　　　　KODOMO KOKKAI　http://kodomokokkai.web.fc2.com/
　　　　肥田美代子『子ども国会―21世紀　子どもたちは発言する』（ポプラ社、1998年）

②法律の制定

国会は法律を制定する権限があり、法律案は、内閣または議員によって提出される。議員が議案の発議（提案）する場合は、国会法第56条に所定の賛成者を必要とすると定められている。発議者のほか、衆議院20人以上、参議院10人以上となっている。予算を伴う法律案は、衆議院50人以上、参議院20人以上の賛成者が必要になる。最近の法案成立状況は、次の表にまとめたように議員立法の成立件数は少なく、内閣提出法律案の成立件数が多い。また、「ねじれ国会」のときは内閣提出の成立率が低いが、それだけ意見が分かれている法律案であることを物語っていると言える。

最近の法律案の提出・成立件数、上段は継続審査に付されていた法律案の件数（外数）

	内閣提出法律案		議員立法		計		
	提出件数	成立件数(率%)	提出件数	成立件数	提出件数	成立件数	成立率 %
第180回常会 2012.1.24〜9.8	(23) 83	(6) 55 (66.3)	(35) 77	(0) 31	(58) 160	(6) 86	(10.3) 53.8
第181回臨時会 2012.10.29〜11.16	(33) 10	(2) 5 (50.0)	(52) 6	(2) 1	(85) 16	(4) 6	(4.7) 37.5
第182回特別会 2012.12.26〜12.28	(0) 0	(0) 0	(0) 2	(0) 0	(0) 2	(0) 0	(0) 0.0
第183回常会 2013.1.28〜6.26	(0) 75	(0) 63 (84.0)	(0) 81	(0) 10	(0) 156	(0) 73	(0) 46.8
第184回臨時会 2013.8.2〜8.7	(8) 0	(0) 0	(28) 0	(0) 0	(36) 0	(0) 0	(0) 0.0
第185回臨時会 2013.10.15〜12.8	(8) 23	(7) 20 (89.0)	(28) 45	(2) 10	(36) 68	(9) 30	(25.0) 44.1
第186回常会 2014.1.24〜6.22	(4) 81	(3) 79 (97.5)	(42) 75	(0) 21	(46) 156	(3) 100	(6.5) 64.1
第187回臨時会 2014.9.29〜11.21	(2) 31	(2) 21 (67.7)	(43) 28	(3) 8	(45) 59	(5) 29	(11.1) 49.2
第188回特別会 2014.12.24〜12.26	(0) 0	(0) 0	(0) 4	(0) 0	(0) 4	(0) 0	(0) 0.0

内閣法制局資料（http://www.clb.go.jp/contents/all.html）をもとに作成。

諸外国の場合は、どのように法案提出がおこなわれているのだろうか。時期は日本と異なるが、国立国会図書館調査及び立法考査局資料によれば、議員の法案提出数が多いことがわかる。イギリスの2007〜2008年は、政府提出32、議員提出100である。ドイツの2005〜2009年は、政府提出539、下院議員提出264となっている。フランスの2007〜2008年では、下院に提出もしくは上院から下院に送付された法案のうち政府提出98、議員提出436である。アメリカは、大統領制のもとで、法案提出権があるのが上下両院の議員であり、2007〜2008年の上院議員提出

法律ができるまで

国会にかけられる法律の原案は、本来なら立法機関である国会のどこかで作られるのがスジだ。しかし、現実には多くの場合、その事柄を受けもっている大臣のひきいる役所（各省庁）の担当課を中心として作られる。お父さんも役所にいたときは、その原案作りに加わって大変忙しい思いをした。原案は、関係する課や局でも意見を加えられ、その役所のトップクラスできめるころには内閣の法律作りの専門家とも打合せをして、大臣から内閣の閣議に出す。そこでOKとなると内閣提出の法律案として国会に出される。

（松浦基之『父から子に語る憲法のはなし』みずち書房、1983年）

3787、下院議員提出7441である。

　法律の作成から審議・議決という重要な役割を担っているのは、国会議員である。しかし、日本の現実は少し異なっている。例えば、内閣提出といっても、実際には内閣（政府）のもとで働く行政機関の官僚が法案を作成している実態がある。

　具体的な制定過程は、事例を通して扱う。〈授業の資料〉に掲載した「消費税増税法案はどのように決ったか」は、2012年の事例である。消費税は子どもにとっても身近な法案である。消費税増税法は「社会保障の安定財源の確保等を図る税制の抜本的な改革を行うための消費税法の一部を改正する等の法律」という。この法律案は、予算を伴うことから慣例として衆議院に提出された。その後、「社会保障と税の一体改革に関する特別委員会」に送られ、委員会の審議がはじまった。公聴会を経て一部修正がおこなわれ可決すると、ただちに本会議にかけられ、「賛成363票、反対95票」（欠席・棄権19人）という結果となり、過半数を超える賛成で通過した。このあと、参議院に送られ、同じように特別委員会で審議し、本会議にかけられ、投票総数のうち「賛成188票、反対49票」で可決・成立し、法律として公布された。法律案が提出されてから成立まで134日であった。また、法律の制定について、委員会で否決されたときや両院の議決が異なった場合のことを想定して、取り上げることもできる。

　法律の制定以外の国会の仕事は、教科書記述を活用する。「どんな仕事をしているのか」と問い、子どもに調べさせるとよい。国会の審議はテレビの国会中継もあるが、インターネット中継で観ることができる。
《参考》山口二郎『政権交代とは何だったのか』（岩波新書、2012年）

③審議と多数決

　国会での議決をめぐって、かつて日韓条約やPKO法案での強行採決や牛歩戦術がおこなわれて国会が混乱を招いたことがある。国会の審議は、委員会と本会議でおこなわれるが、十分な時間をかけることができるのは委員会である。議決に至るまでに議論を尽す、そのなかで、法案が国民の利益と幸福の実現につながっているのかどうかを見極めることが重要である。民主主義は、こうした話し合いの過程があって成り立つ。言うならば、国会の審議過程は与野党の妥協の積み重ねであり、多数派には少数意見を汲み取ることが求められる。

　しかし、結論が先に決っている、国会で議論しても結論は同じといった事態が進むと、ろくに議論をしないで議決を急ぐことになる。「ねじれ国会」が解消すると、こうした傾向が増えてくる。これは民主主義にはふさわしくない。そこで、授業では「多数決の原理」とは何かを問いかけ、考え合いたい。
《参考》衆議院インターネット審議中継　http://www.shugiintv.go.jp/jp/index.php
　　　　大山礼子『日本の国会―審議する立法府へ』（岩波新書、2011年）

●資料と扱い方

A　法律ができるまで。消費税増税法案がどのように審議され議決されたかを図式化したものである。この図を使って、国会での審議がどのようにおこなわれているか、法律が公布されるまでの過程をつかむようにする。この法案では、委員会の可決後ただちに本会議が開催され可決されていることがわかる。公聴会は、利害関係が深い人や学識経験者などの意見を聞くためにおこなわれているが、形骸化している面がある。

B　多数決の原理。資料を提示して、国会の審議の原則や多数決とは何かを考える。ふだんの学級での話し合いはどのようにおこなわれているだろうか。少数意見を無視してはいないか、十分に意見を聞かずに挙手などで採決してはいないだろうか。こうしたことにも重ねて考えさせたい。日韓条約の副議長の発言は、渡辺洋三『日本における民主主義の状態』（岩波新書、1967年）より引用。

❖ 授業の資料 ❖

A 法律ができるまで

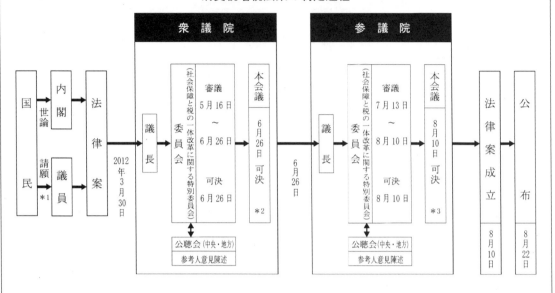

消費税増税法案の制定過程

＊1 国民は議員を通じて請願し、議員も法律案を提案することができるが、この消費税に関する法律案は内閣提案であった。
＊2の議決　賛成363票、反対95票（欠席・棄権19）
＊3の議決　賛成188、反対49票（投票総数237）

B 多数決の原理

　国会では、これまでも強行採決が繰り返されてきました。意見が一致しなかったり利害の対立があったりすると、「数」で押し切ることが起こります。国会で多数を占め、その多数派によって政治が進められる事例に、1965年11月12日の衆議院本会議で日韓条約40秒強行採決がありました。この時、副議長は「質疑討論の通告がありませんかと急いでいったのは、されたらたいへんだから、されんように電光石火にやったからだ。当たり前やないか。お前たちがボヤボヤしとるから、こっちが勝ったんや」と語っていました。

　最近もありました。2013年11月26日、特定秘密保護法案を審議していた衆議院特別委員会は、地方公聴会の意見をないがしろにした上、修正案の審議もほとんどしないなかでの強行採決でした。2015年、集団的自衛権の行使を可能にするなどの安保関連法案を審議していた衆議院特別委員会で、7月15日に強行採決がおこなわれました。法案を提出した安倍首相ですら、「まだ国民のみなさまのご理解が進んでいないのも事実だ」と答弁していたのです。こうしたことは「多数派の横暴」です。

　国会で多数を占めれば何でもできるのでしょうか。民主政治における「多数決の原理」は、あらゆる意見を自由に討論し、話し合いのなかで何がより国民の利益や意思を反映しているのか判断するのが原則です。そこで、自由に討論する場と発言の自由が保障されなくてはなりません。たとえ審議に時間がかかっても、慎重で公平な審議が求められます。少数意見であっても、それを尊重し、多数意見に吸収していくことも原則です。「多数の横暴」は、民主主義にはふさわしくないと言えます。

33　議院内閣制のしくみ

【授業のねらい】　議院内閣制のしくみを理解するとともに、諸外国の制度との比較や三権分立を通して、政治のあり方を考える。

❖ 教材研究 ❖

①内閣制度のはじまり

　日本の内閣制度のはじまりは、大日本帝国憲法（帝国憲法）制定以前の1885年12月22日、それまでの太政官制度に代わって設けられた。その初代内閣総理大臣が伊藤博文であった。

　帝国憲法では、第55条第1項に「国務各大臣ハ天皇ヲ輔弼シ其ノ責ニ任ス」と定めた。しかし、内閣制度は、天皇が統治権を総攬することから帝国憲法に明記されなかった。したがって、内閣総理大臣は国務大臣の一人にすぎず、帝国憲法には「内閣総理大臣」の位置づけもなければ選び方も定められていなかった。一時期（大正～昭和のはじめ）、大正デモクラシーのもとで政党内閣がつくられたことがあったが、超然内閣を維持していた。超然内閣とは、議会の意思と無関係であり、議会の多数によって政治のあり方を決めるものではないという立場である。明治政府の担い手であった藩閥政治家たちは、天皇の絶対的な権力を維持するため、帝国議会が政治の中心にならないようにしてきた。国定教科書には、立憲政治の確立を謳って内閣制度の創設と帝国憲法を位置づけているが、とても、立憲主義に基づくものではなかった。

文部省『高等科國史下』（1944年）

　調局が設けられるや、その長官に任ぜられ鋭意憲法の起草と諸制度の調査とに努めた。

　一方立憲政治確立の準備として、中央官制もまた改革され、内閣制度の創設を見るに至った。即ち明治十八年、従来の官制を廃し、内務外務大蔵陸軍海軍司法文部農商務逓信の九省にそれぞれ大臣を置いて行政に当らしめ、これら諸大臣を以つて國務大臣となし内閣を組織し大政を輔翼し奉ることとなつたのである。宮中の官制もまた改まり、内大臣宮内大臣が置かれて、それぞれ常侍の輔弼と宮務の取扱を掌る制度が設けられた。更に二十一年には、枢密院が創設されて最高の諮詢府となり、國家の元勲政務練達の士が顧問官として任用されることとなつた。地方制度もまた、この前後に整へられ、旣に記した行政區の割定の外明治二十一年に市町村制が發布され更に二十三年には、府縣制も實施されて、ここに地方自治制の整備を見るに至った。

　この間伊藤博文は内閣総理大臣に任ぜられて最初の内閣を組織するとともに、宮内大臣の兼任を命ぜられ、皇室典範帝國憲法の起草を進めた。かくて明治二十一年、典憲の草案が成るや、天皇は、枢密院にこれが審議を命じ給ひ畏くも終始會議に臨ませられてこれを欽定あらせられた。

　典憲の審議は旣に成り、憲政實施の準備も概ね整つて明治二十二年二月五日の御盛儀紀元節の佳き日に、大日本帝國憲法を發布あらせられた。

　その日の御盛儀紀元節の佳き日に、大日本帝國憲法を發布あらせられた。

　恭しく思ふに、皇室典範及び帝國憲法は畏くも天皇が世の進運に鑑みさせられ肇國以来列聖の傳へ給ふ皇室の大憲統治の御遺範を成典として欽定あらせられたものでまさに千古不磨の大典である。國民が自己の權利を擁護するために元首に迫り幾多流血の慘事を起して成つた歐米諸國の憲法とは全くその趣を異にしてゐる。

　かくて翌二十三年天皇は、憲法の規定に基づき第一回の帝國議會を東京

第十四　國勢の發展

九十二

九十三

②議院内閣制

帝国憲法に対して、現憲法は内閣を位置づけ、国会と内閣の結びつきが強い議院内閣制のしくみになっている。

議院内閣制は、市民革命以後のイギリスで発達した。いまは、議院内閣制の国もあれば大統領制をとっている国もある。主な国の政治のしくみを比較すると、議院内閣制もいろいろである。例えば、ドイツは議院内閣制であるが、国家元首としての大統領を置いている。この大統領は、政治的中立の立場を堅持していて、象徴的大統領制である。イタリア、オーストリアなども同様である。これに対して、イギリス、カナダ、オーストラリア、オランダ、デンマークなどは、立憲君主国（象徴元首の性格が強い）としての議院内閣制である。

日本の議院内閣制のしくみは、憲法で内閣は国会の信任のもとで成り立ち、国会に対して連帯して責任を負うとなっている。国会はすでに見てきたように「国権の最高機関」であり、国民の意思を代表している。

主な国の政治のしくみ

	政治体制	議会の主な権限
アメリカ	連邦制 共和制 大統領制（大統領は国民に直接の責任を負う）	弾劾訴追権（下院） 弾劾裁判権（上院） 立法権（大統領の拒否権あり） 予算統制権（歳出予算は立法による） 連邦公務員任命承認権（上院） 条約批准承認権（上院）
イギリス	単一国家 立憲君主制 議院内閣制 （正式国名：グレート・ブリテンおよび北アイルランド連合王国）	政府不信任決議権（下院） 立法権（下院の優越） 予算統制権（歳出予算は立法による）
ドイツ	連邦制 共和制 議院内閣制 （大統領は象徴的な地位）	首相選出権（下院） 首相不信任決議権（下院） 立法権（一部下院の優越） 予算統制権（予算は立法による） 条約承認権（条約承認は立法による）
フランス	単一国家 共和制 半大統領制（議院内閣制と大統領制の両者を組み込む）	政府不信任決議権（下院） 立法権（下院の優越） 予算統制権（予算は立法による） 条約承認権（条約承認は立法による）
日本	単一国家 象徴天皇制 議院内閣制	内閣総理大臣の指名（衆議院の優越） 内閣不信任決議権（衆議院） 立法権（衆議院の優越） 予算統制権（衆議院の優越） 条約承認権（衆議院の優越）

国立国会図書館調査及び立法考査局「主要国の議会制度」をもとに加筆し作成

その国会が、内閣を信任しないということがあれば、内閣は総辞職するか10日以内に衆議院を解散することになる。解散の根拠となるのは憲法第69条であるが、内閣の判断でおこなう根拠として、第7条がある。戦後の1948年から2014年までの解散は、23回あったが、ほとんどは憲法第7条による。不信任決議案を可決して解散したのは、23回のうち4回あった。可決した多くの場合は、政権与党の内部抗争や分裂が要因としてあげられる。これについては、〈授業の資料〉を参照のこと。なお、衆議院議員任期満了は、1976年の三木武夫内閣の1回だけであった。

衆議院解散となれば、新たに衆議院議員選挙がおこなわれる。その結果をもとに、国会は新たに内閣総理大臣を指名することになる。したがって、衆議院議員選挙は、議院内閣制のもとで重要な意味がある。

②三権分立

民主政治は、国会が「立法権」、内閣が「行政権」、裁判所が「司法権」と、三権分立のしくみを整えてきた。三権分立は、教科書に「三権はそれぞれが互いに抑制し合い、均衡を保っています。国による行きすぎた権力の行使を防ぎ、バランスのとれた政治を実現することで、国民の自由と権利を保障しようとしているのです」（2013年度版教育出版教科書『中学社会　公民　ともに生きる』）とある。教科書の多くが権力の濫用の防止として高く評価している。しかし、実際の政治では内閣の権限が大

きい。例えば、最高裁裁判官の国民審査はあるが、裁判官を誰にするかは内閣の仕事になっている。最高裁の長たる裁判官は内閣の指名、他の裁判官にしても内閣の任命である。国会は「国の唯一の立法機関」となっているが、これまでに見てきたように法律案の提案は内閣が多い。政治の仕事は多岐にわたっているが、そのほとんどは、内閣の指揮・監督のもとに進められている。三権分立の意義を教科書が描いているような評価のみで教えると、誤解を生むことになる。三権分立がかかえている課題を取り上げておくべきだろう。

議院内閣制と大統領制における権力のしくみの違いは、日本とアメリカの政治制度の違いから学ぶ。日本の議院内閣制と右上の図（アメリカの政治制度）を比較していけば、民主政治のしくみが多様であることがわかる。アメリカは連邦制の国であり、各州も三権分立のしくみをとっている。

アメリカの大統領は、国民によって選ばれ、大統領自身が議員を兼ねることはできない。また、副大統領は上院議長を兼務するが、上院議員ではない。アメリカの大統領の選ばれ方についても、政治制度のしくみでふれるとよい。右下の図は、2008年の大統領選のタイムスケジュールである。ほぼ1年にわたる選挙運動

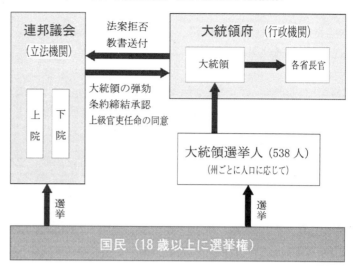

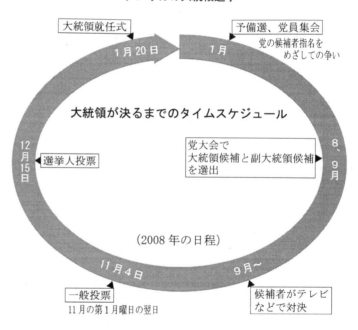

が繰り広げられている。次の大統領選は2016年、この時期にそのはじまりから注目すれば、教材研究となる。

● 資料と扱い方
A　内閣制度。帝国憲法下の内閣制度との違いを確かめる。資料は、『21世紀版 わたしの憲法手帳―いきいき沖縄ライフ―第4版』（沖縄県憲法普及協議会、2006年）より引用。
B　議院内閣制―国会と内閣の関係。図版中の番号だけを提示し、それぞれについて憲法の条文から確認するのもよい。教科書には同じような図版があるので、それをもとに確かめることもできる。この図を使って「議院内閣制とは、どういうことなのか」、理解させる。
C　内閣不信任決議（憲法第69条）による衆議院解散。戦後の解散のうち不信任決議可決で解散した事例である。与党内の造反がなければ可決に必要な過半数の票数を得ることはできない。決議の票数は、国会会議録検索システムより。

❖ 授業の資料 ❖

A　内閣制度

　日本国憲法は多くの点で明治憲法を一変させました。内閣もその一つで、明治憲法の条文には「内閣」という文字さえなく、内閣は行政権を担うものでもありませんでした。単に天皇を個別に「輔弼」(ほひつ)（補助）する国務大臣の集まった機関にすぎなかったのです。しかも、議院内閣制は憲法上の制度ではなかったので、内閣は議会に対して責任を負わず、議会の意思から超越していました（超然内閣制）。日本国憲法になると、第五章全体が「内閣」にあてられ、内閣は行政権を担うものになりました。また、内閣はただ単に個別の集まりではなく、総理大臣およびその他の国務大臣で組織される合議体として構成されています。そして、国会に対して連帯して責任を負う、議院内閣制が明確に採用されました。

B　議院内閣制―国会と内閣の関係

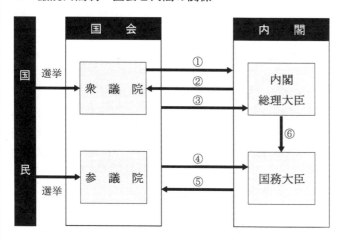

①内閣の信任・不信任決議（憲法69条）
②衆議院解散の決定（憲法7条、69条）
③内閣総理大臣の指名（憲法67条）
④過半数は国会議員（憲法68条）
⑤連帯責任（憲法66条）
⑥任命・罷免（憲法68条）

C　内閣不信任決議（憲法第69条）による衆議院解散

解散の年月日	解散時の内閣	決議の票数	解散の名称など
1948年12月23日	第2次吉田茂内閣	賛成227 反対130	少数与党の内閣が7条解散をめざしたが、野党から解散は69条とし、不信任案を上程。（馴れ合い解散）
1953年3月14日	第4次吉田茂内閣	賛成229 反対218	国会の質疑中、質問者に対して、首相が「バカヤロウ」と暴言。これを契機に不信任案上程。（バカヤロウ解散）
1980年5月19日	第2次大平正芳内閣	賛成243 反対187	自民党のスキャンダルを受けて不信任案上程、与党の反主流派欠席し可決(16日)。3日後の解散。（ハプニング解散）
1993年6月18日	宮沢喜一内閣	賛成255 反対220	政治改革の先送りに野党が反発し不信任案上程。前年の佐川急便事件から、与党内の造反もあり可決。（嘘つき解散、政治改革解散）

34　内閣総理大臣の権限

【授業のねらい】　内閣や内閣総理大臣がおこなっている仕事をつかむとともに、その権限が強いことを明らかにする。

❖ 教材研究 ❖

①内閣とその仕事

　憲法第65条は「行政権は、内閣に属する」と定め、総理大臣は国権の最高機関である国会が指名する。これまでの内閣総理大臣（首相）は、国会で多数を占める政党の代表が就いている場合が多い。連立内閣では連立した政党相互の話し合いによることもあった。

　総理大臣は、国務大臣を任命して内閣を構成する。内閣総理大臣は内閣を代表し、内閣は行政の仕事全体を指揮監督する。その内閣がおこなっている仕事は、憲法の条文や教科書から深めることができる。

　しかし、具体的にはどのように仕事を進めているだろうか。内閣は定例の閣議を週2回（火曜と金曜）に開催している。司会は内閣官房長官がおこなう。また、臨時の「持ち回り閣議」では閣議書に全員が署名することで議決が成立する。その閣議の議題は、「一般案件（国政の基本的重要事項であって内閣としての意思決定が必要なもの）」「国会提出案件」「法律・条約の公布」「法律案（内閣提出法律案）」「政令」「人事」「報告」という項目である。これだけの項目をこなしていくのだから、相当な時間がかかると思われるが、実際には極めて短時間である（〈授業の資料〉参照）。閣議は原則として公開されていないが、議事録でその内容を確認することができる。閣議は、国政に関わる重要な会議であるが、審議の場というより「打合せ・承認・決定」の場といった方が適切である。また、各省庁から出される案件も、官僚が作成していることが見てとれる。日本は、議院内閣制というより官僚内閣制と言える。

《参考》首相官邸「閣議」　http://www.kantei.go.jp/jp/kakugi/

②内閣総理大臣の権限

　国政、外交と多岐にわたる総理大臣の仕事とともにその権限は強大である。国務大臣の任命権と罷免権がある。最高裁判所長官の指名や裁判官の任命、各種諮問委員会のメンバー人選など、人事権を掌握している。自らに協力的・同調者を配置して政治をコントロールすることも可能である。また、内閣は、法律を立案し国会に提出して成立をはかるが、その法律案の文言を曖昧にして、細かいことは政令で決めることがある。

　こうした観点からも行政権が他の権力よりも大きいことがわかる。しかし、それでよいのだろうか。内閣総理大臣、国会の役割、権限を改めて考えさせたい。

●資料と扱い方

A　戦後の内閣総理大臣。戦後70年間で総理大臣は35人で平均すると2年の任期となる。この一覧には、連立内閣としての政党を省いている。55年体制ができてからは、細川護熙以後、連立内閣が続いている。現在の安倍内閣は自民・公明連立内閣である。「戦後の内閣総理大臣は何人か、平均すると何年の任期だったのか」「なぜ短い間に交代したのだろうか」などと問い、連立内閣や支持率などにふれる。ひとたび国民の信頼を損ねると、内閣支持率は低下し国会の信任を得ることが難しくなってくる。「Bの短命内閣総理大臣ベスト3」をあわせて提示する。

B　短命内閣総理大臣ベスト3。また、最近の2006年から2012年までは、おおむね1年で交代している。

C　閣議。閣議の時間や主な内容を提示した。資料は首相官邸HP掲載の議事録をもとにしている。かなり重要な内容が短時間で決定されている。議事録によると、案件が読み上げられて、異議なしで進められていることがわかる。授業資料としていずれかの議事録を提示するのも方法である。

❖ 授業の資料 ❖

A　戦後の内閣総理大臣

内閣総理大臣	政党	成立年・月	内閣最初の支持率	内閣総理大臣	政党	成立年・月	内閣最初の支持率
東久邇稔彦	(皇族)	1945.8		宇野宗佑	自民	1989.6	28%
幣原喜重郎	進歩	1945.10		海部俊樹	自民	1989.8	39%
吉田　茂	自由	1946.5		宮沢喜一	自民	1991.11	54%
片山　哲	社会	1947.5		細川護熙	日本新	1993.8	71%
芦田　均	民主	1948.3		羽田　孜	新生	1994.4	47%
吉田　茂	自由	1948.10		村山富市	社会	1994.6	35%
鳩山一郎	自民	1954.12		橋本龍太郎	自民	1996.1	61%
石橋湛山	自民	1956.12		小渕恵三	自民	1998.7	32%
岸　信介	自民	1957.2		森　喜朗	自民	2000.4	41%
池田勇人	自民	1960.7		小泉純一郎	自民	2001.4	78%
佐藤栄作	自民	1964.11		安倍晋三	自民	2006.9	63%
田中角栄	自民	1972.7	62%	福田康夫	自民	2007.9	53%
三木武夫	自民	1974.12	45%	麻生太郎	自民	2008.9	48%
福田赳夫	自民	1976.12	28%	鳩山由紀夫	民主	2009.9	71%
大平正芳	自民	1978.12	42%	菅　直人	民主	2010.6	60%
鈴木善幸	自民	1980.7	52%	野田佳彦	民主	2011.9	53%
中曽根康弘	自民	1982.11	37%	安倍晋三	自民	2012.12	59%
竹下　登	自民	1987.11	48%				

＊政党は、所属政党を示す
＊内閣支持率は『朝日新聞』の世論調査による。

B　短命内閣総理大臣ベスト3

1位・東久邇稔彦　54日	2位・羽田　孜　59日	3位・石橋湛山　65日

C　閣議（2014年7月）

名　称	期日（曜日）・時刻	閣議時間	備考（主な内容など）
閣議及び閣僚懇談会	7月1日(火) 10:02～10:16	14分間	今年度一般会計予備費使用 など
臨時閣議及び閣僚懇談会	7月1日(火) 16:57～17:20	23分間	集団的自衛権容認閣議決定
閣議及び閣僚懇談会	7月4日(金) 10:03～10:17	14分間	政令3件、人事など
持ち回り閣議	7月7日(月)		人事1件
閣議及び閣僚懇談会	7月8日(火) 10:00～10:07	7分間	オーストラリアとの協定など、安倍首相欠席
閣議及び閣僚懇談会	7月11日(金) 10:00～10:16	16分間	政令7件など、安倍首相欠席
閣議及び閣僚懇談会	7月15日(火) 8:23～8:33	10分間	外交関係、人事など
閣議及び閣僚懇談会	7月18日(金) 9:42～10:01	19分間	国会提出案件など
閣議及び閣僚懇談会	7月22日(火) 10:22～10:30	8分間	外交、政令1件、人事など
閣議及び閣僚懇談会	7月25日(金) 10:01～10:25	24分間	政令5件、国会提出案件など

35　行政権の拡大

【授業のねらい】　行政の仕事や権限が拡大するなかで、行政の役割、公務員のあり方、行政の責任などの問題を考え、深める。

❖ 教材研究 ❖

①行政の仕事と行政権の拡大

　行政の仕事は、かつては徴税・警察・軍事などに限られていた。今日では、社会保障や産業・経済・労働・環境・教育など国民生活の全体に広がり、行政の役割はきわめて大きくなってきた。仕事が増えるとともに行政機関の数も増え、仕事は専門的になり権限も強まった。これを行政（権）の拡大という。戦後の日本は民主政治のしくみになったが、行政の仕事を担ってきた官僚機構は組織ごと温存され、戦前の官僚制度が引き継がれていった。

　行政の仕事を担っているのが、内閣のもとにある1府12省庁（2021年3月末に廃止予定の復興庁を含めると13省庁）の行政機関である。国会が法律をつくると、それに基づいてつくられるのが政令や省令である。例えば、「薬」の場合で考えてみる。薬品の安全性は、「薬事法」という法律があり、そのもとで「薬事施行令」などの政令や「薬事法施行規則」などの省令が定められている。つまり、法律は大まかなことを定め、具体的なことは政令や省令で運用し、行政指導で進める。行政がおこなう仕事によって国民の暮らしを守ろうとしたり規制したりしている。このように、行政の権限が強大になると、同時に国会の力が弱まることにもなる。

②行政改革と「小さな政府」

　豊かな暮らしは、個人の力や努力だけでは維持できない。「大きな政府」は、政府が市場経済に介入し、国民の生活を安定させることや所得格差などを是正する。これによって、財政規模が大きくなるため、社会保障などの負担率も高くなりがちである。

　これに対して、自由放任経済や「小さな政府」を基調とする古典的自由主義の復活をめざしたものが「市場原理主義」路線であり、新自由主義（ネオ・リベラリズム）である。1980年代のイギリスのサッチャー首相のサッチャリズム、アメリカのレーガン大統領のレーガノミクスの政策である。日本では、80年代の中曽根康弘内閣の臨調・臨時行政改革推進審議会の答申、橋本龍太郎内閣の行政改革、小泉純一郎内閣の「聖域なき構造改革」「構造改革なくして日本の再生と発展はな

公社・公団から民営化へ

1985年	専売公社→㈱日本たばこ産業
1985年	日本電信電話公社→㈱日本電信電話（NTT）
1987年	日本国有鉄道→分社化　㈱北海道旅客鉄道、㈱東日本旅客鉄道、㈱東海旅客鉄道、㈱西日本旅客鉄道、㈱四国旅客鉄道、㈱九州旅客鉄道、㈱日本貨物鉄道、㈱鉄道情報システム、㈱新幹線鉄道保有機構など
2003年	郵政事業庁→日本郵政公社
2005年	日本道路公団→㈱東日本高速道路、㈱中日本高速道路、㈱西日本高速道路など
2007年	日本郵政公社→分社化　郵便局、㈱郵便事業、㈱ゆうちょ銀行、㈱かんぽ生命保険
2012年	日本郵政グループ　㈱日本郵政、㈱日本郵便、㈱ゆうちょ銀行、㈱かんぽ生命保険

い」（2001年5月所信表明演説）に受け継がれている。小泉内閣は、経済・財政、行政、社会の構造改革を掲げ、具体的には、郵政民営化、道路公団民営化、構造改革特区や規制緩和などを推進した。民間にできることは民間にゆだねるという「官から民へ」の路線である。国庫支出金や地方交付税交付金の改革や税源移譲など「中央から地方へ」という三位一体改革を進めた。なかでも郵政民営化は、よく知られている。2001年1月6日に中央省庁再編で1府12省庁になると、それまでの郵政省は総務省の一つの機関・郵政事業庁となり、2003年4月1日には特殊法人「日本郵政公社」が発足し、その後、民営化へ向けて改革を進めた。政府のスリム化も推進され、独立行政法人への移管や民間委託、中央省庁の再編を経て国家公務員の定数を削減した。

　「市場主義」「小さな政府」は、雇用の破壊をはじめ社会保障制度改革でも効率化を優先させている。

社会保障費の抑制は、医療、介護、年金、生活保護の分野に及んでいる。人びとの暮らしや生存をおびやかすことも起こりうる。この「小さな政府」をめぐっては、〈授業の資料〉に掲載した。効率化を求めることが、公正さにつながるのかどうか、こうした路線をこれからも引き継いでいくのかどうかについて考えさせたい。

《参考》内橋克人とグループ2001『規制緩和という悪夢』（文春文庫、2002年）

③公務員

行政の仕事を進めるのは、公務員であり、国家公務員と地方公務員とからなる。国家公務員は三位一体改革のもとで大幅に削減されてきた。その推移は、右の資料に示した通りである。

右の資料のうち「国の行政機関の分野別定員」に含まれていない公務員には、以下の人員があり、すべてを合計すると2014年度末で57万6012人になる。

1. 自衛官……………………247,160人
2. 大臣、委員等の特別職　　　203人
3. 特別機関………………　31,511人
　（国会………………　3,888人）
　（裁判所……………　25,740人）
　（会計検査院………　1,253人）
　（人事院……………　630人）

公務員は、憲法第15条にある「すべて公務員は、全体の奉仕者であって、一部の奉仕者ではない」との定め、同じく第99条の憲法尊重擁護の義務によって、その地位が明らかにされている。ふつう、新たに国家公務員の職に就くときは、「職員の服務の宣誓に関する政令」に基づいて、任命権者またはその指定する職員の面前において宣誓書に署名して任命権者に提出することになっている。下記がその様式である。なお、地方公務員も同様の宣誓書を提出する。国会議員にも憲法尊重擁護義務が課せられているが、国会は改憲発議権があるため、このような宣誓書の提出義務はない。

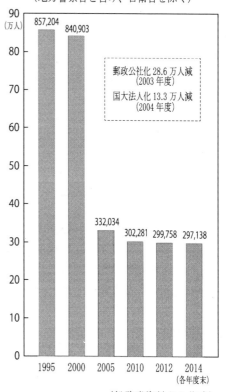

国の行政機関の定員の推移
（地方警察官を含み、自衛官を除く）
（総務省資料より作成）

宣誓書

私は、国民全体の奉仕者として公共の利益のために勤務すべき責務を深く自覚し、日本国憲法を遵守し、並びに法令及び上司の職務上の命令に従い、不偏不党かつ公正に職務の遂行に当たることをかたく誓います。

　年　月　日
　　　　　　氏名

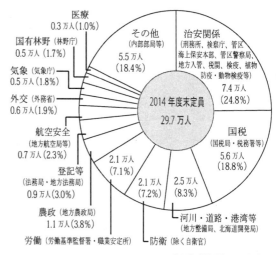

国の行政機関の分野別定員
（総務省資料より作成）

③官僚主義と天下りの問題

　公務員の仕事は、行政の拡大とともに複雑で専門的になってきた。その公務員が、仕事を進める上で、秘密主義や形式主義に陥ると、国民のための仕事よりも官僚主義の傾向が生まれやすくなる。公務員のなかでも一部の上級職の公務員を高級官僚といい、彼らは中央の省庁（官庁）で、次官とか局長などを務め、行政を担っている。こうした官僚が法案や政策を立案し、政治を左右するようになると、政治の実権は官僚が握ることになる（官僚政治）。

　そして、これまでに問題になってきたのが、定年になったり定年に近づいたりすると、民間企業や官庁とつながりのある特殊法人へ再就職するという「天下り」（天降りともいう）である。天下りは、民間企業と官庁とが特別の関係を生むことにつながる。企業は、天下りの官僚を迎えることで、官庁とつながり企業利益を期待し、高い地位と給料を保証しようとする。こうした官民癒着が繰り返されてきた。そこで、天下りの根絶に向けて、公務員制度改革が進められた。2007年改正国家公務員法の前と後の違いは、上の図の通りである。また、この改正で新たに内閣府に設置されたのが「再就職等監視委員会」である。これによって、天下りが根絶できたかと言えば、「隠れ天下り」の存在など抜け道が指摘されている。また、天下りの問題は、地方自治体でも課題になっている。

　公務員をめぐっては、1990年代後半、食糧費で中央省庁の役人を地方公務員が接待するという官官接待が問題になった。秋田県では、この問題を受けて、知事が1997年に辞任した。札幌地裁は、同年10月に「食糧費で違法」との判決を下した。市民オンブズマンは、こうした官官接待を告発している。それでも不正があとを絶たない。2006年、岐阜県では代表監査委員と監査委員事務局職員7人が90年代の裏金の一部310万円を分担して保管していた問題が発覚した。その裏金の多くはカラ出張という。保管方法は個人の金庫・定期預金・普通預金であった。公金をチェックする役職の監査委員自身が裏金を保管していたのである。こうしたことも公務員のあり方を考える教材である。公務員は公僕であり、国民のために働く。官僚や一部の政治家のために仕事をおこなうのではない。

《参考》人事院「営利企業への就職の承認に関する年次報告」　http://ssl.jinji.go.jp/recognition/
　　　　内閣府「国家公務員再就職規制」　http://www5.cao.go.jp/kanshi/pdf/kaisai/dailkai/iinnkaisetsumei.pdf
　　　　内閣府「再就職等規制」　http://www5.cao.go.jp/kanshi/pdf/pamphlet/pamphlet.pdf

国家公務員の再就職に関する規制について

2007年改正国公法施行前（2008年12月31日前）

再就職に関する規制は、離職後2年間、離職前5年間に在職していた国の機関と密接な関係のある営利企業の地位への再就職の原則禁止（※）のみ（それ以外は規制なし）

※人事院の承認を得た場合は、禁止を解除（事前承認制度）

↓ 改正国家公務員法（07年7月公布、08年12月31日施行）により、再就職に関する行為規制を導入。規制違反行為に関する監視体制を整備

2007年改正国公法施行後（2008年12月31日以後）

①現職職員による再就職あっせんは全面禁止。官民人材交流センターへ一元化
　移行期間の特例（09年12月31日で終了）
　・移行期間中に限り、承認を得た場合のみ、各府省によるあっせんが可能
　・移行期間中に限り、内閣による事前承認制度が存続
②現職職員による利害関係企業等への求職活動を規制
③退職職員の働きかけを規制

（内閣府資料より作成）

●資料と扱い方
A　霞が関中央官庁街。霞が関は、日本政府の中枢であることがわかる。
B　人口1000人当たりの公務員数の国際比較。日本では、公務員の削減が進められてきたが、諸外国と比較すると、日本の公務員数は必ずしも多くはない。公共サービスを担う公務員のあり方を考える資料として扱いたい。総務省及び人事院の資料をもとに作成。
　　人事院　http://www.jinji.go.jp/saiyo/26profeel.pdf
C　小さな政府をめぐって。効率を優先するかどうか、官から民への路線が格差を生むことにならないか、行政の役割を考える。資料は、歴史教育者協議会編『四字熟語で読み解く現代日本』（旬報社、2013年）の一部を引用し作成。

A 霞が関中央官庁街

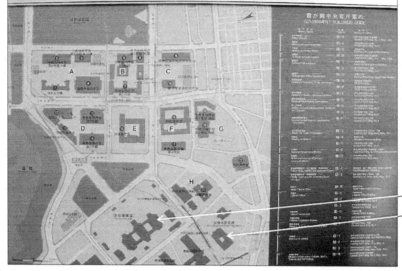

A 法務省、東京地方裁判所など
B 厚労省、環境省など
C 経産省
D 警察庁など
E 外務省
F 財務省
G 文科省など
H 内閣府など
― 国会議事堂
― 総理大臣官邸

B 人口1000人当たりの公務員数の国際比較

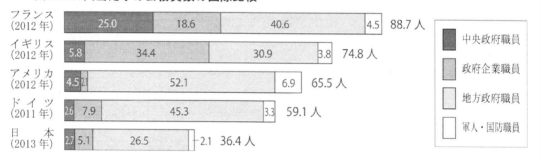

C 小さな政府をめぐって

　小さな政府は、民間にできることは民間にゆだねるという「官から民へ」の路線です。1980年代に通信や鉄道などの事業で民営化を進めてきました。郵政民営化では、2001年1月の中央省庁再編に伴い、郵政省は総務省の1つの機関・郵政事業庁となり、03年4月には特殊法人「日本郵政公社」が発足します。05年9月の総選挙では郵政民営化が争点となり、07年10月に日本郵政グループへ移行し、その後の郵政事業民営化見直しに伴い、郵便局株式会社が郵便事業株式会社を吸収合併、日本郵便株式会社と改称します。現在、郵政事業は「日本郵政グループ」の持株会社である日本郵政株式会社のもとで、日本郵便、ゆうちょ銀行、かんぽ生命保険として運営されています。

　このように、「市場主義」「小さな政府」は、政府のスリム化を推進し、独立行政法人への移管や民間委託、国家公務員の定数削減、国家公務員の新規採用も年々削減しています。雇用の破壊、年金や医療など社会保障制度改革でも効率化を優先させています。社会保障費の抑制は、医療、介護、年金、生活保護の分野に及び、これらも自己責任に転嫁する政策です。こうした路線をこれからも引き継いでいくのか、あるいは、所得の再配分、国民の安心、公的サービスを充実させるかが問われています。

36 裁判とは何か──民事事件の裁判

> 【授業のねらい】 裁判とは何か、裁判を受ける権利について考える。また、民事事件の裁判について明らかにする。

❖ 教材研究 ❖

①裁判とは何か

　人と人の間で起こる対立や争いを解決する場が裁判である。時代によって、解決をはかる者はムラの長老であったり領主であったり、宗教者であったりしたこともある。しかし、政治権力を持つ支配者の都合で裁判がおこなわれたときは、人びとの自由や権利を守ることはできなかった。近代民主政治の発達とともに、司法権の独立が確立していった。

　今日の社会では、人びとは互いに権利を尊重し合って成り立っている。しかし、ときには、人の権利を侵害したり身体を傷つけたりする事件が起きている。対立や争いを当事者間で解決することができればよいが、強い者の主張が通り、人権や正義を守ることができなくなることがある。そこで、争いを解決したり正義を明らかにしたりするのが裁判である。裁判は、訴えを裁判所に起こしてからはじまる。裁判所は、国が定めた法律などをもとに権利の回復を命じたり刑罰を言い渡したりする。侵された権利の回復を求めて争われるのが民事事件の裁判であり、犯罪の嫌疑のある被告人の事実関係を調べて有罪か無罪か、刑罰を言い渡すのが刑事事件の裁判である。裁判所の種類については、具体的な裁判を扱うなかで取り上げ、三審制や裁判官、司法の独立の項目で位置づける。

　また、裁判は、憲法第32条で「何人も、裁判所において裁判を受ける権利を奪はれない」とされている。しかし、〈授業の資料〉に掲載した事例、いわゆる隣人訴訟では、法務省が訴訟上の対応などを非難した投書や電話のため、原告が訴えを取り下げたことを問題にし、国民の裁判を受ける権利を侵害することだとして異例の見解を発表した。この事例はだいぶ前のことであるが、隣人訴訟は、子どもたちが裁判とは何かを身近に考えることができる教材である。

②民事事件の裁判（民事訴訟）

　民事訴訟は、刑事事件の裁判（刑事訴訟）とくらべると、子どもたちのイメージからすれば余りなじみがない。それでも、次ページの図のように、全裁判所の新受事件（新たに受理した事件）数は、他の事件よりも民事・行政事件数が多い。

　民事訴訟は、誰でも起こすことができるが、当事者でない者が当事者に代わって訴えを起こすことはできない。民事事件には、土地・建物、金銭貸借、医療事故、労働など、金銭による損害賠償を求めるものもあれば、名誉毀損や知的財産もある。また、離婚や認知など家事事件は家庭裁判所で扱われるが、裁判の形態としては民事訴訟に準じている。公害などの問題で行政機関を訴えてはじまる行政事件の裁判（行政訴訟）も民事訴訟と同じ手続きでおこなわれる。金銭を目的とする損害賠償を求める民事訴訟は、裁判所法によって、140万円以下ならば簡易裁判所ではじまる（第一審裁判）。裁判を起こすには、例えば1000万円の損害賠償を求める場合、訴えを起こした原告または弁護士（訴訟代理人）は訴状（書式は、次ページ）に5万円の手数料（収入印紙貼付）と書類送付の費用（郵便切手）を裁判所に提出する。裁判所は訴状を受け取ると、訴えられた被告に答弁書を提出させ、口頭弁論を開始する。口頭弁論では原告と被告の主張の陳述がおこなわれ、それぞれ主張の事実を示す証拠（物的証拠や証人・鑑定人など）を法廷に提出する。また、裁判所は、口頭弁論に代えて文書（準備書面）を提出させ、争点や証拠の整理手続きをおこなう。そして、争点が明らかになれば新たに口頭弁論の期日を決める。口頭弁論が終了すると、判決（原告の勝訴か敗訴か）が下される。

　裁判が長くなれば、その訴訟の時間や弁護士費用もかかる。そこで、口頭弁論でほぼ結論が明らかな場合は、裁判官によって和解が勧められる（和解勧告）。2013年の司法統計資料によれば、全地方裁判所の判決149,928のうち、和解は51,054件になっていた。また、裁判官1名と調停委員2名以上で構成される調停委員会によって争いの解決をはかることや、訴えの取り下げがおこなわれることもある。

各新受事件の構成比（2013年）[全裁判所]

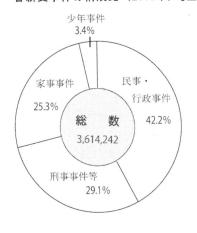

1 民事・行政事件及び家事事件は件数、刑事事件等及び少年事件は人員。
2 刑事事件等には医療観察事件を含む。
3 2013年の家事事件には高等裁判所が第一審として行う家事審判事件及び高等裁判所における家事調停事件を含む。

全新受事件の最近5年間の推移[全裁判所]

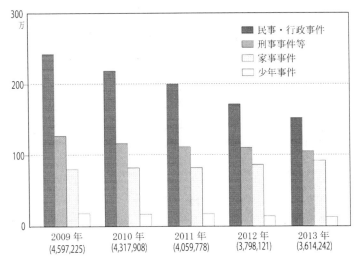

（裁判所ウェブサイト司法統計をもとに作成）

東京高等裁判所／知的財産高等裁判所
東京地方裁判所／東京簡易裁判所
東京第一検察審査会～東京第六検察審査会

　判決が下されると、判決を実行することになるが、金銭の支払いを命じた被告が応じない場合は、裁判所が強制執行や担保権の手続きに入る。強制執行は、それをおこなう裁判所の執行官が被告の所在地に出向いて財産を差し押さえ換金する。
　少額の金銭トラブルについては、少額訴訟制度がある。これは2003年の民事訴訟法改正で取扱い枠が広がった。1回の期日で審理を終え判決が下され、60万円以下の金銭の支払いを求める際にこの制度を

民事訴訟「訴状」の書式

収入印紙

○○年○○月○○日
○○地方裁判所民事部 御中

　　原告訴訟代理人弁護士 ○○○○ 印
〒○○住所○○○○○○○○○○○○
　原告 ○○○○
〒○○住所○○○○○○○○○○○○
　上記訴訟代理人弁護士 ○○○○
〒○○住所○○○○○○○○○○○○
　被告 ○○○○

損害賠償請求 ○○○○○円

1、請求の趣旨
2、請求の原因

証拠方法（領収書など）
付属書類（訴訟委任状など）

利用できる。訴えを起こす裁判所は簡易裁判所であり、その件数も増えている。少額訴訟では、裁判官と当事者が楕円のテーブルを囲んで着席した「ラウンドテーブル法廷」が利用されている。
《参考》池田真朗他『法の世界へ』第6版（有斐閣アルマ、2014年）
　　　　裁判所ウェブサイト「裁判手続きの案内」　http://www.courts.go.jp/saiban/
　　　　民事訴訟法　　http://law.e-gov.go.jp/htmldata/H08/H08HO109.html

　民事訴訟の手続きは、〈授業の資料〉のように進められていく。また、裁判は公開が原則となっており、誰でも裁判の傍聴ができる。傍聴者が多数の場合は傍聴券交付の抽選がある。法廷の傍聴席に

空きがある限りは傍聴できる。東京地方裁判所で中学生以上10人～40人以下の団体の裁判傍聴（刑事事件）は、事前に申込みをする必要がある。

③行政事件の裁判、家事事件の裁判

国や地方自治体の違法な行為によって国民の権利が侵害されたとき、あるいは公務員の不法行為によって損害を受けたときは、その当事者が行政機関を訴えて起こす裁判が行政訴訟である。帝国憲法下では、第61条で特別裁判所である行政裁判所を

裁判の傍聴

- あらかじめ、各地の地方裁判所に問い合わせるとよい。
- 法廷は土・日・休日と年末年始などの特別な時期を除く。
- 開廷時間　平日午前10時～12時、午後1時～4時過ぎ。
- 傍聴の注意事項
  - 裁判所敷地内（法廷内の他庁舎内廊下・庁舎外の前庭などを含む）では、写真撮影、録音禁止（メモは自由）。
  - 法廷内及び法廷前の廊下では、私語を慎み、静かに。
  - 携帯電話の電源は、法廷に入る前に切る。
  - 裁判の審理中の入・退室は、審理を妨げることが無いようにする。
  - 法廷内には大きな荷物・旗・カメラ等・録音機など持ち込み禁止。

設置して行政事件の裁判がおこなわれていた。いまは、民事訴訟の手続きと同じであるが、1962年に行政事件訴訟法を定め、「抗告訴訟」「当事者訴訟」「民衆訴訟」「機関訴訟」に分類されている。第7条で「行政事件訴訟に関し、この法律に定めがない事項については、民事訴訟の例による」となっている。

本書ですでに取り上げてきた「薬害」「信教の自由」「米軍基地」「議員定数」「原発再稼動」なども行政訴訟である。ほかにも、公害訴訟、土地収用訴訟、教科書検定訴訟など、行政機関を訴えた裁判は多い。行政訴訟のなかには、憲法判断を求める訴えもあるが、しばしば、時の政府の意向や政治的影響を配慮してか、行政機関側に立った判決が下されている。

家事審判は家庭裁判所においておこなわれる。家族という微妙な関係を裁くだけに、できる限り他人には知られないように非公開の手続きで進められる。

《参考》行政事件訴訟法　http://law.e-gov.go.jp/htmldata/S37/S37HO139.html

④法テラス

総合法律支援法に基づいて2006年に設立されたのが、法務省所管の法人「日本司法支援センター（略称：法テラス）」である。法テラスは、電話やメールでの問い合わせに応じている。業務は、民事・刑事を問わず法的トラブルの問題解決を手助けする、無料の法律相談、民事法律扶助、犯罪被害者支援などであり、全国の地方裁判所所在地に50か所の地方事務所が置かれている。相談件数の多かったトラブルは、男女・夫婦間、金銭、相続、労働であった（2012年11月からの1年間）。こうした相談機関の存在を周知することは、子どもたちの将来にとっても欠かせないことである。

《参考》法テラス　http://www.houterasu.or.jp/

●資料と扱い方

A　隣人訴訟。資料を読んだあと、「次のような意見があった」と問い、「A：Yさんが訴訟を取り下げたのは、隣のKさんの親切を考えれば当然だ」「B：たとえ近所づきあいでも判決に不服ならば、訴訟を取り下げてはいけない」、いずれに賛成するか考えさせる。ここから、誰もが裁判を受ける権利があること、裁判は侵害された権利を回復などといった裁判の原則を明らかにする。資料は、永井憲一他『憲法学習のとびら』（日本書籍、1983年）を参考。

B　民事訴訟の手続き。どのようにして裁判がはじまるか、どのように解決しているかなどを取り上げる。図は、最高裁パンフを参考に作成。

❖ 授業の資料 ❖

A 隣人訴訟

　Yさんの子どもは隣りのKさんの家で遊んでいた。Yさんは、子どもを連れて買い物に行くためKさんの家へ行った。しかし、子どもは一緒に行きたくないといい、Kさんは、Kさんの子どもと二人で遊んでいるから大丈夫といったので、Yさんは一人で買い物に行った。その後、子どもたち二人は外へ遊びに出て、柵のない空き地から池に入り、Yさんの子どもは溺死した。Yさんは、池の管理者の三重県鈴鹿市とKさんなどを相手に損害賠償を求める裁判を起こした。裁判所はKさんの過失責任のみを認めて、賠償請求の30%にあたる526万円の支払いを命じた。そこで、
① Yさんはこの判決を不服として上級の裁判所へ訴えた。
② ところが、Yさんに対して新聞が「人の子預かれぬ」「親切があだとなる」と報道すると、「預かってくれた恩人を訴えるとは鬼だ」などの手紙や電話がYさんへ殺到した。
③ Yさんは、こうした声に負けて、訴訟（裁判）を取り下げた。

> 裁判を受ける権利を守れ　法務省見解
> 隣人訴訟問題／慎重な行動要請　再発防ぐ
> 異例の訴え
> 《『朝日新聞』一九八三年四月九日付見出し》

B 民事訴訟の手続き

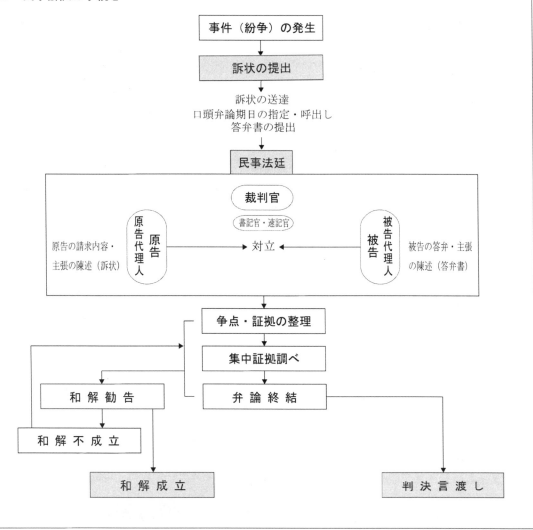

37　刑事事件の裁判と人権の尊重

【授業のねらい】　刑事事件の裁判について、そのしくみをつかみ、刑事事件における人権尊重について考える。また、死刑制度の是非について深める。

❖ 教材研究 ❖

①刑事事件とその裁判（刑事訴訟）

　物を盗んだり人を傷つけたりといった犯罪が発生すると、ふつう警察が捜査し、被疑者（容疑者）を特定し、検察官が裁判に訴えて（起訴）はじまるのが刑事訴訟である。犯罪は、刑法に定められたことや道路交通法など他の法律で「定義」している。刑罰については刑法で定めている。憲法第31条は、法律の定める手続きによらなければ権利を奪ったり刑罰を科したりすることはできないとしている。これは、権力を持つ者が勝手に罰することがあってはならないことを意味し、罪刑法定主義と言われる。

《参考》刑法　http://law.e-gov.go.jp/htmldata/M40/M40HO045.html

　警察は、国の国家公安委員会のもとに警察庁が置かれ、各都道府県公安委員会を通じて組織されている。千葉県警察本部の場合は、本部のもとに千葉市警察部と県内に39の警察署が置かれている。東京都は、日本の首都であることから特別に警視庁という組織になっている。なお、警察は、犯罪の捜査のほかに、経済活動にまつわる事件、交通の取り締まりや運転免許証の発行などをしている。大臣などの身の安全をはかったりすることも警察の仕事になっている。

　刑事事件では、警察は、必要があれば犯罪の疑いのある被疑者（容疑者）を逮捕し、証拠をそろえて48時間以内に検察官（検事）に送致する。検察官は、24時間以内に裁判官に勾留を請求しなければならない。勾留の期間は、最長で20日間、裁判所に起訴するまで最長で72時間と20日ということになる（下図）。しかし、実際には、「別件逮捕」によって起訴後の勾留もあって、勾留期間を更新し続けることがある。こうした長い勾留が、しばしば自白の強要につながり冤罪をつくり出している。1950年代の免田事件や財田川事件、近年では2003年の鹿児島選挙違反事件など、強圧的な取調べによる自白の強要があった。

　逮捕された人がすべて裁判にかけられるわけではない。検察統計によると、2013年は起訴405,416人、不起訴829,093人で、起訴率は32.8％になっていた。

《参考》検察統計2013年　http://www.e-stat.go.jp/SG1/estat/List.do?lid=000001126683

　起訴されると、被疑者は被告人となり、警察の留置場から捜査機関から独立した拘置所に移される。裁判所は、検察官の起訴状（公訴の提起）を受け取ると、2か月以内に起訴状の謄本を被告人に送達する。被告人は、弁護人とともに起訴状をもとに裁判の準備を進める。裁判官（裁判長）が公判期日を決めると、いよいよ裁判がはじまる。公判とは、刑事訴訟における法廷で裁判官が、検察官・被告人・弁護人などの立ち会いのうえ、被告人の有罪か無罪かを審理する手続きをいう。

　公判では、裁判官が検察官と被告人・弁護人の言い分を聞き、証拠調べ、双方の立証がおこなわれる。最終弁論手続きでは、検察官の論告（求刑）、弁護人の弁論・被告人の最終陳述と進み、裁判官は被告人が犯人かどうかを判断する。判決は無罪か有罪かのいずれかで、有罪は刑罰の言い渡しをする。また、判決では刑の免除もあれば執行猶予もある。刑の種類のうち、罰金・科料・没収は財産刑である。公判の手続きについては、〈授業の資料〉のように進められていく。2008年

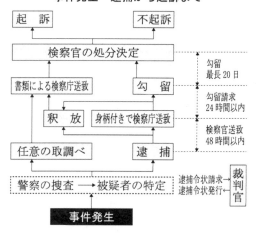

事件発生・逮捕から起訴まで

- 156 -

刑の種類

死刑	刑事施設内において、絞首して執行
懲役	無期及び有期、有期懲役は1か月以上20年以下。刑事施設に拘置して所定の作業
禁錮	無期及び有期、有期禁錮は1か月以上20年以下。刑事施設に拘置
罰金	1万円以上（金銭を国に納める）
拘留	1日以上30日未満とし、刑事施設に拘置
科料	1,000円以上1万円未満
没収	犯罪行為に使用した物や報酬で得た物

＊刑法第9条は「死刑、懲役、禁錮、罰金、拘留及び科料を主刑とし、没収を付加刑とする」と定めている。

検察審査員の選定書（著者蔵）

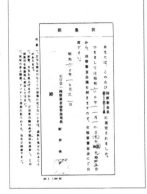

　12月から被害者参加制度がはじまり、殺人や性犯罪などの被害者・被害者遺族らが裁判所の許可を得て、公判期日に被告人に質問することができるようになった。また、2009年5月21日から、裁判員制度がスタートし、殺人などの事件について、有権者のなかからくじで選ばれた裁判員が裁判官とともに審理や判決に参加することになった。この裁判員制度は、次の授業テーマで扱う。

　検察官が不起訴処分とした場合、その処分に納得がいかないときは、検察審査会に審査を申し立てる制度がある。各地方裁判所管内に検察審査会を置き、有権者のなかからくじで選定した11人の検察審査員（任期は6か月）によって構成されている。審査会は、不起訴処分の審査をおこない、不起訴を不当だと判断すると、検察官に再検討を求めることができる。上の選定書は実物資料である。これも、授業に活用できる。

《参考》刑事訴訟法　http://law.e-gov.go.jp/htmldata/S23/S23HO131.html

②人権の尊重

　すでに、勾留期間が長いことについてふれてきたが、被疑者の人権に重きが置かれている諸外国の逮捕留置・勾留期間は次のようになっている。フランスは最長48時間（2日間）、オーストラリアは最長48時間（2日間）、イギリスは最長96時間（4日間）、イタリアは最長48時間（2日間）、台湾は最長16時間である。国連の自由権規約委員会は、日本政府に対する第5回政府報告書審査を2008年10月に実施し総括所見を採択した。「代用監獄システムは、そのもとでは被疑者は23日間にも及ぶ期間、保釈の可能性なく、最初の72時間においては限定された弁護士に対するアクセスしか与えられないで、警察拘禁施設に拘禁されうるものであり、長期に及ぶ取調べと自白を得るための濫用的な取調へ方法のリスクを増加させる」（日本弁護士連合会『世界も驚く「DAIYO-KANGOKU」「代用監獄」と国連拷問禁止委員会・人権理事会・自由権規約委員会勧告』2012年12月）は、規約に違反していると指摘している。さらに、取調べの可視化を要求している。可視化について、検察・警察は一部録音などの試行をしているが、全面可視化に反対している。日本弁護士連合会（日弁連）は「捜査側に都合のいい場面を切り取ることになる」と全面導入を求めている。法務省の法制審議会特別部会でのとりまとめでは、全面可視化はいまだ途上である。

　刑事事件でも、被疑者が少年の場合は、家庭裁判所で審判がおこなわれる。家庭裁判所は、少年が罪を犯したか罪を犯すかもしれない少年の事件を扱う。再び過ちを犯すことがないように、保護者にも加わってもらい、調査を進め、非公開でおこなわれている。また、2008年12月より少年が重大事件を引き起こした場合は、裁判所の許可を得て、被害者や遺族が少年審判を傍聴することができるようになった。

　被疑者・被告人の人権は、憲法第31条から40条で保障している。たとえ罪を犯したとしても、裁判で判決が下されるまでは無罪の推定が原則になっている。これは、警察官や検察官、裁判官も予断と偏見で進めてはならないことを意味している。2015年、刑事司法制度の改革で取調べの一部可視化と

司法取引が導入されることになった。司法取引が冤罪をつくり出すことにならないかという懸念がある。

③死刑制度の是非

1989年に国連総会は、人権擁護の立場から「死刑廃止条約」を採択し、1992年に発効した。ＯＥＣＤ（経済協力開発機構）加盟国34か国のなかで死刑制度存置国は、日本・韓国・アメリカの3か国だけである。ただ、韓国とアメリカ18州は死刑廃止か、執行を停止している。国連は、2012年12月の国連総会で、すべての死刑存続国に対し、死刑廃止を視野に執行を停止する決議案を111か国の賛成多数で採択した。反対したのは日本、アメリカ、中国、北朝鮮など41か国、韓国など34か国が棄権した。

日本の国民意識はどうだろうか。総理府の世論調査では、「死刑廃止」が最も高かったのは1975年5月の調査時で20.7％であった。「死刑存続」が最も高かったのは2009年12月の85.6％で、近年ほど存続が増えていた。日弁連は、死刑執行停止法制定に向けた取り組みをおこなっている。死刑制度存続かどうか、執行停止に向かうかどうかなど、考えさせたい。

●資料と扱い方

A 犯罪件数。どんな犯罪が多いのだろうか。警察庁の統計資料によると、犯罪件数は年々減少傾向にある。2013年の刑法犯罪種別では、窃盗犯が多い。資料は、警察庁「警察白書」2014年版の統計資料をもとに作成。

B 逮捕令状書式。逮捕令状に、氏名等を特定すること、有効期間があること、許可者が裁判官であることが示されている。通常逮捕は、この令状がなければ逮捕されない。

C 刑事第一審公判の手続き。公判がどのような手続きでおこなわれるのか、判決は有罪か無罪かが下されることを取り上げ、民事訴訟との違いをつかむ。なお、逮捕から起訴までの手続き、日本の場合は勾留期間が長いこと、刑の種類、人権の尊重について深める。

D 死刑制度の是非。資料は、2009年12月の総理府世論調査で示された回答である。これをもとに意見を求める。世界の死刑廃止の動向をふまえる。日弁連のパンフも参考になる。

《参考》日本弁護士連合会「死刑廃止について議論をはじめましょう」
http://www.nichibenren.or.jp/library/ja/publication/booklet/data/shikeihaishi_pam_2014.pdf
アムネスティインターナショナル日本支部編『死刑廃止 アムネスティ人権報告』（明石書店、1999年）

日本国憲法が保障する被疑者・被告人の人権

犯罪捜査	令状によらなければ、住居の侵入、捜索、書類及び所持品の押収を受けない（第35条）
被疑者・逮捕者取り調べ	現行犯以外、令状によらなければ逮捕されない（第33条） 正当な理由がなければ拘禁されない（第34条） 拷問を受けない（第36条） 自己に不利益な供述を強要されない（第38条） 弁護人を依頼することができる（第37条）
裁判	公平で迅速な公開裁判を受ける（第37条） 弁護人を依頼することができる（第37条） 自己に不利益な供述を強要されない（第38条） 自白だけの証拠では有罪とされない（第38条）
判決	残虐な刑罰の禁止（第36条） 無罪のときは、刑事補償を請求できる（第40条）

死刑存置・廃止国の状況（2013年12月末）

法律上・事実上の廃止国数 140	・あらゆる犯罪に対して死刑を廃止している国の数：98 ・通常の犯罪に対してのみ死刑を廃止している国の数：7＊ ・事実上の死刑廃止国の数：35 （法律上または事実上の死刑廃止国の数が世界全体に占める割合：約70％）
存置国数　58	

＊ 通常の犯罪に対してのみの廃止国とは、「軍法下の犯罪のような、通常と異なる裁判手続きによって裁かれる例外的な犯罪についてのみ、法律で死刑を規定している国」のこと。

（アムネスティ日本の資料より）

❖ 授業の資料 ❖

A 犯罪件数

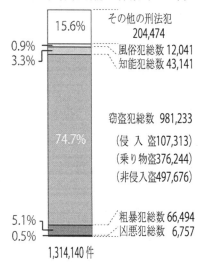

B 逮捕令状書式

逮 捕 状 （通常逮捕）		
被疑者	氏名／年齢 住所／職業	○○○○○　　年　月　日生
罪　　名		
被疑事実の要旨		別紙の通り
引致すべき場所		
有　効　期　間		平成　　年　　月　　日まで

有効期間経過後、この令状により逮捕に着手することができない。この場合には、これを当裁判所に返還しなければならない。
有効期間内であっても、逮捕の必要性がなくなったときは、直ちにこれを当裁判所に返還しなければならない。

上記の被疑事実により、被疑者を逮捕することを許可する。
平成　　年　　月　　日
　　　　　　　　　裁判所
　　　　　　　　　裁判官

＊以下、請求者の官公職氏名など（省略）

C 刑事第一審公判の手続き

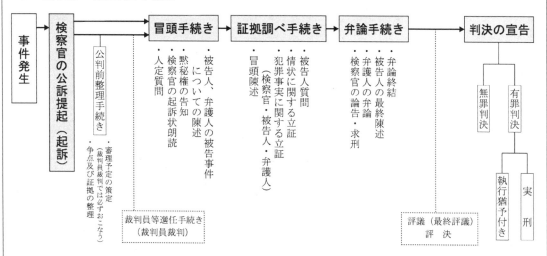

D 死刑制度の是非

○死刑制度を廃止すべきであるとする理由…「生かしておいて罪の償いをさせた方がよい」「裁判に誤りがあったとき、死刑にしてしまうと取り返しがつかない」「国家であっても人を殺すことは許されない」「人を殺すことは刑罰であっても人道に反し、野蛮である」「死刑を廃止しても、そのために凶悪な犯罪が増加するとは思わない」「凶悪な犯罪を犯した者でも、更生の可能性がある」
○死刑制度を存置すべきであるとする理由…「死刑を廃止すれば、被害を受けた人やその家族の気持ちが収まらない」「凶悪な犯罪は命を持って償うべきだ」「死刑を廃止すれば、凶悪な犯罪が増える」「凶悪な犯罪を犯す人は生かしておくと、また同じような犯罪を犯す危険がある」

38 裁判員裁判

> 【授業のねらい】 司法改革によって裁判員制度が導入された。いずれ裁判員に選ばれるかもしれない子どもたちに、この制度のしくみの理解、課題となっていることを考える。

❖ 教材研究 ❖

①司法改革と裁判員制度

　2009年5月21日から、裁判員裁判がはじまった。裁判員候補者名簿に登録された方への通知は毎年11月、ここから選任手続きがはじまる。裁判員裁判で扱われる事件は、地方裁判所の刑事事件の裁判（第一審）で、殺人、強盗致死傷（強盗によって人にけがをさせたりして死亡させた）、傷害致死（人にけがをさせ、死亡させた）、危険運転致死（酒に酔って自動車を運転し、人をひき死亡させた）などの重大な犯罪である。これまでに新受人員の裁判員裁判は、8,676、選任された裁判員数39,764人、選任された補充裁判員13,572人となっている（最高裁「裁判員制度の実施状況」より。制度施行から2014年9月末まで、下の表の期間も同様）。

　《参考》最高裁「裁判員制度」　http://www.saibanin.courts.go.jp/

②裁判員裁判の課題

　裁判員裁判で初の死刑判決が下されたのは、2010年11月16日の横浜地裁である。裁判員裁判がスタートしてから5年間で、死刑求刑28人のうち、死刑判決は21人、無期懲役6人、無罪1人であった。また、裁判員裁判での死刑判決（長野地裁）を東京高裁が破棄した事例もある。国民感覚を反映するとされた裁判員裁判だが、市民の量刑判断と裁判官の判断との食い違いも指摘されている。無期懲役を有期にした仙台高裁の事例では、「審理を尽くしていない」という判断をしている。また、裁判員裁判での評議がどうであったのか、全員一致なのか多数決なのか不明である。裁判員として、裁判官と対等に論議して有罪か無罪を判断する。常識的な「疑問」が少しでもあれば、無罪とするが、ここが難しい判断である。日本弁護士連合会のパンフ

平均実審理期間及び平均開廷回数
（自白否認別）累計

総数	判決人員	6,907
	平均実審理期間（日）	6.8
	平均開廷回数（回）	4.3
自白	判決人員	3,953
	平均実審理期間（日）	4.9
	平均開廷回数（回）	3.6
否認	判決人員	2,954
	平均実審理期間（日）	9.3
	平均開廷回数（回）	5.1

には、「心にとめておきたい4つのこと」を掲げている。「法廷に現れた証拠だけをもとに判断」「その『自白』は信用できるのか、判断は慎重に」「常識にしたがって『間違いない』と確信できないときは、無罪とする勇気を」「刑罰は報復だけではなく社会でのやり直しのチャンスも考慮して」である。冤罪をつくり出すことがあってはならない。

　死刑判決を下した裁判員の悩みは尽きない。証拠写真でストレス障がいを患った福島県女性Aは、死刑を判決後も症状は改善されなかった。裁判所は、その後のケアにも適切でなかったとして、国を相手に慰謝料の請求を求めて2013年5月に提訴した。こうした事例などから、裁判員制度の課題を考え合いたい。

●資料と扱い方

A　模擬裁判。写真は、法務省の「赤れんがまつり」で実施された模擬裁判（2007年10月7日撮影）の一場面。教育現場の取り組みとして、模擬法廷をつくり裁判員裁判を開催するのも方法である。裁判事例は、法務省が教材を提供している。
　《参考》法務省　http://www.moj.go.jp/keiji1/saibanin_info_saibanin_kyozai.html

B　裁判員制度。裁判員の選ばれ方、公判、守秘義務などを取り上げる。疑問や質問を出し合い解決を図る。

C　裁判員を体験して。「もし裁判員に選ばれたら？」という視点から裁判員制度の課題を深める。資料は、NHK「裁判員制度5年命を裁く重み」（2014年5月21日放映）から抜粋。

❖ 授業の資料 ❖

A　模擬裁判

評決で挙手している参加者

B　裁判員制度

裁判員の選ばれ方

1. 選挙権のある有権者から、毎年、翌年の裁判員候補者となる人をくじで選びます。
2. 各地方裁判所は、裁判員候補者名簿をつくります。
3. 候補者には、名簿記載通知と、1年を通じて裁判員になれるかどうか調査票を送ります。
4. 事件ごとに、名簿のなかからくじで事件の裁判候補者を選びます。
5. 候補者には、選任手続き日の呼び出し状、辞退するかどうかの質問票を送ります。
6. 裁判長は、被告人と被害者の関係がないか、不公平な裁判をするおそれがないか、辞退の理由などを質問します。
7. 辞退が認められなかった候補者のなかからくじで裁判員を選びます。（事件ごとに6人、補充もある）

裁判員に選ばれる

- 公判に立ち会う
  - 法廷で証人の話を聞きます。
  - 証拠を調べます。
- 評議と評決
  - 裁判員と裁判官で話し合い、有罪か無罪か、刑罰を決めます。
- 判決に立ち会う
  - 裁判長が判決を言い渡すときに、判決に立ち会います。

裁判員の守秘義務

1. 評議の秘密があります。どのような話し合いをして、結論を出したのかは、もらしてはいけません。ほかの裁判員や裁判官の意見、多数決の人数も、同様です。
2. 裁判員として知った秘密をもらしてはいけません。証拠などからわかった被害者など事件関係者のプライバシー、ほかの裁判員の名前などです。

※ 法廷で見聞きしたことは話してもかまいません。

C　裁判員を体験して

「間違った判断をしてはいけないと、すごい強い思いがあった。疑問はすべて出し尽くし、みんなで考えて、どう考えてもこうなってしまうという結論が、それ（死刑）だった。」

「（2審の東京高裁は、1審の死刑判決は殺人の前科を重視しすぎて誤りだと判断して、無期懲役の判決を言い渡しました）ショックでした。あれだけ考え抜いた結果で、苦しい決断というか、そういう結論になったことに対して、混乱してしまった。」「示されたもの（証拠）がすべて、その以前に間違っていたら、もうお手上げ。そういう怖さはある。そういう責任を負ったと思っている。」

39　裁判所と司法権の独立

【授業のねらい】　三審制と再審の意義を明らかにするとともに、冤罪が絶えないことを考える。また、司法権の独立と違憲立法審査権の意義をつかむ。

❖ 教材研究 ❖

①裁判所、裁判官、検察官と弁護士

　日本の裁判所は、最高裁判所のほかに、下級裁判所が全国に何百か所もある。裁判所の種類と数は、最高裁判所（1）、高等裁判所（8）、地方裁判所（50）、家庭裁判所（50）、簡易裁判所（438）となっている。下級裁判所は、支部や出張所を置いているので、それをふくめると1000か所を超えている。簡易裁判所は、扱う事件が最も多い。

　裁判は、何よりも公正さが求められる。裁判官が、立法・行政などの機関や個人的な利害や感情などで左右されては、公正な裁判ができない。そこで憲法第76条は「すべて裁判官は、その良心に従ひ独立してその職権を行ひ、この憲法及び法律にのみ拘束される」（裁判官の独立）と定めている。また、特別な場合を除いては弾劾裁判所の裁判によるほかは辞めさせられないなど、裁判官の身分を保障している。これは、あらゆる権力から干渉や圧力を受けることなく独立してその仕事をすることが、司法権の独立を守ることになるからである。しかし、すでに取り上げてきたように、裁判官の任命については、行政権の力が大きい。裁判所のなかでも最高裁長官は内閣が指名し、ほかの裁判官は内閣が任命、下級裁の裁判官は最高裁の指名した名簿から内閣が任命し再任の権限も

国民審査の投票用紙書式

裁判官・検察官・弁護士数（2013年）

	人数	男性（%）	女性（%）
裁判官数	2,944	76.9	23.1
検察官数	1,877	78.6	21.4
弁護士数	35,045	81.9	18.1

1．裁判官数は最高裁判所調べ。簡裁判事を除く4月現在
2．検察官数は法務省調べ。副検事を除く3月31日現在
3．弁護士数は、正会員数で3月31日現在

（日弁連『弁護士白書2014年版』より）

有している。また、最高裁の裁判官は、衆院総選挙の際に国民審査を実施している。有効投票の過半数から罷免を求められたら、憲法第79条に基づき罷免される。これまでに罷免となった裁判官はいない。この国民審査の投票用紙は、上のように「やめさせた方がよいと思う裁判官」に×を記入させる形式であり、十分な情報がなければ、有権者は判断できない。投票所で投票用紙を受け取ると、棄権はできず、そのまま投票箱に入れれば信任となる。こうした国民審査の投票のあり方は、もっと検討されてよい。

　裁判官になるには、司法試験に合格しなければならない（最高裁判事は例外もある）。弁護士や検察官も同様で、司法試験に合格したら、司法研修所で1年間の司法修習を受ける。その修習の修了試験に合格すると、裁判官・検察官・弁護士の資格（法曹資格）を得ることができる。裁判官は、そののち判事補の仕事に就き、およそ10年で判事になる。司法試験は、法科大学院修了者か司法試験予備試験に合格した者に受験資格が与えられている。この制度は、2006年からはじまった。2014年の試験では1,810人が合格している。

②再審と冤罪

　裁判は、ふつう簡裁、地裁・家裁のいずれかからはじまる。その裁判所が下す判決に不服ならば、その上の裁判所に控訴し、最後は最高裁に上告することができる。これが三審制であり、裁判の公正

を期するためにある。しかし、裁判で判決が確定したあとでも、裁判のやり直しをおこなうことがある。これが再審である（再審は刑事訴訟だけでなく民事訴訟にも定めがある）。

　再審請求があれば、裁判所はこれを審議し再審か棄却の決定をする。裁判所の再審決定は、新たな証拠を認定してから法廷が開かれる。これは、確定した裁判所の判決を覆す裁判であるため、裁判所自身が、裁判の誤りを正すということは容易におこなわれてこなかった。しかし、再審請求が続くなかで、最高裁は1975年5月20日、再審制度においても「疑わしいときは被告人の利益に」という原則（「白鳥決定」）を示した。こののち、再審開始決定が続いた。冤罪に泣く人たちの救済の扉が開かれはじめた。それでは、なぜ、誤判は起こるのか、冤罪は起こるのか。警察・検察の捜査手法（予断と偏見、見込捜査、別件逮捕など）、証拠の捏造、長い勾留中の自白といったことが要因としてあげられる。また、公判で検察が提示した証拠などを裁判官が信用して判断してきたことも背景にある。

死刑・無期から再審無罪となった戦後の刑事事件

事件名	発生年月日	再審判決までの年数（再審判決日）	罪名	再審判決
免田事件（熊本県）	1948.12.29	34年後（1983.7.15）	強盗殺人	死刑→無罪
財田川事件（香川県）	1950.2.28	34年後（1984.3.19）	強盗殺人	死刑→無罪
梅田事件（北海道）	1950.10.10	36年後（1986.8.27）	強盗殺人	無期懲役→無罪
島田事件（静岡県）	1954.3.10	35年後（1989.7.31）	幼女誘拐殺人	死刑→無罪
松山事件（宮城県）	1955.10.18	29年後（1984.7.11）	強盗殺人	死刑→無罪
布川事件（茨城県）	1967.8.28	42年後（2011.5.24）	強盗殺人	無期懲役→無罪
足利事件（栃木県）	1990.5.12	20年後（2010.3.26）	わいせつ目的誘拐殺人	無期懲役→無罪
東電OL事件（東京都）	1997.3.9	15年後（2012.11.7）	強盗殺人	無期懲役→無罪

主な再審請求事件（2014年12月現在）

事件名	確定判決・年	再審の状況
名張毒ぶどう酒事件（三重県）	死刑（1972年）	2005年に高裁が再審開始を決定したが取り消され、2013年最高裁、2014年高裁も再審棄却、弁護団異議申立て
袴田事件（静岡県）	死刑（1980年）	2014年に再審決定したが、検察が即時抗告
飯塚事件（福岡県）	死刑（2006年）−08年死刑執行−	遺族により死刑執行後の再審請求、2009年から地裁で審理したが2014年棄却
大阪小6女児焼死事件（大阪府）	無期懲役（2006年）	2012年に地裁が再審開始を決定したが、検察が即時抗告し、最高裁でも棄却、再審開始署名運動

　これまでに、いったん死刑や無期懲役を言い渡されてから再審無罪となった事件は、戦後、8件ある。最近では、2014年3月27日に静岡地裁が再審開始決定をした袴田事件がある。同年同月31日に静岡地検が即時抗告をしたため、審理は東京高裁で続くことになった。袴田事件は、1966年に静岡県清水市（当時）の強盗殺人放火事件が起こり、1966年に袴田巖（当時30歳）が逮捕され、1980年12月12日に死刑が確定した事件である。袴田は、再審決定とともに釈放されるまで45年以上にわたり拘束され、釈放されたときは78歳であった。

　ほかにも、再審請求をしても再審が棄却された事件には、名張毒ブドウ酒殺人事件などがある。日弁連や国民救援会は、冤罪をなくすためにさまざまな取り組みをおこなっている。

《参考》江川紹子『冤罪の構図』（新風舎文庫、2004年）
　　　　小林篤『足利事件—冤罪を証明した一冊のこの本』（講談社文庫、2009年）
　　　　江川紹子『名張毒ブドウ酒殺人事件—六人目の犠牲者』（岩波現代文庫、2011年）
　　　　山本徹美『袴田事件—冤罪・強盗殺人事件の深層』（プレジデント社、2014年）
　　　　国民救援会　http://kyuenkai.org/

③違憲立法審査権

　最高裁判所は、法律、命令、規則または処分が憲法に適合しているかを判断する終審裁判所である。ドイツ、フランス、イタリア、韓国など諸外国は、憲法裁判所もしくはそれに類した裁判所を設けている。

　憲法判断を求める訴訟は、尊属殺人、議員定数の配分、政教分離を求めた事件などがある。下級審で違憲判決が下されても最高裁での憲法判断を示さなかったものに長沼基地訴訟（自衛隊は違憲か）がある。イラク派兵違憲訴訟は高裁段階で確定したものであり、最高裁の判断はない。また、国政選挙の一票の格差については、たびたび最高裁が「違憲状態」という判断を示したが、選挙無効の判決ではない。下記の表は、最高裁での法令が違憲であるとした判例である。判決後、すぐに法改正がおこなわれたものもあれば、相当な時間を要したものもある。

　このほか、適用違憲判決のなかには、愛媛県知事の「公費による靖国・護国神社への玉串料奉納」が限度を超える公費支出とし、政教分離を求めた判例がある（1997年4月2日判決）。

法令違憲判決一覧

事 件 名	判決年月日	最高裁の判断（法律と憲法の条文）
尊属殺人	1973. 4. 4	刑法200条（尊属殺人）は、憲法14条1項（法の下の平等）に違反
薬局適正配置規制	1975. 4.30	薬事法6条2項（薬局規制）などは、憲法22条1項（職業選択の自由）に違反
衆議院議員定数	1976. 4.14	公職選挙法13条などの定数配分は、憲法14条1項（法の下の平等）に違反
衆議院議員定数	1985. 7.17	公職選挙法13条など定数配分は、憲法14条1項（法の下の平等）に違反
共有林分割制限	1987. 4.22	森林法186条（共有林分割の規制）は憲法29条（財産権の保障）に違反
郵便の賠償責任	2002. 9.11	郵便法68条など（郵便業務従事者の過失に係る賠償責任免除規定）が憲法17条（国家賠償責任）に違反
在外邦人の選挙権	2005. 9.14	在外邦人の国政選挙権行使の規定のない公職選挙法は、憲法14条1項（公務員の選定罷免権）などに違反
国籍取得	2008. 6. 4	国籍法3条1項（国籍取得の要件）は憲法14条1項（法の下の平等）に違反
婚外子の相続	2013. 9. 4	民法の婚外子の取り分の規定は、憲法14条1項（法の下の平等）に違反

裁判所（http://www.courts.go.jp/）を参考に作成

●資料と扱い方

A　最高裁判所と正義の女神。教科書などに掲載されている大法廷の写真とともに提示する。正義の女神（ジャスティス）をデザインした記念切手は、最高裁のロビーに飾られている「正義像」。これは、ギリシャ神話の正義の女神で、剣と天秤を持ち、裁判の公正さを表すシンボルとして各国の司法、裁判所にもある。裁判が担っている役割を考えさせる。このことは、憲法第81条の最高裁が合憲・違憲を判断する終審裁判所であることと関連づけることができる。違憲判決については、〈教材研究〉の一覧表を活用する。

B　冤罪。免田事件と足利事件を取り上げ、「なぜ、無実の人を救うことができなかったのか」と問い、自白を強いる警察・検察の捜査の問題を考え合う。あわせて、免田・菅家さんの声に注目させる。「誤判」の検証の動きは鈍い。また、〈教材研究〉で提示した戦後の冤罪、袴田事件を取り上げる。(1)免田事件は『朝日新聞』1983年7月15・16日付を参考。(2)足利事件は『毎日新聞』『朝日新聞』2010年3月22〜26日付を参考に作成。

❖ 授業の資料 ❖

A　最高裁判所と正義の女神

最高裁判所

裁判所制度一〇〇周年記念切手
正義の女神（ジャスティス）をデザイン

B　冤罪

（1）免田事件

　日本で初めての死刑囚に対する再審裁判、判決は、1983年7月15日熊本地裁八代支部で開かれ、獄中から無実を訴え続けた免田栄被告（57歳）に無罪判決が言い渡された。この事件は、1948年12月に熊本県人吉市で起きた祈とう師一家4人殺傷事件で、警察は免田さん（当時23歳）を逮捕し、1951年12月、最高裁で死刑が確定した。しかし、免田さんは裁判で「自白は警察の拷問によるもの」としてアリバイを主張し、無実を訴え続けてきた。

　免田さんは、34年間の獄中生活で「一番悲しかったことは、死刑の執行です。70人ぐらいの人が執行されていきました。そんななかで、私を支えてくれたのは真実です」と語る。免田さんは、普通に結婚し、子どもを得ていれば、今ごろは孫に囲まれた生活をしていてもおかしくない。シワの刻まれた、その横顔をながめつつ、一つの"誤り"が奪ったものの大きさに、やはりりつ然とせざるを得なかった。

（2）足利事件

　栃木県足利市で1990年に4歳の女児が殺害された事件で、無期懲役刑で服役中に釈放された菅家利和さん（63歳）の再審裁判で、2010年3月26日宇都宮地裁は無罪を言い渡した。DNA再鑑定で犯人のものとみられる試料との「不一致」が判明している。この事件では、当時の取り調べテープが残されていた。やってもいない犯行を認めた場面もあった。最初は「絶対違うんです」と言っていた菅家さんだが、まもなく沈黙に。さらに追及を受けると、すすり泣きが漏れ、やがて否認を撤回した。

　再審判決前に菅家さんは「どんな判決をもらっても、私の気持ちが晴れることは一生ないと思うんです。でも、なぜ私が捕まらないといけなかったのか、事件の真実を明らかにして欲しい。冤罪に苦しむ人は私で最後にしてほしいんです。せめて、そんな判決を期待しています」と語った。再審判決で無罪を言い渡した裁判長は「17年半もの長きにわたり自由を奪う結果となり、申し訳なく思う」と謝罪した。

40　地域社会と地方自治体

【授業のねらい】　身近な地域社会が直面している問題について、「平成の大合併」や「道州制」構想などから、地方自治体のあり方を考える。

❖ 教材研究 ❖

①地域社会は、いま

最も人口の少ない自治体をご存知だろうか。それは、東京都の島嶼、八丈島から船で2時間半の青ヶ島村である。青ヶ島は人口165人（外国人を含めて167人、2015年1月1日現在、東京都調べ）の自治体である。日本にも、こんな小さな自治体がある。

それぞれの地域社会はどんな悩みをかかえているだろうか。都市（過密）か村落（過疎）かによっても問題は異なる。子どもたちが暮らす地域ではどんな問題があるだろうか。自治体の統計資料、広報などを活用して探っていくとよい。

日本創成会議・人口減少問題検討分科会は、2014年5月8日に全国の市区町村の半分の存続が難しいという予測をまとめた。推計によると、「消滅可能性」896自治体、そのうち523自治体が人口1万人割れという。創成会議が着目したのは、20〜39歳の女性の人口動態である。この年代の女性が増えるのは15自治体のみであること、都心部でも豊島区50.8%減、足立区44.6%減、杉並区43.5%減という推計である。これは、自治体の「消滅可能性」の数字であって、地域が消えるということではない。若い世代をひきつけている一部の自治体は、40年にかけて若い女性が増えると推計している。将来人口の推計に際して、20〜39歳までに約3割の人口が大都市に流出することを前提としたものである。

また、こうした問題は、現在の少子化や空き家率が高くなっていることと重なる。2040年の人口推計を調べてみると、より少子高齢社会が進むことが見えてくる。経済的・社会的共同生活が困難になっている村落などは「限界集落」と言われているが、都会にあっても同様な機能が失われつつある。地域社会の現在と未来を見据えた地域の課題を考えていくことが求められる。

20〜39歳の女性が減る自治体と増える自治体
（2040年の女性人口を2010年と比較）

	減少　自治体名　（減少率）		増加　自治体名　（増加率）
1	群馬県南牧村　　（89.9%）	1	石川県川北町　　（15.8%）
2	奈良県川上村　　（89.0%）	2	秋田県大潟村　　（15.2%）
3	青森県今別町　　（88.2%）	3	横浜市都筑区　　（13.4%）
4	北海道奥尻町　　（86.7%）	4	福岡県粕屋町　　（11.3%）
5	北海道木古内町　（86.5%）	5	宮城県富谷町　　（ 8.3%）
6	群馬県神流町　　（85.5%）	6	富山県舟橋村　　（ 7.5%）
7	北海道夕張市　　（84.6%）	7	鳥取県日吉津村　（ 6.8%）
8	北海道歌志内村　（84.5%）	8	福岡県志免町　　（ 4.8%）
9	北海道松前町　　（84.4%）	9	大阪府田尻町　　（ 3.8%）
10	北海道福島町　　（84.4%）	10	京都府木津川市　（ 3.7%）

（『日本経済新聞』2014年9月24日配信より作成）

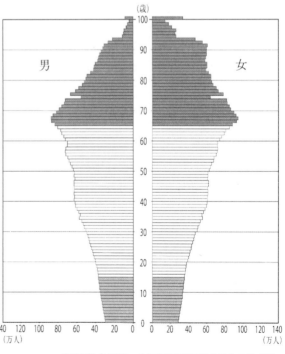

2040年の人口ピラミッド（推計）

（国立社会保障・人口問題研究所「日本の将来推計人口（2006年12月推計）」の中位推計より作成）

《参考》日本創成会議　http://www.policycouncil.jp/
　　　　総務省　土地統計調査　http://www.stat.go.jp/data/jyutaku/2013/pdf/yoyaku.pdf
　　　　総務省　人口ピラミッド　http://www.stat.go.jp/data/kokusei/2010/kouhou/useful/u01_z22.htm

②「平成の大合併」がもたらしたもの

住民にとって住みよい地域社会をつくるために、それぞれの地域の政治は、住民の意思でおこなう。これが地方自治である。憲法第92条は、「地方自治の本旨に基づいて」とし、地方自治法が制定された。こうした地方自治をおこなう都道府県や市（区）町村が、地方自治体（地方公共団体）であり、その数は、47都道府県と1741の市（区）町村である（2014年4月5日現在）。

1995年の地方分権一括法、そして、小泉構造改革のもとで2005年に「市町村の合併の特例等に関する法律（合併新法）」がつくられた。こうしたことを受けて、いわゆる「平成の大合併」が推進されていく。結果として、市に吸収される町村や新たな合併が加速した。特に小規模の町村は合併を余儀なくされた。合併が推進された理由は、財政問題である。合併した市町村の財政支出削減は、職員削減による人件費減少、公共施設の整備などの効果があったとされている。しかし、住民サービスの低下、行政の細かなサービスが行き届かないなど、行政と住民の距離が遠くなるという弊害も現れた。地域社会の自治、地域共同社会をどう実現するかという課題に直面している。そのいっぽうで合併を選択しなかった自治体は、独自の地域社会づくりをおこなっている。

都道府県別空き家率（2013年、二次的住宅を除く）

	高い都道府県		低い都道府県
1	山梨県 （17.2％）	1	宮城県 （9.1％）
2	愛媛県 （16.2％）	2	沖縄県 （9.8％）
3	高知県 （16.8％）	3	山形県 （10.1％）
4	徳島県 （16.6％）	4	埼玉県 （10.6％）
5	香川県 （16.6％）	5	神奈川県 （10.6％）
6	鹿児島県 （16.5％）	6	東京都 （10.9％）
7	和歌山県 （16.5％）	7	福島県 （11.0％）
8	山口県 （15.6％）	8	滋賀県 （11.6％）
9	岡山県 （15.4％）	9	千葉県 （11.9％）
10	広島県 （15.3％）	10	愛知県 （12.0％）

＊空き家は全国で820万戸、別荘など二次的住宅41万戸。
（「2013年住宅・土地統計調査、総務省報道資料」2014年7月29日）

《参考》地方公共団体情報システム機構　https://www.j-lis.go.jp/map-search/cms_1069.html
　　　　道州制と町村に関する研究会『「平成の合併」をめぐる実態と評価』（全国町村会、2008年）

③「道州制」と「大阪都構想」問題

日本の産業構造は、戦後の高度経済成長を経て、大きく変化した。第一次産業就業者は減少傾向が続いているが、第三次産業就業者は増加傾向である。2010年の国勢調査の集計結果によると、農業・林業就業者の割合が10％を超える都道府県は、青森・岩手・高知・宮崎の4県である。1％未満は、東京・大阪・神奈川の3都県である。こうした産業構造や高齢化問題を背景にして、地域社会は課題をかかえている。

政府は、国の財政縮小と小さな政府をめざす政策を打ち出した。2006年2月に地方制度調査会が「道州制のあり方に関する答申」を発表し、「道州制」論議が活発になった。答申は9道州・11道州・13道州の3案を提示した。このうち1案は〈授業の資料〉に掲載した。

道州制特別区域推進本部

道州制特別区域推進本部は、将来の道州制導入の検討に資するため、現行の都道府県制を前提としつつ、道州制特別区域（政令で規定された広域の団体である特定広域団体の区域）を設定し、広域行政（特定広域団体により実施されることが適当と認められる広域にわたる施策に関する行政）を推進することにより、地方分権の推進及び行政の効率化に資するとともに、北海道地方その他の各地方の自立的発展に寄与することを目的として、平成19年1月26日、道州制特別区域における広域行政の推進に関する法律に基づき設置された組織です。

（首相官邸政策会議より）

道州制を導入すると、都道府県が廃止されることになり、都道府県制を前提にした行政のあり方を

根本から見直すことになる。また、州都をどこに置くか、権限の委譲などの問題を解決しなければならない。住民側から見れば、行政の効率化によって地域社会のつながりが破壊され、住民サービスの劣化につながるおそれが生じる。ここでは、是非の意見から、地方自治のあり方を考えたい。

橋下徹大阪市長（現）は、「大阪都構想」を打ち出して、大阪府知事選や市長選で問いかけた。大阪市とその周辺の市を解体して、東京23区のように特別区にするという構想である。大阪は、東京一極集中によって地盤沈下するという危機感があった。この大阪都構想の考えをもとに、2012年9月、国会は「大都市地域特別区措置法」を成立させた。この法律によると、東京都以外でも政令市（政令指定都市）と隣接市町村の総人口200万人以上の地域に特別区が設置できるという。ただし、これを実施するには、協定書をつくり、対象の地域の議会の議決と住民投票で過半数の賛成が必要になる。大阪周辺の堺市などは、大阪都構想に反対した。

その後、橋下市長の都構想は、2014年に大阪府と大阪市の二重行政を解消し、再編するための「特別区設置協定書」を作成し、市を解体して新設する5特別区の名称などが示された。都構想は、都市型環状高速道路、鉄道・モノレールなどの交通インフラ整備、統合型観光リゾートの誘致（カジノを含む）という政策であり、「実現すれば、大阪はこんなに豊かになる」と謳っている。これは、民間企業に投資して大型公共事業を推進するというものである。しかし、財政効果も住民サービスには直結しないため、都構想は不透明さが残っていた。2015年5月に住民投票が実施されたが、反対票が勝り、都構想政策は破綻した。

《参考》首相官邸 道州制特別区域推進本部　http://www.kantei.go.jp/jp/singi/doushuu/
　　　　大阪都構想　http://oneosaka.jp/tokoso/
　　　　中山徹、大阪自治体問題研究所（編）『雇用・暮らし・教育の再生の道——大阪都構想・カジノからの転換』（自治体問題研究所、2014年）

● 資料と扱い方

A　産業別15歳以上就業者の推移。日本の産業構造の変化を背景に地域社会の課題を予想する。また、身近な地域の産業別就業者の割合と比較すると、より現実的な問題にせまることができる。資料は、総務省統計局、国勢調査より作成。

B　市区町村数の変遷。「平成の大合併」によって、どれほど合併が進んだのか。このことによってどういう問題が起きているのか、考える。資料は、地方公共団体情報システム機構のデータによる。

C　道州制についての世論調査。道州制とは何かを理解した上で、世論調査の動向と子どもたちの意見を比較する。日本世論調査会がおこなった世論調査で、2006年12月と2011年9月に実施したもの。

D　11道州制（案）と道州制をめぐる意見。道州制は、3案示されているうち11道州を取り上げた。東京は23区を特別に考えられているため、括弧で提示している。どこに州都を置くのか、従来の都道府県はどうなるのか、地方自治はどうなるのか、などのことを考え合う。道州制を導入することに積極的な日本経済団体連合会（経団連）と、反対の町村議会議長会の意見から話し合うことで、道州制の問題を深めることができる。経団連の資料は2013年3月14日の「道州制実現に向けた緊急提言」から引用、町村議会議長会の資料は、2013年11月13日の第57回町村議会議長全国大会での「道州制の導入に断固反対する特別決議」より引用。経団連は、道州制推進基本法の成立をはたらきかけている。

❖ 授業の資料 ❖

A 産業別15歳以上就業者の推移

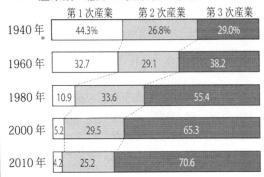

	第1次産業	第2次産業	第3次産業
1940年*	44.3%	26.8%	29.0%
1960年	32.7	29.1	38.2
1980年	10.9	33.6	55.4
2000年	5.2	29.5	65.3
2010年	4.2	25.2	70.6

＊ 全年齢の有業者数。軍人・軍属及び一部の外国人を除く。

B 市区町村数の変遷

	1991年4月1日	2005年3月31日	2008年4月1日	2014年4月5日
指定都市	11	13	17	20
市	645	719	766	770
特別区	23	23	23	23
町	1998	1423	812	745
村	585	366	193	183
合計	3262	2544	1811	1741

C 道州制についての世論調査

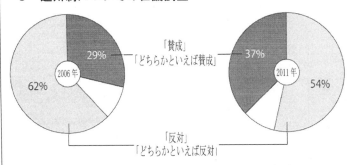

2006年：「賛成」「どちらかといえば賛成」29%、「反対」「どちらかといえば反対」62%
2011年：37%、54%

2006年の調査を地域ごとに見ると、賛成は北海道、東北、四国で多く、反対は甲信越、九州で多かった。

「賛成」派が増えているが「反対」は依然として多い。

D 11道州制（案）と道州制をめぐる意見

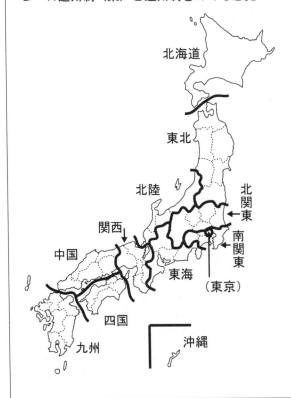

北海道／東北／北陸／北関東／関西／南関東／中国／東海／（東京）／四国／九州／沖縄

〈経団連〉
　わが国経済が長期低迷状態を脱し、活力を取り戻すためには、活性化を阻害する制度等を抜本的に見直し、有効な経済政策を実行に移すことと併せて、少子高齢化、人口減少といった構造的な問題に直面するなかでも民間活力を十分に発揮できるよう、国・地方の統治制度を根本から転換することが不可欠である。

〈全国町村議会議長会〉
　道州制を導入された場合、事務権限の受け皿という名目のもと、ほとんどの町村においては、事実上の強制合併を余儀なくされ、結局は大都市やインフラ整備が整った中心地域にヒト・モノ・カネが一極集中し、地域間の格差はますます拡大するおそれが極めて強い。加えて、効率性や経済性のみを優先し、一方的に再編された「基礎自治体」や道州では、現在の市町村や都道府県に比べ、住民と行政との距離が格段に遠くなり、住民自治が衰退してしまう…

41 地方自治体の仕事としくみ

> 【授業のねらい】 住民にとっては、国政よりも身近な政治が地方自治体である。その地方自治体の役割やしくみと仕事をつかみ、地方財政の課題、特色ある自治体の取り組みを考える。

❖ 教材研究 ❖

①地方自治体の仕事

　地方自治体（地方公共団体）は、教育、福祉、消防、交通、環境など住民の生活に直接つながる仕事をしている。これらが行政サービスである。もともと国がおこなう機関委任事務の仕事も引き受けてきたが、1999年の地方分権一括法によって廃止され、自治事務や法定受託事務になり、団体委任事務も自治事務に再編された。国と地方の関係を「対等・協力」に変え、地方の権限を強めようとしたものである。

自治事務
- 地方公共団体の処理する事務のうち、法定受託事務を除いたもの
- 法律・政令により事務処理が義務付けられるもの
- 法律・政令に基づかずに任意で行うもの

主な例
- 介護保険サービス
- 国民健康保険の給付
- 児童福祉・老人福祉・障害者福祉サービス

主な例
- 各種助成金等の交付（乳幼児医療費補助等）
- 公共施設の管理（スポーツセンター等）

- 原則として、国の関与は是正の要求まで

関与の基本類型
- 助言・勧告（是正の勧告）
- 資料の提出の要求
- 協議
- 是正の要求

※その他個別法に基づく関与
- 同意、許可・認可・承認、指示……一定の場合に限定
- 代執行、その他の関与……できる限り設けない

法定受託事務
- 国が本来果たすべき役割に係る事務であって、国においてその適正な処理を特に確保する必要があるものとして法律又はこれに基づく政令に特に定めるもの
- 必ず法律・政令により事務処理が義務付けられる

主な例
国政選挙、旅券の交付、国の指定統計、国道の管理、戸籍事務、生活保護

- 是正の指示、代執行等、国の強い関与が認められている

関与の基本類型
- 助言・勧告
- 資料の提出の要求
- 協議・同意、許可・認可・承認
- 指示（是正の指示）
- 代執行

※その他個別法に基づく関与
- その他の関与……できる限り設けない

（総務省資料より作成）

　地方自治体の仕事やサービスについて、住民は、都道府県・市区町村が発行している「広報」やネットから情報を得ている。自治事務のうち「法律・政令に基づかずに任意で行うもの」のなかには、子育て支援策、学童保育、施設利用料があり、そのサービスの内容は自治体によって異なる。例えば、子育て支援の金額が〈授業の資料〉のようになっていることでも理解できよう。また、自治事務のうちいくつかで、民間委託が増えている。自治体の仕事なら公務員と思われがちだが、実態はだいぶ違っている。図書館は、2003年9月から地方自治法改正で、民間委託がはじまり民間に丸投げの運営が拡大している。ほかにも、公民館、学校給食、などとある。こうした民間委託された企業の職員募集では、多くが非正規労働（パート労働）となっている。広島県広報紙制作業務では、2014年度から民間事業者に委託されている。地方自治体の財政問題が背景にあるとしても、住民サービスは、民間委託によって行き届くのであろうか。

　法定受託事務のうち戸籍事務等の窓口業務について、東京の足立区は2014年から民間に委託した。これについては、2014年8月19日に東京労働局から「偽装請負」に当たる（業務委託ではなく派遣労働）として是正指導を受けている。以後、足立区は委託業務を縮小している。「代執行」の事例としては、2008年11月の圏央道高尾山トンネル工事がある。江戸川区北小岩のスーパー堤防予定地では、区画整理と称して2014年7月から直接施行として建物の解体がおこなわれた（次ページ写真）。住民は行政訴訟で闘っている。

江戸川区北小岩スーパー堤防予定地での建物解体

②地方自治体のしくみ

　地方自治体は、議決機関（議会）と執行機関（首長）のしくみを設けて、地域の政治を担っている。都道府県議会や市（区）町村議会は、それぞれの自治体に適用される条例の制定や予算を審議し議決する。また、住民からの請願、地域の政治の進め方を審議する。都道府県知事や市（区）町村長の首長は、執行機関として、自治体で働く地方公務員を指揮・監督し、議会の議決にしたがって仕事をおこなう。

　国の政治と違うのは、地方分権のしくみを整えていることであり、地方議会議員と首長のいずれも、住民から直接に選挙で選ばれる。この両者の関係は、右の図の通りである。議会が首長に対して不信任決議をおこなうと、首長は10日以内に、議会を解散するか、解散をしなければ10日後に失職する。

　選挙で選ばれた地方議会議員と首長の任期は4年、この選挙は全国一斉の統一地方選挙でおこなわれる。しかし、任期中に首長が辞職したり議会が解散したりすると、その地方では、一斉におこなわれる時期と異なる日程になる。統一地方選のなかった2014年度の地方選（首長・議員）は、690にのぼる。このうち最も多かった月は4月の253であった。また、市町村議選での無投票が増えている実態がある。これは、地方自治の担い手不足が深刻になっていることを示している。

《参考》ザ選挙　http://go2senkyo.com/

④自治体の財政

　住民にサービスを提供する自治体の財政は、地方税などによる自主財源だけでは十分ではない。不足する財源は、国からの国庫支出金や地方交付税交付金、地方債などでまかなっている。財源を確保するために、2008年に「ふるさと納税」の制度がはじまった。これは自治体への寄付金であり、どこの自治体に寄付する

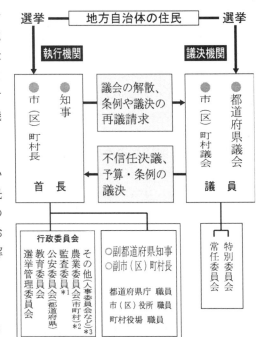

＊1　監査委員は、識見監査委員と議員選出監査委員で構成される。自治体の規模により人数が異なる。自治体の首長が議会の同意を得て任命する。

＊2　農業委員は、公職選挙法を準用し農業者から選出された委員で構成される。市町村に置かれるが、東京の特別区ではその区域に一定の農地がある場合は置くことができる。練馬区や葛飾区など。

＊3　人事委員会は、都道府県と政令指定都市に置かれている。その他の行政委員会に都道府県労働委員会や収用委員会などがある。

は自治体への寄付金であり、どこの自治体に寄付するかは自由である。

　税収が伸びていないのは、経済活動や少子高齢化と無関係ではない。また、すでに指摘してきたように、支出を抑えるためにサービスの質を落としたり職員を削減したりしている。

　右のグラフは、全国の自治体の歳入・歳出総額の見込額である。この資料は総務省「2014年度地方財政計画の概要」による。歳入の地方交付税は自治体の均衡を図る目的で国が交付している。この財源は、国税の所得税・酒税・法人税・消費税・たばこ税より一定割合を当てている。2014年度に交付されていない都道府県は東京都のみで、市町村は54自治体で三鷹・立川・浦安・戸田など首都圏、泊・六ヶ所・刈羽・玄海など原発立地が目立っている。これに対して、国庫支出金は国が使途を特定している。地方債は、公債であり資金調達の債券などによる金銭債務である。歳出の一般行政経費は、教育・文化・社会福祉・環境保全など、住民へのサービスに関わる経費である。公債費は、地方債の元利償還金など費用、投資的経費は、道路・橋りょう・公園・学校・公営住宅の建設などの費用である。

《参考》総務省「不交付団体」
　　http://www.soumu.go.jp/main_content/000272140.pdf

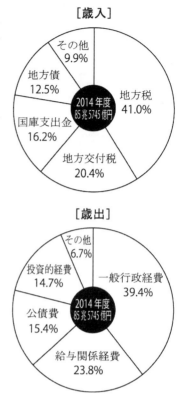

地方財政の歳入・歳出の構成

［歳入］
その他 9.9%
地方債 12.5%
国庫支出金 16.2%
地方交付税 20.4%
地方税 41.0%
2014年度 85兆5745億円

［歳出］
その他 6.7%
投資的経費 14.7%
公債費 15.4%
給与関係経費 23.8%
一般行政経費 39.4%
2014年度 85兆5745億円

（矢野恒太記念会編『日本国勢図会 2014/15』）

③条例の制定

　自治体は、それぞれの地域に適用させる条例を制定することができる（憲法第94条「法律の範囲内で条例を制定することができる」）。もちろん、法令に反する条例を定めることはできない。都道府県庁をどこに置くか、議員定数、職員給与なども条例で定めている。例えば、東京都江戸川区の条例・規則・宣言は641件である。それぞれの地域にどんな条例があるか、自治体の例規集から調べるとよい。また、「自治基本条例」「まちづくり基本条例」など地方自治体の憲法と位置づけられている条例を制定している自治体が増えてきた。地域住民の主体的な活動、情報公開、住民投票などの内容となっている。この条例における住民の規定は、外国人を含んでいることが多く見られる。NPO法人「公共政策研究所」の調べによると、2014年3月26日現在、自治基本条例は308自治体となっている。全国のユニークな条例には、「朝ごはん条例」「子ほめ条例」などがある。

●資料と扱い方

A　自治体によって異なる子育て支援。自治事務は、各自治体が地域の実態に応じておこなっている。子育て支援も自治体の取り組み方が異なっていることがわかる。『西日本新聞』2014年10月23日付配信より作成。

B　さまざまな条例。ここに掲載した条例と似たような条例が各地域で定められている。景観条例や子どもの権利条例などが、そうである。「牛乳消費拡大応援条例」は、地場産牛乳で1杯目の乾杯をすることで牛乳を飲む習慣の浸透をめざすもので、酪農地帯の中標津町が2014年4月施行。「朝ごはん条例」は、コメ文化を通して食習慣の普及と健康増進目的で、2004年4月施行。「子ほめ条例」は、子どもたちのボランティア、努力、親切、スポーツなどで該当する子どもを表彰する制度で、2003年4月施行。身近な地域に「こんな条例があったらいいな」と子どもたちに考えさせてみるとよい。資料は、『毎日新聞』2014年4月8日付、ならびに各自治体の例規集から作成。

❖ 授業の資料 ❖

A 自治体によって異なる子育て支援

青森県弘前市	子どもが3人以上いる家庭は公共施設無料
福島県三春町	紙おむつ。粉ミルク、ベビーフード購入に使える助成金6万円分
東京都中央区	妊婦にタクシー券1万円分、新生児誕生祝いで区内共通買い物券3万円分
東京都杉並区	一時保育や親子行事に使える「子育て応援券」を出生時4万円分、0～2歳児に年2万円分
長野県泰阜村	村内に定住する新婚夫婦に10万円、定住してくれるカップルの成婚仲介者に5万円
岐阜県飛騨市	市外から移住して3年以内に住宅を取得した人に米1俵を10年間プレゼント
兵庫県相生市	幼稚園、小学校、中学校の給食費が完全無料。市立幼稚園無料、その他保育料（3歳～5歳）は月8000円補助
福岡県みやこ市	18歳未満の子が4人いる場合、4人目以降に年3万6000円
大分県豊後高田市	不育症治療に1回10万円を助成。延長保育料が月300円

B さまざまな条例

42 住民の権利

【授業のねらい】 住民の権利について、直接請求権やオンブズマン制度をとりあげ、地方自治が住民によっておこなわれる政治であることを明らかにする。

❖ 教材研究 ❖

①住民の権利

　憲法第92条で明らかなように、地方自治は住民自治である。執行機関（首長）と議決機関（議会議員）を住民が直接選ぶしくみのもと、地方自治法で直接請求権が定められている。条例の制定・改廃の請求、監査請求、議会の解散請求、首長・議員の解職請求、主な公務員（地方自治法第13条で、副知事もしくは副市町村長、選挙管理委員もしくは監査委員、または公安委員会の委員）の解職請求がある。いずれも住民の権利である。どのような手続きによるかは、教科書の図版や〈授業の資料〉を活用する。最近の解職請求（リコール）の事例として、2009年3月の千葉県銚子市長、2010年12月の鹿児島県阿久根市長がある。市議会解散は、2011年2月の名古屋市議会、2011年2月の鹿児島県阿久根市議会の事例がある。

②市民オンブズマン

　オンブズマン（オンブズパーソン）とは、苦情処理人・行政監視人という意味である。この制度は1809年にスウェーデンではじまり、1955年にデンマークが導入してから急速に世界に普及した。日本の行政機関がこの制度を導入したのは、神奈川県川崎市が最初である。情報公開制度が各自治体で広がると、それぞれの地域で住民が中心となって自主的なオンブズマン団体が組織されていった。各地のオンブズマンをつなぐ全国組織も立ち上がると、公金の不正支出、官官接待など税金のムダ遣いが明らかにされていった。150ページで述べたように、秋田県では、官官接待問題を受けて、1997年に知事が辞任した。札幌地裁は、同年10月14日に「食糧費で官官接待は違法」との判決を下している。

　市民オンブズマンの活動は、議会議員の政務活動費に注目している。2014年の「全国市民オンブズマン岩手大会」は、大会宣言に「地方議会では、政務活動費に関するあきれた支出の実態がよりいっそう明らかになるとともに、不正支出を蔓延させる制度上の欠陥も浮き彫りとなりました。議会のセクハラ発言問題を含め、議会のあり方を改革する必要性がますます高まっています」と指摘している。議員の第二給与と言われる政務調査費が2012年の地方自治法「改正」で政務活動費となり、その支出がいっそう不透明となっている。各地のオンブズマンは、政務活動費の会計帳簿と領収書の公開を求めているが、会計帳簿を議会公式Web上で公開しているのは、都道府県・政令市・中核市では函館市議会のみである。

《参考》全国市民オンブズマン連絡会議　http://www.ombudsman.jp/
　　　　川崎市市民オンブズマン条例　http://www.city.kawasaki.jp/shisei/category/59-1-4-0-0-0-0-0-0-0.html
　　　　矢野輝雄『市民オンブズ活動ハンドブック―自治体を市民の手に』（東方出版、2000年）

●資料と扱い方

A　直接請求権。必要な署名数の欄は有権者と規定している。実際にリコールがおこなわれた事例をあわせて紹介するとよい。おもな公務員の解職については説明が必要である。

B　市民オンブズマン。①は、東京都江戸川区民オンブズマンの総会（2014年5月25日）の様子。具体的な取り組みとしては、議員の海外視察報告書問題、公共調達入札制度問題、区議会傍聴などで、ＨＰ（http://www9.plala.or.jp/ed-ombuds/）で確認できる。②は、川崎市市民オンブズマンの苦情処理の申し立てから調査、解決までの手続きを示している。川崎市には、ほかに市民によって「かわさき市民オンブズマン」（http://www.kawasaki-ombuds.sakura.ne.jp/）が組織されている。また、市民オンブズマンの活動で、これまでに明らかになった実態とともに、最近の政務活動費問題を取り上げた。税のムダ遣いについて、どう考えるか。住民自治は、日頃から住民自身が監視していくことが大事であることに気づかせる。

❖ 授業の資料 ❖

A　直接請求権

請求の種類	必要な署名数	請求の相手	請求後おこなわれること
条例の制定・改廃	有権者の50分の1以上	首長	議会を招集して採決する。
監査	50分の1以上	監査委員	監査をおこない、その結果を公表するとともに首長や議会に報告する。
議会の解散	3分の1以上＊	選挙管理委員会	解散について有権者の投票をおこない、過半数の賛成があれば解散する。
首長・議員の解職	3分の1以上＊	選挙管理委員会	解職について有権者の投票をおこない、過半数の賛成があれば解職する。
主な公務員の解職	3分の1以上＊	首長	議会の採決にかけ、議員の3分の2以上が出席し、4分の3以上の賛成があれば解職する。

＊その総数が40万を超え80万以下の場合にあってはその40万を超える数に6分の1を乗じて得た数と40万に3分の1を乗じて得た数とを合算して得た数、その総数が80万を超える場合にあってはその80万を超える数に8分の1を乗じて得た数と40万に6分の1を乗じて得た数と40万に3分の1を乗じて得た数とを合算して得た数。

B　市民オンブズマン

①江戸川区民オンブズマン定期総会

②川崎市市民オンブズマン

　江戸川区民オンブズマンは区民の自主的な組織です。これに対して、川崎市市民オンブズマンは、市の条例でつくられた組織です。
　1994年、国、地方公共団体等にかかわる不正・不当な行為を監視、是正することを目的に「全国市民オンブズマン連絡会議」が結成されました。全国にあるオンブズマン組織の情報交換・経験交流や共同研究などおこなっています。この連絡会議は、1995年、自治体の食糧費の一斉情報公開請求を実施し、同年7月30日の第2回大会で全国の地方自治体でおよそ29億円が官官接待に使われていたことを公表しました。官官接待は、①中央省庁の役人を地方公務員が接待する、②県の公務員が市町村の公務員を接待する（その反対もある）、③同じ県の部局の間で接待をする、などに分類できます。また、カラ出張やカラ残業という実態も明らかになりました。不正支出のお金のもとは税金です。公務員は公僕であり、国民全体の利益のために働くことが義務づけられています。オンブズマンや住民の追及にもかかわらず、その後も不正があとを絶ちません。2014年には、兵庫県議の政務活動費が私的に使われていたということも明るみに出ました。

43　住民運動と住民投票

> 【授業のねらい】　戦後の住民運動をふまえ、地域の問題は地域住民が決めるという住民投票の事例を通して、住民の意思を反映する民主政治の意義を深める。

❖ 教材研究 ❖

①戦後の住民運動

　住みよい地域づくりは、住民運動によって支えられてきた。戦後の住民運動が大きなうねりとなったのは、1960年代後半からの公害問題であった。池田勇人内閣の高度経済成長政策のもとで、工業地帯が全国に展開した。そのいっぽうで、工場が排出する有害物質によって大気汚染や河川や海洋の水質汚濁による被害が日本各地に広がった。公害である。いわゆる四大公害裁判で知られる四日市ぜんそく・熊本水俣病・新潟水俣病・イタイイタイ病は、住民の健康被害を深刻にした。ほかにも、自動車の排気ガスに含まれる有害物質が原因の光化学スモッグが発生した。こうした公害に対して、住民は健康と暮らしを守る住民（市民）運動を展開し、裁判を通して国や企業の責任を追及した。住民は、地域の問題を行政任せにしないこと、住民の監視や要求によって解決するという住民自治、民主主義の原則を学んでいくことになった。住民運動は、前のテーマで取り上げた市民オンブズマン活動にも引き継がれていった。また、地域住民にとって大事な政策課題は住民自身が決めるという住民投票が広がったのは、1990年代である。

②住民投票で決める

　住民投票については、憲法第95条に「一の地方公共団体のみに適用される特別法は、法律の定めるところにより、その地方公共団体の住民の投票においてその過半数の同意を得なければ、国会は、これを制定することができない」と規定されている。こうした国民の投票を憲法や法律で明記しているのは、憲法改正の国民投票と住民投票である。国民は選挙を通じて政治参加するが、選ぶのは人物・政党である。選挙では、候補者や政党がそれぞれたくさんの政策を掲げているので、政策ではA、人物ではB、政党ではCを選択するという投票行動も起こる。これに対して住民投票は、一つの政策の是非を問うシステムであり、住民の判断が政治に生かされる。代議政治を補う直接民主制にあたる。今井一は、『大事なことは国民投票で決めよう！―世界の常識「国民投票」のすすめ』（ダイヤモンド社、1996年）において、国会は国の重要課題について、国民の意思を無視する議員、公約を破る無責任な議員がいること、それゆえに選挙を棄権する有権者の問題を指摘し、「だからこそ、国民がより主体的に政治に働きかけることが求められるのだが、そのためには破綻した間接民主制に代わる制度を取り入れ、〈国家意思〉の決定に国民の意思を確実に反映させる道をつくらねばならない」と主張している。これを裏づける世論調査が同時期にあった（『朝日新聞』1996年7月20日付）。設問は「国の重要な政策を決めるとき、国民投票のような形で、国民に直接、意見を聞いた方がよいと思いますか。その必要はないと思いますか」である。結果は「意見を聞いた方がよい」82％、「その必要はない」13％であった。

　これまでおこなわれた住民投票を経た特別法は、財政優遇措置以外に市町村合併特例法があるが、自治体では、憲法や地方自治法の考えを生かして住民投票条例を制定して実施してきた。1996年8月4日、新潟県巻町（現・新潟市）は、原子力発電所（原発）建設の是非を問う住民投票をおこなった。以後、各地で地域の政治は、住民投票によって決着をつけるという動きが全国に広がった（次ページの一覧及び〈授業の資料〉参照）。この住民投票の結果に拘束力はないが、それでも住民の意思であり、行政に反映させている事例が多い。また、住民投票条例のなかには、永住外国人の投票権を認めたり、長野県平谷村のように市町村合併で中学生に投票権を認めたりしている自治体がある。さらに、自治基本条例を制定し、常設型住民投票を位置づける自治体が増えてきた。

《参考》今井一『住民投票Q＆A』（岩波ブックレット、1998年）
　　　　今井一『「原発」国民投票』（集英社新書、2011年）

主な住民投票（解職請求および市町村合併等は除外）

住民投票日	自治体	住民投票で問う内容	賛成(%)	反対(%)	投票率(%)
1996年8月4日	新潟県 巻町	原子力発電所の建設	38.55	60.86	88.29
1996年9月8日	沖縄県	米軍基地整理・縮小	88.09	8.54	59.53
1997年6月22日	岐阜県 御嵩町	産業廃棄物処理施設建設	18.75	79.65	87.50
1997年11月16日	宮崎県 小林市	産業廃棄物処理施設建設	40.17	58.69	75.86
1997年12月21日	沖縄県 名護市	海上航空基地建設	45.33	52.86	82.45
1998年2月9日	岡山県 吉永町	産業廃棄物処理施設建設	1.77	97.95	91.65
1998年6月14日	宮城県 白石市	産業廃棄物処理施設建設	3.84	96.16	70.99
1998年8月30日	千葉県 海上町	産業廃棄物処理施設建設	1.66	97.58	87.31
1999年7月4日	長崎県 小長井町	地場産業の採石場新設 地場産業の採石場拡張	50.39 51.90	44.97 43.38	67.75
2000年1月20日	徳島県 徳島市	吉野川可動堰の建設	9.86	90.14	55.99
2001年5月27日	新潟県 刈羽村	プルサーマル計画	42.52	53.40	88.14
2001年11月17日	三重県 海山町	原発誘致の推進	32.40	67.26	88.64
2006年3月12日	山口県 岩国市	米空母艦載機の岩国移駐	10.81	87.42	58.68
2015年5月17日	大阪府 大阪市	特別区設置	49.42	50.18	66.83

＊ 投票総数のうち無効票があるため、賛成・反対で100％にならない。名護市の場合は「どちらかといえば」を含む賛成・反対を示している。なお、市町村合併により、巻町→新潟市、吉永町→備前市、海上町→旭市、海山町→紀北町となっている。

③巻町の原発建設の是非を問う住民投票

巻町は人口約3万人、日本海沿いの町で半農半漁、新潟市のベッドタウンである。この巻町に東北電力が原発を建設する計画を公表したのは、1971年5月である。すでに新潟日報がスクープ報道していたことが、現実になった。それから25年、巻町議会が原発建設に同意してから19年、巻町は、原発建設をめぐって町民は揺れた。佐藤莞爾町長は、1994年の当選後、住民投票を求める住民に「間接民主制を損ない、議会軽視につながる」と発言した。このことが自主管理の住民投票につながった。以後の経過は、町議会選、住民投票条例制定、佐藤町長辞任、笹口孝明町長の当選と展開していく。1996年の住民投票の結果を受けて、笹口町長は「全町民が町の将来を自分たちで決めるという強い意志が表れた結果だと思う」と語る。巻町町民の住民運動は、記録映像や映画の制作があり、いずれも教材として活用できる。

《参考》『国策を問う町―巻原発住民投票』（NNNドキュメント'96、1996年8月25日日本テレビ放映）
　　　　劇映画『渡されたバトン―さよなら原発―』（池田博穂監督、2013年）
　　　　桑原正史他『巻原発・住民投票への軌跡（脱原発シリーズ）』（七つ森書館、2003年）

④常設型住民投票

すでにふれてきたように、「自治基本条例」を設けて、市民参加や常設型住民投票を推進する自治体がある。愛知県高浜市は、その全国初の議会の議決を必要としない常設型住民条例を2000年に制定した。その後、「自治基本条例」（右資料）にも位置づけ、条例の改正をおこなっている（次ページ資料）。

愛知県高浜市「自治基本条例」（抜粋）
2010年12月24日公布 2011年4月1日施行

> 第13条　行政は、市民の意見が市政へ反映されるとともに、参画する機会が保障されるよう、多様な参画制度を設けます。
> 第14条　市政に関する重要事項について、市民の意思を確認するため、投票資格を有する市民の請求又は議会若しくは市長の発議により、別に条例で定めるところにより、住民投票を実施することができます。

（高浜市HPより）

その先進性は、①有権者の3分の1が署名し請求すれば住民投票を実施できること、②議会も市長も拒否できないこと、③投票資格者は、満18歳以上としたこと、④永住外国人にも投票資格を与えたことである。また、投票総数が2分の1に満たないときは開票をおこなわないことになっている。

常設型住民投票を条例で制定する自治体が広がっているが、投票資格、必要な署名数、開票などは個々の自治体で異なっている。身近な自治体の実態を調べて比較するとよい。

⑤世界の住民投票

2014年、大きく注目されたのは、スコットランド独立の是非を問う住民投票であった。独立賛成が162万人、反対が200万人で、イギリスから分離独立するにはならなかった。しかし、権限の委譲などは、これからの議論とされている。この動きの影響は、イタリア、スペインなどヨーロッパ各国に及んでいる。

アメリカの州では、死刑廃止を求める住民投票がおこなわれている。カリフォルニア州では2012年に実施された。反対が上回ったが、再度、住民投票がおこなわれると言われている。

●資料と扱い方

A　住民投票。①は「原発」を問う都民投票の呼びかけの幟旗(のぼり)、都民投票を求める署名は32万筆であったが、2012年6月20日の都議会本会議で否決された。Bの地図に示した大阪（市）、新潟・静岡も同様である。2014年12月から翌年1月には埼玉県で県民投票を求める署名運動が起きたが、法定署名数に達しなかった。身近な地域に住民投票運動があるかどうか確かめる。②は巻原発建設是非を問う自主管理投票の投票用紙である。住民投票の投票用紙は多くが2者択一である。投票用紙を提示しながら、住民投票が選挙とは異なり一つの政策を住民に判断してもらうことを理解させる。

B　住民投票がおこなわれた主な地域。地図に示した「住民投票の結果はどうなったか」と問い、投票率が高かったこと、住民の意思はどうなったのかについて、前ページの一覧を提示するか解説をする。「巻町の住民投票までの経過」については、25年にわたる住民運動によって、原発建設を断念させたことを通して、住民投票運動の意義を考えさせる。

高浜市「住民投票条例」（抜粋）
2002年7月9日公布、改正後2012年12月28日施行

第3条　第11条の規定による投票資格者名簿の登録が行われた日において当該投票資格者名簿に登録されている者は、市政運営上の重要事項について、その総数の3分の1以上の者の連署をもって、その代表者から、市長に対して書面により住民投票を請求することができる。

第8条　住民投票の投票権を有する者（以下「投票資格者」という。）は、次の各号のいずれかに該当する者とする。
(1)　年齢満18年以上の日本国籍を有する者で、引き続き3月以上高浜市に住所を有するもの
(2)　年齢満18年以上の永住外国人で、引き続き3月以上高浜市に住所を有するもの
2　前項第2号に規定する「永住外国人」とは、次の各号のいずれかに該当する者をいう。
(1)　出入国管理及び難民認定法（昭和26年政令第319号）別表第2の上欄の永住者の在留資格をもって在留する者
(2)　日本国との平和条約に基づき日本の国籍を離脱した者等の出入国管理に関する特例法（平成3年法律第71号）に定める特別永住者

第23条　住民投票は、1の事案について投票した者の総数が当該住民投票の投票資格者数の2分の1に満たないときは、成立しないものとする。この場合においては、開票作業その他の作業は行わない。
2　住民投票の結果は、有効投票総数の過半数をもって決するものとする。

（高浜市HPより）

❖ 授業の資料 ❖

A　住民投票

①「原発」都民投票の呼びかけ

②原発建設是非を問う

投票用紙

どちらかに〇をつけて下さい

巻原発の建設に　賛成します

巻原発の建設に　反対します

巻原発・住民投票管理委員会印

巻町の住民投票までの経過

1969. 6　原発建設計画が報道される

1977.12　巻町議会は原発建設に同意し議決

1994. 3　佐藤町長の原発推進発言

　　 8　町長選で原発推進派当選

　　10　「住民投票を実施する会」発足

1995. 1　自主管理住民投票実施（2月開票、原発反対10,378票、賛成474票）

　　 4　町議選（条例制定派12議席、原発推進派10議席）

　　 6　町議会で住民投票条例可決

　　12　町長辞任による町長選で住民投票を実行する会代表の笹口孝明が当選

1996. 3　笹口町長、8月4日住民投票実施を提案、賛成18、反対2で可決

　　 8　住民投票実施

B　住民投票がおこなわれたおもな地域

《模擬選挙》

　模擬選挙は、アメリカやイギリスの学校でおこなわれてきた。アメリカでは、大統領選などの選挙が近づくと、子どもが模擬選挙に参加する。学校では、候補者の政策を調べ討論しながら深め、模擬投票をおこなう。この模擬選挙の取り組みは、メディアも関心を持って取材し、テレビなどで伝える。小さいときから有権者になる準備がおこなわれている。アメリカでは、そのための学習プログラムも用意されていて、子どもの模擬選挙が親の政治に対する関心を引き出すなど、影響を与えている。こうした模擬選挙の取り組みが日本の学校でもはじまった。インターネットでも模擬選挙の掲示板から参加できる方法がつくられている。

　日本でおこなわれている模擬選挙の方法は、おおまかに分類すると3通りになる。①学校での投票。社会科や生徒会などが呼びかけ、授業中または放課後におこなう。②街頭（地域）での投票。実行委員会などをつくり、駅前や公園などで投票を呼びかける。③個人で投票する。これは、携帯電話やインターネットで、個人投票を呼びかけている団体あてにWeb投票する。なお、子どもの多様な意見を尊重するよう配慮する。

《参考》未成年模擬選挙HP　http://www.mogisenkyo.com/

模擬選挙の取り組み

　たとえば、衆議院総選挙を学級でおこなうとします。まず、自分の地域の小選挙区に立候補した人を確認します。その候補者たちがどんな政策を掲げているか、何を公約しているか調べます。そのうえで、自分の考えに近いのはどの候補者か、だれに投票するか判断します。

　あとは、選挙の投・開票日の前に、学級で投票日を決め投票します。実際の選挙の開票日前に公表すると、公職選挙法の人気投票に抵触し選挙違反となるので、実際の選挙結果が出てから、開票して比べます。

　模擬選挙結果と実際の結果と違っていれば、「なぜなのだろうか」と考え、深めることもできます。だいじなことは、模擬選挙を通じて、候補者や政党の政策を知ることです。

　右の新聞は、大学生が模擬授業でおこなった「模擬選挙」です。このときは、各党の政策を提示して、政党名を伏せておこなったものです。この方法は、選挙がおこなわれていない時期でも可能です。

大学生が模擬授業で実施した「模擬選挙」

第4章
私たちの暮らしと経済

---【第4章・単元のねらい】---

　資本主義経済のしくみとはたらきを理解し、豊かな暮らしを築く経済、日本経済がかかえている問題を考える。

ヤップ島で使われていた石の貨幣
（日比谷公園で撮影）

布貨の拓本
（中国の古銭―紀元14年鋳造）

現在は発行されていない日本の紙幣（著者蔵）

---【この単元について】---

　この単元では、資本主義経済のしくみを学ぶ。経済のしくみというと、子どもたちは難解なしくみと受け取りやすい。教えたつもりでも、子どもたちからは「株がわからない」「円高円安がわからない」などの声を聞くことがある。そうだからこそ、経済のしくみは、子どもの金銭感覚をふまえ、子どもたちの目の高さや消費者の視点から学びを深めていきたい。

　経済は、しばしば政策の俎上にあがる。それは、経世済民（けいせいさいみん）が「世の中をよく治めて人々を苦しみから救うこと」であるからである。人は、どういう暮らしを求めているか、誰もが豊かで安定した経済こそ、暮らしを維持する糧である。

子どもの意識をさぐる

　経済のしくみというと、子どもは経済用語でつまずき、複雑なしくみと受けとめがちである。しかし、子どもたちの暮らしは、経済のしくみとはたらきのなかで成り立っている。そこで、子どもの暮らしとつながる視点、子どもの金銭感覚などの実態を調べておきたい。

1．あなたは、いまの小遣いの金額に満足していますか。
　　ア，満足している　　イ，不足している　　ウ，どちらとも言えない
2．あなたは、小遣い帳をつけていますか。
　　ア，つけている　　イ，時々つけている　　ウ，つけていない
3．あなたは、お小遣いで何を買っていますか。もっとも多い商品の種類を2つあげなさい。
　　（　　　　　　　　　　　　　）（　　　　　　　　　　　　　　　）
4．あなたは、電子マネーなどを使っていますか。次のうち利用しているものを選びなさい。
　（いくつでもよい）。
　　ア，ポイントカード　　イ，図書カード　　ウ，電子マネー　　エ，商品券
　　オ，テレホンカード　　カ，株主優待券　　キ，その他
5．あなたがふだん買い物で利用する商店で最も多いのは、次のうちどこですか。
　　ア，デパート　　イ，スーパーマーケット　　ウ，コンビニエンスストア　　エ，専門店
　　オ，近所の個人商店　　カ，その他
6．あなたは、商品をネットや通信販売から買ったことがありますか。
　　ア，ある　　イ，ない
7．あなたが商品を買ったとき、後悔や失敗した経験がありますか。
　　ア，商品の品質が悪かった　　　　　　　　エ，カタログで買ったが期待はずれだった
　　イ，表示されているより少ない量だった　　オ，その他
　　ウ，期限切れの商品を買った　　　　　　　カ，失敗した経験はない
8．あなたは、お金について、どのような考えを持っていますか。
　(1) お金が一番大切である
　　　ア，そう思う　　イ，そう思わない　　ウ，わからない
　(2) お金よりも大事なものがある
　　　ア，そう思う　　イ，そう思わない　　ウ，わからない
　(3) お金をたくさん貯めたい
　　　ア，そう思う　　イ，そう思わない　　ウ，わからない
9．あなたは、消費税増税（10%）について、どう考えていますか。
　　ア，賛成　　イ，高齢化社会や福祉のためなら10%はやむを得ない　　ウ，反対
10．経済について、疑問や知りたいことがあれば、あげてください。
　　（　　　　　　　　　　　　　　　　　　　　　　　　　　　　　　　）

単元の教材研究

①子どもたちの消費行動と金銭感覚

　お金は、しばしば犯罪につながったり貸し借りで深刻な問題になったりすることがある。お金は魔物のように見えることがある。子どもにとっても、現代社会がお金の力で左右されていると映ることがある。子どもたちの会話で、「やっぱりお金だよ！」という声を聞くことがある。この単元で扱う

経済のしくみは、こうした子どもの金銭感覚と向き合いながら学んでいきたい。

お金にまつわる中・高校生の意識調査、お年玉調査などは、金融機関や金融広報中央委員会などが定期的に実施している。京都中央信用金庫が2014年1月におこなった調査では、「お年玉アンケート」によれば、子どものお年玉の平均は36,634円（中学生45,947円、高校生47,831円）であった。子どもの金銭に対する意識はどうなっているだろうか。中学生の意識について、金融広報中央委員会が実施した調査は、右のような結果になっていた。高校生もほぼ同様の結果であった。「お金よりも大事なものがある」「お金をたくさん貯めたい」という割合は高かった。この調査では、金融経済に関する知識を問う項目があり、中・高校生の正答率が低かったのは、「単利」「複利」「インフレ・デフレ」「クレジットカード」と指摘している。経済の単元に入るときに、子どもたちの金融や税などの知識を確かめて、授業の構成を考える。そのことで、経済が子どもの身近なものになる。

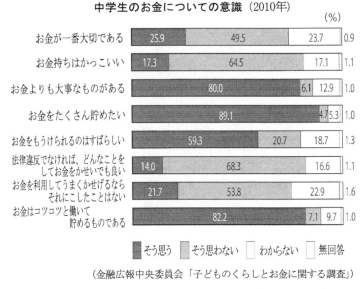

（金融広報中央委員会「子どものくらしとお金に関する調査」）

《参考》金融広報中央委員会
　　　　「暮らしと金融なんでもデータ」　http://www.shiruporuto.jp/finance/tokei/stat/
　　　　「子どものくらしとお金に関する調査」　http://www.shiruporuto.jp/finance/chosa/kodomo2010/
　　　　京都中央信用金庫　http://www.chushin.co.jp/

②資本主義経済をどう学ぶか

　景気の良し悪しが人びとの暮らしを左右している。1990年代のバブル崩壊後、長く続いたデフレ、金融機関の破綻、円高・円安の動向、世界経済の影響など、いろいろな要因が絡んでいる。豊かな人はより豊かになり貧しい人はより貧しくなるという格差が広がっている。いずれも資本主義経済のシステムのもとで起こる現象である。しかし、それでも格差を解消する、誰もが人間らしい暮らしを維持することが求められる。格差の是正のために政府が果たさなければならないのは、経済政策である。

　商品を売買する決済に使われるのは貨幣であるが、最近は電子マネーが増えている。中・高校生が利用している割合は3割ほどになっている（前述の金融広報中央委員会の調査）。また、消費者トラブルの経験もある。2014年4月からの消費税増税（8％）は消費の落ち込みにつながったが、増税は子どもにとって無関心ではいられない。消費、流通、生産、税、所得の再分配なども子どもの暮らしとつながる。経済は、子どものいまと将来につながっている。

　第二次安倍政権下で進められたアベノミクス路線が、ほんとうに暮らしを豊かにすることにつながるのか、その先行きは不透明である。浜矩子（はまのりこ）は、「成長にとらわれすぎている、人間に対する関心が少ない、金融政策がお粗末な点」を指摘している。成長にとらわれすぎているとは、高度経済成長の幻想だという。伊藤光晴は、三本の矢が長期不況からの脱却につながらないことを指摘している。金子勝は、株価の上昇はミニバブルを引き起こしているため、格差がより深刻になる危険性があるという。経済のしくみとはたらきについて、いま学ぶなら、アベノミクスとは何か、その是非について判断できるようにしなければならない。

《参考》浜矩子『「アベノミクス」の真相』Kindle版（中経出版、2013年）
　　　　伊藤光晴『アベノミクス批判—四本の矢を折る』（岩波書店、2014年）
　　　　金子勝 他『社会はどう壊れていて、いかに取り戻すのか』（同友館、2014年）

44　お金と社会

【授業のねらい】　お金とは何かを明らかにし、お金と社会を考え合う。お金が家計・企業・政府の間でつながっている経済循環について深める。

❖ 教材研究 ❖

①お金（貨幣）

　子どもたちは、幼児期からお金のことを知っている。商品を買ったり貯えたりしているのでお金のはたらきをつかんでいる。それでも、子どもたちは、「なぜ、紙のお金に値打ちがあるの？」「世の中にはどのくらいのお金があるの？」「同じ商品の価格が上がったり下がったりするのはどうして？」などの疑問がつきない。経済単元においては、貨幣の歴史とそのはたらきも教材研究の対象である。そうした子どもの疑問に答えることができるように教材研究を進める。

　お金は、商品（物財やサービス）の価値を表す物差しであり、交換の仲立ちや価値を保存するはたらきがある。また、労働に対する賃金や納税といった支払い手段としてのはたらきもある。私たちの暮らしには、この「お金」は欠かせない。そのお金は、人を平等に扱う。1万円札は、誰が持っていても同じ値打ちである。1万円の商品は、誰が買っても1万円である。お金というものは、自由で平等な人間関係を生み出していくはたらきがある。

　お金は、今日、通貨と呼称され、現金通貨と預金通貨とがある。現金通貨は貨幣（硬貨）と日本銀行券（紙幣）である。日本で流通している紙幣はいくらだろうか。日銀の発表によれば、2014年末に年を越した紙幣は93.1兆円で、枚数にして150億枚であった。これを積み重ねると1,500kmになる。これに対して預金通貨は、金融機関の預金である。日本銀行券は日銀が発行した1万円・5千円・2千円・千円の4種類、貨幣は政府によって発行された500円・100円・50円・10円・5円・1円の6種類である。これまでに発行してきた紙幣のうち、現在でも有効な紙幣は22種類であり、〈第4章の扉〉に掲載した1圓券も有効である。

　海外旅行では外国の通貨を使うことになるが、紙幣は、それぞれの国の中央銀行が発行している。そのいくつかを授業で提示することで、お金についての関心を引き出すことができる。可能なら、紙幣の実物を提示するとよい。

上：左から　ユーロ、ドル。下：左から　人民元、ルピア
（いずれも著者蔵）

②貨幣の歴史と管理通貨制度

お金は、物々交換の不便を解消するための交換手段から誕生した。古代には富本銭・和同開珎という銅銭が使われた。中世になると宋銭・明銭が輸入され流通する。近世には、金・銀・銅を素材とする金属貨幣が鋳造された。近代には、紙幣（兌換券）が発行される。資本主義の発達とともにお金が広く流通するようになると、あらゆるものが商品となり、お金で換算され、富の物差しになった。貨幣の歴史については、板倉聖宣『おかねと社会―政府と民衆の歴史』（仮説社、1982年）がわかりやすい。また、日銀のＨＰには、「お金の話あれこれ」という豆知識が掲載されている。

《参考》日本銀行　https://www.boj.or.jp/announcements/education/arekore.htm/
　　　　日本銀行金融研究所貨幣博物館　http://www.imes.boj.or.jp/cm/)

1871年、「新貨条例」は、「新貨幣の称呼ハ圓を以て起票とし」とあり、お金の単位が「円（えん）」であることを明らかにした。この条例で貨幣制度の統一と金本位制を実現する（正確には金銀複本位制度）。純金1,500ミリグラム（1.5グラム）＝1円とし、円の100分の1を銭、銭の10分の1を厘とする貨幣単位を定めた。紙幣は政府紙幣である。1872年の「国立銀行条例」によって紙幣が発行されるが、1882年の「日本銀行条例」と1884年の「兌換銀行条例」を経て、銀本位制による日本銀行券が発行される。1897年、「貨幣法」を制定して金本位制へと移行した（金0.75g＝1円）。先進国と同様の金本位制にした背景には、日清戦争の賠償金を準備金としたことがあげられる。1930年代、世界恐慌の影響で金本位制が崩れるまで、金・銀という金属貨幣をもとに紙幣の価値を保ってきた。

1931年12月、日本も金貨兌換を停止し、1942年の「日本銀行法」によって管理通貨制度に移行した。紙幣にある文言「兌換」は消え、不換紙幣となった。不換紙幣は、国が紙幣の発行量を管理し流通量を調整することで通貨の価値を保ち、国が保証するしくみのもとで流通する。したがって国の経済が混乱して信用がなくなれば、通貨の信用は崩れる。そこで、発券銀行である日本銀行は、国の経済動向を把握する仕事に努めている。日銀法には「日本銀行は、我が国の中央銀行として、銀行券を発行するとともに、通貨及び金融の調節を行うことを目的とする。2　日本銀行は、前項に規定するもののほか、銀行その他の金融機関の間で行われる資金決済の円滑の確保を図り、もって信用秩序の維持に資することを目的とする」（第1条）、「日本銀行は、通貨及び金融の調節を行うに当たっては、物価の安定を図ることを通じて国民経済の健全な発展に資することをもって、その理念とする」（第2条）とある。日銀の金融政策については、あらためて取り上げる。

③いろいろなお金

お金の歴史を調べていくと、いろいろなお金に出会う。その一つに「軍用手票」（軍票）がある。戦時中、日本が占領した地域で物資などを調達するために日本軍（政府）が発行した紙幣である。日清戦争ではじめて発行し、その後、戦争のたびに発行されていった。香港では、香港ドルを強引に軍票に両替させていた。この軍票は疑似紙幣である。日華事変軍票には、「日本銀行兌換券」の文字が赤で消され、「大日本帝国政府軍用手票」と赤字で記載されている。

日華事変軍票　乙号5円（複製）

2003年のイラク戦争でフセイン政権が倒れると、フセインの肖像紙幣は、2004年1月15日に新札との交換が終了した。以後は貨幣としての価値はない。

地域通貨は、特定の地域の住民の間で流通する。コミュニティーのつながりや地域経済の活性化を

イラクのフセイン肖像100ディナール紙幣
（いずれも著者蔵）

目的にしている。東京都国分寺市の地域通貨「ぶんじ」は、2012年にはじまり、農家や商店などが加盟し、支払いやサービス、ボランティアなどに利用できるしくみである。

お金と同じように商品の売買で使われるものには、各種のカード、ポイント、電子マネーがある。近年、これらの利用度が増加している。中・高校生の実態は右図にあるように、ポイント利用、図書カードが半数を超えている。電子マネー（例えば、Suica、PASMO、ICOCA、TOICA、Kitaca、SUGOCA、Edy、WAON、Nanacoなど）も3割程度が利用していた。

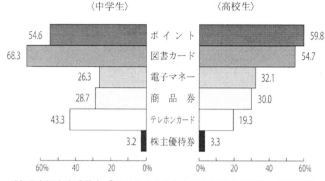

電子マネーほかの利用状況

（金融広報中央委員会「子どものくらしとお金に関する調査」2010年度をもとに作成）

お金も商品である。お金を売買することもある。代表的なのが為替レートを見て外貨を売買したり、投資したりする。お金がお金を生み出すしくみである。

④お金と社会・人生

私たちは、お金を通して、社会とつながっている。人が生きていくためにはお金は必要である。そのお金は、人と人の間を行き来している。お金を通して経済は循環している。この関係を具体的な事例から考えさせるとよい。

人には、お金をたくさん持ちたいという欲求がある。しかし、そのお金で何を手に入れたいかは、人によって異なる。子どもたちは何を望んでいるだろうか。また、お金をたくさん持っていても、お金で買えるものと買えないものがある。また、買ってはいけないものもある。今から20年近く前に、「もしお金で買えるとしたら何を買いたいと思いますか」という問いかけの調査があった。この問いは、お金で買えないものを想像させてくれる。商品として売ってはいけない物やサービスは、お金で買えない。

お金で買えるなら何を
- 愛　　情　5％
- 時　　間　15％
- 健　　康　54％
- 若　　さ　12％
- 才　　能　12％
- 名　　誉　0％
- その他・答えない　2％

（「生活実感調査」『朝日新聞』1998年3月11日付）

●資料と扱い方

A　お金で買えないもの。資料をもとに、「お金で買えないもの」を考えさせる。また、「お金で買ってはいけないものは何か」と問い、話し合う。子どもを売買して労働を強制する、従わせたりするなどの事件が起きている。人間の尊厳や人間としての誇りは、お金で取引してはいけないことを理解させる。地位や名誉も取引してはいけない。さらに、「お金を使ってはいけないもの」を考えさせていくとよい。戦争を金儲けの道具にしてはいけないことなどをあげることができる。

B　1万円札の旅。お金が人と人の間を行き来していることを実感させる。お金を通して経済が循環している。この資料を手がかりに、「もし、100万円あったら、何を買いますか、何に使いますか」と問い、子どもたちに考えさせるとよい。また、そのお金の行き先を探っていくこともできる。A・Bの資料は、2006年度の日本書籍新社版教科書『わたしたちの社会 公民的分野』に執筆した内容に加筆・修正したもの。

❖ 授業の資料 ❖

A　お金で買えないもの

　私たちの社会では、物やサービスなど、ほとんどお金で買えます。毎日の暮らしに必要な衣服や食料、贅沢品、住宅や土地、様々な物を買うことができます。家事にしても、ハウスクリーニングという掃除の代行サービスまで買うことができます。お金さえあれば、何でも手に入りそうです。むしろ、お金で買えない物を考える方がむずかしいくらいです。

●**自然や生命は買えない**　自然や環境はお金では買えません。自然を守ったり環境を良くしたりするためには、お金が必要です。しかし、失った自然や悪くなった環境を元にもどすことはできません。日本の海浜に広がる干潟は、今から70年以上も前、8万ヘクタールありました。ところが今は半分になっています。干潟を埋め立てて工場の敷地にしたり住宅地にしたりしたからです。工場を建設したのは、その当時の政府が産業を発展させるために必要だと考えたからです。その結果、日本の経済は成長し暮らしは豊かになりました。でも、失った干潟は元にはもどりません。干潟に棲息していた生き物も死滅しました。環境もそうです。人工的な建物が建設され、森や林が消え山もなくなり、豊かな自然の風景は失われます。大気が淀んでいると空は青く見えません。失った環境はお金では買いもどせないのです。事故や事件、災害で失った人間の命や建物などの財産は、生命保険や損害保険で失った人や物をお金で償うことはできます。しかし、失った命や財産、失う前の暮らしを取りもどすことはできないのです。2011年の東日本大震災の地震や津波の被害にあった人の命は取り返せません。2003年のイラク戦争の犠牲者の命も、今も世界で起きている紛争の犠牲者の命も同じです。お金では買えないのです。

●**人格や心は買えない**　人間の命だけではありません。人間の悲しみもお金では買えないのです。生きている人の感情や心もお金では買えません。感情、心、人格、権利などは、人間にとってかけがえのないものだからです。私たちの社会は、人間相互が信頼しあって生きているのです。他人からの暴言や言葉の暴力を受けたのでは人格を無視され否定されたようなものです。セクシャルハラスメントで職場を追われることになるのも、人格を傷つけたからです。考えがちがうことで職場に差別やいじめがあったときも、会社が責任をとらされます。人間の身体はもちろんのこと、人格を傷つけられたときは、痛みをお金で償わせることはできます。これは、お金で償うしか方法がないからです。

B　1万円札の旅

　いま、手元に1万円あったら、みなさんは何を買いますか。私は、洋服を1着買いました。すると1万円札はどこに行くでしょうか。その商品を売ったお店に居座っているでしょうか。そんなことはありません。

　そのお店は、私の1万円札を含めた売上金を、働いている人の給料や商品の仕入れに使います。お店の経営、税金の支払いもあるでしょう。1万円札は、その値打ちは、いくつもに分かれて、何人もの人の手に渡っていきます。私の1万円札は、ほかの人が物を買うために使われるかもしれないし、ほかの人の給料にあてられるかもしれません。私の1万円札は、洋服を買ったときに、私のものではなくなっています。お金は、人と人の間を回っているのです。

　日本で1万円といえば、どのくらいの商品を買える値打ちか想像つきます。しかし、この1万円で予防接種をして5人の子どもの命を救える国や、1か月の家庭の暮らしを支えることができる国もあります。同じお金でも、国によって値打ちが違います。たとえば、私の1万円を5人の子どもの命を救うために寄付すれば、1万円札は、その値打ちは、海を越えて使われて役立っていることになります。おそらく何人もの手を渡って…。お金は、世界中を回っています。

45　家計

【授業のねらい】 所得をもとにどんな暮らしを営むのか考える。また、所得の違い、家計から見えてくる経済のはたらきを深める。

❖ 教材研究 ❖

①家計

二人以上の世帯の支出内容は、総務省統計局が毎月公表している。右の消費支出に占める食料費の割合は24.6％、被服費は5.0％である。1970年は、食糧費が32.2％、被服費が9.3％であった（『日本国勢図会』各年版）。家計簿をもとに、どのような消費支出が増減しているかを調べると、家計の実態が見えてくる。なお、非消費支出には、貯蓄もある。消費支出の推移では、2014年4月以降、消費税が8％に引き上げられたことで低迷していることがわかる。3月のかけ込み需要の反動と言われているが、消費者の購買意欲は低下した状態であった。

2014年11月の消費支出の内訳
（2人以上の世帯）単位：円

消費支出	280,271
食料	68,825
住居	15,763
光熱・水道	20,668
家具・家事用品	10,332
被服及び履物	14,110
保健医療	13,835
交通・通信	41,326
教育	8,875
教養娯楽	28,127
その他の消費支出	58,412

住居、自動車等購入、贈与や仕送りを除いた消費支出は、242,926円
（総務省「家計調査報告速報値」より）

2014年の消費支出（季節調整済実質指数）の推移（2010年＝100）

	1月	2月	3月	4月	5月	6月
消費支出	101.0	99.0	110.2	95.5	92.5	93.9
	7月	8月	9月	10月	11月	12月
消費支出	93.7	93.4	94.8	95.7	96.1	96.5

＊2人以上の世帯　　（総務省「家計調査報告」）

②所得の格差

所得とは、収入から社会保険料・所得税やその収入を得るために支出した金額（必要経費）などを差し引き、残った金額（自由に使える可処分所得）のことをいう。子どもは、収入と所得の違いが曖昧なので、税法上の区別を扱っておく。

働いて得たお金は、どのような仕事をしているかによっても異なる。また、働かないで得る所得もある。大きく分けて勤労・事業・財産に分類できる。その所得の階級格差を調べると、平均所得以下が6割である。最も割合が高いのは100万から400万円の階級である。そのいっぽうで2000万円以上の階級が1％である。

《参考》厚労省「国民生活基礎調査」　http://www.mhlw.go.jp/toukei/saikin/hw/k-tyosa/k-tyosa13/index.html

●資料と扱い方

A　A君の1か月の生活。「月12万円でどんな生活をするか、考えてみよう」と問い、子どもの金銭感覚をもとに生活設計をさせる。グループワークで相談させ、発表させるとよい。食料費にかけるグループもあれば被服費にかけたり貯金にかけたりするグループもある。

B　僕の小遣いはどこからくるか。「僕の父親と高額所得者、どうして違うか」と問い、所得の格差、所得の種類に注目させる。資料は本書の旧版より。

C　所得金額階級別にみた世帯数。Bと関連させる。所得格差が大きいことがわかる。年間所得が世帯100〜200万円でどんな暮らしができるのか、想像することも大事である。非正規労働が増えていることから低所得世帯のやりくりは厳しい。資料は、厚労省「国民生活基礎調査」2013年をもとに作成。

D　所得の種類。所得税法で区分されている所得の種類である。どれが勤労・事業・財産所得かを分類するとよい。

❖ 授業の資料 ❖

A　A君の1か月の生活

A君は中学を卒業してから就職し、ひとりで働いて生活している。A君の1か月の収入は、12万円。これで、どんな生活をするか、A君にかわって1か月の生活を考えてみよう（1か月の収入に対する税金は、差し引かれたと考えてよい）。

消費支出	食糧費（飲食にかかる費用）	円
	住居費（家賃や修ぜんなどの費用）	円
	被服費（洋服など衣類にかかる費用）	円
	光熱費（電力・ガス・水道の費用）	円
	雑　費（新聞・雑誌、遊びの費用）	円
貯　　金		円

B　僕の小遣いはどこからくるか

僕の小遣いは、父親が働いて得た給料からわけてもらう。父は、毎朝5時半になると起床し、6時半になると、きまって会社に出かける。満員の電車に乗ること1時間、8時には会社の門をくぐっている。父の会社は自動車をつくっている工場だ。自動車の組み立てはロボットがおこなっているが、そのロボットを動かすのが父の仕事である。ロボットを動かすのにずいぶん神経を使っているらしい。夕方5時になると仕事を終え、家に帰ってくるのは7時過ぎだ。

僕の父親は、この会社に勤めて給料をもらっている。小遣いは、父親の労働の成果の一部分ということになる。父親の給料は、1年間で500万円、これを1日当たりで計算すると13,700円、1時間当たりで571円、1分間9.5円、1秒間16銭程度ということになる。しかし、世の中には、1年間20億円も稼ぐ人がいる。これは、1日当たりで548万円、1時間22.8万円ということになる。父親の給料とは相当な違いだ。どうしてこんなに違うのだろうか。

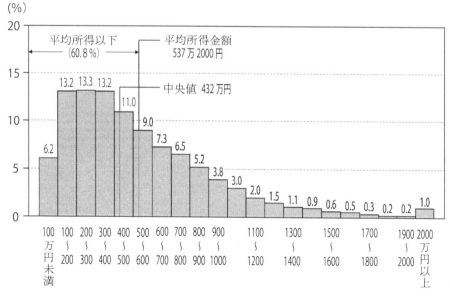

C　所得金額階級別にみた世帯数

D　所得の種類
- 配当所得
- 利子所得
- 不動産所得
- 事業所得
- 給与所得
- 退職所得
- 山林所得
- 譲渡所得
- 一時所得
- 雑所得（年金等）

＊ 2013年の調査「2012年の所得金額階級別に世帯数の相対度数分布」、高齢者世帯の平均は309万1000円、児童のいる世帯は673万2000円となっていた。

46　商品の流通

【授業のねらい】　商品とは何かを理解する。その上で、商品流通の多様化の実態を取り上げ、コンビニエンスストアを例に流通の問題を考える。

❖ 教材研究 ❖

①商品の流通の多様化

　商品とは、売買するためにつくられた物財やサービスである。その商品の流通経路は多様化している。最近は、ネット情報も商品化されている。同じ商品でありながら、生産者から卸売を通らずに小売へ、あるいは生産者が直接消費者に販売する「通販（通信販売）」や「産直（産地直売）」、生協などの共同購入が広がっている。卸売や小売を担うのが商業であり流通業である。流通業には、生産者以外の流通を担う運送・倉庫業も含めることもある。また、周辺の業種に販売のための広告業、商品の安全を保証する保険業もある。

　経産省の商業統計によれば、2014年の事業所数は、卸売業は26万5312、小売業は78万0719となっている。業態別小売業

売上高の推移　単位：兆円

	2001年	2014年
百貨店	8.6	6.8
総合スーパー	15.9	13.4
コンビニ	6.7	10.4
ドラッグストア	2.7	4.8
通信販売	2.5	＊5.9
ホームセンター	3.8	3.3
小売業全体	136.8	141.2

（経産省資料「商業販売統計」、「業界調査」）
＊印は2013年度の推計

には、百貨店、総合スーパー、専門スーパー、コンビニエンスストア（コンビニ）、ドラッグストア、家電大型専門店、通販などがある。コンビニは、競争の激化とともに過剰気味であり再編に動いている。10年間の売上高の推移は表でわかるように、コンビニ、ドラッグストア、通販が伸びている。

《参考》矢野恒太記念会編『日本国勢図会2015／16』（2015年）
　　　　経産省「産業構造審議会資料」　http://www.meti.go.jp/committee/sankoushin/ryutsu/pdf/001_05_00.pdf

②規制緩和と大型店

　はじめてセルフサービス方式を採用した小売店は、1953年の東京・青山の紀ノ国屋（青果店）であった。大手スーパー1号店は、1957年9月に大阪で生まれたダイエーである。売り場面積50㎡、社員13人。ダイエー2号店は、1958年の神戸三宮店。「安い」という宣伝効果もあり、客は行列をつくった。以来、スーパーは各地に広がる。今日、小売業の中心は百貨店からスーパー、そしてコンビニや通販へと展開している。

　大型店の出店については、1956年に施行された「百貨店法」がある。これは、中小の商業者経営を保護するためのもので、百貨店の新増築にあたっては、当時の通産相の許可を必要とすることとし、営業時間や営業日数などを規制した。1974年、「大規模小売店舗法（大店法）」が施行されると、百貨店、スーパー、家具、家電などの大型店の出店、売り場面積、閉店時間、休業日数など、地元との合意づくり、調整のルールが定められた。このルールで事実上、大型店出店は地元商店街との調整が長引き規制されたが、1990年以降、規制が緩和される。その契機になったのは、日米構造協議という外圧であった。この協議は、日米貿易摩擦の解消に向けたものであるが、規制緩和は「大店法」が「外国商品の取り扱いが多い大型店の出店を阻害するものだ」というアメリカの主張によって踏み出した。この緩和は1990年5月から1994年までに三段階でおこなわれた。緩和する前は、500㎡以上の店舗はすべて規制、地元との意見対立で出店が凍結されることもあった。1994年の緩和後は、1,000㎡未満の出店が原則自由となり、閉店時刻・休業日数をめぐる届出基準を緩和している。閉店時刻の基準は午後7時から同8時、休業日数の基準は年間44日から同24日、届出なしで営業日や時間を増やすことができるようになった。1997年12月に「大店法廃止答申」が出され、1998年には「大規模小売店舗立地法」が成立し、「大店法」は廃止された。こうした経過のなかで、アメリカの玩具大型量販店「トイザらス」が1991年に国内1号店（茨城県・荒川沖店）を開業させた。2005年には世界最大のアメリカのスーパー「ウォルマート」が西友を子会社化する。

2000年代、規制の撤廃・緩和は、小泉構造改革の一環として推進されてきた。この改革は、新自由主義政策である。小泉純一郎内閣は、2002年3月に「規制改革推進3カ年計画（改定）」を閣議決定し、多岐にわたる分野（医療、福祉・保育、労働、教育、環境、都市再生、法務、金融、農業、流通、エネルギー、運輸、基準認証等やITなど）で規制緩和を進めた。その結果、流通以外の産業に外国資本が参入しやすい環境を整えた。2013年の時点で国内外資系企業は3000を超えている（右の表参照）。また、外資系企業は金融や保険などの項目も扱う。

規制緩和が進むなかで、地域から小規模商店が消えて、商店街ではシャッター街が目立ち、空洞化現象が深刻になっている。これには、ネット通販の利便性や拡大が続いていることも要因である。

③コンビニの秘密にせまる

子どもたちの買い物利用度が高いのは、コンビニである。また、高校生のアルバイト先で多いのもコンビニである。そこで、商品の流通ではコンビニを取り上げたい。生産者から消費者までの一般的な流通のしくみは教科書を活用する。

地域に展開するコンビニ（CVS）の多くは、フランチャイズチェーン（FC）方式で、独立経営は少ない。「大店法」の施行によって出店が規制を加えられた1974年、大手スーパーのイトーヨーカ堂が東京・江東区に出店した「セブン-イレブン」がコンビニ1号店である。以来40年余、コンビニは増え続け、51,814店（2014年末）である。全国の郵便局数（2014年12月現在、24,202局）の2倍、全国のガソリンスタンド総数（2014年3月現在、34,706か所）よりも多い。大手コンビニの上位3社の店舗数を比較したのが右の表であるが、全国47都道府県に展開しているコンビニは、「ローソン」と「ファミリーマート」だけである。今後、コンビニの再編、統合も模索されている。

《参考》一般社団法人日本フランチャイズチェーン協会
http://www.jfa-fc.or.jp/particle/320.html

コンビニが急成長を遂げてきた理由を探っていくと、第一に消費者からみた便利さ（多くのコンビニが1階にあり、日配・加工食品が主流）、第二に経営者からみたPOS（Point of Sales）による商品管理と情報システムである。第三に本社と加盟店の経営のしくみにある。

年間客数を〈授業の資料〉に掲載したが、これをもとに計算してみると、一人当たり年間100回、6万

夜8時まで営業を掲げるスーパー（1998年）

アラスカ州フェアバンクスのウォルマート

国内外資系企業（2013年12月時点）

業種別	社数	構成比（%）
製造業	455	13.6
非製造業	2,754	86.4
建設業	25	0.8
卸売業	1,549	48.6
小売業	120	3.8
金融・保険業	144	4.5
不動産業	47	1.5
運輸・通信業	124	3.9
サービス業	737	23.1
その他	8	0.3
合計	3,189	100.0

外国資本が発行済み株式の25％以上を所有する外資系企業（帝国データバンク「外資系企業動向調査」）

国内のコンビニ店舗数上位3社

セブン-イレブン（2014年末）	17,206
ローソン（2015年2月末）	12,276
ファミリーマート（2014年末）	11,170

＊各社HPより作成。なおファミリーマートは「サークルK」「サンクス」と経営統合する2016年9月にはローソンを上回る店舗数になる。

円買っていることになる。子どもたちは、果たしてどのくらいの頻度で利用しているだろうか、確かめるとよい。また、コンビニの商品・サービスは多様である。オリジナル商品の開発でコンビニ間の競争もある。ATMを設置しているコンビニがほとんどであり、消費者の利便性が増している。POSシステムについては、客層のデータまで管理する。スーパーなど多くの商店でポイントカードが利用されているが、これも、販売時点での顧客情報を入手することができる。

　コンビニの問題には、24時間営業による加盟店の労働のあり方、赤字でも上納金が高率、配送システムにおける輸送を担う労働者の問題、さらには、賞味・消費期限切れの食品の処分と、問題もある。

　いま、日本のコンビニは、海外店舗を拡大している。3社の国別店舗数は、下の表のようになっていた。

《参考》藤田千枝編、坂口美佳子著『なるほどデータブック①コンビニのしかけ』（大月書店、2008年）

●資料と扱い方

A　コンビニのPOSシステム。日頃、コンビニを利用しているか、どんな便利さがあるか、どんな商品があるかなど確認するとよい。レジの写真の右端にある10のキーが図にある販売情報管理システムである。消費者には見えない。この写真とキーから「どんな情報を入手しているのか」と問う。その上で、POSシステムを取り上げる。消費者は、これをどう受けとめるか。

B　コンビニ（全店）の2008年と2014年。年間一人当たりの利用頻度や金額を計算することができる。国内店舗数であるが、海外にも展開しているコンビニを取り上げるとよい。資料は、一般社団法人日本フランチャイズチェーン協会の統計、2014年の商品構成比は統計の基準が従来と異なるため、2013年のデータを掲載。

C　商品の配送システム（セブンの場合）。コンビニは、倉庫をほとんど必要としていない。在庫をかかえることも少ない。こうした効率を生み出しているのが、共同配送センターからの小分け配送である。こうしたシステムが小規模商店にどんな影響を与えているだろうか。資料は、『なるほどデータブック①コンビニのしかけ』より作成。

コンビニの商品・サービス

- ファーストフード、加工食品など食品
- 文具、書籍、雑誌、新聞、洗剤、化粧品など非食品
- ネット窓口
- 宅配便受付
- 食品などの宅配
- サービスの販売（家事代行や映画などのチケット）
- 公共料金受付、クリーニング受付
- 決済（クレジットカード、電子マネー、年賀状印刷など）
- ATM設置

コンビニに設置されたATM

コンビニ3社の海外店舗

〈セブンイレブン〉（2014年9月末）
アメリカ8,139　メキシコ1,780　カナダ491
韓国7,128　中国2,017　台湾5,025
タイ7,965　フィリピン1,169
マレーシア1,677　シンガポール499
インドネシア173　オーストラリア598
ノルウェー156
スウェーデン193　デンマーク191

〈ローソン〉（2015年2月末）
中国507　タイ32　インドネシア49
アメリカ（ハワイ）4

〈ファミリーマート〉（2014年12月末）
台湾2,940　タイ1,186　中国1,281
アメリカ9　ベトナム66　インドネシア20
フィリピン87

＊各社HPより作成

❖ 授業の資料 ❖

A　コンビニのPOSシステム

コンビニのレジ

販売情報管理システム

	男性	女性	
12歳以下男性 →	12	12	← 12歳以下女性
13歳～19歳男性 →	19	19	← 13歳～19歳女性
20歳～29歳男性 →	29	29	← 20歳～29歳女性
30歳～49歳男性 →	49	49	← 30歳～49歳女性
50歳以上男性 →	50	50	← 50歳以上女性

　POS (Point of Sales) とは、販売時点の情報管理システムのことだ。これは、バーコードを読み取ることで商品管理をおこなう。ふつう、読み取り装置がレーザー光を使ってコードの読み取りをする。このしくみは、どの商品がどれだけ売れたかを一挙に把握でき、在庫や品ぞろえの管理ができる。お店のレジでバーコードを読み取ると、本店（本社）でデータを処理し販売数や在庫数をチェックする。これによって、どの商品の売れ行きがよく、どれが売れていないかをつかむことができる。レジでは、男女、年齢別に、客が何を買ったのか入力し、商品の売れ行きをチェックする。そのデータが本社に送られると、本社はそれを分析し、商品開発や商品購入を考えることが可能だ。

B　コンビニ（全店）の2008年と2014年

	店数	売上高(百万円)	客数(千人)	客単価(円)	日配食品(%)	加工食品(%)	非食品(%)	サービス(%)
2008年	41,717	7,857,071	13,282,373	591.5	34.9	30.7	30.2	4.2
2014年	51,814	9,730,905	16,054,993	606.1	*34.8	*27.3	*32.8	*5.0

＊2014年の商品構成比は2013年を示す

C　商品の配送システム（セブンの場合）

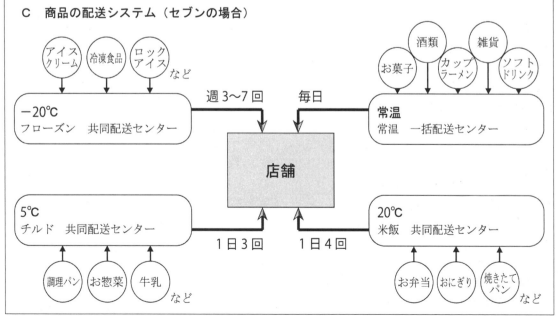

47 商品の価格

【授業のねらい】 商品の価格にはどのようなものがあり、どのように決まるか、また、需要と供給で決まる市場価格について深める。

❖ 教材研究 ❖

①商品の価格のいろいろ

物財やサービスの価格には、市場価格のほかに独占価格や公共料金がある。独占価格は、生産された物やサービスなどを支配する企業が高い利潤を得るために設定する価格である。これは、「私的独占の禁止及び公正取引の確保に関する法律」（独占禁止法［独禁法］）のもとで規制されているので、ほとんど存在しない。しかし、電気やガス料金は競争原理のはたらかない商品とされている。これは公共料金で、国（国会・政府）や地方自治体が決定・認可、もしくは届出により決まる。公共料金は、人びとの暮らしに大きな影響を与える。そのため、国や自治体が関与するしくみになっている。電気・ガス事業は民営化されているが、水道も水道法改正で、民間に委託することが可能になった。愛媛県松山市は外資系企業による保守整備がおこなわれている。大阪市は2014年に民営化に向けて実施プランを決めた。適切な料金体系になっているかどうかは消費者の監視が求められる。

また、少数の企業によって寡占状態になる商品がある。例えば、携帯電話やビールなどである。いくつかの商品、業界の動向については図で示した。携帯電話事業者別契約数は、2014年6月時点の総務省資料によるもので、3社で占められていることがわかる。自動車と家電の売上高は、2013-14年の業界動向サーチの資料による。ビール飲料は、ビール大手5社が発表した2013年の課税出荷数量による。4社で99%を占めている。少数の企

主な公共料金

国会・政府の決定	社会保険診療報酬、介護報酬
政府の認可・上限認可	電気料金、都市ガス料金、鉄道運賃、乗合バス・高速自動車国道料金、タクシー運賃、郵便料金（第3種・第4種郵便物料金）
政府への届出	電気通信料金（固定電話の通話料金等）、国内航空運賃、郵便料金（第1種・第2種郵便物の料金等） ※電気料金、都市ガス料金の引下げ改定、鉄道・乗合バス運賃の上限価格の範囲内での改定
地方自治体の決定	公営水道料金、公衆浴場入浴料、公立学校の授業料、印鑑証明手数料等

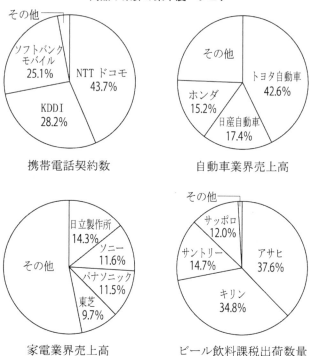

商品や業界の集中度　シェア

携帯電話契約数　　自動車業界売上高

家電業界売上高　　ビール飲料課税出荷数量

業によって市場が占有されている場合に、しばしば、企業同士で自由競争を回避することがある。これは独禁法で禁止されていて、公正取引委員会が監視している。

家電製品やカメラなどで、オープン価格という表示を見かけることがある。公正取引委員会は、メーカーの希望小売価格と小売業者の値引き実売価格を表示して消費者の購買意欲を誘う二重価格表示

が問題であると指導し、オープン価格表示が広がった。これは、メーカーが小売価格を指定するのではなく、小売価格は小売側が自由に設定できるようにしたものである。

独占禁止法では商品生産者が小売業者に販売価格を指定することを禁じているが、適用除外になっている商品がある。再販制度（再販売価格維持制度）というしくみのもとで公正取引委員会が指定しているのが、著作物（書籍、雑誌、新聞、音楽用CD、音楽テープ及びレコード盤の6品目）である。

《参考》公正取引委員会「独占禁止法」　http://www.jftc.go.jp/dk/
　　　　業界動向サーチ　http://gyokai-search.com/
　　　　総務省報道資料「電気通信サービス」　http://www.soumu.go.jp/menu_news/s-news/01kiban04_02000084.html

②需要と供給で決まる市場価格

資本主義経済のもとで、ふつう、物財とサービスの価格は市場で決まる。市場とは商品売買の取引の場所である。商品の価格には、どのような費用が含まれているのだろうか。これを青果物の価格で見てみると、農水省の青果物経費調査では、〈授業の資料〉のようになっていた。それぞれの流通過程で生産価格、卸売価格、小売価格がある。

消費者は商品の小売価格がいくらかによって商品を買うかどうかを判断する。ネット通販の場合も同じである。生産者は市場での価格の動向によって市場に出す量を判断する。市場価格が高くなれば売り手は出荷数量を増やそうとする（供給）。しかし、買い手は市場価格が低いほど増える（需要）。こうした供給量と需要量が変動しながら価格が決まってくるが、これを均衡価格という。この供給と需要のバランスで決まる商品は、青果物（野菜と果物）や鮮魚・精肉など生鮮食料品が代表的である。こうして実際に取引された価格を市場価格という。需要と供給で決まる価格について、可能なら、教室での仮想体験を取り入れ実感させるとよい（右資料）。

商品の価格を考える

①分担を決める
・8人─商品の売り手（供給）＝生産・販売
・その他─商品の買い手（需要）＝消費者

②買い物をする
・8人の売り手はそれぞれ商品（みかん、レモン、バナナ、りんご、とまと、きゅうり、ピーマン、キャベツ）を販売する。売り切ろうとする。商品はそれぞれ10個。1個当たりの価格は100円とする。なお、商品は実物でなくカードを用意させる。
・商品の買い手は8人の商品のどれを買ってもよい。お金を残してもよい。お金（仮想通貨）を用意し、あらかじめ1人5000円を与える。

③買った商品、売れ残りを計算する。
・買った商品と残金
・売れ残った商品

④ここから、作戦を立てる。
・売り手は、これから何個入荷するか、価格をいくらにするか。
・買い手は、お金を使いきる。何を買うか考える。

⑤どんな結果になったか。
・売り手で価格変更した商品は何か。それはなぜか。入荷量を増やした商品は何か。それはなぜか。
・買い手は、どんな商品を買ったか。多かったのは何か。それはなぜか。

生鮮食料品に対して、自動車や家電などの商品は価格が変動しにくい商品である。また、土地のように限られた商品もある。さらに、たとえ需要量が増えても供給量を調整したり、買い手の動向を見ながら価格を変動させたりする場合もある。その意味で、必ずしも市場は万能ではない。

市場価格の動向を知るには、卸売市場の動向を新聞記事で調べると、参考になる。季節ごとに同じ紙面を比較すると入荷量価格形成の変化を読み取ることができる。〈授業の資料〉のきゅうり（1kg）の小売価格の推移は、季節による価格の動向を示している。

《参考》農水省 青果物経費調査　http://www.maff.go.jp/j/tokei/sokuhou/dankai_seika_12/

③いろいろな自由競争

　商品をいかに売るか、その競争は激しい。スーパーマーケットでの価格競争を折り込みチラシで見るとわかる。同じような商品でも、価格競争で勝ち残ろうとする。折り込みチラシは、そのための方策である。また、商品をより多く買ってもらうために、小売業はポイントセール、商品の宅配を実施している。小売業にとっては売れ残り商品を減らすために、ある一定時間以降に、価格の再表示（値引き）をおこない、消費者の購買意欲を促している。

●資料と扱い方

A　青果物の価格の内訳。集出荷団体経費には、出荷運送料や包装・荷造材料費・労働費が含まれている。小売店で販売される商品に「どういう費用が含まれているか」と問い、流通のしくみや価格構成を取り上げる。なお、この価格には消費税は含まれていない。資料は、農水省の2012年度の「青果物（調査対象16品目）の小売価格に占める各流通経費等の割合（100kg当たり）」試算値で、小売価格2万2,925円を100％として示したもの。

B　きゅうり（1kg）の小売価格の推移（東京都区部）。季節によって価格が変動している理由を子どもたち自身に説明させるとよい。露地栽培が増える夏は出荷量が多くなるので価格が下落する。冬は施設栽培のため出荷量が少なく価格が上昇する。需給関係が左右している。総務省統計局の資料より作成。

《参考》総務局統計局「小売物価統計調査」　http://www.stat.go.jp/data/kouri/handbook/3-01.htm

C　需要と供給。市場価格（均衡価格）がどのように決まるかを示したもの。図解の解説を子どもたちに求めるとよい。また、前ページの資料から仮想体験をするのもよい。(1)は、価格は上昇する。(2)は、価格は下降する。(3)は、どのように価格が決まるか、需要量または供給量の変動によって、価格が上下する。

新聞の折り込みチラシの研究

	2011年1月1日		2012年1月1日	
新聞紙	朝日	毎日	朝日	毎日
新聞本紙	188g	160g	186	158g
別刷	325g	288g	365	286g
折り込みチラシ	609g	421g	564	435g
合計（重さ）	1,122g	869g	1,115g	879g

チラシの種類別点数

スーパー	5	5	4	6
住宅・マンション			7	1
商店・飲食店	7	7	4	5
娯楽	5	3	3	3
健康・スポーツ	2		1	1
車				
家電、ソフト	4	4	5	4
紳士婦人服	3	1	5	3
住宅リフォーム	3			
旅・レジャー用品	3	1		
電話・携帯	1		2	1
家具	4	2	5	4
デパート			1	1
結婚活動	1	1	1	1
仏具	1	1		
広報	3	3	3	3
地域情報・政治活動		1	2	2
合計点数	42	29	44	36

＊東京都江戸川区内での著者の調査
＊1週間の調査をおこなうと、曜日によるチラシの傾向がわかる。

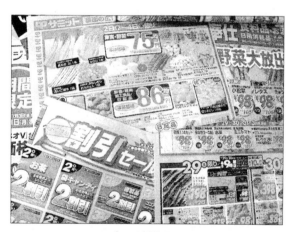

スーパーの折込みチラシ

❖ 授業の資料 ❖

A 青果物の価格の内訳

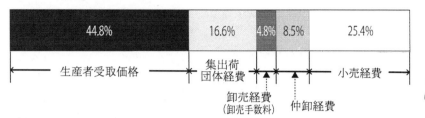

*卸売・仲卸・小売経費には利潤などが含まれる

B きゅうり（1kg）の小売価格の推移（東京都区部）

C 需要と供給

(1) 供給量が変わらないのに需要量が増えると（A→）、価格はどう変化するか。
(2) 需要量が変わらないのに供給量が増えると（B→）、価格はどう変化するか。
(3) 点P（P1、P2）で価格が決まるのはどうしてか。

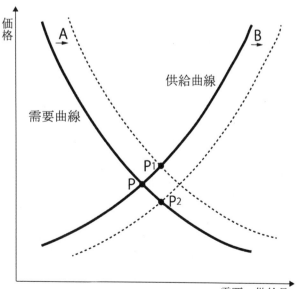

48 物価とインフレ・デフレ

【授業のねらい】　インフレ・デフレとは何かを明らかにし、物価の変動が人びとの暮らしに与える影響について考える。

❖ 教材研究 ❖

①商品価格の推移

戦後の商品価格を調べる上で参考になるのは、『戦後値段史年表』や『数字でみる日本の100年』がある。50年間で価格の上昇が著しいのは、サービスと地価である。国家公務員の初任給（大学卒）は、1960年が1万800円、2010年が18万1200円、16.8倍である。地価と比較すると、地価上昇がいかに大きいかがわかる。また、地価は1990年代以降のデフレにより、下落していることが読み取れる。

主な商品の値段の推移（東京都区部）

	1960年	1970年	1980年	1990年	2000年	2010年
うるち米（10kg）	987	1,860	4,427	5,364	4,934	4,924
牛乳（1ℓ）	—	—	*209	202	209	216
食パン（1kg）	78	116	316	386	422	438
喫茶店のコーヒー（1杯）	*72	95	247	351	418	412
理髪料（1回）	163	555	2,227	3,006	3,612	3,686
新聞購読料（月・朝夕）	390	750	2,600	3,100	3,925	3,925
家賃（民営、月・3.3㎡）	351	1,880	4,640	7,320	8,680	9,002
銀座の土地（3.3㎡）	**3.6	6	25	***180	60	****150

（単位：円、銀座の土地の単位：百万円）

＊：コーヒー1965年、牛乳1981年　＊＊：1961年　＊＊＊：1991年　＊＊＊＊：2009年

（『数字でみる日本の100年』『日本国勢図会』各年版などより作成。銀座の土地は4丁目交差点付近の実勢相場価格、小寺商店の不動産豆知識より）

《参考》矢野恒太記念会編『数字でみる日本の100年』（国勢社、2013年）
　　　　矢野恒太記念会編『日本国勢図会2014/15』（国勢社、2014年）
　　　　週刊朝日編『戦後値段史年表』（朝日文庫、1995年）

②物価指数を調べる

物価とは、物財やサービスの個々の価格を合計したもので、物価指数は、基準年を設け一定の方法で指数化したものである。消費者物価指数（ＣＰＩ：Consumer Price Index）は、総務省の小売物価調査や家計調査をもとにしている。2010年基準の品目は588、ウエイトは家計調査による品目ごとの支出金額をもとに計算される。このほか、物価指数には企業物価指数（卸売物価指数の改称）がある。

右のグラフでわかるように、1990年までは物価上昇状態だったが、90年代以降は横ばい状態になっている。

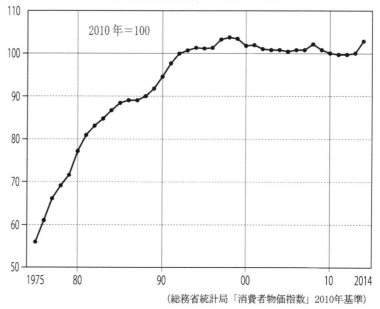

消費者物価総合指数（全国）の推移

（総務省統計局「消費者物価指数」2010年基準）

③インフレとデフレ

　「インフレ」とはインフレーション（inflation）のこと、もとの言葉はインフレート（inflate）で「膨張させる」という意味である。経済用語としては通貨を膨張させる、経済が膨らみ活気をもたらすということになる。その反対が「デフレ」である。これはデフレーション（deflation）、もとはデフレート（deflate）で「しぼむ」「縮む」という意味になる。同じく経済用語としては通貨を収縮させる、経済に活気がないという状態をいう。

　インフレの発生には、いろいろな要因がある。経済が好況のときにインフレになりやすいが、消費需要が増加したときに起こる需要インフレ、財政支出の増加で起こる財政インフレ、通貨の増大による貨幣インフレがある。さらにインフレによる物価上昇が賃金上昇となりインフレを押し上げることもある。日本では、これまでに戦後直後のインフレ、1970年代の輸入原油供給量の減少と値上がりによって起こるコスト・プッシュ・インフレ、不況でありながら物価が上昇するスタグフレーション（stagflation）もあった。スタグフレーションは、停滞という意味のスタグネーション（stagnation）とインフレーションとの合成語である。1970年代のオイルショック後、石油関連商品の物価上昇に対して、政府が需要を抑制しはじめる政策をおこなった。そのため実質経済成長率がマイナスとなった。インフレは物価が継続して上昇することであり、これは貨幣価値が下落することを意味し、貯蓄率も下がるため消費が増えるということになる。しかし、物価の上昇よりも賃金アップは遅れるため、インフレになると人びとの暮らしは深刻になる。

　インフレを理解するにあたり、学習の入口として通貨量から考えるとわかりやすい。具体的な事例として、いまと通貨制度の違いはあるものの第一次世界大戦後のドイツがある。また、近年では1992年のロシアで、ソ連解体前の1ルーブル＝1ドルだった相場が1996年には1ドル＝4,823ルーブルになった事例がある。2000年代のジンバブエのインフレは通貨供給量の増大で起きた。これらは、いずれもハイパーインフレである。

　経済が不況のときにデフレ現象が起こる。デフレにもいろいろな要因がある。需要より供給が上回るデフレ、輸入デフレ、資産暴落による資産デフレなどである。デフレは、物価の下落により貨幣価値が上昇する。1994年の流行語入賞になった「価格破壊」は、まさに象徴的であった。当時、スーパーやディスカウントストアの広告には、「超目玉」「激安」「9割引」の文字が並んだ。「たまごMサイズ10コ入り1パック68円」という広告もあった。定価の2割3割引は当たり前という現象だった。2002年、マクドナルドは「ハンバーガー59円」、吉野家は「牛丼280円」という価格だった。1990年代から2000年代のデフレの背景は、急激な円高が要因の一つになっている。それまで国内企業が生産していた商品を低価格の輸入商品に切り替える、原材料を輸入に依存することなどで低価格を追求した。また、規制緩和によって流通のしくみを変えたこと、流通経費の削減でコストを下げる、大手のスーパーのプライベート・ブランド（PB）による低価格化、ユニクロや100円ショップの成長などをあげることができる。バブル経済の崩壊で資産デフレになったことも大きい。結果として、企業の倒産・海外移転によって国内産業の空洞化現象が進むことになった。

　インフレとデフレ、いずれの現象も社会を混乱させる。そこで日本銀行は、市中に出回っている通貨量を調整し、いずれの現象も行き過ぎがないように監視している。これが日銀の役割になっている。政府も公共事業や徴税などの政策で対応している。しかし、日本では、この20年ほど低価格競争の暮らしに慣れてきた。いま、政府はデフレからの脱却を政策課題に掲げている。いわゆる調整インフレ、わざとインフレを起こすことである。金融緩和政策によって、「インフレになるぞ」と思わせる。そして、値上がりになる前に消費者の購買意欲を誘う。これで企業は生産を活発にさせるだろうと予想するが、物価上昇は必ずしも消費拡大に結びつかない。低所得者・年金生活者にとっては、より厳しさが増す。デフレから脱却する上で、安心・安定した暮らしを保障することが求められる。なお、デフレスパイラル

**消費が伸びないのは
どういうわけか**

お金がないから	34%
将来に備えている	45%
買いたいものがない	13%
その他	8%

『朝日新聞』世論調査、2001年3月24日付

は、需要が減退し物価下落、それが企業経営を悪化させ失業者を生み、さらに需要が減退し経済が収縮するというものである。

これまでにアメリカ発の世界大恐慌があった。教科書に「各国の産業が進むにつれて、製品を売りさばく競争がはげしくなり、売れ残った商品があふれた。生産は減少し、倒産する会社や失業者が出るようになった。また、小麦・コーヒー・綿花などの農産物もあまっていた」「多くの銀行や会社が次々に倒産し、1933年の失業者は世界中で3,500万人にのぼった」（1997年度版日本書籍教科書『中学社会歴史的分野』）と記述されている。戦前の日本の金融恐慌、いずれもデフレである。歴史上のデフレから学ぶことも教材研究の対象である。

《参考》越村信三郎『くらしと経済』（ポプラ社、1974年）
　　　　吉野俊彦『これがデフレだ！―歴史に学ぶ知恵』（日経ビジネス文庫、2001年）
　　　　森永卓郎『日本経済50の大疑問』（講談社現代新書、2002年）

デフレスパイラル

景気が悪くなると
→物が売れなくなる→物が売れないので値段を下げる→企業の儲けが減る→企業は儲けがないのでリストラ（賃金カット、人員削減、設備投資を減らす）→労働者の生活が苦しくなる→物がますます売れなくなる→物が売れないのでさらに値段を下げる→企業の儲けがさらに減る→企業の倒産も起こる（失業、非正規労働の増加）→労働者の生活が悪化する→さらに物が売れない→<u>経済が収縮する</u>

● 資料と扱い方

A　なぜ、同時に注文？　なぜ、弟は大金持ち？　この疑問を問い、話し合うとよい。インフレとか物価上昇などのヒントを与えなければ、子どもたちは、答えがなかなか見出せない。「宝くじ」「株で儲けた」などと発言する。そこで、これは第一次世界大戦後のドイツのエピソードであることを説明する。同時に注文するのは、2杯目のときは、物価上昇で高い価格になること、大金持ちになったのは、ビールの空き瓶を売ったからである。当時の写真（紙幣を積み上げて遊ぶ子ども、給料をリヤカーで運ぶ人）を提示するとよい。貨幣価値が下がることは、貯金があっても値打ちがなくなること、物の値段が上がることで空き瓶に値打ちが発生することを物語っている。このエピソードの資料は、『くらしと経済』から引用。

B　1923年発行のドイツ紙幣（銀行券）と通貨価値。この50万マルク銀行券の裏は印刷されていない。資料Aのようなことが起こった理由を、ドイツの銀行券と物価の上昇で確認する。ドイツは賠償金支払いのために何ら裏付けのない紙幣乱発によってハイパーインフレを招いた。特に1923年1月のフランス・ベルギーのルール占領を契機にルール地方のドイツ人支援のために紙幣増刷が拍車をかけた。およそ10年で物価は1兆倍になった。このドイツ紙幣は著者蔵。

C　急成長した「100円ショップ」。「なぜ、安いのか。その秘密は？」と問い、考えさせる。子どもたちにも馴染みのある「百均」、その背景をつかんだ上で、以下のことをつかむ。商品の半分以上が安い労働力と原材料の海外（中国など）で生産されている。国内生産も中小企業であり、デフレのなかで生き残りをかけて製造している。さらに資料で提示したように従業員の多くが非正規労働である（ザ・ダイソーは不明、セリアは2014年3月末、キャンドゥは2014年11月末、ワッツは2014年8月末、いずれもHPより）。店舗数は、ザ・ダイソーとキャンドゥが2014年3月、他の2社は従業員数の時点と同じである。文章資料は2006年度版日本書籍新社教科書『わたしたちの中学社会　公民的分野』を参考に作成。大創産業の店舗売上高推移は『朝日新聞』2005年5月28日付より作成。主な「100円ショップ」は各社HPより。

《参考》NPO法人アジア太平洋資料センター「100円ショップ調査」（2003年）

❖ 授業の資料 ❖

A　なぜ、同時に注文？　なぜ、弟は大金持ち？

Ⓐ「喫茶店にはいってコーヒーを二杯飲むときには、同時に注文しないといけない。なぜか。」
Ⓑ「兄は勤勉でセッセと貯金したが、弟は飲んだくれで、借金してはビールを飲んでいた。そのうち、兄は無一物になったが弟は大金持ちになったというのである。なぜか。」

B　1923年発行のドイツ紙幣（銀行券）と通貨価値

Fünf hundert tausend Mark
Fünf（フュンフ）＝5
hundert（フンデルト）＝100
tausend（タオゼント）＝1,000
Mark（マルク）
　5×100×1,000＝50万マルク

1ドルの対マルク換算

1914年7月	4.2	
1919年7月	14.0	(3.3倍)
1921年7月	76.7	(18.3倍)
1922年7月	493.2	(117.4倍)
1923年1月	17,972.0	(4,279.0倍)
1923年7月	353,412.0	(84,145.7倍)
1923年9月	98,860,000.0	(23,538,095.0倍)
1923年11月	4,200,000,000,000.0	(1,000,000,000,000.0倍)

C　急成長した「100円ショップ」

　100円ショップが売上を伸ばしたのは、1990年代後半です。その背景には、バブル崩壊による日本経済の不況とデフレがあります。この業界最大手である大創産業「ザ・ダイソー」の2000年前後の売上高を調べると、その成長ぶりがわかります。100円ショップは「百均」とも言われ、文字通り100円均一の商品が並びます。日用雑貨・文具・化粧品・加工食品・服飾品・園芸品などを扱います。また、オリジナル商品や食材などもあります。スーパーで売られている500円のビニール傘は、百均で100円です。なぜ、こんなに安いのでしょう。

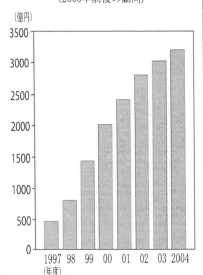

大創産業の店舗売上高推移
（2000年前後の動向）

主な「100円ショップ」

	店舗数	その他
ザ・ダイソー	2,800	海外25か国840店
セリア	1,173	従業員374人、パート6,690人
キャンドゥ	897	正社員767人、パート3,121人
ワッツ	959	2,763名（パート・バイトを含む）

49　消費者の権利

【授業のねらい】　さまざまな悪質な商法の事実をつかみ、消費者の権利を守る上でどのような救済方法があるかを理解する。また、「契約」とは何か、消費者としての必要な知識を明らかにする。

❖ 教材研究 ❖

①若者をねらう悪質商法

東京都内の消費生活センターに寄せられた2012年度の消費者相談は11万8208件であった。そのうち契約当事者が29歳以下の若者の相談は1万4316件（12.1％）であった。小・中・高校生の実態は右の図表の通りである。相談件数の多かったのは、デジタルコンテンツであった。そのなかで最も多かったのが小・中・高校生ともアダルト情報サイトで、4分3ほどを占めていた。

国民生活センターのHPには、「子どもの消費者トラブル」の事例が掲載されている。「自分は高校生だ。雑誌広告を見てスマートフォンで無料アダルトサイトに接続し、動画をアップしたら会員登録の画面になった。無料と思ったので払いたくない」「高校生の娘がタブレット端末でアダルトサイトに登録され、サイトに電話をしてしまった。『補導される、学校に言う』と脅されてもいるようだ。個人情報を教えてしまい不安だ」などの相談事例が載っている。インターネットを利用する機会が増え、トラブルが発生している。

悪質商法には、ほかにどんなものがあるか。不要な商品を押しつけられた、欠陥商品を買わされた、架空の請求書が送られてきた、儲け話に乗せられたなどの事例がある。キャッチセールスに次のような事例がある。

▷私が、会社の帰りに買物でもしようかなと思って、繁華街を歩いていると、若い男の人に「お肌のチェックをしてみませんか」と声をかけられました。「無料でお肌の診断をしてあげましょう」といわれ、喫茶店に連れていかれました。喫茶店でまずアンケート表に記入をしたところ、「この化粧品を使っていると、皮膚が黒くなってしまいますよ」といって、セールスマンは金のネックレスをとりだし、私が持っていたファンデーションを使って同じテストをしたところ、黒変しませんでした。セールスマンは、「いまのうちに手あてをしないとたいへんですよ」というので、驚いていわれるままにサインをしてしまいました。その後、多量の化粧品と信

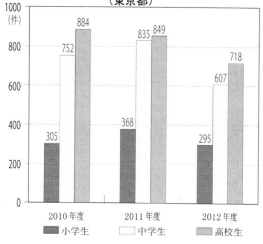

契約当事者が小・中・高校生の相談件数
（東京都）

	2010年度	2011年度	2012年度
小学生	305	368	295
中学生	752	835	607
高校生	884	849	718

相談件数の多い商品・サービス上位5位
（2012年度・東京都）

小学生 (295件)	中学生 (607件)	高校生 (718件)
デジタルコンテンツ　(247)	デジタルコンテンツ　(483)	デジタルコンテンツ　(406)
電子ゲームソフト　(8)	音響・映像製品　(10)	携帯電話/携帯電話サービス　(45)
電子ゲーム玩具　(3)	携帯電話/携帯電話サービス　(8)	音響・映像製品　(13)
他の玩具・遊具　(3)	コンサート(7)	自動二輪車　(11)
商品一般　(3)	学習塾　(5)	財布類　(9)

＊ グラフ・表は「わたしは消費者」東京都消費生活総合センター「小学生・中学生・高校生の消費生活相談概要」より作成

主な問題商法・悪質商法

訪問販売（浄水器、教材など）、マルチ商法（会員になり、さらに会員を勧誘）、デート商法（出会い系サイトを通じて宝石などの販売契約）、資格商法、内職商法、点検商法（屋根などの無料点検をして補修させる）、催眠商法、アポイントメントセールス、キャッチセールス、霊感商法、アダルトサイトなどの料金請求、架空請求、利殖商法、送りつけ商法

販会社からの請求書が送られてきました。(『悪徳商法にご用心』より引用)
▷駅前通りを歩いていたら、チラシを配っている女性に「絵を見ていきませんか」と声をかけられた。ビル３階の展示会場で「どの絵が好きか」と聞かれて答えると、「その絵を選ぶとは、見る目がある」など長時間にわたり、数人の販売員に囲まれ、絵の説明をされた。「高くて買えない」と断ったが「本当は100万円の絵だが、80万円に値引きする。ローンを組めば、たった１日コーヒー１杯分の値段だから払えるはず」などと、クレジットの説明が始まってしまった。その後も、「将来きっと値上がりする」「あなたのために貴重な時間を割いているのに、無駄にするのか」大声で言われて帰ることができず、あきらめて契約してしまった。(『知っておこう！若者の消費生活トラブル』より引用)

　この二つの事例などをもとに、子ども向けに脚色してロールプレイング（role-playing）のシナリオをつくり、導入教材として活用するとよい。契約とは何か、どの場面で踏みとどまるのがよいか、子どもたちに身近に受けとめさせることができる。
《参考》「わたしは消費者」東京都消費生活総合センター
　　　　http://www.shouhiseikatu.metro.tokyo.jp/manabitai/shouhisha/135/05.html
　　　国民生活センター「子どもの消費者トラブル」
　　　　http://www.kokusen.go.jp/soudan_topics/data/kodomo_trouble.html
　　　青年法律家協会神奈川支部『悪徳商法にご用心』(日本評論社、1988年)
　　　葛飾区消費生活センター『知っておこう！若者の消費生活トラブル』(2009年)

　身に覚えのない架空請求がメールで送られてくることがある。右の資料は著者宛に届いたメールである。指定の「http」をクリックすると、予想されるのは「退会処理をしました。ついては弁護士委任費用の請求」などの画面である。このようなメールが届いても、安易に返信したりクリックしたりしないことである。

②契約とクーリング・オフ
　契約は、暮らしのなかに常に存在している。子どもたちには見えにくいが、商店で物を買う、電車やバスに乗る、切手を貼って手紙を出す、電気・ガス・水道を使う、これらはすべて約束で成り立っている契約である。電車に乗るときに契約書の取り交わしをしないが、切符を買い電車に乗るという両者の間には、目的地までの料金を支払い目的地まで運ぶという権利と義務の関係がある。また、口頭での約束も契約になる。例えば、目的地を告げてタクシーに乗る場合、タクシーが目的地にたどりつけなければ約束（契約）違反になるということである。

携帯に送られてきた架空請求メール

> 2015年１月27日　２：38　受信
> 訴訟対象番号　012015-27
> 民事提訴通知書
> ○○○○殿
> 貴殿に対しての民事訴訟裁判が執り行われる必要措置手続きが開始される為、貴殿が利用するメールアドレスの情報が開示されました．
> このまま無視を継続すると、先方の主張が100％認められ、貴殿の財産に不利益が生じます．
> 今すぐ解決する場合は、次の書状から内容を確認し、退会処理を行ってください．
> http://○○○○○○
> 弁護士の委任通知も含まれます．
> このメールを受信してから43時間以内に上記状から連絡がない場合は、即時、民事訴訟の手続きを行います．
> このメールを無視すると、貴殿の利益の損失につながりますので十分に注意してください．
> なお、このメールに直接返信しても受付は一切いたしません。上記からのみ連絡を受け付けます．

　契約は、ふつう書面でおこなう。この場合、たとえ印鑑を押さなくてもサインで正式な契約として成立する。ただし、販売側が商品を明示しなかったり不当表示をしていた場合は、売買契約をいつでも取り消し無効にすることができる。未成年者が親（法定代理人）の同意なく交わした契約も取り消すことができる。キャッチセールスの場合は、商品販売の店舗や喫茶店などで書面を取り交わし契約する。店舗ではない場所であっても屋内なら契約成立ということになる。しかし、たとえ契約してし

まっても、一定の条件のもとで消費者側から解約をおこなうことができる。これがクーリング・オフ（cooling off）と呼ばれ、契約の日から一定期間に書面で通知する。訪問販売やキャッチセールスは8日、マルチ商法は20日となっている。悪質商法については、特定商取引法で明らかにしている。詳しくは、各自治体の消費生活センターがパンフレットを作成し、情報を公開している。こうした資料も教材として活用できる。2009年に消費者契約法の一部を改正し、「消費者団体訴訟制度」が設けられた。これは、不当な契約をおこなう事業者に適格消費者団体が改善を申し入れ、被害防止をめざすものである。

《参考》消費者基本法　http://law.e-gov.go.jp/htmldata/S43/S43HO078.html
　　　　消費者契約法　http://law.e-gov.go.jp/htmldata/H12/H12HO061.html
　　　　特定商取引法　http://law.e-gov.go.jp/htmldata/S51/S51HO057.html

③消費者の権利とPL法

1962年に、アメリカのケネディ大統領（当時）が提唱した消費者の権利は、「安全である権利」「知らされる権利」「選択できる権利」「意見を反映させる権利」の4つである。その後、国際消費者機構によって追加された「生活の基本的ニーズが保障される権利」「救済を求める権利」「消費者教育を受ける権利」「健康な環境を求める権利」を含めた8つが消費者の権利として知られている。日本では、2004年に「消費者保護基本法」が改正されて制定された「消費者基本法」が、消費者の権利を示している。消費者基本法には「…消費者の利益の擁護及び増進に関する総合的な施策の推進を図り、もって国民の消費生活の安定及び向上を確保することを目的とする」とある。消費者の権利を守るのは国の責任である。

《参考》正田彬『消費者の権利〈新版〉』（岩波新書、2010年）
　　　　坂東俊矢・細川幸一『18歳から考える消費者と法〈第2版〉』（法律文化社、2014年）

1994年に「製造物責任法」が制定された。これはPL（Product Liability）法と呼ばれ、製品の欠陥によって人びとが生命・身体・財産に被害を受けたとき、製品の製造業者に対して損害賠償を求めることができるというものである。第1条の目的には「この法律は、製造物の欠陥により人の生命、身体又は財産に係る被害が生じた場合における製造業者等の損害賠償の責任について定めることにより、被害者の保護を図り、もって国民生活の安定向上と国民経済の健全な発展に寄与することを目的とする」とある。製造物とは「製造又は加工された動産」と規定している。また、賠償を求めることができる期間は製品を出荷したときから10年間と定めている。PL法が施行されてからも、いろいろな製品や化粧品などでの被害が起きている。こうした被害の救済は、いまだに不十分である。

《参考》製造物責任法　http://law.e-gov.go.jp/htmldata/H06/H06HO085.html
　　　　杉本泰治『日本のPL法を考える―市民と科学技術の目で見た製造物責任法』（地人書館、2000年）

●資料と扱い方

A　悪質商法。キャッチセールスを事例に、「なぜ、問題なのか」「契約になる場面はどこか」と問い考えさせるとよい。路上での契約ではなく屋内で取り交わした時点で契約となることをつかむ。ロールプレイングで導入として位置づけることで理解を深めることができる。通販やネットオークションは、子どもたちにとっても身近な事例である。

B　クーリング・オフ。どんな契約でもクーリング・オフができるわけではない。訪問販売の場合は、契約場所が営業所以外の場所、契約書面の交付の日から8日以内、3,000円以上、適用除外とされている商品ではない、解約を書面で伝える、というかたちになる。書面の書き方については説明する。この資料は、葛飾区消費生活センターなどを参考にして作成。

C　だまされないための心得5か条。これは、長野県消費生活情報の資料である。各自治体の消費生活センターは、同様の「心得」を発信している。消費者相談事例をもとに、「だまされないためには、どうするか」「だまされたとわかったとき、どうするか」と問い、子どもたちに考えさせ、その上で「心得」を提示し、子どもの考えと同じことが出ているか確かめるとよい。賢い消費者としての知恵を磨いておきたい。

❖ 授業の資料 ❖

A 悪質商法

キャッチセールス

通信販売・ネットオークション

キャッチセールスも特定商取引法でいう訪問販売に該当する。

通信販売には、インターネット通販、カタログショッピング、テレビショッピングなどがある。

（葛飾区消費生活センター『知っておこう！若者の消費生活トラブル』）

B クーリング・オフ

書面

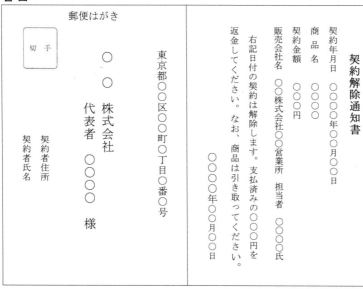

クーリング・オフの方法

① 郵便はがきに、契約を解除することを明記する。
② 販売会社あてに、特定記録郵便で送る。クレジットカードを利用した場合には、クレジット会社にも送る。
③ はがきの両面をコピーし、受領証と一緒に保管しておく。

C だまされないための心得5か条

一、はっきり断る（あいづちを打てば相手のペースにのせられます。身分と用件を聞き、必要がなければハッキリ断りましょう。）

二、うまい話しはまず疑う（うまい話しはそうそう転がっていません。うっかり話しに乗って大失敗してしまわないように気をつけましょう。）

三、気軽に財産の内容を教えない（ふところ具合を尋ねる業者は要注意です。また、貯金通帳や印鑑をうかつに業者に渡してはいけません。）

四、署名、押印はうかつにしない（契約するときは契約書をよく読み、内容を確かめてから契約しましょう。契約書類は大切に保管しましょう。）

五、迷ったら一人で悩まず、まず相談（契約する前に家族や友人と相談しましょう。困ったことがあったら、できるだけ早く県や市町村の消費者相談窓口へ相談しましょう。）

50 生産のしくみと利潤

【授業のねらい】 資本主義生産のしくみを理解し、生産を担う企業がどのように利潤を生み出すのか、そのしくみを明らかにする。

❖ 教材研究 ❖

資本主義は、市民革命と産業革命を経て欧米で発達した。手工業と機械化された工場の様子を写真・画像で確認するとよい。右の写真は「民芸伊予かすり会館」（愛媛県松山市）でおこなわれていた足踏織機での実演を撮影したもので、手工業を伝えている。

資本主義生産のしくみは、資本家が生産を担う企業経営を通して最大の利潤（利益）を追求する。利潤を得るために、企業は生産を拡大し、たえず成長しようとする。成長が鈍化すれば利潤を確保することが困難になり、損失が発生することも起こる。そこで企業は、設備投資や原材料などのコストをできる限り減らす。また、労働に対して支払う賃金を低コストにしようとする。どのくらいの儲けがあるか、あるいは損失があるかは、企業の決算報告でわかる。ＮＴＴドコモ、トヨタ自動車、セブン－イレブンの各社の利益は、〈授業の資料〉のようになっていた。

物財やサービスを生産する企業には、個人が経営する農・林・漁業や小売業（商店）の自営業もあれば、会社企業、生協など組合企業がある。こうした私企業が中心の経済が資本主義経済である。いっぽう、自治体などが資本を出して経営する上下水道、鉄道、バスなどは公企業という。かつて郵政・電信電話・国有鉄道などは公企業であったが、民営化によって私企業となった。

足踏織機での実演

私企業と公企業

私企業	個人企業（農業、商店、旅館など）
	組合企業（農協、漁協、生協など）
	会社企業（株式会社など）
公企業	国（国有林野、紙幣の印刷など）
	地方（上下水道、交通、ガスなど）
	特殊法人（ＮＨＫなど）

●資料と扱い方

A 利潤はどのように生まれるか。「（イ）が（エ）に変化した理由は何だろうか」は、新しい価値が生まれたからであり、材料としての価値が商品（製品）という新しい価値になったのは労働力のはたらきである。「利潤はだれのものになるのだろうか」は、①新しい価値を生み出した労働者のもの、②資本家の投資によって生まれたので資本家のもの、③資本家と労働者が分配しあうなどと、考えられることを出し合う。その上で、ⓐは単純再生産、ⓑは拡大再生産、ⓒは出資者（株主）への配当を示していることを明らかにする。

B 企業の利益を調べる。「各社の利潤（利益）は、いくらか」と問い、売上高に対する利潤率を計算するとよい。連結決算は、親会社の会計に子会社・関連会社の会計を加算したものである。各社の決算期や公表の内容が異なるが、ＮＴＴドコモの場合は、（営業収益）－（営業費用）＝（営業利益）である。当期純利益は、法人税などの調整額を差し引いた後の利益である。ここから儲けがどれだけあったかわかる。セブン－イレブンにある経常利益とは、（営業利益）＋（営業外収益）－（営業外費用）である。トヨタ自動車にあるＲＯＥ（株主資本利益率）は、企業の収益性を測る指標で、（１株当たりの利益）÷（１株当たりの株主資本）。2010～12年のトヨタ自動車の収益が低いのは円高が要因である。この資料は、各社のＨＰをもとに作成した。

❖ 授業の資料 ❖

A 利潤はどのように生まれるか

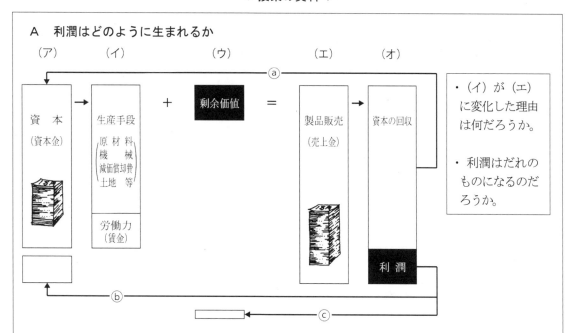

- （イ）が（エ）に変化した理由は何だろうか。
- 利潤はだれのものになるのだろうか。

B 企業の利益を調べる

ＮＴＴドコモ
（連結損益計算書2014年3月）

営業収益	44,612億円
営業費用	36,420億円
営業利益	8,192億円
当期純利益	4,560億円

セブン-イレブン（2014年2月）

チェーン全店売上高	3兆7,812億6,700万円
営業総収入	6,795億6,100万円
営業利益	2,127億8,500万円
経常利益	2,209億2,700万円
当期純利益	1,343億7,100万円

トヨタ自動車 連結決算（2014年3月）

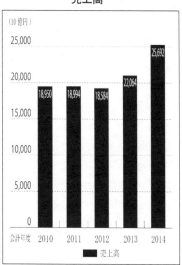

売上高

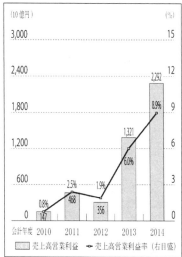

営業利益

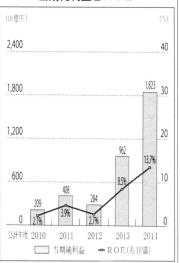

当期純利益とＲＯＥ

51 株式会社

> 【授業のねらい】 株式会社のしくみをつかみ、株式市場での株価の変動、株主はどのように利益を得るかなど、現代の株式会社を通して企業のあり方を考える。

❖ 教材研究 ❖

①株式会社とそのしくみ

最初の株式会社は、1602年設立のオランダ東インド会社と言われる。株式会社は、出資者の有限責任、株式を発行、会社の永続性という特色がある。2005年に「新会社法」が成立し、翌年施行された。会社組織、その違いをまとめたのが次の一覧である。従来あった有限会社は、この法律施行後に新設することができなくなった。

会社企業の種類

		最低出資額	出資者の呼称	出資者の責任	出資者数	組織別法人数
株式会社		1円以上	株　主	出資額の範囲内	1名以上	2,422,469（95.6％）
持分会社	合名会社	規定なし	社　員	無　限　責　任	1名以上	4,219（0.2％）
	合資会社	規定なし	無限責任社員	無　限　責　任	2名以上	21,804（0.8％）
			有限責任社員	出資額の範囲内		
	合同会社	1円以上	社　員	出資額の範囲内	1名以上	20,804（0.8％）

組織別法人数は、国税庁の2012年度分「会社標本調査」資料。株式会社には旧有限会社を含み、その他の法人（相互会社など2.6％）は総数の割合から省いた。

多くの株式会社は、出資者である株主と会社の経営者との分離で成り立っている。ただし、中小企業は（株主）＝（経営者）となっている場合が見られる。株式会社のしくみは教科書の図解でもよいが、やや説明不足になっている教科書もあるので〈授業の資料〉に掲載した。

《参考》中小企業庁「新会社法」　http://www.chusho.meti.go.jp/zaimu/kaisya/kaisyahou33/kaisyahou.htm

②株式と株の売買

株が「上がった」「下がった」という情報は、毎日のように報道されている。これには、子どもたちも関心を持っている。株の取引は、証券会社に株の口座開設をすれば子どもでも売買する投資家になることができる。ただし未成年の場合は親の承諾が必要になる。株取引に対する税はかかるが、2014年1月より少額投資非課税制度（NISA）がはじまり、毎年100万円までの投資元本について、上場株式・公募株式投資信託等の配当・譲渡益が5年間非課税となった。株の売買は、証券会社を通じて注文を出す。注文は、証券会社の店頭または電話やネットでおこなう。買う会社の銘柄を指定し、指値または成行で、どれくらい買いたいのかを指示する。注文を受けた証券会社は、証券取引所、例えば東京証券所（東証）に投資家からの注文をネットで伝える。こうして株の売買ができる銘柄は上場会社である。上場していない会社の株（未公開株）は東証での取引はできないが、当事者間でおこなうことはできる。

株式投資は、単に利益だけを求めるのではなく、会社の経済活動を支えるという目的もある。その両面を追求するのが法人株主である。法人は、所有株数が多ければ利益を多く享受することができる。また、株主総会は株式会社の最高決定機関であり、所有している株数が多ければ会社の経営に影響を与えることができる。いっぽう個人投資家の目的は、二つある。一つは、資産を増やす目的で、株価の値上がりによる売却益（キャピタル・ゲイン）である。投資家は銘柄の株価の動向を見て、売却時期を決める。株価が下落すれば売却損（キャピタル・ロス）になるため、株を保有し続けることもある。もう一つは、株主優待や配当（インカム・ゲイン）である。『会社四季報』で、各社の1株当たりの配当をつかむことができる。株式の売買は、単元株制度になっていて、株式の売買単位も各会社が定めた1単元の株数による。2015年2月1日現在、東証の単元株式数の上場銘柄では、1単元1000

株（1,045社）、100株（2,401社）となっている。100株単位の会社が市場の約7割を占めていて、この傾向が増している。株価は1株当たりの値段になっているので、150円の株価の銘柄を買えば、1単元1000株で150×1000＝150,000円ということになる。証券会社の手数料は、取引タイプや取引金額によって異なる。

2009年1月に、株券電子化（株式のペーパーレス化）が実施された。これは、上場会社の株券をすべて廃止し、「証券保管振替機構及び証券会社等の金融機関に開設された口座において電子的に行う」というものである。株は、従来のような証券は発行されない。ただ、上場していない未公開株の会社では定款に定めて株の証券を発行することができる。

2007年に解散した「カネボウ株式会社」の株券
（著者蔵）

山一証券 (1997年)	
10月1日	250円
11月21日	102円
11月28日	1円

スカイマーク (2015年)	
1月14日	390円
1月30日	157円
2月16日	11円

上場会社が倒産もしくは倒産予想の情報が流れれば、株価は一挙に下落する。その一例として、1997年に倒産した「山一証券」と2015年に再建方針を決めた「スカイマーク」の株価単位で見ておこう。株の売買は、常にリスクが伴う。

《参考》東京証券取引所　http://www.tse.or.jp/index.html
『会社四季報2015年1集』（東洋経済新報社、2014年）
金融庁「株券電子化Q＆A」　http://www.fsa.go.jp/ordinary/kabuken/qa.html

③株価の推移

株価は、株式市場での需要（買い手）と供給（売り手）のバランスで決まる。株価の変動は、いくつもの要因がある。まずは、どれだけの利益を得ている会社かどうか、経営が透明か、将来的な成長が見込めるかなどといった会社の業績である。そのため、投資家は会社の情報を集めて売買の判断をする。また、日々の株価の動向を観察して、どの会社の銘柄が高くなっているかどうかを判断する。このほか、変動の要因には、為替、金利、海外の株式市場の動向などがはたらいている。さらに政治や国際情勢、政府の株価上昇を誘導する政策、自然災害にも市場は反応する。2014年の株価上昇の理由は、安倍首相の「厚生年金・国民年金の積立金を株で運用拡大」という方針のもとで、積立金が市場に流れたためである。リスクが高い株式運用に対しては、批判が出ている。これまで大きく株価が下落したのは、アメリカ発の金融商品の信用が失われたサブプライムローン問題（住宅バブル崩壊）、これを契機にしたリーマン・ショック（リーマン・ブラザーズの倒産）があった。2008年9月29日、1日にしてニューヨーク市場の平均株価は大暴落した。史上最悪となる777ドル安である。その影響は、世界的な株価の下落となった。1929年、1987年の大暴落を大きく上回る値であった。株価の変動には、アメリカをはじめ世界の経済動向が影響している。

日経平均株価（各年末）の推移は右のようになっている。1989年に最高値をつけていた株価は、翌年以降下落しているが、これはバブル崩壊である。2000年代の1万円割れは、長引くデフレもあるが急激な円高が要因になっている。

日経平均株価（各年末）の推移

年	株価（円）	年	株価（円）
1985	13,113.32	2000	13,785.69
1986	18,701.30	2001	10,542.62
1987	21,564.00	2002	8,578.95
1988	30,159.00	2003	10,676.64
1989	38,915.87	2004	11,488.76
1990	23,848.71	2005	16,111.43
1991	22,983.77	2006	17,225.83
1992	16,924.95	2007	15,307.78
1993	17,417.24	2008	8,859.56
1994	19,723.06	2009	10,546.44
1995	19,868.15	2010	10,228.92
1996	19,361.35	2011	8,455.35
1997	15,258.74	2012	10,395.18
1998	13,842.17	2013	16,291.31
1999	18,934.34	2014	17,450.77

（『日本国勢図会』、「日経平均プロフィル」）

株価の指標には日経平均株価と東証株価指数（ＴＯＰＩＸ（トピックス））がある。日経平均株価は、日本経済新聞社が東証第一部に上場する銘柄のうち225社の株価を対象にした平均である。ＴＯＰＩＸは、東証第一部上場全銘柄の時価総額の合計を全銘柄で割ったものである。算出方法は異なるが、いずれも株式市場の動向を示す指標である。教材研究として、日経平均株価を過去にさかのぼって調べるには、インターネットの「日経平均プロフィル」が便利である。これは、知りたい期日や年月を指定すれば簡単に引き出すことができる。

《参考》日経平均プロフィル　http://indexes.nikkei.co.jp/nkave/archives/data
　　　　東証株価指数（ＴＯＰＩＸ）　http://www.tse.or.jp/market/topix/topix.html

● 資料と扱い方

A　株式市場。東京証券取引所（東証Arrows）は、個人・団体で見学ができる。写真はチッカーといい円形の上部は、売買取引が成立した各社の株価が表示されている。ＴＯＰＩＸと表示されている下には仲介業務をしている人がいる。また、このフロアーには、大型スクリーンがあり、株価を確認できる。売買立会時間は、9時〜11時半、12時半〜15時（土・日・祝祭日・年末年始を除く）、東証には、その歴史写真やメディアセンター、証券史料ホールなどがある。株価の電光掲示板（新光証券→現みずほ証券）は、東京駅八重洲口近くにある。写真は2008年9月30日に撮影したもので、29日のニューヨーク市場の平均株価が777.68ドル安に大暴落したことを伝えている。日経平均株価も483.75円安となっている。右の写真は、同年10月17日に電光掲示板前で海外メディアが取材している場面である。「これらの写真は、何だろうか？」と問いかけて、株式市場、株価を伝えていることに気づかせる。また、現在は上場している会社の株券はペーパーレスになったが、株券がどういうものか、前ページで取り上げた株券をあわせて提示するとよい。

海外メディアの取材

B　株式会社のしくみ。所有と経営の分離を示している。株主総会で会社の事業方針が決まり、取締役や監査役が選任される。1株が1票になっているので、たくさんの株を所有している株主が会社を動かしている。その株主は、会社によっても異なるが、多くの場合は法人株主が強い力を持っている。この図解は、株主がどのように出資し、会社と関わっているかを表している。「株式会社はどのようなしくみだろうか」と問いかけ、しくみを理解させる。また、配当金や株の取引についても扱いたい。

C　株価の変動。前ページで取り上げた日経平均株価の推移をグラフ化したものである。「株価の変動要因」がわかるように作成してある。歴史分野で学んできた知識を活用するとよい。株価の変動には、いくつもの要因があることに気づかせる。

D　株式の所有者別分布。全国証券取引所（東京、大阪、名古屋、福岡、札幌の5証券取引所に上場している会社、2012年度3540社、2013年度3525社）の「株式分布状況調査」の「所有者別持株比率（単元数ベース）」より引用。株の所有者が金融機関・証券会社・事業法人で、ほぼ半数を占めている。金融機関には機関投資家と呼ばれる信託銀行や生命保険会社といった投資信託・年金信託などが含まれている。個人投資家は少ないことや海外の所有者が多いこともわかる。

❖ 授業の資料 ❖

A 株式市場

東京証券取引所（東証Arrows）

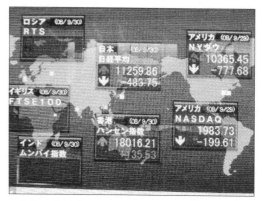

株価の電光掲示板（新光証券=現みずほ証券）

B 株式会社のしくみ

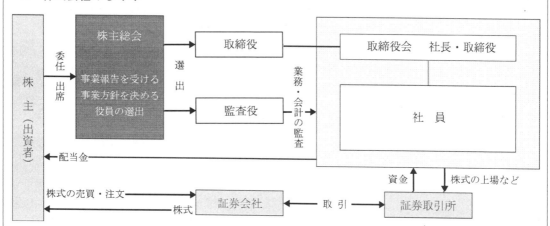

C 株価の変動

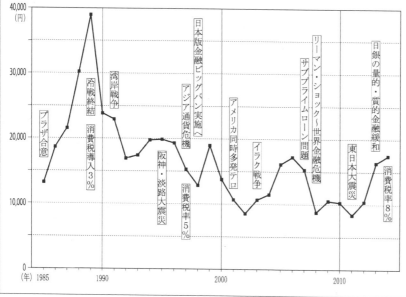

D 株式の所有者別分布（％）

年度	2012	2013
政府・地方	0.2	0.2
金融機関 銀行・生保険会社など	23.8	22.8
証券会社	2.3	2.4
事業法人	23.3	23.3
外国の法人・個人	24.3	26.9
個人・その他	26.2	24.3

- 211 -

52　企業の競争と独占

【授業のねらい】　資本主義は自由競争を原則とするが、企業はより多くの利潤を求めて市場を独占することがある。その問題点を明らかにする。また、大企業と中小企業の役割や問題を深める。

❖ 教材研究 ❖

①大企業と市場の独占

　株式会社など会社企業は、より多くの利潤を求めて経済活動をおこなう。そこで、市場での自由競争で他の企業に勝とうとする。設備投資や技術革新、新製品の開発をおこなうのは、市場占有率を高め利潤を追求するからである。結果として商品供給が1社だけになれば独占、数社で占有すれば寡占と言われる。現在、ほぼ独占状態にあるのは電気やガスである。電力は、市場参入規制が緩和され発電・小売の自由が進められているが、電力会社の地域独占状態は続いている。今後、発送電の自由化が模索されている。194ページの業界の集中度や〈授業の資料〉で提示したいくつかの商品は、どれが寡占状態にあるかがわかる。

　市場の寡占状態が続けば、企業同士が価格を協定（カルテル）したり供給や販路を調整したりすることが可能になる。価格の協定は、企業の利潤を高め、消費者の利益を損なうことになる。そこで企業が協定を結ぶことにならないように「独占禁止法」を定め、公正取引委員会が監視している。私的独占については、独占禁止法第2条で一定の条件のもとで「市場構造及び市場における弊害」として、右のように定めている。また、合併については、同法第15条では、会社の合併について規定している。合併をしようとする会社に対しては、条件を決めていて、届出の義務とともに公正取引委員会が審理している。

　独占禁止法違反で摘発された事件や近年の動向については、公正取引委員会が「独占禁止法違反事件の処理状況について」を公表している。

独占禁止法第2条の7
一　当該一年間において、一の事業者の事業分野占拠率（中略）が二分の一を超え、又は二の事業者のそれぞれの事業分野占拠率の合計が四分の三を超えていること。
二　他の事業者が当該事業分野に属する事業を新たに営むことを著しく困難にする事情があること。（以下省略）

独占禁止法第15条
　会社は、次の各号のいずれかに該当する場合には、合併をしてはならない。
一　当該合併によって一定の取引分野における競争を実質的に制限することとなる場合
二　当該合併が不公正な取引方法によるものである場合（以下省略）

2013年度の主なカルテル事件

異性化糖及び水あめ・ぶどう糖の販売価格を引き上げる旨を合意していた。—2013年6月13日　排除措置命令（2件）及び課徴金納付命令（課徴金総額：25億7245万円）
段ボール用でん粉について、原料であるとうもろこしのシカゴ相場の上昇に応じて、需要者渡し価格を引き上げる旨を合意していた。—2013年7月11日　排除措置命令及び課徴金納付命令（課徴金総額：2億5542万円）
北米航路等における自動車運送業務について、安値により他社の取引を相互に奪わず、荷主ごとに、運賃を引き上げ又は維持する旨を合意していた。—2014年3月18日　排除措置命令（4件）及び課徴金納付命令（課徴金総額：227億1848万円）

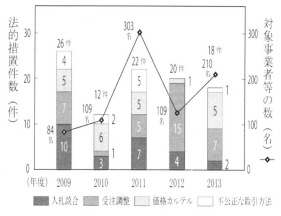

独占禁止法違反事件の処理状況について
法的措置件数と対象事業業者等の数の推移

（公正取引委員会HPより作成）

過去には、1990年の「ラップカルテル」、1993年の「シール印刷談合」「ノーカーボン価格カルテル」などの事件があった。

《参考》厚谷襄児『独占禁止法入門〈第7版〉』（日経文庫、2012年）
　　　　公正取引委員会「独禁法違反事件」　http://www.jftc.go.jp/houdou/pressrelease/h26/may/140528.html

②大企業と持株会社

近年、「○○ホールディングス」といった持株会社（holding company）をよく耳にする。持株会社は、純粋持株会社と事業持株会社があり、純粋持株会社は、株式を所有して他の会社の活動を支配することを事業目的としている。事業持株会社は、自ら事業も行っている。持株会社の設立が認められたのは、1997年6月に独占禁止法が改められたからである。それまで独占禁止法第9条は「①持株会社は、これを設立してはならない。②会社（外国会社を含む。以下同じ）は国内において持株会社となってはならない」と定めていた。持株会社を禁止していたのは、戦前の三井や三菱などの財閥が戦争に加担してきたためＧＨＱ指令で財閥が解体され、独占禁止法で制限してきたことによる。それが解禁されたことで、合併や企業再編が進められていくことになった。第9条は上のように改められ、事業支配力が過度に集中しない限りという枠はあるが、原則自由となった。この政策は、新自由主義、経済のグローバル化に伴うもので経団連が強く要求してきた。企業の買収合併（Ｍ＆Ａ）が拡大しているが、そのいっぽうで、企業の吸収・合併といった巨大企業グループの誕生は、労働者の子会社への出向、解雇を横行させることになりかねない。実際、純粋持株会社傘下の事業会社の人件費などのコスト削減、合理化に拍車がかかっている。投資家の利益ばかりを追求することが目的になっているという問題がある。

> **独占禁止法第9条**
> ① 他の国内の会社の株式（社員の持分を含む。以下同じ。）を所有することにより事業支配力が過度に集中することとなる会社は、これを設立してはならない
> ② 会社（外国会社を含む。以下同じ。）は、他の国内の会社の株式を取得し、又は所有することにより国内において事業支配力が過度に集中することとなる会社となつてはならない

経産省の2013年の調査によると、2012年度、純粋持株会社は290社、売上高または営業利益は2兆4907億円、常用雇用者数は19,273人であった。純粋持株会社の保有する関係会社数は国内5,752社、海外3,375社である。金融持株会社の一例として「株式会社三菱ＵＦＪフィナンシャル・グループ」の組織図（ＨＰより作成）と主な株主は次のようになっている（株主は『会社四季報』2015年1集より作成）。これも授業の資料として活用できる。なお、モルガン・スタンレーは、投資銀行、証券、資産運用、ウェルス・マネジメント事業でサービスを提供する世界のグローバル総合金融サービス企業である。

《参考》経済産業省「純粋持株会社調査」　http://www.meti.go.jp/press/2013/02/20140213001/20140213001.html

三菱ＵＦＪフィナンシャル・グループ
株主上位5位（保有割合％）

1	日本ＴＳ信託口	(5.0)
2	日本マスター信託口	(4.0)
3	バンク・オブ・ニューヨーク・メロンＳＡＮＶ10	(1.6)
4	ＢＯＮＹメロンフォーデポジタリーホルダーズ	(1.3)
5	日本生命保険	(1.2)

信託口は、資産管理業務の信託銀行

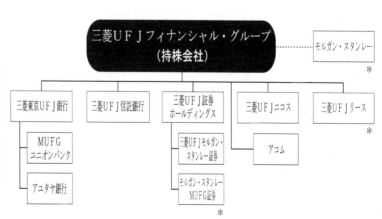

＊印は持分法適用関連会社

③大企業と中小企業

　企業には社会的な責任がある。これをCSR (Corporate Social Responsibility) という。特に大企業の経営が問われている。地域社会への貢献、雇用、環境への配慮、人権の尊重など、社会的な責任を果たすことが求められている。東洋経済はＣＳＲランキングを発表しているが、製造業の上位が目立っている。どのように評価しているか、調べてみるとよい。

　中小企業者の定義は中小企業基本法第２条で定めている。日本の中小企業は、中小企業庁の「経済センサス—活動調査」のデータ（2012年２月時点）によれば、99.7％となっていた。圧倒的に日本は中小企業が多いことが特徴である。さらに中小企業に占める下請企業比率は製造業で約18.6％、サービス業で約9.4％であった（「2012年版中小企業白書」）。一次下請もあれば二次・三次下請もある。製造業では、大企業の海外生産比率の上昇とともに下請が受ける影響は大きい。それは、中小企業の低収益や労働者への低賃金にもつながっている。また、経営者の高齢化問題もあって、休廃業・解散件数は増加傾向である。その実態などについて、統計資料とともに身近な地域で確かめるとよい。人口減少傾向とも相俟って、中小企業が抱える課題は、技術力を活かした製品づくり、新たな担い手づくりや地域産業の活性化、をあげることができる。これは農林漁業とも共通する。

中小企業者の定義

業種	従業員規模・資本金規模
製造業・その他の業種	300人以下又は３億円以下
卸売業	100人以下又は１億円以下
小売業	50人以下又は5,000万円以下
サービス業	100人以下又は5,000万円以下

小規模企業者の定義

業種	従業員規模
製造業・その他の業種	20人以下
商業・サービス業	5人以下

商業とは、卸売業、小売業（飲食店含む）を指す。

《参考》東洋経済ONLINE「ＣＳＲ総合ランキング」　http://toyokeizai.net/articles/-/37124
　　　　中小企業庁「2014年版中小企業白書」
　　　　中小企業基本法　http://law.e-gov.go.jp/htmldata/S38/S38HO154.html

●資料と扱い方
A　市場の独占。子どもにとって身近な商品を取り上げた。「どんな商品が市場を支配しているだろうか」と問い、その上で、独占禁止法やカルテルについて取り上げる。資料は『日経産業新聞』2014年７月28日付より引用。いずれも2013年の数値で、総数もしくは総金額は、次の通りである。「即席めん」は国内生産量54億7542万食、「チョコレート」は生産金額3260億円、「衣料用合成洗剤」は国内出荷額1917億円、「家庭用ゲーム機」は販売台数796万2000台、「タブレット」は出荷台数743万台、「携帯音楽プレーヤー」は国内販売台数400万台。

B　大企業と中小企業。中小企業が多く、そこで働く人が多いことがわかる。この資料は総務省統計局『第64回日本統計年鑑』（2015年）より作成。

C　企業規模間の賃金格差（国際比較）。中小企業ほど賃金が低い。これは、日本だけの問題ではないが、それでも、北欧は比較的格差が小さい。賃金格差が大きいことが中小企業問題の重要な課題である。中小企業の定義は国によって異なるが、アメリカは99％が中小企業となっている（日本に比べて、サービス業が多く、個人経営が多いことも特徴）。資料は、労働政策研究・研修機構『データブック国際比較2014』（2014年）より引用。日本は2012年、アメリカは2012年第１四半期、ヨーロッパは2010年の数値。日本は非農林漁業、アメリカは民間企業における非農林産業、ヨーロッパは公共事業・防衛等を除く非農林水産業を対象。規模区分は日本とアメリカは事業所規模、ヨーロッパは企業規模。

❖ 授業の資料 ❖

A 市場の独占

即席めん　3社合計81.9%
- 41.3　日清食品
- 26.0　東洋水産
- 14.6　サンヨー食品

チョコレート　3社合計61.6%
- 30.7　明治
- 21.1　ロッテ
- 9.8　江崎グリコ

衣料用合成洗剤　3社合計94.3%
- 37.9　花王
- 30.4　ライオン
- 26.0　P&Gジャパン

家庭用ゲーム機　3社合計100%
- 65.1　任天堂
- 34.7　ソニー（SCE）
- 0.2　日本マイクロソフト

タブレット　3社合計66.9%
- 43.8　アップル（米国）
- 17.1　華碩電脳（エイスース、台湾）
- 6.0　マイクロソフト（米国）

携帯音楽プレーヤー　2社合計93.3%
- 50.3　ソニー
- 43.0　アップル（米国）

B 大企業と中小企業

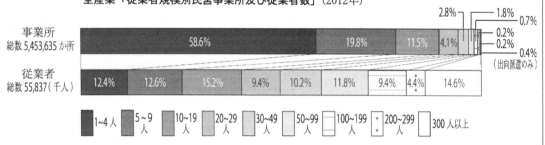

全産業「従業者規模別民営事業所及び従業者数」（2012年）

事業所 総数5,453,635か所: 58.6% / 19.8% / 11.5% / 4.1% / 2.8% / 1.8% / 0.7% / 0.2% / 0.2%
従業者 総数55,837(千人): 12.4% / 12.6% / 15.2% / 9.4% / 10.2% / 11.8% / 9.4% / 4.4% / 14.6%　0.4%（出向派遣のみ）

凡例: 1~4人／5~9人／10~19人／20~29人／30~49人／50~99人／100~199人／200~299人／300人以上

C 企業規模間の賃金格差（国際比較）

1,000人以上=100

事業所・企業規模(人)	計(5~)	5~29	30~99	100~499	500~999	1,000~
日本（製造業）	69.6 (76.2)	58.6 (61.9)	68.1 (67.7)	78.5 (79.1)	89.1 (88.1)	100 (100)

事業所・企業規模(人)	計(10~)	10~49	50~249	250~499	500~999	1,000~
アメリカ（製造業）	64.7 (64.5)	50.3 (46.3)	59.5 (55.2)	72.4 (64.0)	86.4 (71.5)	100 (100)
イギリス	58.0	50.6	82.9	62.4	86.1	100
ドイツ	85.3	—	—	92.5	—	100
フランス	81.8	76.0	82.5	83.7	100.2	100
イタリア	86.0	—	—	85.4	68.9	100
オランダ	40.5	62.3	62.6	42.4	44.1	100
デンマーク	101.4	121.6	106.0	125.7	—	100
スウェーデン	82.8	79.9	84.4	89.0	—	100
フィンランド	99.9	90.3	103.5	104.1	137.7	100
ノルウェー	79.6	93.4	81.5	103.4	95.4	100

53　銀行

【授業のねらい】　金融はどのようなはたらきをしているのか。金融ビッグバンによって銀行がおこなっている仕事の変化、日本銀行の役割を明らかにする。

❖ 教材研究 ❖

①金融と金融商品

　お金を融通しあうことが金融である。資金の貸借もあれば貯えもある。資金の貸し手から借り手に供給する直接金融もあれば、銀行など仲介金融機関を通しての間接金融もある。金融機関の仲介でおこなっている預金や投資・債券・保険、先物といったデリバティブ取引などが金融商品である。そのすべてをあげれば相当な数になる。例えば預金にしても「普通・定期・当座・積立・外貨建て」など、ローンは「住宅・教育・自動車」など、保険は「生命・医療・がん・損害・養老・個人年金・学資」など、債券は「社債・国債・利付国債・外債」など、投資は「株式・株式ミニ投資・投資信託・外国投資信託」などがある。詳しくは、金融機関の商品案内で調べることができる。

②銀行の仕事

　銀行は、1948年の「証券取引法」によって証券を扱うことが禁止された。これが金融の棲み分けであった。しかし、1980年代よりアメリカの圧力のもと、1984年5月「日米円・ドル委員会報告」で「金利の自由化」「制度の自由化」が求められた。制度の自由化は、1993年「金融制度改革法」の施行によって銀行の証券子会社の設立が認められた。銀行の金利の完全自由化は1994年10月であった。そして、段階的に金融の垣根をなくしていくことになる。1997年の相次ぐ銀行や山一証券の破綻もあって、金融ビッグバンと言われる動きが加速する。郵政民営化も

金融機関の種類

中央銀行		日本銀行
民間金融機関	普通銀行	都市銀行
		地方銀行
		ゆうちょ銀行、ネット銀行
	長期金融機関	信託銀行
	協同組織金融機関	信用金庫、信用組合、労働金庫
		農業協同組合
		漁業協同組合など
	その他の金融機関	証券会社
		保険会社(生命保険、損害保険会社)
公的金融機関	政府系	日本政策金融公庫など
	その他	商工組合中央金庫

この路線上にあった。日本版金融ビッグバンは、(1) 自由市場 (Free)、(2) 透明・信頼のある市場 (Fair)、(3) 国際市場 (Global) である。具体的には、(1) 企業・個人の自由な外貨取引ができる、(2) 金融持株会社をつくり銀行・保険・証券の相互乗り入れを可能にする、(3) 株式売買手数料の自由化、デリバティブ（金融派生商品、先物）など新金融取引の促進である。金融持株会社の設立解禁や銀行による投資信託の取扱解禁は1998年、保険と銀行の相互参入は1999年からはじまった。そして、2000年7月には金融庁が発足する。その後、銀行による保険販売の全面解禁など、銀行・証券・保険の垣根がなくなっていった。こうした改革は、グローバル化のなかで人びとにリスクの高い金融商品の取引を誘う政策である。果たして、それが人びとの幸福につながるのかどうかを見ていかなくてはならない。また、金融機関が破綻した場合は、預金保険機構によって預金者への払い戻しを保証するという制度が取り入れられた。これをペイオフといい、普通預金等（一般預金等）は「1金融機関の合算が元本1,000万円までと利息」が保護され、この金額を超える分は支払われない可能性がある。

　金融ビッグバンによって、多くの銀行は合併を繰り返した。1995年度に11行あった都市銀行は、2015年現在4行である。地方銀行や信託、信組など預金保険対象金融機関は、1995年度1007行であったが2013年度は580行になっている。地方銀行の合併が続いているが、背景には人口減少の影響もある。また、ＡＴＭの普及もあって、支店が激減している。

銀行の仕事には、固有業務と付随する周辺業務がある。固有業務は、「預金（預金又は定期積金等の受入れ）」「貸出（資金の貸付又は手形の割引）」「為替（為替取引）」である。付随する周辺業務ではグループ傘下の会社との連携を含め、「債務の保証又は手形の引受け」「有価証券の売買、有価証券関連デリバティブ取引、仲介」「有価証券の貸付」「国債、地方債、政府保証債の引受と募集」「金銭債権の取得又は譲渡」「社債等の取得又は譲渡」「外貨」「リース」「ローン」「保険の仲介」「投資顧問」などがある。銀行がどのような金融商品を扱っているかは、銀行に出向いて案内パンフレットを入手するとよい。また、各銀行は、「営業（事業）報告」を発行している。これは各銀行のＨＰからも入手することができる。こうした資料から、銀行がどのように利益を上げているのか、貸付先について調べることもできる。例えば、首都圏の地方銀行（千葉銀行）の貸出金業種別内訳を調べてみると、個人37.50％、国・地方2.94％、民間企業59.56％となっていた。個人の貸付先は必ずしも多くはない。

《参考》銀行法　http://www.houko.com/00/01/S56/059.HTM#s2
　　　　預金保険機構　https://www.dic.go.jp/index.html
　　　　財部誠一『ドキュメント金融危機の真相』（岩波ブックレット、1998年）
　　　　金子勝『日本再生論〈市場〉対〈政府〉を超えて』（ＮＨＫブックス、2000年）

③日本銀行の役割

　教科書は日本銀行について、「発券銀行・銀行の銀行・政府の銀行」と位置づけている。具体的には、日本の中央銀行として「日本銀行券の発行」「物価の安定」「金融システムの安定」「国の業務の取り扱い」という役割を担っている。日銀は、政府の預金口座を管理している。

　日本銀行券の発行や管理通貨制度については、すでに扱ってきた。お金の信用は国の信用と不可分である。

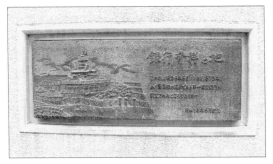

「銀行の発祥の地」プレート
1873年、第一国立銀行が兜町に誕生した。

　物価の安定は、お金の価値を保ち暮らしを安定させることにつながる。それだけ日銀の金融政策がポイントになる。以前は、「公定歩合を操作する」ことが中心であった。しかし、金融ビッグバンで金利が自由化され、この政策は意味をなさなくなった。金融機関に義務づけた「預金準備率操作」も同様である。今日、日銀がおこなっているのは、公開市場操作（オペレーション）である。これは、金融機関相互が短期的に資金を調達・運用する市場で、金利を操作することである。デフレで市場にお金が不足のときは、資金を短期金融市場に供給する（資金供給オペレーション）。民間金融機関に対して貸出をおこなったり国債や手形など有価証券の資産を購入したりする（買いオペ）。金融市場での資金量が増えるため、金利を下げることになる。これが、金融緩和政策であり、株価の上昇につながる。アベノミ

日本銀行本店本館
日本橋本石町にある日本銀行本店は、江戸時代の「金座」跡に建てられた。

クスは、この路線である。日銀の資金供給量（マネタリーベース）は毎月公表されているが、2007年の100兆円台に対し2014年末は270兆円を超えている。いっぽう、インフレで市場にお金が余っているときは、資金を短期金融市場から資金を吸収する（資金吸収オペレーション）。民間金融機関への貸出を減らしたり国債や手形など有価証券の資産を売却したりする（売りオペ）。これで金融市場の資

金量が減るため、金利を押し上げることになる。日本銀行は、こういう金融政策をおこなって、行き過ぎたデフレやインフレを防ごうとしている。日銀が、政策を見誤ると人びとの暮らしに大きな影響を与えることになる。同様のオペレーションは、多くの国がおこなっている金融政策である。そのため、ある国がいずれかの政策をとると、その影響は他国の経済にも及ぶ。経済のグローバル化の下では、日本経済だけでなく世界経済の動向がもたらす影響が大きい。

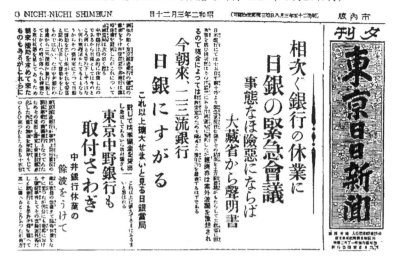

昭和金融恐慌（『東京日日新聞』夕刊、1927年3月20日付）

　金融システムの安定は、人びとの暮らしを左右する。私たちが金融機関に預けているお金を必要なときにいつでも引き出せることがふつうの暮らしである。民間金融機関が破綻して、引き出すことができなくなるような事態になれば、安心して暮らすことはできない。昭和金融恐慌で預金者が銀行に押し寄せ「取り付け騒ぎ」が起きたが、そのような事態を引き起こさないことも日銀の役割である。

●資料と扱い方

A　ATMコーナー。写真は、エキナカATMであるが、駅・コンビニ・スーパーなどでATMコーナーが設置されている。カードで簡単にお金の出し入れができる。その利便性と手数料（預金引出で手数料がかかる金融機関とかからない金融機関があること、曜日・時間で手数料が異なることなど）について問いかける。

B　金融商品のパンフレット。「金融商品とはどんなものか」と問い、金融商品の案内パンフレットから銀行の付随的な周辺業務について深める。

C　家計の資産構成（日・米・欧の比較）。日本は、現金・預金が半分を占めている。それに対してアメリカは現金・預金が少なく、株式・出資金が3割を超えている。金銭についての考え方を示している。アメリカなど世界が注目したのは、日本の個人金融資産の現金・預金であり、いかに投資市場に転換させるかであった。グローバル化する金融市場の問題を考える事例として活用する。資料は、日本銀行調査統計局「資金循環の日米欧比較」（2014年12月24日）より作成。

D　メガバンクの再編。みずほ銀行は、「みずほホールディングス」設立時（2000年9月）を示した。国内支店数は、三菱東京UFJ銀行が2014年3月、三井住友・みずほ・りそなの各銀行が2014年9月現在である（各銀行HPより）。金融ビッグバンの進展とともに銀行の再編成が進んだことを取り上げる。

E　日本銀行の公開市場操作（オペレーション）。これは金融市場の動向を見ながら日銀がおこなう金融政策である。「どういうときに資金供給か資金吸収か」と問い、これまでに学習してきたインフレやデフレとつなげて取り上げる。この図は日銀のパンフをもとに作成。

❖ 授業の資料 ❖

A　ATMコーナー

B　金融商品のパンフレット

C　家計の資産構成（日・米・欧の比較）

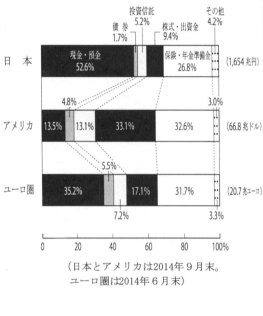

（日本とアメリカは2014年9月末。ユーロ圏は2014年6月末）

D　メガバンクの再編

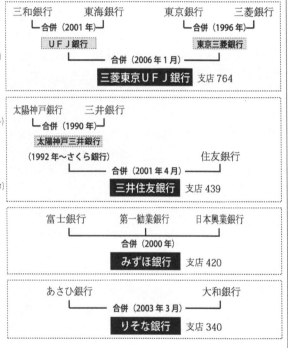

E　日本銀行の公開市場操作（オペレーション）

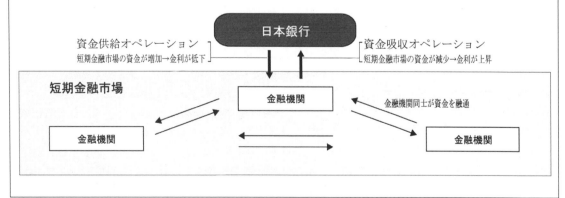

54 お金の取引

【授業のねらい】 お金の取引はどう変化してきたか、金利についてつかむ。また、お金を借りることで生じるリスクについて考える。

❖ 教材研究 ❖

①お金の貸し借りと利率

金銭の貸借は、銀行の固有業務である。銀行にお金を預け、その利子が高ければ預金志向が高まる。これも経済動向に左右されている。1992年の銀行普通預金の利率（年）は、1％であったが、いまは0.02％である。100万円を預けて1年間で受け取る利子は、1万円（税込）だったのが200円（税込）、かつては預金高が多ければ利子で暮らしていける時代でもあった。いっぽうお金を借りるとなると、その金利（年）は100万円を1年間借りて6％なら6万円、15％ならば15万円の利息を含めて支払うことになる。インターネットで商品を売買する電子マネー、クレジットカードが拡大するなかで、金利に強くなることは子どもたちの学習課題である。

②消費者金融（サラ金）の成長と変遷

子どもたちもよく知っている貸金業が、サラ金である。サラ金が成長してきたのは、担保なしで融資が受けられるという気安さである。サラ金のテレビCMは、1977年のテレビ東京、1983年の日本テレビではじまった。そのCMは1990年代から急激に増える。東京キー局でただ一つ放映していなかったTBSも2001年4月1日解禁した。サラ金からの借金で苦しんでいた人が多いなかで、テレビCMに対する批判が強まった。日本弁護士連合会などがテレビCM中止の意見書を出してから、放送の制限がおこなわれるようになった。

サラ金という消費者金融は、法律では貸金業に分類され、消費者向無担保貸金業という。1990年代の成長は、自動契約機の開発に成功したことがある。1997年に「アコ

金利の比較

	1992年 1月20日	2015年 3月1日
銀行普通預金	1％	0.02％
郵便局 （ゆうちょ銀行）		
定額預金（1年）	3.785％	0.035％
（3年）	5.323％	0.040％
銀　行		
大口定期（1年）	5.30％	0.025％
（3年）	5.55％	0.040％
銀行住宅ローン		
金利固定型	7.32％	4.650％
金利変動型	6.90％	2.475％

＊ 大口定期は1000万円以上。
＊ 2015年の銀行は三菱東京UFJ

「サラ金」全盛時のテレビCM放映

ム」が自動契約機の開発に成功し、「むじんくん」を新宿と博多に設置すると、以後、武富士「￥enむすび」、プロミス「いらっしゃいましん」、アイフル「お自動さん」が誕生する。こうして容易にお金を借りる市場が拡大したが、その同時期に自己破産件数も増加した。何よりも高金利が借り手の暮らしを圧迫した。年率29.20％の金利は、とてつもなく高い。100万円を借りて1年後の利子は292,000円、元本合わせて1,292,000円になる。かつては、上限金利が40.004％のときもあった。お金を借りたいと考えたときには銀行にかけ込むが、銀行の貸し渋りがあると、いわゆる「ヤミ金融」を頼る現実がある。「多重債務」「ローン地獄」などの事態を受けて、法改正がおこなわれた。2001年9月の決算の大手消費者金融の「武富士」（業界第1位）の経常利益は、1,235億円であったが、企業盗聴事件などで社会的信用を失い、2012年2月で営業権を譲渡する。最高裁は、2006年1月に利息制限法を超える金利に対して厳しい判決を出した。これを受けて「過払い利息」の返還請求が急増する。また、利息制限法や貸金業法の改正もおこなわれ、総量規制など新たなルールがつくられた（金融庁・消費者庁ポスター参照）。最高裁司法統計によると、自然人の自己破産申請は2003年度がピークになって

いて、以後は減少している。

最近はカードローンの普及に伴い、小口融資を銀行が手がけている。また、金融機関の持株会社設立に伴い、資金を銀行から調達してきた貸金業者は、それぞれのメーンバンクの傘下に入り提携するようになってきた。アコムは現在の三菱ＵＦＪフィナンシャルグループ、プロミスは三井住友フィナンシャルグループである。また、いくつかの銀行との提携もある。カードローンのテレビＣＭもある。

《参考》金融庁「金融庁の政策」
http://www.fsa.go.jp/policy/kashikin/index.html
裁判所「司法統計」 http://www.courts.go.jp/app/sihotokei_jp/search

自己破産件数の推移

年度	件　数
2000	139,280
2001	160,457
2002	214,638
2003	242,357
2004	211,402
2005	184,422
2006	165,932
2007	148,248
2008	129,508
2009	126,265
2010	120,930
2011	100,510
2012	82,668
2013	72,048
2014	65,189

（最高裁司法統計年報）

金融庁・消費者庁ポスター

③クレジットカード

　カードには、キャッシュカード、クレジットカード、デビットカード、ローンカードなどがある。このうちクレジットカードは、２億6722万枚（2014年３月末現在）普及している。支払を現金ではなくカードで決済できる。クレジットとは信用のことであり、クレジット会社は、銀行のように預金業務はできないノンバンクである。

　授業では、下の図を活用し、「消費者」「カード会社」「販売店」「銀行」のカードをつくって、どのように決済がおこなわれるのか取り上げるとよい。カード会社には、銀行系もあれば信用販売を業務とする信販系、楽天カードやイオンカードのような流通系もある。カード契約ではふつう審査がおこなわれるが、一般に流通系の審査は甘いと言われている。

　カード決済では、一括払いもあるが、分割もある。分割払いでは、カード会社によっても多少の違いはあるが、３回払い以上では分割手数料が発生する。手数料は年利18％の場合もある。これは消費者金融の金利と同じであり、分割払いの選択はリスクが高まる。リボ（リボルビング）払いという毎月一定額を支払う方法があるが、これは返済額や利子を実感できにくいため、「カード破産」を招くこともある。

《参考》一般社団法人日本クレジット協会　http://www.j-credit.or.jp/

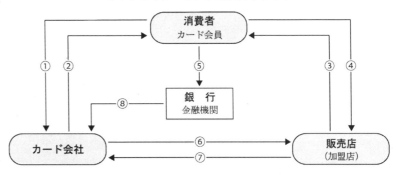

クレジットカードによる決済のしくみ

①クレジットカード契約・申込　②カード発行、商品購入後に明細書送付
③商品、サービス　④クレジットカード提示・サイン（ネットの場合は送信）
⑤預金　⑥代金立替払い　⑦代金請求　⑧消費者の預金口座から立替代金の引落し（一括または分割）

④多重債務の解決

　何よりも多重債務に陥らないことが基本である。ふだんから、生活設計を立てること、お金の取引に関わる知識を身につけること、カードをいくつも所有しないこと、むやみに借金をしないこと、金利を計算することなどをあげることができる。そして、こうしたことに子どものうちから強くなることが欠かせない。

　もし、多重債務に陥ったら、その解決には（1）特定調停、（2）任意整理、（3）個人再生手続、（4）自己破産という方法がある。このうち任意整理以外は、裁判所への申立てが必要になる。いずれの場合も解決するための相談窓口（以下の機関）がある。

- 日本弁護士連合会　http://www.nichibenren.or.jp/
- 日本司法書士会連合会　http://www.shiho-shoshi.or.jp/
- 日本司法支援センター法テラス　http://www.houterasu.or.jp/
- 国民生活センター　http://www.kokusen.go.jp/map/
- 各自治体の消費生活センター

●資料と扱い方

A　消費者金融。写真は身近にある消費者金融のコーナー、広告板（東京・錦糸町駅前）である。子どもたちも身近な場所で見かけている。「どこで見たことがあるか」と問えば、テレビCM、チラシ、ネット広告、電車広告などと答える。また、どういう営業をしているのか、広告チラシの内容を取り上げておきたい。

B　金利（利息）の計算。実際に子どもたちに計算させることで、利息の金額を実感できる（以下が計算の結果）。なお、預貯金の利息（利子）には20.315％の源泉分離課税が適用されている。

・お金（100万円）を1年間預ける
　年利0.020％（普通）＝1,000,000×0.00020＝200（円）
　年利0.025％（定期）＝1,000,000×0.00025＝250（円）

・お金（100万円）を1年間借りる
　年利　2.775％＝1,000,000×0.02775＝27,750（円）
　年利　5.975％＝1,000,000×0.05975＝59,750（円）
　年利　15.00％＝1,000,000×0.1500＝150,000（円）

　利息の日割り計算は、右のようになる。

利息の日割り計算

10万円を年利18.0％で利用
例（1）30日間
　10万円×0.18÷365×30
　≒1,479（円）
例（2）7日間
　10万円×0.18÷365×5
　≒247（円）

C　上限金利の引き下げ。前ページの金融庁・消費者庁のポスターも活用して、上限金利の引き下げがおこなわれたこと、グレーゾーンが刑事罰対象・行政処分対象になった。あわせて、借金の総量規制を取り上げる。資料は金融庁の政策をもとに作成。

D　自己破産件数の推移。Cと合わせて取り上げる。上限金利の引き下げによって自己破産件数は減少してきた。グラフの数値は前ページに示した（2014年度は前ページの推移で確認）。

E　クレジットカード発行枚数。「クレジットカードによる決済のしくみ」を学ぶなかで、どれほどの枚数が発行されているか、成人人口（2014年3月の20歳以上の総人口1億475万人）比で1人当たり2.6枚所有という計算になる。カードのリスクについて明らかにする。資料は、日本クレジット協会の調査より（2014年3月末の調査対象は265社）。

❖ 授業の資料 ❖

A 消費者金融

B 金利（利息）の計算

- お金（100万円）を1年間預ける
  年利 0.020％（普通）＝
  年利 0.025％（定期）＝

- お金（100万円）を1年間借りる
  年利 2.775％＝
  年利 5.975％＝
  年利 15.00％＝

C 上限金利の引き下げ

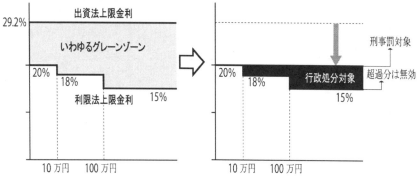

① 総量規制
・借入残高が年収の3分の1を超える場合新規の借入れができない
・年収証明の書類
② 上限金利の引き下げ
③ 貸金業者への規制強化

D 自己破産件数の推移

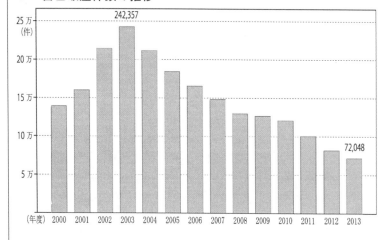

E クレジットカード発行枚数

（単位：万枚）

2005年3月末	23,271
2006年3月末	24,640
2007年3月末	25,279
2008年3月末	26,479
2009年3月末	27,261
2010年3月末	27,405
2011年3月末	27,068
2012年3月末	26,027
2013年3月末	25,979
2014年3月末	26,722

55 円高・円安

【授業のねらい】 円高・円安を理解し、為替レートの変動によって人びとの暮らしや経済にどのような影響があるかを明らかにする。

❖ 教材研究 ❖

①固定相場制から変動相場制へ

テレビやネットのニュースで毎日のように伝えられるのが、為替レート（相場）である。しかし、子どもたちは、なぜ変動するのか、円高・円安の意味を十分に理解していない。この問題を解き明かすのが、この授業の課題である。

子どもたちは「なぜ世界共通通貨がないのか」という疑問を持つが、そのためには、各国が同じ経済構造であり、物価・賃金・生活や経済規模も同程度でなければならない。同じ通貨を使っているユーロ圏では、通貨の価値を維持することが課題となっている。ギリシャで起きた債務問題も、その一つである。

日本がIMF（国際通貨基金）に加盟した1949年は、1ドル＝360円の固定相場であった。この為替レートは、1944年7月、アメリカのブレトン・ウッズで開催された連合国44か国の通貨金融会議で決まった。金1オンス（31.1035グラム）＝35ドルの価値を決め、各国はドルに対する自国通貨の価値を決めて固定された。戦後、世界経済をリードしてきたのはアメリカであった。ところが、そのアメリカは、ベトナム戦争の泥沼化で軍事費が膨張、そして急激な国際収支の悪化と金準備の減少を招いた（ドル危機）。

「1ドル＝308円」を伝える新聞号外
（1971年12月19日付『読売新聞』号外）

1971年8月15日、当時のアメリカ大統領ニクソンは金とドルの交換停止を発表する。いわゆるニクソンショックとかドルショックと言われている。国際通貨体制の危機に直面したが、同年12月18日にドル切り下げ（円切り上げ）の合意を受けて収拾されることになった。号外（『新聞号外でみる戦後』より）は、1ドル＝308円を明日（12月20日）から実施すると伝えている。その後、1973年、完全な変動相場制へ移行する。これによって、為替相場の安定を目的に設立されたIMFの役割も変化する。今日、為替レートが毎日報道されるのも、変動相場制になっているからである。この間の固定相場制から変動相場制への移行、通貨体制と円切り上げの問題は『円とドル』に詳しくまとめられている。

《参考》吉野俊彦『円とドル』（NHKライブラリー、1996年）
歴史教育者協議会編『新聞号外でみる戦後』（大空社発売、2005年）

③プラザ合意と円高

1985年9月22日に、ニューヨークのプラザホテルで開かれたG5（日・米・西独・英・仏の5か国の大蔵大臣と中央銀行総裁の会議）で、ドル高を是正することを求めたのがプラザ合意である。これによって、円高ドル安の動きが進む。日・米・西独の中央銀行が「ドルを売り、円を買う」という市場介入であった。『朝日新聞』は、1990年3月5日付で「五年間の軌跡」を取り上げている。「プラザ合意後、円はピッチを速め、再三にわたる日本の公定歩合の引き上げにもかかわらず、円は86年3月、78年10月に記録した最高値1ドル＝175円50銭を突破した。その後も、ドルの下落は続き、ドル暴落

の危険もささやかれるようになった。89年2月22日には、フランスのルーブル宮殿で7か国蔵相・中央銀行総裁会議（G7）が開催され、為替相場の現行水準での安定が合意された」と解説している。

　プラザ合意の背景には、アメリカの双子の赤字解消があった。日本の第二次石油ショック後の不況は、ドル高が進むなか、アメリカへの輸出が急増していた。結果として、日本の貿易黒字も増加した。このためアメリカの「ドル安・円高」の要求となった。為替相場の推移（1971年以降は各年末）は次の資料で確かめられる。1970年の1ドル＝360円が2015年に120円程度だから45年間で3倍も円高になっている。円高・円安の要因には、アメリカ経済や世界経済の動向が影響している。

1970年	360	1982年	235.00	1994年	99.74	2006年	118.95
1971	314.75	1983	232.00	1995	102.83	2007	114.00
1972	302.00	1984	251.50	1996	116.00	2008	90.75
1973	280.00	1985	200.50	1997	129.95	2009	92.06
1974	300.95	1986	159.10	1998	115.60	2010	81.45
1975	305.15	1987	123.50	1999	102.20	2011	77.72
1976	292.00	1988	125.85	2000	114.90	2012	86.55
1977	240.00	1989	143.45	2001	131.80	2013	105.30
1978	194.60	1990	134.40	2002	119.90	2014	121.55
1979	239.70	1991	125.20	2003	107.10		
1980	203.00	1992	124.75	2004	104.12		
1981	219.90	1993	111.85	2005	117.97		

単位：円（アメリカの1ドルと交換できる円、各年末）
1972年～2013年までは『日本国勢図会2014／15』による

③円高・円安と暮らし

　海外旅行をするときは、円を外貨と交換することになる。国際空港や銀行には、「外貨両替」のコーナーがある。どこでいつ両替するか、手数料や為替レートを気にしながらの両替となる。

　円高になるか円安になるかは、私たちの暮らしにどんな影響があるか。これをまとめたのが、次ページの表である。これまでに日本は、急激な円高による不況を経験している。1990年代の円高は、資源や原材料のコストを下げることになったが、海外での日本製品は高くなるため輸出は振るわなくなった。そのため、生産拠点を海外に移転する企業が増加した。結果として日本国内の産業の空洞化を招くことになった。また、円高によって安い外国商品が市場にあふれ、全般に商品の価格下落につながり、円高デフレとなった。国内企業はその影響を受け、工場閉鎖・企業倒産が起き、雇用破壊につながった。

　そうならば円安がよいか。円安は輸出企業が活気づくと言われるが、日本は、資源や原材料を海外から輸入し製品を輸出するという産業構造である。そのため円安になると、資源や原材料、外国商品の価格は高くなる。また、国内で生産される商品の価格も高くな

東京・日比谷の外貨両替所

り、消費生活への影響が出てくる。しかし、高い商品が必ず売れるというわけではなく、消費が冷えることも起こる。円高・円安は、別の視点からみれば、「日本経済」が買われているか（円高）、売られているか（円安）のあらわれでもある。こうした円高・円安は、これまで述べたようにアメリカをはじめとする世界経済の動向と深くかかわっている。どういうときに円安になり円高になっているかを確かめておきたい。サブプライムローン問題が表面化したあとのリーマン・ショック（2008年9月）では、株価だけでなく為替レートの変動にも及んでいる。世界同時不況、金融危機であった。これからも、世界経済の動向によって急激な変動は起こり得る。

《参考》金子勝『世界金融危機』（岩波ブックレット、2008年）

	円　高	円　安
輸　入	外国商品・原材料を安い価格で輸入できる	外国商品を高い価格で輸入する
輸　出	日本商品は、外国で高くなり輸出しにくい	日本商品は、外国で安くなり輸出しやすい
企　業	輸出企業は、輸出が振るわないので収益は低く、生産が振るわない	輸出企業は、輸出が増えることで収益も高くなり、生産が活気づく
海外旅行	費用が安くなり、旅行者が増える	費用が高くなり、旅行しにくくなる
消　費	外国商品・原材料の価格が安いので、商品の価格が下落しやすい	外国商品・原材料の価格が高いので、商品の価格が上昇しやすい

●資料と扱い方

A　円高・円安。この問題を提示し、グループワークで考えさせる。Ⓐ Ⓑ Ⓒの答えはいずれも「円高」であるが、子どもたちはⒸが「円安」と認識しやすい。円高は円の価値が上がることだということがわかっているかどうかを確かめることができる。1ドル＝125円と1ドル＝80円という表し方が子どもたちの混乱を生む。そこで、ドル建てではなく円建てで表すと円高の意味がわかってくる。

　　　1ドル＝125円　→　1万円＝ 80ドル
　　　1ドル＝ 80円　→　1万円＝125ドル

となる。いずれのレートが受け取るドルが多いかを示すことで、円高・円安がわかるので、こうした具体例を出すとよい。

B　外国為替市場。写真を提示し、「何をしている人たちだろうか」と問う。写真（円高が進んだ2012年2月14日に撮影）は、売買の仲介がおこなわれている取引の現場である。ブローカーたちは、銀行などからの売買の注文を受けている。それぞれ、担当する顧客が決まっていて、為替レートが動くと注文が入る。外為市場では、どの通貨を売買するか、需要と供給による取引でレートが変動する。そのしくみを図解で明らかにする。

C　為替相場（レート）の推移。図は、円高・円安がわかるように、価格の軸で円の値段を逆転させている。固定相場制の時代から2014年までの年末の為替レートを表している。「円高になったり円安になったりするのは、どんな理由だろうか」と問い、世界経済の動向で変動していることをつかむ。資料は、前ページのデータをもとに作成。

❖ 授業の資料 ❖

A　円高・円安

次の問題でⒶⒷⒸは、円高になったからか？円安になったからか？
Ⓐ　輸入業者は、今までより安い値段で商品を買うことができる。原材料や部品も安くなるので製造原価が安くなる。
Ⓑ　アメリカへ旅行すると、今までよりも安い値段で旅行することができる。
Ⓒ　アメリカで日本商品を買うと、今までよりも高い値段で買うことになる。

B　外国為替市場

トウキョウフォレックス上田ハーローSPOT

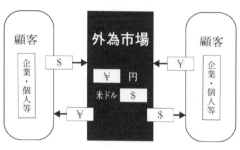

外国為替市場での取引

C　為替相場（レート）の推移

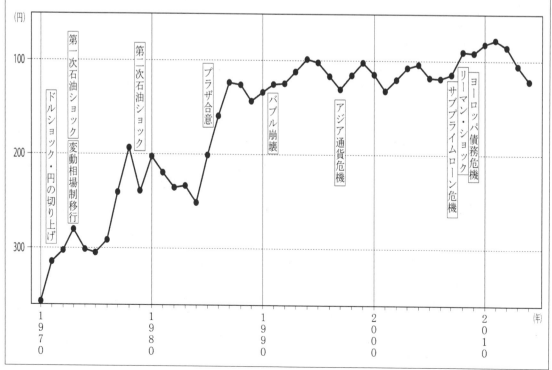

56　好景気・不景気

> 【授業のねらい】　資本主義経済のもとで繰り返される景気変動と、それが人びとの暮らしに与える影響を明らかにする。

❖ 教材研究 ❖

　資本主義経済は、つねに経済が拡大し続けていくわけではない。生産や消費が活発になる好景気と、それが衰える不景気を繰り返している。好況→景気後退→不況→景気回復という循環である。企業の自由競争と利潤の追求は、企業生産の収縮や膨張を生む。不況がひどくなれば恐慌が起こる。景気循環の波は、短いものから長いものまでいくつかの波動があり、それぞれ経済学者の名まえをつけている。短期波動はキチンの波といい、周期は３～４年（約40か月）で在庫の増減を主な理由としている。中期波動は、ジュグラーの波といい、周期は７～10年で設備投資の増減で起こる。長期波動はコンドラチェフの波といい、周期は約50年で主に技術革新によって起こるとされている。これらが重なりあうと深刻な状況を迎える。

　好況か不況かは、人びとの暮らしに大きな影響を及ぼす。経済のグローバル化によって、一国の経済状況が世界中に拡大する。そのため、経済の行方は政治にとって重要な課題であり、政府は、さまざまな統計データにもとづいて景気判断をしている。好景気は、消費が拡大し、生産された商品の売れ行きがよく活気があるという状態である。そこでは売れ行きに応じて通貨量が増え、働く場も多くなり労働市場も活気づく。これに対し、不景気は、消費が伸びず商品の在庫が増大、生産の縮小とともに労働市場の活気が失われる。景気判断は、景気動向指数に基づいておこなわれる。その指標となるのは、景気の動きと一致する「一致指数」（鉱工業生産指数、有効求人倍率、小売販売額など）、景気の動きに先行する「先行指数」（新規求人数、新築住宅、耐久消費財出荷など）、景気の動きに遅れる「遅行指数」（設備投資、完全失業率など）がある。景気の動向について、基準年を決めて指数化したのがＣＩ（Composite Indexes）である。また、日銀短観も景気判断材料であり「業況判断指数」は企業の心理を読み取ることができる。

《参考》内閣府「景気動向指数」　http://www.esri.cao.go.jp/jp/stat/di/di.html

●資料と扱い方

A　景気動向指数の推移。「景気はどのように循環しているか、その要因は何だろうか」と問い、これまでに「株価」や「為替」で学んできたことを重ねて考える。グラフは毎月公表されるＣＩのうち、「一致指数」と「先行指数」である。山（好況）と谷（不況）が繰り返されていることがわかる。網のかかった時期は景気後退期である。資料は内閣府「景気動向指数」（長期系列）の数値をもとに作成。

B　企業の倒産と失業率。Ａの資料と重ねながら、「好況と不況のとき、失業や倒産がどうなっているだろうか」と問い、暮らしの影響を考える。失業率では、若い世代の割合が高い。地域別失業率は掲載していないが、これを加えてみると、地域差が大きいことがわかる。資料の企業倒産数は、㈱東京商工リサーチの数値、完全失業率は、総務省「労働力調査　長期時系列データ」の数値をもとに作成。完全失業率の定義は、以下の通り。

　　完全失業率＝15歳以上の労働人口に占める完全失業者の割合（％）
　　・就業者（月末１週間に少しでも仕事をした者）
　　・完全失業者（仕事に就いておらず、仕事があれば就くことができ、仕事を探す活動をしていた者）

《参考》総務省「労働力調査」　http://www.stat.go.jp/data/roudou/longtime/03roudou.htm#hyo_1

C　景気と暮らし。表の項目について、それぞれの具体的な状況を説明できるようにする。また、現在の経済状況を位置づける。ここでも、これまでに学習してきた「生産」「物価」「インフレ・デフレ」「株価」「日銀」などの学びを活用し、不況のときを事例にして、どのような対策（政策）をとればよいか、考える。

❖ 授業の資料 ❖

A 景気動向指数の推移

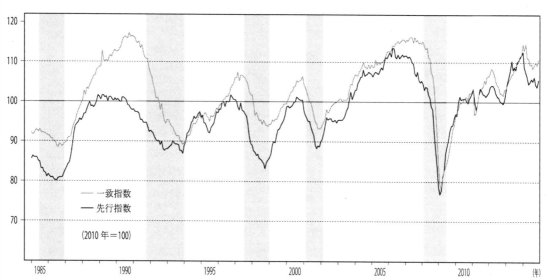

B 企業の倒産と失業率

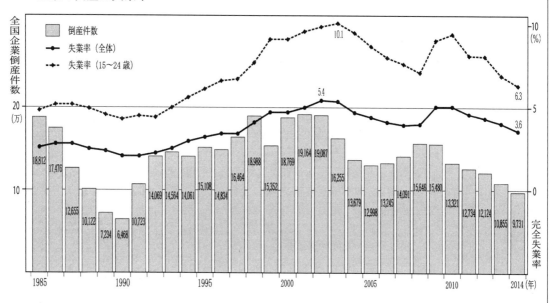

C 景気と暮らし

	好況期	後退期	不況期	回復期
経済活動	最大	縮小	最小	拡大
賃金	高	下降	低	上昇
倒産・失業	減少	増大	激増	減少
物価	高	下降	低	上昇
消費	増大	下降	減少	上昇
金利	高	下降	低	上昇
株価	高	下降	低	上昇

57　国（政府）の経済活動

【授業のねらい】　国の経済活動・政策が、どのような目的でおこなわれているのかを明らかにし、私たちの暮らしとのつながりを考える。

❖ 教材研究 ❖

①財政の役割―政府の経済活動

　国や自治体の仕事に必要なお金は、家計や企業から税金として集められている。この税金などを資金として国や自治体がおこなう経済活動が財政である。政府の経済活動には大きく分けて3つの役割がある。公共サービスの提供・社会資本の整備、所得の再分配、景気の調整である。

　公共サービスの提供・社会資本の整備とは、政府や自治体がおこなう公共財の提供のことで、教育や消防・警察といった国民が安心して暮らすための生活基盤の整備や産業の育成である。公共財は利益が出ないため、民間企業のように利益（利潤）を追求する経済活動とは異なる。

　所得（富）の再分配は、社会全体の不平等や貧富の格差を是正することである。資本主義経済（市場経済）で人びとは自由な競争を原則に経済活動を営んでいる。しかし、どういう働き方をするか、どこで働くか、どこから所得を得るかは異なる。また、企業の倒産によって失業し所得を失うかもしれない。このような所得の格差を社会全体で解消することが国や自治体に求められている。社会保障制度は、その一つである。毎年度の予算書には財政政策が組み込まれている。税制では、所得の高い人ほど税率を高くしている累進課税制度をとっている。こうした所得の再分配は、財政の役割である。

　景気の調整は、財政政策によって経済を安定させることである。「好景気・不景気」でも扱ったように、好況と不況を繰り返す資本主義経済にあって、日銀の金融政策と協調し、財政政策によって景気の行き過ぎを調整している。不況のときに減税をおこなうことは、消費の活性化が目的である。また、公共事業を増やしたり減らしたりすることも景気の調整につながる。こうしたことから、政府は国民経済の動向をたえず注視して、多面的に経済統計を作成し予測を立てている。その一つがＧＤＰ（国内総生産）である。ＧＤＰをもとに経済成長率を四半期ごとに算出し年間の数値を公表している。ＧＤＰは、国内で1年間に新しく生みだされた生産物やサービスの総額である。生産された付加価値は、家計・企業・政府の所得の合計であり、総支出である。実質ＧＤＰは、物価の変動による影響を取り除いて算出したものであり経済の実体を反映している。ある年度の実質ＧＤＰの数値を前年度と比較し何倍になったかを示したものが実質経済成長率である。以下の数値は、1956年度以降の日本の数値である。高度経済成長期は10％を超えていることがわかる。

実質経済成長率　（年度・％）

1956	6.8	1966	11.0	1976	3.8	1986	1.9	1996	2.7	2006	1.8
1957	8.1	1967	11.0	1977	4.5	1987	6.1	1997	0.1	2007	1.8
1958	6.6	1968	12.4	1978	5.4	1988	6.4	1998	-1.5	2008	-3.7
1959	11.2	1969	12.0	1979	5.1	1989	4.6	1999	0.5	2009	-2.0
1960	12.0	1970	8.2	1980	2.6	1990	6.2	2000	2.0	2010	3.4
1961	11.7	1971	5.0	1981	3.9	1991	2.3	2001	-0.4	2011	0.3
1962	7.5	1972	9.1	1982	3.1	1992	0.7	2002	1.1	2012	0.7
1963	10.4	1973	5.1	1983	3.5	1993	-0.5	2003	2.3	2013	2.1
1964	9.5	1974	-0.5	1984	4.8	1994	1.5	2004	1.5	2014	-0.9
1965	6.2	1975	4.0	1985	6.3	1995	2.7	2005	1.9	2015	

（資料は、2012年度までは、矢野恒太記念会編『数字でみる日本の100年』などより引用、2013・14年度は内閣府の数値）

②国の財政―歳出

国は国家財政、自治体は地方財政といい、1年間の財政収入が歳入、財政支出が歳出である。国や自治体は、1年ごとの予算・決算を毎年度の議会で審議して決めている。これは、民意を反映した予算を組み単年度で使い切ることが理由であり、国民主権や住民自治という民主主義の原理に基づいているからである。国の歳出の内訳の変遷は〈授業の資料〉に掲載した。細かな内容は、毎年度の予算案から調べることができる。過去のデータは財務省のＨＰで検索するか、総務省統計局の『日本の統計』(各年版)、『日本国勢図会』(各年版)で確認できる。

2014年度（当初予算）の「社会保障関係費」は、約30兆円のうち年金医療介護保険給付費が22兆円を占めている。この費用は、急速な高齢化が進んでいるなかで増加している。「文教及び科学振興費」は減少しているが、これは、小泉内閣の三位一体改革によるものである。自治体への税源移譲や地方交付税交付金の見直し、国庫補助金負担の改革がおこなわれた。その結果、上の表のように義務教育費国庫負担金（公立の小・中学校教員の給与など）は削減され、国の負担割合を2分の1から3分の1に減らしたことが大きい。2000年度は約3兆円だったが、2014年度はほぼ半額になっている。税源移譲で地方がまかなえる自治体もあるが、税収が少ない自治体の負担は大きい。教育振興助成費は教科書配付や国公立大学法人・私立学校の援助で、2014年度が2兆3,917億円である。2014年度の「公共事業関係費」は、社会資本総合整備（町の整備や住宅支援など）が約3割を占めている。そのほか、道路整備・治山治水対策・農林水産基盤整備・住宅環境整備などである。「地方交付税交付金」は、自治体の財政力に違いがあるため住民サービスの格差を補うための費用である。「防衛関係費」は、自衛隊の人件費や装備などである。在日米軍駐留経費の一部負担もここに含まれる。歳出で社会保障に次いで多いのが「国債費」である。国債については、238ページで扱う。

義務教育費国庫負担金の推移

年　度	金額(単位：10億円)
1995	2,762
2000	2,980
2005	2,086
2010	1,594
2011	1,567
2012	1,546
2013	1,476
2014	1,532

（総務省統計局のデータより。2014年度は当初予算）

③財政投融資

財務省は、「租税負担に拠ることなく、独立採算」「財投債（国債）の発行などにより調達した資金を財源」「政策的な必要性があるものの、民間では対応が困難な長期・固定・低利の資金供給や大規模・超長期プロジェクトの実施を可能とするための投融資活動（資金の融資、出資）」と位置づけている。財政投融資（財投）の規模は、高度成長期に拡大し続けてきた。1995年前後は約40兆円、国の一般会計予算の半分の規模であった。2001年にはじまった財投改革で、2014年度の規模は約16兆円となっている。この改革で財投の原資となっていた「郵便貯金」「厚生年金・国民年金」は廃止された。いまの財投のしくみは、次の図のようになっている。

財政投融資のしくみ（資金の流れ）

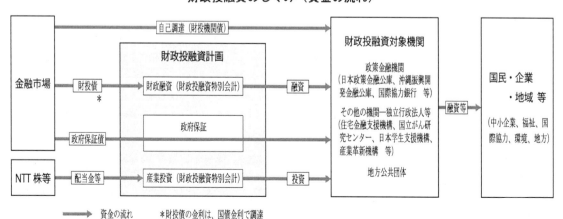

（財務省「財政投融資の概要」と財投機関の一覧をもとに作成）

これまでに財投でつくられた施設は、身近な所にある。学校建設にも一部が財投からの資金が使われている。財投の投資と融資の主な活用事例には、東名・名神高速自動車道建設、長野新幹線建設、地下鉄建設、成田国際空港建設、東京国際空港（羽田）の再拡張、ダム建設、途上国への経済協力、奨学金貸与、住宅金融公庫（2006年度まで）を通じての住宅建設への融資などがある。

現在、財投は次の分野で活用している。中小企業・農林水産業では、日本の産業基盤であることから日本政策金融公庫を通して設備投資などを支援する。教育では、学生への奨学金で、日本学生支援機構を通しての有利子奨学金の貸与である。このほか児童福祉施設など福祉・医療、空港整備などの社会資本、産業・研究開発、開発途上国へのODA、そして地方自治体のおこなう投資的事業である。融資による資金の提供を受けた者は、その償還をしなければならないが、低金利・長期の融資が基本である。改革後の財投について、独立行政法人が官僚の天下り先という問題がある。また、財投機関債は特殊法人の信用、財投債は国の信用で市場から資金を調達するが、金融市場のチェックが欠かせない。市場金利が上昇した場合の償還、金融システムが不安定になった場合などの課題がある。

住宅金融支援機構（本店：東京都文京区）

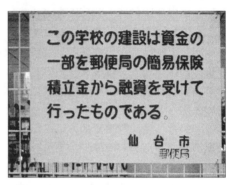

財投の一例（仙台市の小学校にある掲示）

財投のほかにも単年度予算ではない「特別会計」に、年金、国債整理基金、エネルギー対策、東日本大震災復興などがある。会計間の重複を除いた金額で195.1兆円（2015年度予算）に及ぶ。

《参考》財務省「日本の財政を考える」　http://www.zaisei.mof.go.jp/
　　　　「財政投融資の概要」　http://www.mof.go.jp/filp/summary/what_is_filp/index.htm
　　総務省統計局「日本統計年鑑」　www.stat.go.jp/data/nenkan/pdf/yhyou05.pdf
　　神野直彦『財政のしくみがわかる本』（岩波ジュニア新書、2007年）

● 資料と扱い方

A　国の経済活動。国・自治体がおこなっている経済活動について、図を活用し理解させる。財投についてもふれる。公共サービスについては、これまで学習してきたことから具体的な内容を説明させるとよい。景気の調整は、前時の「好景気・不景気」のテーマと重なる部分である。

B　所得格差を示すジニ係数の国際比較。「ジニ」は、イタリアの統計学者コッラド・ジニ（Corrado Gini）が考案したもので、その名前から呼ばれている。格差を小さくするために所得の再分配という財政の役割は欠かせない（参照：189ページの所得金額階級別にみた世帯数）。しかし、実態はどうか。資料とともにグラフの読み取りから現状をつかみ、考え合う。ジニ係数のグラクは、総務省統計局の2009年「全国消費実態調査 各種係数及び所得分布に関する結果」より作成。全国消費実態調査は5年ごとに実施されている。2014年の調査結果は順次公表される予定である。
　　《参考》総務省統計局「数字で見る日本」　http://www.e-stat.go.jp/SG1/estat/eStatTopPortal.do

C　歳出の内訳の推移。歳出のそれぞれの内容について、どんな費用が組まれているのかに着目し、費目の内容を取り上げるとよい。予算書の資料は教科書にも掲載されているし、最新の年度の資料は新聞などで報道されているので参考にするとよい。歳出の推移を見ると、社会保障関係費が伸びていることがわかる。「その理由は何だろうか」と問い、理由を考えさせる。国債費はここでは深入りしない。資料は、総務省「一般会計、特別会計、政府関係機関、地方普通会計歳出額及び財政投融資額」をもとに作成。

❖ 授業の資料 ❖

A 国の経済活動

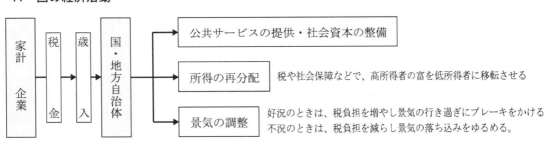

B 所得格差を示すジニ係数の国際比較

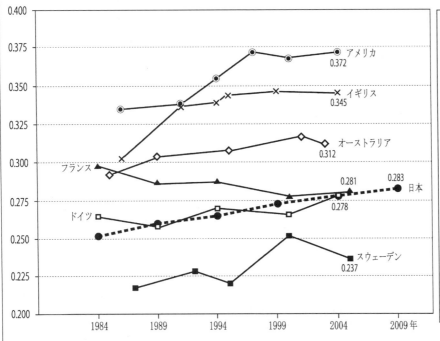

ジニ係数

ジニ係数は、所得分配の格差・不平等度を示す指標です。係数は0と1の間の値で示され、完全に平等なときが0で、数値が1に近づくほど不平等な社会であることを表しています。アメリカやイギリスは格差が大きく、日本も格差が増しています。スウェーデンは、逆に平等度が高くなっています。

C 歳出の内訳の推移

	1995年度 78兆0340億円	2000年度 89兆7700億円	2005年度 86兆7050億円	2010年度 96兆7280億円	2014年度 95兆8820億円	
社会保障関係費	18.6%	19.7%	24.0%	29.6%	31.8%	年金医療介護保険給付費、生活保護費、社会福祉費、保健衛生対策費、雇用労災対策費
文教及び科学振興費	8.7%	7.6%	6.7%	6.0%	5.7%	
国債費	16.5%	23.9%	22.6%	21.0%	24.3%	
恩給関係費	2.2%	1.6%	1.2%	0.7%	0.5%	
地方交付税交付金（地方特例交付金を含む）	15.8%	17.6%	20.1%	19.4%	16.8%	
防衛関係費	6.1%	5.5%	5.7%	5.0%	5.1%	
公共事業関係費	18.2%	12.8%	9.2%	6.6%	6.2%	
経済協力費	1.3%	1.1%	0.9%	0.8%	0.5%	
その他（中小企業対策費、エネルギー対策費など）	11.9%	10.1%	9.6%	10.2%	9.1%	

58　暮らしと税

【授業のねらい】　国の歳入のうち税金を取り上げ、暮らしと税負担について考える。税のなかでも、所得税における累進課税、消費税について深める。

❖ 教材研究 ❖

①税の歴史

憲法第30条は、「国民は、法律の定めるところにより、納税の義務を負ふ」とし、第84条では、「あらたに租税を課し、又は現行の租税を変更するには、法律又は法律の定める条件によることを必要とする」と定めている。納税は国民の義務となっている。しかし、税は「できるなら納めたくない」と考えるのも人びとの心理である。税の歴史をたどると人が集団で暮らすようになった古代から存在していた。国家が誕生すると支配と被支配の関係ができ、支配者は生産物の一部や労働を献納物（税）として課し、被支配者はそれを納めるという関係であった。税の歴史は国家の歴史と重なる。資本主義と近代民主主義の発達とともに生まれた近代国家は、生産手段を原則として持たない「無産国家」となり、必要な経済活動の資金を税に求める「租税国家」となった。近代の税の歴史を振り返ると、税と戦争が重なる。今日、公務員や会社員など給与所得者の多くは、源泉徴収制度のもとで納税している。これは、会社などが、社員の毎月の給料から源泉所得税を差し引き、社員に代わって会社が税金を納めるというしくみである。そのため、社員は、消費税を除けば自ら税金を納めたという実感がないと言われる。ふつう、1年間の所得が確定してからその翌年に納税するが、源泉徴収制度は、税金を確実に早めに徴収することができる制度である。このしくみがはじまったのは、1940年、日中戦争の時期である。同じ時期に法人の所得に課税する法人税が導入されている。税と戦争は深くつながっていた。

②税の種類

いまは、集めた税をもとに公共サービスを提供するというのが、国の役割となっている。したがって税は、納めるか納めないかの自由を許さず強制的に徴収する。そして、人びとの不公平感が生じないような税制をつくらなければならない。集めた税をもとにどういう公共サービスをするかは、国民の代表が集まる議会で決めるため、選挙の1票は、税の徴収や使い方を決める1票でもある。

税の種類は約50種類に及ぶ。その主なものは教科書に掲載されている。ただし、毎年のように税制改正がおこな

税の種類

国税	直接税	所得課税	所得税、復興特別所得税
			法人税、地方法人税、復興特別法人税、法人特別所得税
		資産課税など	相続税、贈与税
	間接税等		消費税、
			酒税、国たばこ税、たばこ特別税、揮発油税、地方揮発油税、航空機燃料税、石油ガス税、石油石炭税、自動車重量税、印紙税、登録免許税、電源開発促進税、とん税、特別とん税、関税
地方税	道府県税	普通税	県民税、事業税（個人・法人）
			地方消費税
			不動産取得税、県たばこ税、ゴルフ場利用税、自動車取得税、自動車税、軽油取引税、鉱区税
		目的税	狩猟税、水利地益税など
	市町村税	普通税	市町村民税（個人・法人）
			固定資産税、特別土地保有税、
			軽自動車税、市町村たばこ税
		目的税	入湯税、事業所税、都市計画税、国民健康保険税など

＊東京都23区は、固定資産税・事業所税など一部の税が都民税として課税されている。

われているため、詳細を国税庁の情報から入手する必要がある。例えば、2014年に国税として「地方法人税」が創設されているし、税率についても改定されることがある。

所得税は、個人の所得にかかる税であり、所得が多くなるほど税率が高くなる累進課税である。所得の再分配機能を担っているが、高額所得者を優遇する累進税率になっている。所得税と連動する住

民税は、三位一体改革の仕上げとして2006年度の税制改革（所得税から住民税への税源移譲）によって一律税率となり、再分配機能が薄められた。なお、所得税はすべての所得に対して課すというのが建前であるが、株式・配当・利子は累進税率ではなく比例税率になっている。こうしたことが、所得の格差が拡大するという結果をつくり出している。復興特別所得税は、2013年1月から2037年までの間、「復興特別所得税額＝基準所得税額×2.1％」を課税するものである。

財務省は、「日本の個人所得税の負担は諸外国に比べて低い水準になっています」と説明している。財務省がその例としているのは、給与収入（年500万円以上）の事例である。年金所得者や非正規労働者の事例ではない。また、一般に「保険料」が税という意識は低い。税の種類に載せた「国民健康保険税」にしても、自治体によっては「保険料」という表記が多い。「健康保険」「介護保険」も税の範ちゅうである。これらの負担が重い。2008年のOECDの調査データによれば、社会保険料の事業主負担（対国民所得比）は、フランス14.8％、スウェーデン11.6％、ドイツ8.6％、日本7.1％となっていた。国際比較をするならば、国民負担率と国民還元率の両者の比較が必要である。

法人税は企業の利益に対する税で、「収益－費用」で計算する。利益がなければ欠損（赤字）企業であり、国税としての法人税を納めない。ただし、欠損企業であっても、法人の地方住民税や事業税は均等割額分の税は納めなくてはならない。財務省「税制について考えてみよう」（2014年）の資料によれば、「我が国の法人のうち、利益を計上し法人税を納めている法人は3割程度であり、残りの7割の法人は欠損法人になっています。資本金1億円超の大会社に限ってみても、利益を計上している法人は5割程度であり、残りの5割は欠損法人となっています」とある。こうした実態のいっぽう、法人の実効税率（国と地方を合算）が諸外国より高い税率という理由から法人税率を下げる政策が進められている。法人税率（基本税率）は、1989年が40％、1990から37.5％、1998年34.5％、1999年から30％、2012年から25.5％である。税収（所得税・法人税・消費税）の推移は、以下のようになっている。2012年度までは決算額、2013～14年度は補正後予算額、2015年度は当初予算額である。図は、授業の資料としても活用できる。

《参考》浦野広明『税民投票で日本が変わる』（新日本出版社、2007年）
　　　　国税庁「租税教育用教材」　http://www.nta.go.jp/tokyo/shiraberu/gakushu/index.htm#a-07
　　　　『わたしたちの生活と税』（各都道府県租税教育推進連絡協議会）

主な税目の税収（一般会計分：所得税・法人税・消費税）の推移

財務省（http://www.mof.go.jp/tax_policy/summary/condition/011.htm）などをもとに作成

③消費税

税のなかでも子どもたちが最も関心を持つのが消費税である。日本に消費税（3％）が導入されたのは1989年4月1日、その後5％に引き上げられたのが1997年4月1日、8％が2014年4月1日であ

る。いまでは、普通税のうち消費税の占める割合が最も高くなっている。所得の多少と関係なく、等しく負担する税である。はじめて消費税が導入された時期の1989年10月23日付「政府広報」で当時の橋本龍太郎大蔵相は、「消費税は、同じだけの消費をすれば同じ税金を負担するという意味で公平な税ですが、病気や障害で所得の少ない方や年金だけで暮らしておられる方にもご負担いただくことになります。税金は国を財政面から支えています。このような支えがあってこそ充実した福祉ができるのです。消費税創設と所得減税という今回の税制改革は高齢化しつつある私たち日本社会の将来を見すえて行われたものです」と説明した。しかし、消費税は目的税ではない。徴収した税を何に使うかは別である。また、介護保険という40歳以上の被保険者から徴収する制度が2000年4月1日から施行された。さらに、2011年から「社会保障と税の一体改革」がはじまり、2014年4月1日からの消費税を8％に引き上げた。2014年度予算では、消費税率引き上げで約5兆円以上増え、社会保障の財源化を謳っているが、歳出の社会保障の充実には0.5兆円程度である。今後、2017年4月1日から10％への引き上げを予定しているが、社会保障の充実につながるかどうかわからない。1世帯（2人以上）当たりの消費支出（住居・自動車購入・贈与金等を除く）は、月244,302円（2015年1月、総務省「家計調査」）となっている。単純に消費税8％で計算すれば19,544円が消費税分となる。大企業の賃金アップが数千円、中小企業の賃金は据え置きでは、消費支出を控える世帯が増えることになる。

　かつては、高価な商品や趣味的な商品に課税する「物品税」があった。これが消費税導入によって廃止された。いまの消費税はほとんどの商品に課税しているが、EUなどで実施されている軽減税率を導入するべきだという意見もあるが、商品の選別やシステム上の問題もあって、どのようなかたちで軽減税率を実施するか不明である。

物品税の時代―トランプ類税証紙
（著者蔵）

　日本の消費税について、諸外国の付加価値税と比較して「日本は低い」と言われ、それが税率引き上げの理由になっている。ただし、日本は税の負担率に対して還元率は低く、ジニ係数とともに考えていかなければならない。消費税をめぐっては輸出戻し税がある。輸出企業が輸出した場合に仕入れ段階で支払った消費税還付の制度で、大企業が下請企業に消費税分を押しつけている問題がある。

●資料と扱い方

A　戦争と税金。税金の歴史の1コマとして扱う。資料は、拙著『イラストで学べる税金のしくみ〈第1巻〉』（汐文社、2010年）の一部を加筆。

B　累進課税の変遷。所得の再分配のための累進制だが、税制改革とともに累進制が薄められてきていることを読み取る。また、最高税率が低下していることに着目し、財政の役割を考えさせる。現在、アメリカは7段階、イギリスは3段階になっているが、1980年前後まではそれぞれ15段階、11段階であった。日本の場合、前ページの税収の推移を活用すれば、主要な税が消費税に頼っている面を確かめられる。資料は、財務省「税制について考えてみよう」などをもとに作成。

C　消費税のしくみ。図をもとに消費税がどのように納税されているか、また、消費税の商品表示が多様であることをつかむ。消費税の増税については国民の間でも根強い不満・反対がある。賛否を問う展開も可能である。とりわけ、2017年の10％引き上げについて考えさせるとよい。子どもには、本当に「社会保障の財源なのか」という疑問もある。しくみの資料は、財務省・国税庁などの各種資料をもとに作成。

D　各国の付加価値税（標準税率）。財務省などは、日本の消費税率が諸外国にくらべ低いことを強調するために各国の比較を用いている。その内容を見ると、食料品などでゼロ税率もある。日本とは異なる。日本の非課税となる取引（介護保険サービス、学校の授業料など）も調べておく。なお、一覧表にはないアメリカは州によって課税しているところがある。資料は、財務省や各国の資料より作成。

❖ 授業の資料 ❖

A 戦争と税金

日清戦争の時期には、商工業者など事業を経営する企業に登録税や営業税を設けました。日露戦争では、戦争のさなかに戦費調達のため織物や石油に課税したり相続税を設けたりしました。日中戦争のときは、1940年に源泉徴収制度を導入します。ふつう、1年間の所得が確定した翌年に納税しますが、この制度では、会社員の給料から毎月税金を差し引き、税金を確実に早めに徴収することができます。政府は戦争の費用をまかなうために徴税の仕事を会社に肩代わりさせました。政府の徴税事務の負担も軽減され、戦費を確保するうえで都合が良かったわけです。

B 累進課税の変遷

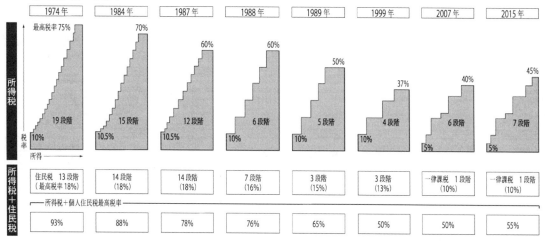

C 消費税のしくみ

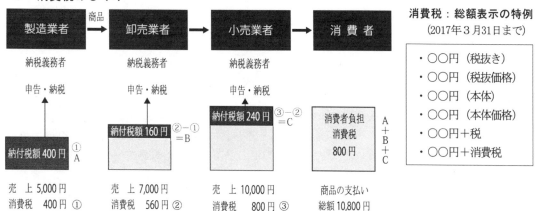

D 各国の付加価値税 （標準税率、2015年1月現在）

フランス	20%	5.5%…食料品など
ドイツ	19%	7%…食料品、新聞など
イギリス	20%	ゼロ税率…食料品、水道水、新聞、雑誌、書籍、国内旅客輸送、医薬品など
スウェーデン	25%	12%…食料品、6%…新聞、書籍など、ゼロ税率…医薬品（処方分）など
カナダ	5%	ゼロ税率…食料品。国税のほかに州により課税率が異なる消費税がある。
韓国	10%	免税…未加工品、政府が認定した新聞など

59 国の借金

【授業のねらい】 国は歳入不足を国債等の発行で補っているが、その実態をつかみ、借金が膨れ上がっている問題を考える。

❖ 教材研究 ❖

戦中（1944年）の国家財政は、軍事費の占める割合が85％ほどであった。急増する財政支出は、増税や国債発行で賄ってきた歴史がある。国債の個人消化を促進するために、さまざまな施策がとられた。郵便局売り出し国債、銀行による少額国債や国債貯金があった。右の「戦時貯蓄債券」もその一つである。しかし、戦時下の国債乱発は通貨を膨張させ、戦後のインフレの進行につながった。

戦後、財政法を制定し、赤字国債の発行と日銀の赤字国債引き受けを禁止したが、第4条で社会資本の財源として国債（建設国債）を発行することができるようにした。1965年の特例公債法によって赤字国債の発行を可能にすると、1975年度以降、赤字国債の発行が増え続けていくことになる（1990〜1993年度は赤字国債発行ゼロ）。国債は、借金であり、いずれ償還しなければならない。毎年度の歳出で、その利子を含めた償還の割合が高くなっている。国債という借金に頼る財政構造は問題が多い。例えば、国債を日銀が大量に引き受けると、それに見合う通貨が市場に流れる。景気の低迷が続くと低い金利だが、金利が上昇すると利払費が増える。

戦時貯蓄債券（1944年）
裏面には、償還の最終は昭和40年1月までと記載。戦後、紙くず同然となった。
横12.7cm、縦16.8cm（著者蔵）

国債は、金融機関などが入札方式で買い取る。金融機関に集まった預金が国債の資金になっている。また、国債は個人でも買うことができる。「個人向け国債」と「新窓販国債」があり、金融機関で扱っている。「新窓販国債」は、解約する場合は、金融機関を通じて市場価格での売却となり市場リスクのある投機的な金融商品である。詳しくは、財務省の案内を参照して比較するとよい。

《参考》財務省「日本の財政を考える」　http://www.zaisei.mof.go.jp/

●資料と扱い方

A　国債とは。国の歳入不足を国債で補っている実態をつかむ。毎年度の公債金は、新規国債である。国債は日本国政府が保証している安全な投資先と言われているが、国が破綻した場合は、投資した資金が戻ってこないこともある。また、日本国債の暴落の危険性もある。

B　国債等の所有者内訳と国債残高累増。所有者内訳によれば、国内が多いことがわかる。家計（個人）の所有はわずかである。所有者内訳は、日銀「資金循環統計」2014年第4四半期速報より作成。国債残高累増では、2000年代以降に残高が急増していることがわかる。税収不足が国債発行を増やしている。借金を減らすことは財政の課題だが、この借金は金融資産でもある。ただ、いずれ償還しなければならないので、将来世代に背負わせていることは確かである。この問題を考えたい。ギリシャの財政破綻では、債務隠しとともに海外の国債保有が多かったことが要因になっていた。国債残高累増は、財務省の資料から作成、2014年度末は実績見込み、2015年度末は政府案。

《参考》日銀「資金循環統計」速報　https://www.boj.or.jp/statistics/sj/sj.htm/

C　債務残高の国際比較（対GDP比）。日本が先進国の中でも突出していて、財政の厳しさがわかる。OECDの2013年11月のデータ、財務省の資料より作成。

❖ 授業の資料 ❖

A 国債とは

　国が発行する債券を国債、自治体が発行する債券が地方債です。これを公債といいます。国の予算書には、歳入に公債金があり歳出に国債費が計上されています。歳入不足を補うために債券を発行し借金をしています。歳入に占める割合は国の予算の4割ほどを占めています。借金はいずれ返済しなければなりません。

　国は「個人向け国債」の募集を毎月おこなっていて、金額は1万円単位、金融機関が窓口になっています。消費者から見れば国債も銀行預金も金融商品です。そうすると、国債と定期預金の利率を比較して選ぶということになります。しかし、国債は安全な投資先でしょうか。

国の歳入に占める公債金
（金額・%）

年度	兆円　（%）
2010	42.3 (44.4)
2011	42.8 (42.5)
2012	47.5 (48.9)
2013	40.9 (40.8)
2014	40.5 (40.9)
2015	36.9 (38.3)

B 国債等の所有者内訳と国債残高累増

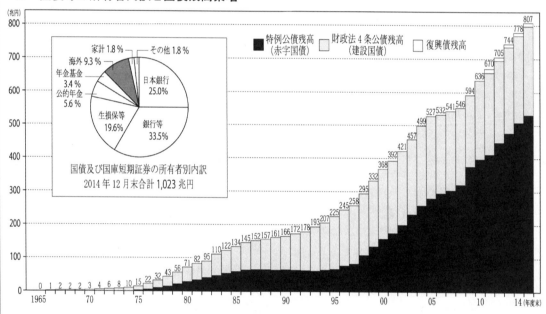

C 債務残高の国際比較（対GDP比）

借金がGDPに対してどれくらいの割合かを示したもので、数字が低いほど健全です。

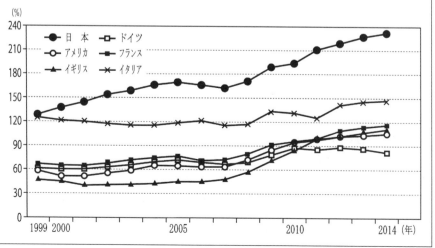

《「対立と合意」「効率と公正」を考える》

　現代社会をとらえる見方・考え方として、学習指導要領は「対立と合意」「効率と公正」の学習を公民的分野に位置づけた。これを受けて、教育現場ではどういう教材で考えさせていくか試行錯誤を繰り返している。いくつかの実践事例には、身の回りのこと、交通マナー、校則、清掃などがある。身近なところでルールを考えたり効率を考えたりするのも、子どもにとっては考えやすい内容であるかもしれないが、公民の授業としてはどうだろうか。次の章で取り上げている宇沢弘文の視点、「21世紀の資本」を書いたピケティの所得格差是正は参考になる。

　「対立と合意」を考える際、何よりも大事にしたいのは、個人の尊厳である。ひとりの人間は、かけがえのない存在であり限りない価値がある。人がつくる社会は、人間相互に尊重しあって成り立っている。いかに対立があっても、他者を無視したり差別したりしてはならない。1949年の文部省著作教科書『社会科15 社会の政治』の「むすび」に国と個人についての文章がある。これは、授業資料として今日でも活用できるのではないか。

　「効率と公正」では、人間関係や社会集団において利害が絡む問題である。効率とは無駄がないこと、公正とは不正がないことである。これは、経済単元で扱いたい内容である。そこで、富の分配、労働、消費税といった具体的な項目を取り上げて、「大きな政府と小さな政府」を考えさせたい。

〈国と個人〉…民主的な国の政治は、国民の個人の幸福と安全とを確保するために、個人が協力していろいろの困難な問題を解決するために行うものにほかならない。そのためには、いろいろの機関や組織を持たなければならないが、それらは、すべて国民の意志によって最大多数の国民の福祉のために、多くの国民にかわってはたらかなければならない。それから、また国民の福祉は、多数の個人がひとりひとり幸福になることをおいてほかにないということを考えるのもたいせつなことだ。国民全体のためにということばによって、国民の個人個人の自由や権利がじゅうりんされるようなことがあれば、それはけっきょく国民の不幸なのだ。

　もちろん人々の間には経済的な利害や政治的な意見の対立がある。だからこそ、社会にいろいろの問題が起り、その解決も困難なのである。しかし、その問題を解決するために、討議し、投票し、多数決によって決定し、その決定にはすべてのものがしたがって行く。そして、その決定がもしあやまっていたことがわかったならば、規則にしたがって、もう一度討議をやり直し、投票し、さらにそれを改めて行く、という手続きを取って、国民の多くのものの納得に行くように問題を解決して行く。これが民主的なやり方だ。それは、国民の同意による政治のほんとうのすがただといってよい。

――文部省著作教科書『社会科15 社会の政治』(1949年)――

〈大きな政府と小さな政府〉1980年代に新自由主義という構造改革がはじまりました。これは、イギリスのサッチャリズムやアメリカのレーガノミクスで知られている「小さな政府」路線です。日本もこれにならって、国鉄などの国有産業の民営化が進められていきます。21世紀に入ってから、小泉純一郎内閣は「聖域なき構造改革」「構造改革なくして日本の再生と発展はない」(2001年5月所信表明演説)として、経済・財政、行政、社会の構造改革を掲げました。具体的には、郵政民営化、道路公団民営化、構造改革特区や規制緩和などを推進します。民間にできることは民間にゆだねるという「官から民へ」の路線です。国庫支出金や地方交付税交付金の改革や税源移譲など「中央から地方へ」という三位一体改革を進めました。「市場主義」「小さな政府」は、雇用の破壊をはじめ社会保障制度改革でも効率化を優先させています。社会保障費の抑制は、医療、介護年金、生活保護の分野に及びます。憲法25条で保障された生存権と国の責任についても、自己責任に転嫁する政策が進められていきます。こうした「市場原理主義」路線をこれからも引き継いでいくのか、あるいは、所得の再分配、国民の安心、公的サービスを充実させるかが問われています。　――歴教協編『四字熟語で読み解く現代日本』(旬報社、2013年)をもとに再構成――

第5章
日本の社会と経済の課題

【第5章・単元のねらい】

今日の日本の社会がどのような問題に直面しているか。日本の社会と経済を軸に、これからの課題を考え深める。

左：東日本大震災　液状化による被害（2011年4月10日、千葉県浦安市）
右上：メーデーでの首都圏青年ユニオンの行進（2009年5月1日、代々木公園）
右下：さようなら原発全国大集会（2014年9月23日、亀戸公園）

【この単元について】

　この単元では、企業社会の問題、過労死、社会保障の現状、環境問題、貿易などを取り上げる。少子高齢社会がもたらす現実と向き合い、これにどう対応するか、グローバル化する経済のなかで日本の進むべき道を探る。この単元の内容は、第1章の人権の尊重、第3章の住民自治と関連する内容がある。これまでの学習を活用して課題を考えさせたい。放射能被害については人工放射性物質の理解に重点を置き、エネルギー問題は次章で扱う。

　未来を担う子どもたちが、困難を乗り越え、どういう暮らしをきりひらくことができるか、展望を持てるように展開する。

子どもの意識をさぐる

　子どもたちは、いまの日本社会の現状をどのように見ているだろうか。子どもの未来とつながる問題について、その実態を確かめて教材研究と授業づくりに向かっていきたい。

1．あなたは、将来どんな職業に就きたいですか。
　ア，農業や水産業などで働く　　　　　　　イ，技術を身につけ工場や建設の仕事で働く
　ウ，商店や会社でサービス・事務で働く　　エ，専門知識を身につけ研究者や教師で働く
　オ，その他（　　　　　　　　　）
2．あなたは、どのような働き方を望みますか。
　ア，正規社員として働く　　イ，派遣社員として働く　　ウ，期限付き契約社員として働く
　エ，パートで働く　　オ，わからない
3．あなたは、日本人が働きすぎだと思いますか。
　ア，働きすぎ　　イ，働きすぎとは思わない　　ウ，どちらとも言えない
4．あなたは、将来、老後の生活に不安がありますか。
　ア，不安がある　　イ，不安はない　　ウ，どちらとも言えない
5．あなたは、もっと社会保障を充実させるべきだと思いますか。
　ア，充実させる　　イ，いまのままでよい　　ウ，どちらとも言えない
6．あなたは、経済発展のためなら自然環境をこわしても仕方がないと思いますか。
　ア，仕方がないと思う　　イ，自然環境を守るべきだ　　ウ，どちらとも言えない
7．福島原発事故で放射能が飛散しましたが、あなたは放射能の不安がありますか。
　ア，いまも不安がある　　イ，あまり不安はない　　ウ，不安はまったくない
　エ，どちらとも言えない
8．これからの日本の農業について、あなたの考えに近いものを2つ選んでください。
　ア，食料自給率を高める　　　　　　イ，地域の特産物を増やす
　ウ，産地直売（直送）を増やす　　　エ，農業の大規模化を進める
　オ，家族農業を支援する　　　　　　カ，外国農産物の輸入を増やす
　キ，日本の農産物の輸出を増やす

単元の教材研究

①子どもの未来とつなげて学ぶ

　子どもの「将来どんな職業に就きたいか」に対する答えは、都市部ならば、ほとんどが第三次産業である。もし、この結果が全国的傾向であるならば、子どもの未来社会で第一・二次産業を担う人たちは減少する。実際、第一次産業人口は、169ページの産業別就業者の推移でもわかるように2010年が4.2％であった。減少傾向に歯止めがかかっていない。人口減少が進むなかで、日本の産業が消えるのではないかという心配がある。「モノづくり」を支援する動きもあるいっぽう、中小企業は後継者不足に悩んでいる実態がある。どういう社会を築いていくか、子どもとともに考えていきたい。

　仕事に就くことは、子どもたちの未来につながる。働く人たちは、どんな問題に直面しているだろうか。2008年6月の日曜日、東京・秋葉原の歩行者天国となっている場所で、17人を殺傷する通り魔事件が起きた。事件の加害者は、正社員と派遣を繰り返す不安定な仕事に就いていた。事件前には犯行予告を携帯サイトの掲示板に書き込んでいた。また、同年末には、「年越し派遣村」が話題になった。日本は、1990年代になってから非正規労働が増加した。これは、労働者派遣の規制緩和と連動す

る。教材研究としては、働き方の動向、労働者派遣法など法改正についての情報を集めることが必要である。子どもたちの親の働き方、その実態については、あらかじめ調査しておきたい。

　働き過ぎで起こる「過労死（病）」は、いっこうになくなっていない。過労自殺も増加している。むしろ、不況が長く続くなかで働き方が多様になり、格差が大きくなるにつれて、より深刻になってきている。過労死をなくすために、1991年、「全国過労死を考える家族の会」が結成されている。また、相談受付を担う「過労死110番」が1988年から活動している。2014年になって、多くの支援者や遺族のはたらきかけが実って「過労死防止対策推進法」が成立した。この過労死については、授業のテーマとして取り上げる。

通り魔事件から1年の秋葉原。事件発生の同時刻にテレビ中継で慰霊の様子を伝える。
（2009年6月8日撮影）

《参考》中島岳志『秋葉原事件 加藤智大の軌跡』（朝日新聞出版、2011年）
　　　　宇都宮健児・湯浅誠『派遣村―何が問われているのか』（岩波書店、2009年）
　　　　過労死110番全国ネットワーク　http://karoshi.jp/
　　　　厚労省「雇用・労働」　http://www.mhlw.go.jp/stf/seisakunitsuite/bunya/koyou_roudou/index.html

②これからの社会に向けて

　日本は、1960年代の高度経済成長を経て、人びとの生活水準は向上した。1990年代、ＩＴ産業の成長とともに情報化時代を迎えた。また、モノの豊かさとカネがすべてであるような生き方を追い求めてきた。1980年代後半のバブル経済は、その象徴であった。そのバブルがはじけてデフレ不況が続いた。そして、いま、東日本大震災と福島原発事故を経て、これからの時代をどうつくっていくかという分岐点にいる。これまでに国民を翻弄した政策がいくつもある。この単元に関連する事例を取り上げていくと、たとえば2004年の自民・公明連立政権下で喧伝された「100年安心」年金はまったくのまやかしであった。戦後、原子力の平和利用で謳われた「安全神話」は、原発推進のためであり虚構であった。新自由主義は市場原理主義に貫かれているが、これは効率を求める金儲けの論理であり、介護保険、生活保護、医療、年金、雇用、産業などの分野に入り込んでいる。

　新自由主義（市場原理主義）を批判していた経済学者の宇沢弘文は、経済学の原点は人間であるといい、一人ひとりの人間の生きざまを全うするのが経済学の原点と捉えていた。社会的共通資本とは、人が人間らしく生きるために欠かせないからこそ市場競争に任せてはいけないとした。宇沢は内橋克人との対談で、「社会的共通資本というのは、人間の尊厳、自由を守るというリベラリズムの立場を具体的な経済的な制度して実現するためのコアになる概念です。…市民の生活にとって重要なかかわりをもつもの、たとえば学校教育、医療制度、金融制度、あるいは土地の管理などです。そういうものは社会にとって共通の財産として、できるだけ市民に近い自治体レベルで社会的な基準で管理されるべきです。そしてはじめて一人ひとりの個人の自由な企業活動ができるようになる。…」（内橋克人編『経済学は誰のためにあるのか―市場原理市場主義批判』（岩波書店、1997年）と語っている。

　宇沢の指摘から、日本社会を見ていくと、これからの社会のあり方を考える視点が見えてくる。原発ひとつとっても、人間の尊厳の視点から考えるかどうかである。人の生き方とつなげることが求められる。これは、子どもたちの生き方とも重なる。だれもが幸福を感じ、安心と安全が確保される社会をめざしたい。

《参考》宇沢弘文『経済学は人びとを幸福にできるか』（東洋経済新報社、2013年）
　　　　ピケティ／山田浩生他訳『21世紀の資本』（みすず書房、2014年）

60 企業社会と働き方

> 【授業のねらい】 グローバル化の波や長引く不況下にあって企業社会は変化し、働き方が多様になった。どのような働き方になっているか明らかにし、企業社会と労働の実態をつかむ。

❖ 教材研究 ❖

①企業社会の変化

　1980年代までの日本は、「日本株式会社」と言われた。「年功序列と終身雇用、系列、護送船団」が日本的経営とされてきた。日本企業の会社本位主義は、経営者も社員も会社に忠誠を尽くす。それによって会社の利潤が増し、中小企業を系列化に置く。企業内の組織の序列、企業別になっている労働組合も会社に協力する。これに対し、アメリカは対日貿易赤字の解消を理由に、1989年におこなわれた日米構造協議で、日本の「ケイレツ」を問題にする。この協議を経て、規制緩和が進んでいく。持株会社も解禁された。21世紀の起業像を奥村宏は『会社本位主義は崩れるか』で、「企業の中で働く人間は会社のために働くのではなく、人間のために働くのでなければならない。この自己疎外の状態から人間性を取り戻すことが必要であり、それこそが新しい企業像の目標である」と述べている。
《参考》奥村宏『会社本位主義は崩れるか』（岩波新書、1992年）、『21世紀の起業像』（岩波書店、1997年）

②多様な働き方

　終身雇用と年功序列賃金が当たり前の日本の社会だったが、経済のグローバル化、規制緩和、構造改革路線が進むなかで、働き方は多様になった。利益を求めて効率を重視する企業は、終身雇用を見直すようになった。働き方は民間企業だけでなく、国や自治体でも多様になっている。
　右の一覧は、雇用形態をまとめたものである。このほか、労働法の保護を受けない「業務委託」「家内労働」「在宅ワーカー」がある。また、「自営・起業」など事業者となる働き方もある。
　正規労働ではあるが、勤務時間（始業・終業）を労働者が決めることができる制度がある。裁量労働制の拡大が進むなかで、成果主義重視の残業代ゼロ導入の動向にも注目しておく。
　非正規労働のうち「短時間正社員」は限定正社員の一種である。正社員のなかには、ほかに地域や業務を限定した働き方がある。安倍内閣は、この多様な働き方を拡大する政策を進めている。いっぽう、正社員が限定正社員になった場合、業務や地域を削減・撤退したときに解雇しやすくなるという問題が起こる。待遇面でも正社員より低くなりがちである。
　派遣については、2012年10月1日より労働者派遣法が改正され、一部の業務（通訳、添乗、広告デザイン等18業務）を除き雇用期間が30日以内の日雇派遣は原則禁止となった。例外とされたのは、（ア）60歳以上の者、（イ）雇用保険の適用を受けない学生（昼間学生）、（ウ）人が副業として従事する者（年収500万円以上ある者に限る）、（エ）主たる生計者以外の者（世帯収入が500万円以上の者に限る）であった。この派遣法も、2015年にさらなる改定があり、期間制限を撤廃し、専門26業務の区分を廃止した。不安定雇用の拡大が問題視されている。
　ブラック企業がしばしば問題になっている。具体的には、長時間労働、休日勤務を強制、残業代が

雇用形態

正規労働（正社員）		正社員、期間の定めのない雇用契約
非正規労働	派遣	派遣元（人材派遣会社）との間で労働契約
	契約	雇用期間を定めた労働契約（上限3年）
	パートタイム	1週間の所定労働時間短いパートタイムの労働契約
	短時間正社員	所定労働時間が短く、期間の定めのない労働契約か時間当たりの基本給などが正社員と同等

＊ 雇用契約は民法上の用語、労働契約は労働基準法上の用語で、同じ意味。
＊ 正規労働は社会保険が企業に義務づけられているが、非正規は、形態により異なる。

支払われない、会社の都合で解雇などの事例である。中・高校生には、具体的な対応策を教える必要がある。ブラック企業やブラックバイトに泣き寝入りしないためにどうするか、労働組合には労働相談の窓口もある。また、解決する方策を教えてくれる書籍も出版されている。政府は、2015年4月に東京・大阪の労働局内に、「過重労働撲滅特別対策班」を設置し、専門に取り締まる特別チームを立ち上げた。

子どもたちは、仕事に就くにあたって、どれだけの知識があり理解しているのだろうか。それを確認するために、NPO法人「POSSE(ポッセ)」のチェックリストを参考に作成した（右）。正解は、「Q1②、Q2②、Q3②、Q4①、Q5①、Q6①、Q7②、Q8②、Q9②、Q10②」である。

正規労働と非正規労働の給料・賃金の格差は、右の表のようになっている。授業の資料としても活用できる。厚労省の「賃金構造基本統計調査」資料から、年齢別、企業規模別、性別で比較するとよい。その格差が大きいことがわかる。

最低賃金は、毎年度、「地域別最低賃金時間額」が厚労省より公表されている。これは、最低賃金法に基づいて国が賃金の最低限度を定めたものである。使用者は、最低賃金額以上の賃金を支払わなければならない。もし、労使が合意の上で、最低賃金額より低い賃金を定めた場合は、法律によって無効とされる。この場合は、その差額を支払わなければならない。2014年の全国平均（加重平均）額は時間給780円である。1日8時間、月に22日働いたとして時給780円で試算すると、月額で13万7280円となる。

失業については、第4章で完全失業率を取り上げているので、それも参考にする。失業率や有効求人倍率は厚労省から毎月公表されている。その推移は、総務省統計局のデータで調べることができる。失業率も求人倍率も、地域間での格差がある。

チェックリスト

Q1　パートやアルバイトには、会社は交通費を支払わなくてもよい。	① はい ② いいえ
Q2　残業代を支払えば、会社は何時間でも働かせることができる。	① はい ② いいえ
Q3　仕事をして怪我をしたら、その治療の費用は自己負担になる。	① はい ② いいえ
Q4　働き過ぎで体調をこわしたら、会社に責任はある。	① はい ② いいえ
Q5　有給休暇をとって休んだら、休暇中の給料は全額支払われる。	① はい ② いいえ
Q6　有給休暇には、理由が認められないととることはできない。	① 届ければよい ② 理由がないといけない ③ 会社が認めないととれない
Q7　パートやアルバイトは、会社の都合でいつでもやめさせることができる。	① はい ② いいえ
Q8　労働組合に入ったら、会社はそれを理由にやめさせることができる。	① はい ② いいえ
Q9　同じ仕事の内容でも、会社は男女で給料に格差をつけてもよい。	① はい ② いいえ
Q10　会社が赤字だったら、会社の都合で給料を下げてもかまわない。	① はい ② いいえ

2014年6月分の所定内給与額、企業規模間格差

性別、雇用形態		賃金（単位：千円）			企業規模間格差（大企業=100）	
		大企業	中企業	小企業	中企業	小企業
男	正社員・正職員	401.7	302.9	292.9	75	73
	正社員・正職員以外	234.8	213.5	216.0	91	92
女	正社員・正職員	293.5	253.6	225.0	86	77
	正社員・正職員以外	190.5	174.8	169.1	92	89

《参考》厚労省「最低賃金」　http://www.mhlw.go.jp/stf/seisakunitsuite/bunya/koyou_roudou/roudoukijun/minimumichiran/
　　　総務省統計局　http://www.stat.go.jp/data/nihon/16.htm
　　　拙著『仕事の絵本［6］仕事を考えるワークブック』（大月書店、2007年）
　　　NPO法人POSSE・今野晴貴・川村遼平『ブラック企業に負けない』（旬報社、2011年）
　　　前澤檀『あなたと家族は大丈夫？ブラック企業に泣き寝入りしないための労働相談Q&A』（学習の友社、2014年）

③労働組合

　労働組合の加入率は年々低下している。その推移は教科書に掲載されている。右の企業規模で見た加入率、パートタイム労働者の加入率は、毎年の厚労省が公表している「労働組合基礎調査」による。

　労働者の権利については、第1章で取り上げているので、改めて確認するとよい。労働三権（憲法）、労働三法、雇用機会均等法などは教科書の巻末資料にある。1人でも加入できる労働組合についての情報は、「首都圏青年ユニオン」で得ることができる。

《参考》首都圏青年ユニオン　http://www.seinen-u.org/
　　　厚労省「労働組合基礎調査」　http://www.mhlw.go.jp/toukei/list/13-23c.html

企業規模別（民営企業）労働組合員数（単位労働組合）
（2014年）

企業規模	組合員数	雇用者数	推定組織率
1,000人以上	5,337千人	1,178万人	45.3%
100〜999人	1,792千人	1,444万人	12.4%
100人未満	234千人	2,416万人	1.0%
その他	942千人	—	—
合計	8,305千人	5,100万人	16.3%

＊その他には複数企業労働者で組織の労組、規模不明労組を含む。雇用者数は労働力調査の民間企業の数値で、合計には、企業規模不明を含む。

●資料と扱い方

A　どんな働き方を選ぶか。単元の実態調査とも重なるが、資料を提示して、「どんな働き方がよいか、グループごとに話し合って選んでみよう」と問いかけ、グループごとに選んだ理由を説明させる。会社にしばられたくないと思う子どもはⒶ、自分の能力次第で高い賃金を求める子どもはⒷ、自由に働きたいと思う子どもはⒸ、安定した働き方を考える子どもはⒹということになる。派遣も多様なので、説明が必要である。子どもたちは親の仕事を見ているので、リストラ・出向・賃金の格差など、現実に起きている仕事の環境から考える。また、農業や漁業、家業に就く子どももいる。資料は、拙著『仕事の絵本［6］』を引用。この資料とあわせて、前ページの「チェックリスト」の表を活用するとよい。

B　正規雇用と非正規雇用。グラフを提示すれば、近年、非正規労働が増えていることが一目でわかる。「なぜだろうか」と問い、労働環境の変化、多様な働き方を拡大する政策が進められていること、労働者派遣法、低賃金で雇うことや解雇しやすいという企業に都合のよい政策であることを取り上げる。非正規の雇用形態別で見ると、派遣や契約が増えていることがわかる。パート・アルバイトが従事している主な職種は、首都圏の学生を除く調査で、接客・給仕、商品販売、レジ、飲食物調理という調査結果がある。資料は、厚労省ならびに総務省統計局のデータをもとに作成。

C　労働組合組織率。組織率が年々低下している。そのいっぽうで、パートタイム労働者の組合員数は増加し、組織率も上昇している。2000年のときは、26万人で全労働組合員のうちに占める割合は2.3%であった。表には示していないが、パートの推定組織率は、2000年が2.6%であったが2014年は6.7%となっている。資料は、厚労省より。

D　不当解雇撤回を求める署名運動。日航（JAL）の不当解雇裁判支援の取り組みである。経営破綻で客室乗務員とパイロットを整理解雇しながら2000名以上を採用している。この訴えを最高裁は棄却した。不当解雇撤回争議団では判決後も闘っている。この章の扉に掲載した横断幕で「派遣切り」を訴えた事例では、首都圏青年ユニオンの取り組みで、2011年7月28日に「三菱ふそう」との間で裁判の和解が成立した。こうした運動やブラック企業問題を取り上げて考え合う。

❖ 授業の資料 ❖

A どんな働き方を選ぶか

Ⓐ 労働者は派遣であれば会社にしばられず、自分の技能をいかせるからよい。会社は、お金のかかる正社員より必要なときに人材を確保すればすむので派遣社員の方がよい。

Ⓑ 1年ごとの契約で働く。労働者は仕事の業績がよければ、次の年、高い賃金で契約されるからよい。会社は、高い賃金を払っても会社の利益が上がるのでよい。

Ⓒ パートやアルバイトで働く。労働者は、会社にしばられず好きなときに仕事をする。会社にとっては必要なときに雇うことができ、安い賃金ですむ。

Ⓓ 若いときは低い賃金でも経験年数が増えるにしたがって、賃金が高くなるのでよい。会社は、働く人が会社のために生涯をささげてくれるのでよい。

B 正規雇用と非正規雇用

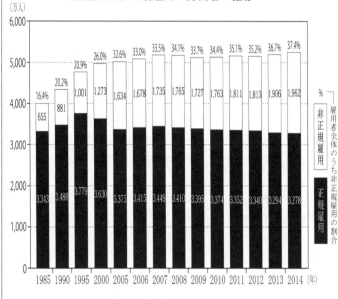

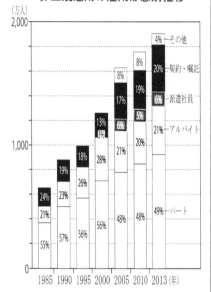

C 労働組合組織率

年次	労働組合の推移 (単一労組)			パートの推移 (単一労組)	
	組合数	組合員数 単位:千人	組織率 %	組合員数 単位:千人	全組合員数に 占める割合%
2009	26,696	10,078	18.5	700	7.0
2010	26,367	10,054	18.5	726	7.3
2011	26,052	9,961	18.1	776	7.8
2012	25,775	9,892	17.9	837	8.5
2013	25,532	9,875	17.7	914	9.3
2014	25,279	9,849	17.5	970	9.9

D 不当解雇撤回を求める署名運動

(2014年5月3日、日比谷公園で撮影)

61 過労死を防ぐ

【授業のねらい】 働き過ぎによって起こる「過労死」は、どのようにして防ぐことができるか、人間らしく働くことの大切さを考える。

❖ 教材研究 ❖

①過労死を生む日本社会

2014年6月20日に「過労死防止対策推進法」が成立し、同年11月1日に施行された。夫を過労死で失い法律制定に尽力した一人に、厚労省審議会「過労死等防止対策推進協議会」の中野淑子委員がいる。法律成立の際、「参議院本会議において全会一致で可決。私達遺族の長年の悲願であった『過労死防止対策推進法』が成立しました。5月23日の衆議院厚労委員会採決から始まり、6月20日の参議院本会議の採決に至るまで、夜もまんじりともせず、最終日の参議院本会議では固唾をのんで会議の成り行きを見守っていた私たちは、可決・成立と判るや全員声なき歓声を挙げました。私は26年間の想いが一気に噴き出し、手帳に挟んだ夫の遺影を抱きしめながら涙が止まりませんでした」と手記を寄せた（船橋退職教員の会会報No.57、2014.9.30）。

日本の労働者の働き過ぎを象徴する言葉である過労死は、過労死110番全国ネットワークが電話相談を開始してから知られるようになった。英語の辞書に「Karoshi」と掲載されたこともあって、日本の労働実態が世界に知られるようになった。過労死110番全国ネットワークは、英語版を発信し（http://karoshi.jp/english/index.html）、"Karoshi means death from overwork. Overwork and excessive stress cause health problems, such as cerebral / heart diseases, mental disorders, and, eventually, death."と過労死の意味を伝えている。このネットワークが1988年から2012年までに受けた相談件数（全国）は10,352件であった。1980年代後半から今日まで、過労死はいっこうになくなっていない。そうだからこそ、過労死防止対策促進法が日本の労働環境を変える取り組みとして重要になる。

いま、こうした取り組みと真逆な政策が進行中である。多様な働き方を推進する「残業代ゼロ」政策が閣議決定（2015年4月3日）された。働き過ぎを防止することが人間らしく働くことの原点であるにもかかわらず、ホワイトカラー・エグゼンプションという成長戦略を掲げている。成果主義賃金、裁量労働の拡大がより深刻な労働環境を生むことにつながる。

《参考》過労死防止対策推進法
　　　http://www.mhlw.go.jp/file/06-Seisakujouhou-11200000-Roudoukijunkyoku/0000061009.pdf

②過労死の現実

1995年2月の認定基準改定によって発症前1週間だったものが、それ以前の労働実態も評価することになり、労災認定は増えた。2001年12月には、さらに基準を改め、疲労の蓄積をもたらす長時間の過重労働によるものも救済の対象となり、請求件数が増えている。また、不況が続くなかで、「名ばかり店長」「契約店長」の過労死・過労自殺、20・30代の過労自殺も増えてきた。その認定の基準は厚労省の認定基準の概要から調べることができる。主な点は、次の通りである。脳・心臓疾患は、基礎疾患が日常生活上のいろいろな要因と影響しあって発症する。その業務上認定が困難ではあるが、業務と脳・心臓疾患との間に相当因果関係がある（業務が脳・心臓疾患の相対的に有力な原因となっている）と認められれば、業務上の疾病として労災保険給付の対象になる。

2001年に出された行政実務の認定基準では、長期間の過重業務による疲労の蓄積が脳・心臓疾患の発症に影響を及ぼす業務上の過重負荷として考慮され、具体的な目安を示した。過労死の事例については、前述の過労死110番ネットワークから調べることができる。ここでは、ホワイトカラーの過労死と過労自殺について取り上げておく。

〈商社マンの過労死〉

三井物産の課長（石井淳、当時47歳）は、1990年7月15日早朝、ソ連（いまのロシア）の取引先の

客4人を案内して出張先だった名古屋市内のホテルで急性心不全のため急死した。課長は、ロシア語が堪能で、交渉・通訳・接待を一人で担当していた。死亡する前の1990年6月までの1年間に10回115日もモスクワに出張していた。課長の家族は、労災認定の運動を展開し、1992年7月14日、運動の成果が実り、労災認定が認められた。その報告集会（1992年7月15日）で、課長の遺族の妻・石井幸子は「私は、この問題を夫だけの問題ではない。働く人たちすべての人びとの問題なんだということを突きつけられるような気持ちで考えざるをえませんでした。一番大切なのは、過労死を出さない職場をつくっていくことだというふうに思います」と述べている。この運動を支えた川人博（かわひとひろし）弁護士ら弁護団は、「大手商社マンとして、はじめての労災認定である」として認定の意義を語っている。

労災認定勝ちとる！報告集会（1992年7月15日撮影）

〈過労自殺〉

過労自殺が注目されたのは、「電通・過労自殺」事件の裁判である。広告代理店・電通の入社2年目の社員（大嶋一郎、当時24歳）は、1991年8月27日に自殺した。彼は、ラジオ広告枠を広告主に売る営業活動などをおこない、週1～2回は午前2時過ぎまで残業、1991年8月は、週1～2回は午前6時半まで残業していた。そして、睡眠時間を満足にとれない条件で過労から鬱病になり自殺した。1996年3月28日、東京地裁は「長時間労働が自殺の原因、会社は社員の健康に配慮する義務を尽くしていなかった」と判決を下し、電通に約1億2000万円の支払いを命じた。その後、東京高裁で賠償額減額の判決が下されたが、2000年3月24日に最高裁は、過労自殺についての会社側の損害賠償責任を認め、減額には問題があるとした。過労自殺について、はじめての最高裁判決となった。同年6月、差戻しの高裁で和解が成立した。勤務実態の一部を〈授業の資料〉に掲載した。

現在係争中の事例に「ワタミ・過労自殺」事件がある。2008年、居酒屋チェーン「和民」に就職した女性（森美菜、当時26歳）は、神奈川県京急久里浜店に配属され、入社2か月後に過労自殺した。彼女は、亡くなる1か月前の手帳に助けを求める日記を書いていた。過労自殺後、遺族（両親）は、横須賀労働基準監督署に労災を申請したが、長時間労働は業務外とした。遺族はこれを不服とし神奈川県労働局に審査を求め、2012年2月14日に労災と認定された。遺族とワタミ側との間でおこなわれていた損害賠償の民事調停は決裂し、2013年12月9日、遺族は真相を明らかにすることを求めて提訴した。原告の遺族は、会社だけでなく社長だった渡辺美樹参院議員などを相手に約1億5300万円の損害賠償請求をしている。

《参考》厚労省「過労死認定基準の改正」　http://www.mhlw.go.jp/houdou/0112/h1212-1.html
　　　全国過労死を考える家族の会『日本は幸福か──過労死・残された50人の妻たちの手記』（教育史料出版会、1991年）
　　　全国過労死を考える家族の会『死ぬほど大切な仕事ってなんですか──リストラ・職場いじめ時代に過労死を考える』（教育史料出版会、1997年）
　　　川人博『過労自殺〈第二版〉』（岩波新書、2014年）
　　　中澤誠・皆川剛『検証 ワタミ過労自殺』（岩波書店、2014年）

③過労死認定に見る時間外労働

労働基準法で定める労働時間は1日8時間、週40時間である。時間外労働については、同法第36条に「使用者は、当該事業場に、労働者の過半数で組織する労働組合がある場合においてはその労働組合、労働者の過半数で組織する労働組合がない場合においては労働者の過半数を代表する者との書面による協定」「その協定で定めるところによって労働時間を延長し、又は休日に労働させることができる」という規定がある。これが「三六協定」である。しかし、法律や協定を十分労働者に周知させ

ていない企業があり、働き過ぎを強要したり黙認したりしている。

　毎年度の過労死認定は、厚労省が６月頃に公表している。新しい年度の資料を入手するとよい。2013年度の「脳・心臓疾患の時間外労働時間数」を調べてみると、支給決定の306件のうち、80時間以上は、254件に上る。160時間以上は34件、140〜160時間未満は22件もあった。雇用形態別に見ると、正規労働は286件であったが、非正規労働（契約、派遣、パート・アルバイト）も13件あった。
《参考》厚労省「2013年度　脳・心臓疾患と精神障害の労災補償状況」
　　　　http://www.mhlw.go.jp/stf/houdou/0000049293.html

④過労死を防ぐために

　子どもたちに考えさせたいことは、過労死をつくり出さない社会に向けての取り組みである。20数年前に三井物産の過労死を授業で取り組んだ際、子どもから出てきた意見に「日本が働きすぎなのは前からよく知っていたけど、新聞の資料を読んで、三井物産では年間20人の在職死亡者がいるのにはおどろいた。自分も将来、サラリーマンになったらこうなるのかと思うとぞっとするし、自分の父親の心配もした」というのがあった。右の新聞記事は、この実践を取材した共同通信の記事である。

　いまの中・高校生は、どういう生活を過ごしているのだろうか。なかには１年の大半を部活動に身を置いている子どももいる。子どもたちは多忙であり、まさに過労死予備軍をつくることにつながってはいないか。『過労自殺〈第二版〉』は、そのことを示唆している。教育現場では「職場体験」を設定しているが、体験を通して働く人たちの問題をどこまで認識することができるかは、各学校の取り組み次第である。

　過労死を防ぐために学校教育のなかでやれることは、子どもたちが労働基本法をはじめとする法律の理解、就職を想定して具体的な事例で学ぶこと、そういう学びが必要である。

●資料と扱い方

A　過労自殺の事例。電通「過労自殺」の大嶋さんの勤務（1991年）は、亡くなった1991年分を最高裁判決文から引用、月間上限時間は「三六協定」による残業時間、８月分は22日まで。ワタミ「過労自殺」の森さんの日記と勤務は、『毎日新聞』2012年10月７日付などをもとにした。「どれだけの時間外労働があったのか」と問い、過酷な労働実態をつかむ。また、この事例から「三六協定」について取り上げる。

B　過労死認定件数の推移。請求件数や認定件数があまり減っていない。過労自殺は増加している。2014年度の精神疾患の請求・認定件数は、過去最高であった。こうしたことを資料から読み取る。資料は厚労省のデータから作成。なお、厚労省は「精神障害」と表記しているが、ここでは「精神疾患」とした。

C　過労死、労災支給決定件数の年齢別構成比。子どもたちには、30代に注目させたい。精神疾患は30代に多く、20〜30代で50％を超えていることは、子どもたちにとっての近未来の問題である。「過労死をなくすためにどうするか」と問い、子どもたちと考え合いたい。

中３生も「過労死予備軍」
——全教教研集会で報告

東京で開催中の全教教研集会で三十日、本県の全教教師が生徒の父親へのアンケート調査などを基にした「過労死についての教育実践」を報告した。船橋市立七林中学校の大野一夫教諭が、中学三年生三クラスの生徒約百二十人の父親のアンケート調査を実施し、授業を進めた。親の現状や自分の将来と重ね合わせ感想文を書いた。労働省の資料などを参考に、労働問題を取り上げようと思った。

生徒たちは「働くため」、「知り合いの教師の過労死（労災認定）を契機に、大野さんは前任校時代、知り合いの教師の過労死（労災認定）を契機に、過労死予備軍を万人ひとクラス全員が過労死について学ぶ」と話し、担当の社会科授業で過労死に至るまでの新聞記事が載っているだけで、教科書には被爆や、大手商社マンが過労死、中学三認定に至るまでの新聞記事の六五％が東京に働きに出るのも、「栄養ドリンクが多く出るのも、今の日本に間一つの課題としてとらえ次代を担ってくれたら…」と話す。

授業後、生徒たちは「父親が働き過ぎ社会を日本の一つの課題としてとらえ次代を担ってくれたら…」と話し、生徒には「わずか一時間の授業で父親のことを心配し、深く受け止めてくれた。生徒五割近くが「父親が心配」と振り返っていた。

『千葉日報』1993年１月31日付

❖ 授業の資料 ❖

A　過労自殺の事例

電通「過労自殺」の大嶋さんの勤務
（1991年）

月	月間上限時間	申告残業時間	午前2時以降退勤日数
1	60	65（深夜12、休日6）	10（徹夜3）
2	60	85（深夜20・5、休日8・5）	8（徹夜4）
3	80	54（深夜8）	7（徹夜2）
4	80	61・5（深夜8）	6（徹夜1）
5	60	56（深夜1、休日7）	5（徹夜1）
6	80	57・5（深夜3、休日11）	8（徹夜1）
7	60	73（深夜4、休日9）	12（徹夜8）
8	80	48（深夜4・5、休日3・5）	9（徹夜6）

ワタミ「過労自殺」―森さんの日記と勤務
（2008年）

居酒屋での早朝にまで及ぶ長時間労働、休日のレポート作成や早朝研修…。手帳などに、勤務実態が、1か月141時間26分の時間外労働、1日12〜15時間勤務で休憩30分と記されていた。過労死ラインは、時間外労働1か月80時間と言われている。

亡くなる1か月前の手帳には、「体が病です。体が辛いです。気持ちが沈みます。早く動けません。どうか助けてください。誰か助けてください」と書かれていた。

B　過労死認定件数の推移

年度		2003	2004	2005	2006	2007	2008	2009	2010	2011	2012	2013	2014
脳・心臓疾患	請求件数	742	816	869	938	931	889	767	802	898	842	784	763
	認定件数	314	294	330	355	392	377	293	285	310	338	306	277
精神疾患	請求件数	447	524	656	819	952	927	1136	1181	1272	1257	1409	1456
	認定件数	108	130	127	205	268	269	234	308	325	475	436	497
（うち自殺数−未遂含む）		40	45	42	66	81	66	63	65	66	93	63	99

C　過労死、労災支給決定（認定）件数の年齢別構成比

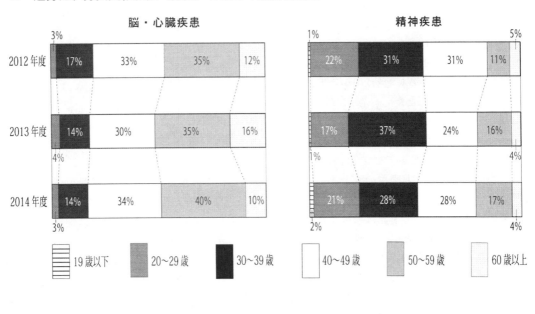

62　少子高齢社会と介護保険制度

【授業のねらい】　少子・高齢化が進んでいる日本は、どのような問題をかかえているのか。介護や高齢者の問題について深める。

❖ 教材研究 ❖

　日本は高齢者人口が増え続けている。日本の総人口は2014年10月１日現在、１億2708万３千人（日本人人口１億2543万１千人）。65歳以上の高齢者人口は総人口に占める割合が26.3％である（総務局統計表）。「2014年版高齢社会白書」によれば、将来の高齢化率は、2035年に33.4％、2060年39.9％と推定されている。日本は、世界のどの国も経験したことのない速さで高齢社会に向かっている。少子・高齢化問題は、これからの日本の社会保障制度の課題である。制度を維持するための財源をどうするかという課題もある。なお、社会保障については、これまでに生存権や消費税との関連で扱っている。ここでは、少子・高齢化問題の一つとして介護保険制度を取り上げる。介護は、子どもたちにとって身近な問題ではないかもしれない。しかし、これからの社会のあり方を考える上で欠かせない問題である。

《参考》内閣府「2014年版高齢社会白書」　http://www8.cao.go.jp/kourei/whitepaper/w-2014/zenbun/26pdf_index.html

①介護保険制度

　介護保険制度がはじまる前、訪問介護や特別養護老人ホームなどの福祉サービスは、「税」を財源としておこなわれてきた行政サービスであった。しかし、高齢化が進み社会保障の経費が増えることが理由になって、介護保険制度が導入された。

　介護保険料は、国民健康保険と同じ保険税であるため、所得の低い人にも負担を強いることであり、税負担が増えたことと同じである。65歳以上が支払う保険料は、所得に応じて違う。それでも制度がはじまった2000年度の基準額は月2,911円（全国平均）であったが、2014年度は月4,972円と高くなっている。第６期にあたる2015年度からは5,000円を超える。ただし、各市町村の実態は異なり、6,000円を超えている自治体もある。また、新たな区分が導入された。介護費用が年々増加していることは確かだが、低所得者にとっては非課税の人であっても保険料の負担や介護サービスの利用費用負担があり、高齢者にとって重いものがある。

65歳以上の介護保険料月額（2015年度）

住民税		収入や所得額		介護保険料の段階	基準額5,000円の場合（倍率）
本人が非課税	世帯全員非課税	本人の年金収入など	80万円以下	第１段階	2,250円（×0.45）
			80万円超120万円以下	第２段階	3,750円（×0.75）
			120万円超	第３段階	3,750円（×0.75）
	世帯内に課税者		80万円以下	第４段階	4,500円（×0.9）
			80万円超	第５段階基準額	5,000円（×1.0）
本人が課税されている		本人の合計所得	120万円未満	第６段階	6,000円（×1.2）
			120万円以上190万円未満	第７段階	6,500円（×1.3）
			190万円以上290万円未満	第８段階	7,500円（×1.5）
			290万円以上	第９段階	6,500円（×1.3）

＊「同じ自治体でも収入や所得で保険料は変わる（国のモデル）」『朝日新聞』2015年３月25日。全国平均標準月額5,000円台半ば。

　介護を受けるには、本人または家族が市区町村に申請する。その後、介護支援の調査員が訪問調査をおこない、調査票をもとに一次判定をしてから、各地の介護認定審査会で介護が必要かどうか、どの程度の介護が必要かを判定する。介護認定は、要支援１・２と要介護１・２・３・４・５に区分される。介護の認定がおこなわれると、利用者のニーズに応じて支援専門員が家族や本人と相談して介護サービス計画を作成する。在宅介護か施設入所か、介護度によって受けられる介護サービスは異なる。2015年４月以降、介護保険制度の改革によって、全国一律の予防給付（訪問介護・通所介護）が市町村の地域支援事業に移行、特養老人ホームの新規入所は原則として要介護３以上、在宅医療・介

護の推進などとなった。

　介護保険制度がはじまってから、介護サービスを請け負う企業（事業者）が増えたが、企業のなかには架空の介護報酬請求をして、摘発される事件が起きている。また、介護職員処遇改善を講じるいっぽうで介護報酬を削減している。介護の現場で働く人たち（ホームヘルパー・訪問介護員）の賃金は低い。賃金だけではない。人を助けるという、やりがいのある介護という仕事の労働環境は、「有給休暇がとりにくい」「腰痛に苦しむ」など深刻な問題となっている。介護職に対するイメージは、上の内閣府の世論調査でも共通している。

《参考》厚労省「2014年介護保険法改正」
　　　http://www.mhlw.go.jp/file/06-S
　　　eisakujouhou-12300000-Roukenkyo
　　　ku/0000080242.pdf

②**高齢者とその周辺がかかえる介護**

　現代の日本で「介護難民」が増えているという。家庭でも施設でも介護を受けられない人たちがいる。2015年度の介護サービス事業者に支払われる介護報酬の引き下げも、拍車をかけるのではないかと危惧されている。また、「老老介護」「介護離職」などは、高齢化が進む日本の課題である。

　最近、高齢者への虐待が問題になっている。右の高齢者虐待の推移でわかるように「高齢者虐待の防止、高齢者の養護者に対する支援等に関する法律（高齢者虐待防止法）」に基づいた厚労省の調査によると、虐待は増加している。その集計では、虐待の発生要因に「教育・知識・介護技術等に関する問題」「職員のストレスや感情コントロールの問題」「虐待を助長する組織風土や職員間の関係性の悪さ」をあげている。身体的虐待、心理的虐待、介護放棄が虐待の内容である。「NPO法人全国抑制廃止研究会」の調査（2015年1～2月、特養ホームなど計約3万5000施設を対象）によると、高齢者施設では、職員が不足するほど虐待が多くなる傾向であった。前述の厚労省の調査で在宅介護の場合、虐待者の続柄は「息

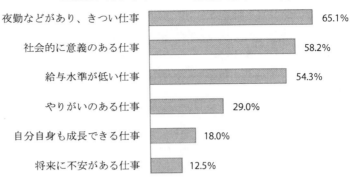

介護職に対するイメージ（複数回答、2010年）

夜勤などがあり、きつい仕事　65.1%
社会的に意義のある仕事　58.2%
給与水準が低い仕事　54.3%
やりがいのある仕事　29.0%
自分自身も成長できる仕事　18.0%
将来に不安がある仕事　12.5%

＊このほか、回答には「その他」0.3%、「特にない」1.2%、「わからない」2.3%がある。（内閣府「介護保険制度に関する世論調査」）

高齢者虐待の推移

養介護施設等による高齢者虐待の相談・通報件数と虐待判断件数の推移

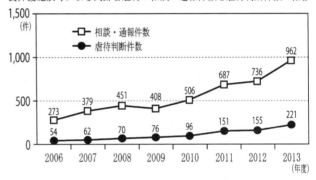

養護者による高齢者虐待の相談・通報件数と虐待判断件数の推移

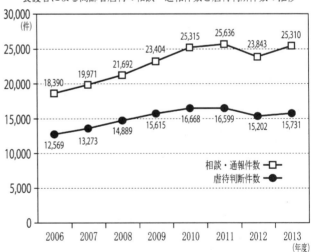

＊虐待判断件数は、上の推移が養介護事業の業務に従事する者、下の推移が高齢者の世話をしている家族、親族、同居人等。いずれも市町村が虐待と判断した件数。相談・通報件数は、市町村が通報を受理した件数。（2015年2月6日の厚労省報道発表より）

子」「夫」が6割を占めていた。「夫」の場合は65歳以上が9割近くであり、老老介護の実態が浮かび上がっていた。とくに在宅介護では、高齢者の認知症問題をかかえているケースがある。独り暮らしの高齢者問題は、第1章でも取り上げているが、増える孤独死や無縁社会と呼ばれるなかでの介護問題の解決は容易ではない。

《参考》厚労省「高齢者虐待調査結果」　http://www.mhlw.go.jp/stf/houdou/0000072782.html

③買物弱者

子どもたちは「買物難民」という言葉を知っているだろうか。経産省は2010年12月に「買い物弱者（買物難民）応援マニュアル（第1版）」を公表した。介護支援を受けていない高齢者であっても、毎日の暮らしに欠かせない食材などの買物は負担である。階段の昇降、重い荷物の運搬と苦労が絶えない。これは、都市でも山村でも共通している。中山間地の高知県本山町の調査では、日常生活について「交通手段に乏しく、買い物、役場等への手続き、医療関係の世話になるのに不自由を感じる」（72歳、男性）と答えている。本山町の75歳以上の単身世帯は5割を占めている。単身世帯のうち独り暮らし年数は20年以上が23％、10年以上では48％となっていた。都市でも、街の商店街

買物の負担（東京都文京区）

が衰退して遠くまで買物に出かけなければならない。なかには、車椅子で買物に出かける高齢者もいる。

こうした不便さに対して「買い物代行サービス」を支援している自治体がある。地域の商店やコンビニが代行をおこなっている。65歳以上は配送料無料にしている地域、〇〇円以上の配送料無料の地域もある。高齢者のなかには、ネットスーパー、通販などを利用しているケースがある。

《参考》杉田聡『買物難民―もうひとつの高齢者問題』（大月書店、2008年）
　　　　経産省「買い物弱者対策」　http://www.meti.go.jp/policy/economy/distribution/kaimonoshien2010.html
　　　　自治労連・地方自治問題研究機構『高知県本山町における住民のくらしと意識に関する調査報告書』
　　　　（2015年3月）

●資料と扱い方

A　介護保険の総費用と保険料基準額。介護保険費用が増加しているなかで保険料基準額も上昇している。ただ、保険料負担は所得により異なるが、低所得でもその負担は重い。252ページの「65歳以上の介護保険料月額（2015年度）」の資料をあわせて活用する。資料は厚労省の「介護給付と保険料の推移」をもとに作成。

B　介護職員の賃金（常勤労働者）2013年。全産業と比較して「勤続年数も短く、賃金も低い」ことを確認し、「介護職員の賃金をどう考えるか」と問い、社会保障制度を充実させるために取り組むべき課題を考える。非正規の場合は、職種により異なるが時給1,000円前後である。資料は、厚労省「2013年賃金構造基本統計調査」より作成。

C　介護職員の事業規模別離職率。グラフを読み取り、施設規模が小さいほど離職率が高いことがわかる。離職率は、（1年間の離職者数）÷労働者数で算出したもの。Bの資料も参考にすると、「なぜ離職？」の理由の一つに賃金がある。さらに253ページで指摘したように、介護という身体的な負担も大きい。資料は、厚労省「介護人材の確保について」（元資料は介護労働安定センター「2013年度介護労働実態調査」）をもとに作成。

D　買物弱者。高齢者は「どんなことに困っているだろうか？」と問いかけ、意見を出し合う。その上で買物の不便さや交通費などの負担を資料からつかむ。資料は、『買物難民―もうひとつの高齢者問題』にある高齢者の声を抜粋した。

❖ 授業の資料 ❖

A　介護保険の総費用と保険料基準額

介護保険の総費用の推移（事務コストや人件費などは含まれない）

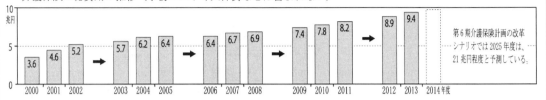

第6期介護保険計画の改革シナリオでは2025年度は、21兆円程度と予測している。

65歳以上が支払う保険料基準額（全国平均—月額・加重平均）

B　介護職員の賃金（常勤労働者）2013年

	平均年齢 (年齢)	勤続年数 (年)	現金給与 (千円)
産 業 計	42.0	11.9	324.0
看 護 師	38.0	7.4	328.4
ケアマネージャー	47.5	8.3	258.9
ホームヘルパー	44.7	5.6	218.2
福祉施設介護員	38.7	5.5	218.9

＊現金給与は、きまって支給する現金給与額（月）
＊福祉施設介護員は、児童福祉施設、身体障害者施設、老人福祉施設等で介護の仕事に従事する者

C　介護職員の事業規模別離職率（2013年度）

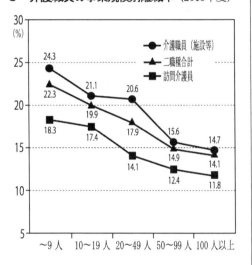

D　買物弱者

「なぜ、豆腐一つ買うのに、バスやタクシーを使わなければならんような状態になってしまったのか。政府が強いものの味方をして〔街を〕どんどん広げ、弱いものは取り残されてしまって、特に高齢者は歩〔いて買物に行〕けんようになって。昔はすぐそばで、豆腐だって買えた。…今は、豆腐一つハガキ一枚買うのに、バスやタクシーに乗らなければならんでしょ。だから、情けなくてくやしくてたまらんとですよ。…」（宮崎市郊外に住む女性）

「買物・通院のために業者の車〔タクシー〕を利用することが多く経済上苦しい」（足利市、女性）

「近くのお年寄りが、坂の途中でカートを間違って手放してしまったのを見たことがある。カートはありがたいが、これを使っていると途中で休むに休めない。せめてバスが坂の上まで運んでくれるといいのだが」（名古屋市、女性）

「現在住居がエレベータのない三階のため、重い買物（米など）をした場合、階段が大変です」（東村山市、男性）

「買物に行った翌日は、ほとんど半日の間、疲れが残って何もすることができない」（名古屋市、女性）

63　社会保障制度のしくみ

【授業のねらい】　社会保障制度のしくみについて理解をはかるなかで、医療や保険の面から課題を考える。

❖ 教材研究 ❖

　政府が「社会保障と税の一体改革」のパンフレットを出したのは、2014年2月である。表紙には「みんなの安心をもっと。ずっと。消費税は8％に。」とある。その2ページ目のタイトルは、「アベノミクスにはじまる社会の新たな好循環」となっているが、消費税増税を推進し、国民に高負担を呼びかける内容である。

　社会保障制度や社会保険のあらましは、教科書の図を使って理解させる。社会保険は、年金・健康・雇用・労災・介護である。健康には、国民健康保険（国保）制度がある。国保は、1961年に農・漁業従事者や自営業者などを対象にした事業が確立し、これによって国民皆保険体制ができた。すべての国民が国保や組合健保などの医療保険に加入して保険料を納め、それをもとに病気やけがの治療費の自己負担を軽減するしくみである。自治体が運営している国保は、保険料（税）負担額が地域や所得により異なるが、その負担額が年々上昇している。年金受給者や非正規労働者も加入しているが、保険料を支払えなくなるという事態も起きている。さらに少子・高齢化が進むと、高齢者の多い地域の国保財政は厳しくなる。1980年代、国の負担割合（国庫負担率）が50％ほどであったが、三位一体改革を経てから2014年度は20％台となっていて、国庫負担を増やせという意見書を出している自治体がある。

　社会保障が充実していて、将来に対する不安がなければ公的な社会保険で十分である。しかし、医療にしても保険適用外診療があり、すべてが保険で賄えるわけではない。入院すれば、治療以外の間接的な費用が発生する。また、子ども医療費無料化の自治体が増えているが、その内容には地域によって差がある。公的保険に満足できない場合は、将来の不安をやわらげるため個人保険に加入する。また、テレビCMでは、健康食品・サプリメントや保険の宣伝が多出している。そのためか保険というと、子どもたちは社会保険よりも生命保険やがん保険をイメージしやすい。民間保険の現状についても取り上げたい。

《参考》厚労省「医療保険」　http://www.mhlw.go.jp/stf/seisakunitsuite/bunya/kenkou_iryou/iryouhoken/iryouhoken01/index.html

● 資料と扱い方

A　市町村国保加入者の平均所得と国保料。所得に対する国保保険料が高いことを示している。国保の加入者は高齢者が多い。そのため少ない所得から保険料を納めることになり、その負担は重い。資料は、2015年1月28日「2013年度国民健康保険（市町村）の財政状況—速報」より。

B　保険種別の世帯平均保険料本人負担割合比較。Aの資料とともに提示する。保険種別で比較すると、国保の負担率が高いことがわかる。そのため国保料を滞納する世帯がある。、「2014年版厚生労働白書」によると、2013年3月現在の加入者は、「国保」3,767.8万人、「協会けんぽ」3,510.3万人、「健保組合」2,935.3万人、「各種共済」900.0万人、「後期高齢者医療広域連合」1,516.8万人、「全国健康保険協会」14.8万人となっている。資料は、全国保険医団体連合会『月刊保団連』臨時増刊号No.1127（2013年6月）より引用。

C　狛江市議会の意見書。同じような意見書は、ほかの自治体からも出されている。「どんな意見を出しているか」と問い、国の負担率引き下げが自治体財政を圧迫していることをつかむ。
《参考》東京都狛江市議会　http://www.city.komae.tokyo.jp/index.cfm/33,66713,258,1041,html

D　個人保険の動向。公的保険では不十分なため、個人保険に加入する人たちがいる。がん保険では、外資系のアフラックが50％近くを占めている。アリコ、アクサを含めると6割を超えている。資料は、2013年版『インシュアランス生命保険統計号』（株式会社保険研究所）より作成。

❖ 授業の資料 ❖

A 市町村国保加入者の平均所得と国保料

年度	1世帯当たり課税標準額	1世帯当たり年間保険料
2009	129.1万円	160,122円
2010	117.0万円	154,872円
2011	113.8万円	155,688円
2012	113.9万円	156,322円
2013	112.1万円	158,465円

課税標準額は、所得総額から基礎控除額等を除いた金額で、前年度分。

B 保険種別の世帯平均保険料本人負担割合比較

(2010年度)

保険種別	国保：課税標準額 健保：標準報酬総額	平均保険料	負担率(％)
市町村国保	117万円	154,872円	13.2
協会けんぽ	370万円	172,000円	4.6
健保組合	533万円	177,000円	3.3

保険種別の「市町村国保」は自営業や退職者など地域保険。「協会けんぽ」は中小企業、「健保組合」は社員700人以上の企業の職域保険。

C 狛江市議会の意見書

国民健康保険の国庫負担割合を引き上げ、増額することを求める意見書

とりわけ近年、保険税が高くなった主な原因は、医療費の増加とともに、国が国庫負担率を引き下げたことが大きく影響している。

1984年度までは医療費の45％が国庫負担であったが、それ以降国庫負担は医療費の38.5％に引き下げられた。その後もさらに国庫負担率が引き下げられ、市町村国民健康保険の総収入に占める国庫負担の割合は、1984年度は約50％だったものが、現在では3割以下に減っている。このため各市町村は、一般会計からの法定外繰り入れを余儀なくされ、保険財政は恒常的に厳しい状況となっている。

国民健康保険は、「社会保障及び国民保健の向上」（国民健康保険法第1条）を目的とし、日本国憲法第25条に規定された国民の生存権を医療面で具体化した制度である。

よって狛江市議会は政府等に対し、国民健康保険を真に社会保障として存続させ、加入者が安心して必要な医療が受けられるようにするため、国庫負担割合を引き上げ、増額することを強く求めるものである。

2014年12月19日

東京都狛江市議会

D 個人保険の動向

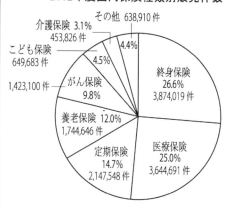

2012年度国内保険種類別販売件数

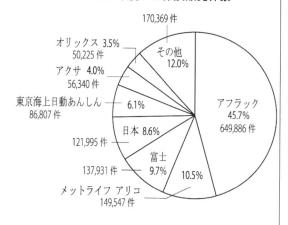

2012年度がん保険販売件数

64 地域経済の再生

【授業のねらい】 地域の経済格差が広がっている。人口減少が続く日本の地域経済をどのように再生するか、その現状と課題を考える。

❖ 教材研究 ❖

　人口は、高度経済成長期に農・漁村から都市へ流入して産業構造が大きく変化した。過疎と過密によって、それぞれの地域は課題を背負ってきた。過密・過疎ともに人口減少のなかで高齢者の割合が増え続けている。第3章の地方自治で限界集落などの問題も扱ってきたが、ここでは、地域経済の活性化と行方を考える。

　地域社会の再生をめざしている自治体がある。例えば、長野県の泰阜村（やすおかむら）や阿南町（あなんちょう）では、空き家の活用や都市部から移住するIターンやUターン政策を進めている。こうした取り組みは全国で進められているが、それだけで地域の再生になるわけではない。保母武彦『日本の農山村をどう再生するか』（岩波現代文庫、2013年）は、新自由主義政策を批判し、担い手不足、後継者不足、耕作地放棄地などの現状は「市場の失敗」だと指摘する。日本の農山村再生への展望として、農山村の内発的な取り組み、住民の相互扶助と自治、農山村と都市との連携などを説く。事例として、大分県の一村一品運動の単品開発に終始するのではなく、高知県馬路村（うまじむら）の「ゆず」の成功例について、村を丸ごと売りだすという取り組みを評価している。

　都市でも地域経済の活性化は課題である。郊外の大型ショッピングセンター、スーパーマーケット、コンビニエンスストアがつくられたこと、街の商店街の後継者不足、こうしたことが要因になって商店街ではシャッターが閉まった商店が生まれている。高齢化が進む団地の商店街もシャッターが目立つ。地域のなかには、共通商品券、ポイントサービス、地域通貨の発行などに取り組んでいる。中小工場が地域をつくってきた東京の大田区では、「ものづくり」事業の拡充を自治体が支援している。区が、工場新設や区内に工場移転などに助成金を出している。東京の葛飾区は伝統産業を守る取り組みをしている。

　身近な地域の実態を調べ、現状をつかみ、地域住民がどのような展望を持っているかさぐるとよい。地域をいかに活性化するかは、そこに住む人たちと行政の連携、住民自治の徹底である。保母武彦は、前掲の書で「おまかせ民主主義」と「請負民主主義」を「住民主体型」に転換させることを述べている。

「大田区はモノづくりの町」（大田区HP）

　1つめの特徴は「高度な技術力」です。工場が集まるとお互いにもっと良いもの作ろうと競うため、高い技術力が育ちます。
　2つめの特徴は「仲間まわし」です。工場から工場へと加工をまわすことによって、ひとつの部品（あるいは製品）を作り上げることをいいます。
　3つめの特徴は「住工調和」です。住宅と工場がひとつの地域に混在している大田区では、お互いが理解し合える調和のとれたまちづくりを目指しています。

《参考》大田区「工業」　http://www.city.ota.tokyo.jp/sangyo/kogyo/index.html

●資料と扱い方

A　中山間地域の集落。日本の中山間地は、同じような風景がある。阿南町は、森林が町の総面積の84％を占め、農用地は7％、宅地は1％である。1960年代までは農業と林業が主産業であった。

B　シャッターが目立つ都会の商店街。江戸川区北部の駅前通りにある商店街。20年前は、シャッターの閉まった商店はほとんどなかった。

C　高知・馬路「ユズの村」。ゆずの村としての成功例である。「どのようにして村の再生を進めたのか」を考えさせる。人口は減少しているが、ゆず加工品の販売額は伸びている。資料は、『毎日新聞』2011年11月23日付の記事より引用。

《参考》馬路村農協　https://www.yuzu.or.jp/
　　　　馬路村役場　http://www.vill.umaji.kochi.jp/html/index.htm

❖ 授業の資料 ❖

A 中山間地域の集落

長野県阿南町の中山間地

B シャッターが目立つ都会の商店街

東京都江戸川区の商店街

C 高知・馬路「ユズの村」

村には、鉄道も国道も、銀行、コンビニエンスストアもない。これといった観光施設もない。高知空港から車で2時間かかる。人口1000人。なぜ人を引きつけるのか。

「ユズがなければおそらく（引っ越して）来ていませんでした」。農協営農販売課の長野桃太さん（24）はそう語る。…

一方、人口は減り続けている。林業で栄えた戦前、戦後は最盛期で3500人もの住民がいたという。しかし、90年には1313人となり、07年には1077人となった。約190世帯のユズ農家の高齢化も今後の課題だ。

ただし、明るいデータもある。Uターン、Iターン者が毎年いることだ。03年22人、04年21人、05年13人、06年16人、07年8人となっている。00年からの累計では計88人がやって来た。村の人口の1割近くになる。

村のあちこちのユズの木に、黄色い実がたわわに実っている。ユズは皮をむいて食べる柑橘類ではない。加工するのが一般的だ。高知の山間部では、ユズを使ったぽん酢しょうゆを昔から作っていたという。そして、村を有名にしたのが、ユズ加工品なのだ。

農協は多くのユズ加工品を作っている。稼ぎ頭は「ぽん酢しょうゆ・ゆずの村」と清涼飲料水「ごっくん馬路村」だ。高知県によると、09年の販売額はそれぞれ約14億5700万円、6億4000万円。加工品は販売額100万円未満が約7割というから、村の商品が断トツに売れていることが分かる。…

馬路村の人口の推移と高齢化率

年度	人口	高齢化率
1990	1,313 （男663女650）	20.0%
1995	1,242 （男623女619）	24.9%
2000	1,195 （男584女611）	28.9%
2005	1,170 （男570女600）	33.0%
2010	1,013 （男493女520）	35.0%
2015*	944 （男437女507）	—

*2015年度は、2015年7月末現在、一は不明
（馬路村HP）

馬路村ゆず生産・販売額の推移

	ゆず生産量(t)	加工品販売高(千円)
1990	308	414,600
1995	341	1,384,776
2000	605	2,573,165
2001	610	2,715,257
2002	544	2,937,790
2003	557	2,983,037
2004	679	2,975,666
2005	477	3,161,879
2006	539	3,340,060
2007	628	2,987,629
2008	723	3,205,244
2009	1,036	3,152,688
2010	719	3,234,137

（馬路村農業協同組合）

65 自然環境を守る

【授業のねらい】 失われる自然環境、公害、廃棄物問題などを取り上げ、どのようにして環境を守るか考えを深める。

❖ 教材研究 ❖

①日本の公害

産業革命期のイギリス・ロンドンの大気汚染はよく知られている。産業の発達は、いっぽうで人間の生存を脅かしてきた。しかし、その歴史の教訓は今日まで十分に生かされてきていない。いま、中国のPM 2.5が問題になっているが、経済成長をめざす途上国での公害は、深刻になっていく。

日本の近現代では、1891年に田中正造が「足尾鉱毒事件」を国会で追及した。富山県神通川流域で「イタイイタイ病」が発生したのは1922年であった。戦後の高度経済成長時代に、工業化が全国に拡大するなかで公害被害も拡散する。主な公害事件は、右の通りである。日本の戦後史は、環境破壊とその対応の歴史でもある。四大公害事件の被害の実態や訴訟の経過などについては、それぞれの資料館で情報を提供している。HPから授業で活用できる資料を入手することが可能である。

水俣病では、1973年3月に原告勝訴の判決が下されたのちも、被害者の救済について紛争状態が続いた。1990年9月に東京地裁は早期解決のために和解勧告を出した。他の裁判所も同様であったが、両者の自主交渉では解決することが困難であった。そこで1994年、早期解決のために政治が役割を果たすことになった。翌年になると、被害者団体、熊本県、関係省庁など関係者間の調整が進み、当時の与党3党による最終解決案が提示され、12月までに関係当事者間で合意が成立した。政府は、水俣病の解決にあたっての総理大臣談話を閣議決定した（1995年12月15日、次ページ資料、水俣病資料館より引用）。その後、1996年に合意に基づいて被害者団体とチッソとの間で、一時金支払いと紛争解決の協定を締結した。こうした経過を経て、国家賠償請求については国・県に対する訴訟取り下げとなった。なお、水俣病関西訴訟は、当時水俣周辺に暮らして関西に移住した人たちが1982～88年に提訴した裁判である。政治決着を拒否

主な公害事件（戦後）と法律

年	概　　要
1956	水俣病患者の公式確認
1957	江戸川で製紙工場の汚水で漁業被害（翌年、工場排水規制法制定）
1961	四日市ぜんそくが表面化
1964	新潟水俣病、阿賀野川流域で広がる
1967	公害対策基本法制定。四日市ぜんそく訴訟、新潟水俣病訴訟
1968	大気汚染防止法、騒音規制法制定。イタイイタイ病訴訟
1969	水俣病訴訟
1970	水質汚濁防止法制定。首都圏で光化学スモッグ発生、静岡県田子の浦港のヘドロ汚染問題
1971	環境庁が発足
1972	自然環境保全法制定。安中カドミ公害訴訟
1973	公害健康被害補償法制定
1975	江戸川区で六価クロム廃棄汚染問題、瀬戸内海の豊島産廃問題
1978	西淀川大気汚染公害訴訟
1982	川崎公害訴訟
1988	尼崎大気汚染公害訴訟
1993	環境基本法制定
1995	容器包装リサイクル法制定
1997	環境アセスメント法制定
1998	家電リサイクル法制定

水俣病認定基準の変遷

1971年	「手足の先にいくほど感覚が鈍くなる」「動作が不自由」「身体のバランスが取りづらい」「見える範囲が中心方向に狭くなると聞こえにくい」、いずれかの症状があり、有機水銀の影響を否定できない場合は水俣病。（環境庁事務次官通知）　認定約1600人、棄却約1000人
1977年	それぞれの症状は単独では水俣病に特異的ではない。症状の組み合わせがあれば通常、水俣病と考えられる（環境庁環境保健部長通知）　認定約1200人、棄却約15,000人
2013年	感覚障害のみの水俣病が存在しないという科学的実証はない。症状の組み合わせがなくても認定する余地がある。（最高裁判決）
2014年	認定・棄却の人数は各県資料から推定（環境省環境保健部長通知）

して争い、2004年10月に最高裁は国と熊本県の責任を断定した。地裁で判断が分かれたもう一つの最高裁判決は2013年4月に患者認定の見直しを迫る判断であった。裁判では、認定基準が問題になっている。その認定基準の変遷は前ページのようになっている（『朝日新聞』2014年5月26日付より）。

《参考》原田正純『水俣病』（岩波新書、1972年）
　　　　原田正純『水俣病は終わっていない』（岩波新書、1985年）
　　　　宮本憲一『戦後日本公害史論』（岩波新書、2014年）
　　　　水俣市立水俣病資料館　http://www.minamata195651.jp/
　　　　新潟県立環境と人間のふれあい館―新潟水俣病資料館　http://www.fureaikan.net/
　　　　富山県立イタイイタイ病資料館　http://itaiitai-dis.jp/
　　　　四日市公害と環境未来館
　　　　　http://www.city.yokkaichi.mie.jp/yokkaichikougai-kankyoumiraikan/index.html#top

---

水俣病問題の解決に当たっての内閣総理大臣（村山富市）談話

（1995年12月15日　閣議決定）

　公害の原点ともいうべき水俣病問題が、その発生から四十年を経て、多くの方々の努力により、今般、当事者の間で合意が成立し、その解決を見ることができました。

　水俣病問題につきましては、既に解決をみている公害健康被害の補償等に関する法律による認定患者の方々の補償問題とは別に、認定を受けられない方々の救済に関して、今日に至るまで未解決の問題が残されてまいりました。

　私は、この問題の早期解決のため、与党、地元自治体とも緊密な連携をとりつつ、誠心誠意努力してまいりました。重い歴史を背負いながらも苦渋の決断をされた各団体の方々をはじめこの間の関係者のご努力に対し、心から敬意を表したいと思います。

　解決に当たり、私は、苦しみと無念の思いの中で亡くなられた方々に深い哀悼の念をささげますとともに、多年にわたり筆舌に尽くしがたい苦悩を強いられてこられた多くの方々の癒しがたい心情を思うとき、誠に申し訳ないという気持ちで一杯であります。

　水俣病問題は、深刻な健康被害をもたらしたばかりでなく、地域住民の絆が損なわれるなど広範かつ甚大な影響を地域社会に及ぼしました。

　私は、この解決を契機として、水俣病の関係地域の方々が、一日も早く、ともに手を取り合って、心豊かに暮らすことができる地域社会が築かれるよう、心から願うものであります。

　今、水俣病問題の発生から今日までを振り返る時、政府としてはその時々においてできる限りの努力をしてきたと考えますが、新潟での第二の水俣病の発生を含め、水俣病の原因の確定や企業に対する的確な対応をするまでに、結果として長期間を要したことについて率直に反省しなければならないと思います。また、私は、このような悲惨な公害は、決して再び繰り返されてはならないとの決意を新たにしているものであります。

　政府は、今般の解決に当たり、総合対策医療事業、チッソ支援、地域の再生・振興などについて、地元自治体と協力しながら施策を推進してまいりますとともに、水俣病の悲劇を教訓として謙虚に学び、我が国の環境政策を一層進展させ、さらに、世界の国々に対し、我が国の経験や技術を活かして積極的な協力を行うなど国際的な貢献をしてまいる所存であります。

---

②環境を守る

　自然環境を守ることは、人びとの生命、身体、精神及び生活を守ることである。そして、豊かな自然は、いまを生きている人だけでなく未来に生きる人たちに残していく取り組みである。

　日本自然保護協会は、全国の自然を守る活動に努めている。これまで守ってきた自然をこれからも守っていこうとする取り組みであり、国際的な自然保護運動とも連帯している。各地の自然を守る活動には、「沖縄・辺野古の海を守る」「干潟を守る」「森林生態系を守る」などがある。辺野古の海を

守る活動では、米軍基地建設がサンゴ礁や海洋生態系を破壊するため、辺野古新基地建設に反対する声明を出している（2015年３月25日）。干潟を守る活動は、ラムサール条約（特に水鳥の生息地として国際的に重要な湿地に関する条約 The Convention on Wetlands of International Importance especially as Waterfowl Habitat）への登録をめざした取り組みがおこなわれている。すでに登録されている日本の湿地は46か所（137,968ha）である。沖縄の泡瀬（あわせ）干潟、東京湾の三番瀬などは埋立てをやめさせ、条約登録をめざしている。開発の名のもとにおこなわれる公共事業は、最低でも自然環境を守る姿勢がなくてはならない。ひとたび自然が破壊されれば、回復させることは困難である。持続可能な社会に向けて、こうした自然を守る活動を取り上げる。

《参考》日本自然保護協会　http://www.nacsj.or.jp/katsudo/
　　　　辺野古新基地建設に反対する声明　http://www.nacsj.or.jp/katsudo/henoko/pdf/150315_henoko_NGOseimei.pdf
　　　　環境省「ラムサール条約と条約湿地」　http://www.env.go.jp/nature/ramsar/conv/2-3.html

③身近な環境問題

　産業廃棄物、有害物質、ゴミ問題は、身近な環境問題である。1990年代のリサイクル法が制定されてから、各自治体のリサイクルの取り組みは進んだ。自治体によって差異があるので、あらかじめ身近な各地域のリサイクルについて調べておくとよい。また、産廃や有害物質が処理されないまま放置されている問題がしばしば起きている。なお、福島原発事故による放射性物質については、次の授業テーマで取り上げる。

　有害廃棄物を不正に海外に輸出することを禁じる「バーゼル条約」は1989年に採択し、1992年に発効した。同年、日本は「特定有害廃棄物等の輸出入等の規制に関する法律（バーゼル法）」を制定（翌年施行）している。チェック体制をつくったが、施行後、不適切な輸出の事例があがっている。

●資料と扱い方

A　六価クロム被害住民検診。写真は、1975年に江戸川区小松川地域を調査した際に撮影した住民検診の会場である。江戸川区では、「六価クロム対策本部」を設置して、住民健康検診がおこなわれた。これを廃棄した日本化学工業小松川工場への立ち入り調査も実施した。きわめて毒性の強い六価クロムは、メッキ工場などで使われてきた。これは過去の問題ではなく、最近、不法投棄が新たに発見されて、江戸川区などで土壌汚染が起きた。公害が住民の健康被害に及ぶ事例として取り上げる。

《参考》小島義雄・吉井道郎『黄色い恐怖—六価クロム禍物語』（一光社、1976年）

B　三番瀬（東京湾に残る干潟）。干潮時の干潟の様子を確認する。三番瀬は、千葉県船橋市と市川市に残っている干潟である。ここは野鳥が飛び交い、貝などの生息地である。「三番瀬を守る会」は、ラムサール条約への登録を求めて活動している。日本には、こうした豊かな干潟がある。日本の干潟は半世紀余りの間に５割から６割ほどが消失している。自然を残す取り組みの活動について取り上げる。

《参考》三番瀬を未来に残そう　http://www005.upp.so-net.ne.jp/sanbanze/

C　公害事件の報道。工場排水規制法制定のきっかけとなったのは、本州製紙の汚水「黒い水」であった。光化学スモッグは、いまも夏の時期に注意報が発令されているが、それが初めて報道されたときの新聞報道の見出しで、高度経済成長期の公害問題である。260ページの公害年表とともに提示するとよい。

D　戦後の四大公害事件の裁判。公害事件については、地理・歴史的分野においても取り上げている。ここでは、そうした学習を振り返る。水俣病については認定の基準や、解決への道のり、その後の訴訟について取り上げる。

❖ 授業の資料 ❖

A　六価クロム被害住民検診

1975年、江戸川区で実施

B　三番瀬（東京湾に残る干潟）

満潮時（上）と干潮時の干潟（下）

C　公害事件の報道

①
漁民千人が奇襲デモ
製紙工場へ　「汚水で貝など死滅」
写真（「会社あやまれ」とくってかかる漁民たち＝本州製紙工場で）
—『朝日新聞』一九五八年五月二五日付—

②
校庭の女生徒ら四一人
異常な症状で入院
杉並の立正高　風で流れた薬品か
—『毎日新聞』一九七〇年七月一八日付夕刊—

新公害「光化学スモッグ」
東京各地被害相次ぐ
排気ガス　紫外線で化学変化
突然、目やノドが痛む
運動中の生徒、一斉
ロスより深刻な東京　光化学スモッグ
対策は「お手上げ」
無風、高温多出で発生
排気ガス　プラス　亜硫酸ガス
三段階で警報出す　ロサンゼルス市の場合
—『毎日新聞』一九七〇年七月一九日付—

D　戦後の四大公害事件の裁判

事件名	原因	被告企業	提訴	判決
水俣病（熊本）	有機水銀	チッソ	1969年6月	1973年3月原告勝訴
新潟水俣病（新潟）	有機水銀	昭和電工	1967年6月	1971年9月原告勝訴
四日市ぜんそく（三重）	亜硫酸ガスなど	コンビナート6社	1967年9月	1972年7月原告勝訴
イタイイタイ病（富山）	カドミウム	三井金属	1968年3月	1971年6月原告勝訴

66　放射能と環境問題

【授業のねらい】　福島原発事故で放出された放射能がどれほどの環境被害を与えているか、特に人びとの暮らしに有害な人工放射性物質を取り上げ、考えを深める。

❖ 教材研究 ❖

　福島原発事故については、第1章でも取り上げてきたが、ここでは、さらに人工放射性物質についての理解と、人体への影響、環境汚染について深めていく。事故から4年、5年と経つと、放射能を忘れるか、「たいした問題ではない」と思いがちであるが、そもそも、自然界にはない人工放射性物質が未来にわたってどういう影響があるのかを知らなければならない。原発に依存するかどうかを考える上で、この理解が必要である。

①原子力安全神話と副読本

　日本は、広島・長崎の原爆、そして第五福竜丸などの漁船がビキニ水爆実験によって被爆した。その日本が、「原子力安全神話」を掲げて原発に依存する国をつくってきた。福島原発事故前の文部科学省の中学生用副読本『チャレンジ！原子力ワールド』は、この安全神話の刷り込みであった。この副読本には、原発事故が起きても安心という内容が書かれていた。

原子力施設で事故が起きた場合の防災対策

もし、原子力発電所やウランをあつかう施設で異常が発生した場合、周辺にくらす人たちの環境を守るためにどのような安全対策が取られているのでしょうか。過去に起きた原子力施設の事故と防災活動について見てみましょう。

〈主な原子力施設の事故〉原子力発電は電気を作るときに二酸化炭素を出さず、少ない燃料でたくさんの電気を安定して作ることができます。しかし、これまでにいくつかの事故も起きています。

- スリーマイルアイランド原子力発電所の事故（1979年）…省略
- チェルノブイリ原子力発電所の事故（1986年）…省略
- ＪＣＯウラン加工施設の事故（1999年）…省略

　日本では、このような事故を教訓に、原子力施設の事故を防ぐしくみを見直し、前よりも安全を確保するしくみとなっています。運転員の訓練を増やし、また、万一、運転員のミスが起きても安全機能が働くようなしくみ、つまり、事故が起きないように、また起こったとしても人体や環境に悪影響を及ぼさないよう、何重にも対策が取られています。

　原子力安全神話は、1950年代につくられてきた。1953年アメリカのアイゼンハワー大統領は国連演説で原子力の平和利用を打ち出した。これを日本のメディアがキャンペーンを繰り広げ、原子力の平和利用博覧会が各地で開催される。安全神話は、原発立地自治体住民の同意を得るために利用されてきた。原発を推進してきたのは電力会社をはじめとする「原発利益共同体」である。その構図は次の通りである。

原発利益共同体の構図

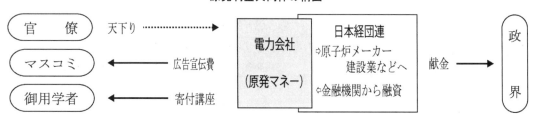

②人工放射性物質の理解

次の調査は、大学生に対して実施したものであるが、「放射能」の学習をしたのちに学生が書いたレポートには「自分がいかに無知であったかを思い知らされた」と述べられていた。文科省の副読本が中・高校生に配付され、新たな安全神話を説いている。それだけに、しっかりとした放射能の理解が求められる。

■放射能・原発事故に関する学習前調査　集計		A大学 2012.12.6	B大学 2015.1.7
(1)あなたは、放射能・放射線のことを人に説明できますか。	ア、ある程度は説明できる	3（15％）	2（3.5％）
	イ、少しなら説明できる	13（65％）	32（56.1％）
	ウ、ほとんど説明できない	4（20％）	23（40.4％）
(2)自然放射能と人工放射能の違いを知っていますか。	ア、知っている	1（5％）	1（1.8％）
	イ、少しは知っている	12（60％）	13（22.8％）
	ウ、ほとんど知らない	7（35％）	43（75.4％）
(3)内部被曝と外部被曝の違いを知っていますか。	ア、知っている	11（55％）	4（7.0％）
	イ、少しは知っている	2（10％）	20（35.1％）
	ウ、ほとんど知らない	7（35％）	33（57.9％）
(4)原発と原爆の核分裂反応の違いを知っていますか。	ア、知っている	2（10％）	1（1.8％）
	イ、少しは知っている	4（20％）	6（10.5％）
	ウ、ほとんど知らない	14（70％）	50（87.7％）
(5)原発から出る放射性廃棄物の処理にどのくらいの時間がかかると思いますか。	ア、100年以下	0（0％）	6（10.5％）
	イ、1000年	9（45％）	24（42.1％）
	ウ、1万年以上	11（55％）	26（45.6％）
	わからない		1
(6)大学の敷地の放射線量はどのくらいだと思いますか。	ア、1μSv/h以上	1（5％）	4（7.0％）
	イ、0.1μSv/h	6（30％）	21（36.8％）
	ウ、0.05μSv/h以下	13（65％）	29（50.9％）
	わからない		3
(7)原発の再稼働に賛成ですか。	ア、賛成	―	10（17.5％）
	イ、どちらとも言えない	―	34（59.6％）
	ウ、反対	―	13（22.8％）
(8)将来、原発に頼らない社会を築くべきだと思いますか。	ア、そう思う	18（90％）	41（71.9％）
	イ、どちらとも言えない	2（10％）	12（21.1％）
	ウ、そう思わない	0（0％）	4（7.0％）
(9)福島から県外に避難している人はどのくらいいると思いますか。	ア、1万人	0（0％）	2（3.5％）
	イ、2万人（A大学では3万人）	7（35％）	20（35.1％）
	ウ、5万人（A大学では6万人）	13（65％）	35（61.4％）
(10)福島原発の周辺から避難している人の話を聞いたことがありますか。	ア、聞いたことがある	6（30％）	12（21.1％）
	イ、聞いたことがない	14（70％）	45（78.9％）

1　A大学では、「(7)日本が脱原発をめざすことに賛成ですか」を問い、賛成13（65％）、どちらとも言えない6（30％）、反対1（5％）であった。
2　(5)(6)の選択肢「わからない」には無記入を含む。　＊A大学N＝20、B大学N＝57

事故後の実態はどうなっているか。住宅地や公共施設周辺の除染はおこなわれているが、森林除染はこれからの課題になっている。2015年3月20日の『福島民報』は、「環境省は4月から森林内の放射性物質の移動状況や流出対策の効果を把握する調査を県内3カ所で開始する。19日に東京都内で開かれた環境回復検討会で同省が示した。調査は森林内の放射性物質の移動状況を把握し、森林からの放射性物質の流出防止策を探るのが狙い。県内の国有林から3カ所の斜面を選定し、林縁から約20メートルの範囲を除染。除染をしていない斜面の上部との間に放射性物質の流出を防ぐ柵を設け、森林内の空間放射線量を計測する」と報道している。事故後、地下水や海洋に放射性物質の流出が続いている。また、第1章でもふれてきたように、福島から離れた首都圏にも放射性物質が飛散し、ホットスポットが斑状に見つかっている。河川に流れ込み、東京湾に注ぐ河口に堆積していることもわかっている。福島では、農産物や魚介類の風評被害が農漁民の生活を脅かしているが、それだけに食品からの放射性セシウム測定を怠ってはならない。基準値は2012年4月からあらたに設定された。これは厚労省のHPで調べることができる。授業で提示するとよい。

　問題は、福島原発からの放射性物質が自然界にはない人工放射性物質であり、微粒子を形成していることである。その微粒子を体内に取り込めば内部被曝の危険が増す。地表付近に集積している人工放射性物質を吸い込みやすいのは、背丈の低い子どもたちである。原発労働者の内部被曝についても考えていかなければならない。自然放射能と人工放射能の区別ができること、原発の核廃棄物の処分は人の手に負えないこと、何万年もの間、背負わなければならないこと、放射能と環境問題には、こうした理解が必要である。

　1986年の当時のソ連で起きたチェルノブイリ原発事故から学ぶことが欠かせない。事故後、甲状腺がん発症は10年、15年経過とともに増加している。いまだに終わらない事故の後始末を描いたDVD「チェルノブイリの今—フクシマへの教訓」は、多くのことを教えてくれる。このDVDの構成は、「『チェルノブイリの今』から『フクシマの明日』」「終わりなき事故の後始末を探る」「立入禁止地区に暮らす」「がんと生きる被ばく者の涙」「情報隠蔽と強制立ち退きの実態」「汚染土壌の再生に挑む」となっている。

《参考》高世仁『チェルノブイリの今—フクシマへの教訓』DVD（旬報社、2011年）
　　　　広瀬隆『FUKUSHIMA福島原発メルトダウン』（朝日新書、2011年）
　　　　野口邦和監修、プロジェクトF『原発・放射能図解データ』（大月書店、2011年）
　　　　歴史教育者協議会編『中・高校生と学ぶ福島原発事故と放射能Q&A』（平和文化、2012年）

●資料と扱い方
A　文科省の副読本（部分）。原発事故後に作成された副読本である。「この文章を批判できるか、疑問はあるか」と問い、考えさせる。自然放射性物質のカリウム40と人工放射性物質を同一視していることが問題であるが、それに気づくには、次の資料Bが役立つ。
B　主要な人工放射能と自然放射能（参考）の半減期、放射線および主要特性。（ⅰ）セシウム137やプルトニウム239など人工放射性物質（核種）は自然界に存在しないこと、（ⅱ）セシウム137はカリウムと化学的性質が似ているため体内に摂取されること、（ⅲ）人工放射性物質は微粒子となって大気中に飛散し、地表などに堆積すること、（ⅳ）人工放射性物質の微粒子は地表近くで舞い上がれば背丈の低い子どもが吸い込んだり、食物から摂取したりして内部被曝の危険性が高まること、これらを理解させる。自然放射性物質は、集合して微粒子を形成しているわけではなく、ホットパーティクルとなって臓器に打撃を集中する人工放射性物質と同じではないことがわかれば、文科省の副読本がいかに危険性を薄める意図で書かれているかが見えてくる。
C　チェルノブイリ原発事故後のウクライナの子ども。内部被曝による晩発性障害の問題についてチェルノブイリ原発事故を通して学ぶ。資料B・Cは、『中・高校生と学ぶ福島原発事故と放射能Q&A』に掲載した原図。

❖ 授業の資料 ❖

A 文科省の副読本（部分）

「放射線は、そのままでは目で見ることはできませんが、私たちの回りのどこにでも存在し、また、身近な色々な分野で利用されています」

「人類は、放射線が存在する中で生まれ、進化してきました。私たちは、日常生活でも放射線を受けています」

「食べ物には、主にカリウム40という放射性物質が含まれており、自然界にあるカリウムのうち0.012%がカリウム40です。カリウムは、植物の三大栄養素の一つといわれ、私たちは野菜などを食べることで体内にカリウムを取り込んでいます。そのカリウムは、人間の体にも欠かせない栄養素であり、体重の約0.2%含まれています」

B 主要な人工放射能と自然放射能（参考）の半減期、放射線および主要特性

放射性核種	物理的半減期	生物的半減期	崩壊中の放射線	主要特性と体内の主な集積部位
ヨウ素(I)131	8日	約80日	β,γ	昇華・気化しやすい。甲状腺。
セシウム(Cs)137	30年	70～100日	β,γ	Kに似る。筋肉、尿管上皮、膀胱。
ストロンチウム(Sr)90	29年	数～20年	β	カルシウムに似る。肺、骨、消化管。
プルトニウム(Pu)239	2.4万年	20～50年	α,β	肺、骨、肝臓、生殖腺。
参考 カリウム(K)40	12.5億年	約30日	β,γ	筋肉。かなり適応的。良く排泄。

1 半減期：放射性物質の放射能が半分に減るまでの期間。①物理的半減期、②生物的半減期、③環境的半減期がある。 2 体内への集積：人体の適応によってカリウムは体内濃度が0.2%になるように制御・排泄されるが、人工放射性核種の多くは摂取量に応じて体内蓄積量が決まる。また、カリウム40が集合して微粒子（ホットパーティクル）になることはないことも人工核種と異なる。

C チェルノブイリ原発事故後のウクライナとベラルーシ

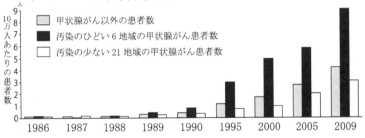

←ウクライナの子ども（事故時0～14歳）の甲状腺がん発症の年次推移

出所：Ministry of Ukraine of Emergencies (2011) "Twenty-five Years after Chornobyl Accident: Safety for the Future"（ウクライナ緊急事態省（2011）「チェルノブイリ事故から25年：未来のための安全性」）より改変

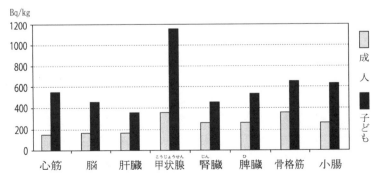

←1997年と1998年におけるベラルーシゴメリ州住民の臓器別セシウム137値

深刻な原発事故が起きれば、大量の放射性物質が世界中にばらまかれ、いのちといのちを育む自然生態系が破壊され、子どもたちの内部環境は、内部被曝によってひどく乱され、健やかな成長が損なわれてしまいます。

ユーリ・バンダシェフスキー『チェルノブイリ事故による放射性物質で汚染されたベラルーシの諸地域における非ガン性疾患』(Proceedings of 2009 ECRR Conference Lesvos Greece. 翻訳 田中泉 翻訳協力 松崎道幸）より作図。

67　日本の農業と食料問題

> 【授業のねらい】　農産物の輸入が増加しているいっぽうで、日本の食料自給率が低下している。こうした現状のなかで、日本の農業の現状と未来を考える。

❖ 教材研究 ❖

①農産物の自由化と自給率の低下

右の資料は、農水省の2010年度『食料・農業・農村白書』に掲載されていた資料（巻末付録）「農林水産物の自由化の推移」である。

自由化によって、安価な外国産農産物が増えていった。財務省「貿易統計」によれば、農産物の輸入額は1960年6,223億円、2010年4兆8,281億円で、半世紀で7.76倍に及ぶ。輸入額ではあるが、自由化に伴って農産物輸入が増加していることは確かである。

日本の食料自給率は低水準の39％である（カロリーベース、2013年）。主な品目別では、次のようになっている（2013年）。

・穀類28％　・いも類76％　・豆類9％　・野菜類79％　果実類39％
・肉類55％　・卵類95％
・牛乳・乳製品64％
・魚介類55％　・砂糖類29％　・油脂類13％

年	主な出来事	主な輸入数量制限撤廃品目
1955	ガット加入	
1960	121品目輸入自由化	ライ麦、コーヒー豆、ココア豆
1961	貿易為替自由化の基本方針決定	大豆、しょうが
1962		羊毛、たまねぎ、鶏卵、鶏肉、にんにく
1963	ガット11条国へ移行	
1966		ココア粉
1967	ガット・ケネディ・ラウンド決着（1964年～）	
1970		豚の脂身、マーガリン、レモン果汁
1971		ぶどう、りんご、グレープフルーツ、植物性油脂、チョコレート、ビスケット類、生きている牛、豚肉、紅茶、なたね
1972		配合飼料、ハム・ベーコン、精製糖
1974		麦芽
1978	日米農産物交渉決着（牛肉・かんきつ）	ハム・ベーコン缶詰
1979	ガット・東京ラウンド決着（1973年～）	
1984	日米農産物交渉決着（牛肉・かんきつ）	
1985		豚肉調整品（一部）
1986		グレープフルーツ果汁
1988	日米農産物交渉決着（牛肉・かんきつ、12品目）	ひよこ豆
1989		プロセスチーズ、トマトジュース、トマトケチャップ・ソース、豚肉調製品
1990		フルーツピューレ・ペースト、パイナップル缶詰、非柑橘果汁、牛肉調製品
1991		牛肉、オレンジ
1992		オレンジ果汁
1993	ウルグアイ・ラウンド決着（1986年）	
1995		小麦、大麦、乳製品（バター、脱脂粉乳等）、でん粉、雑豆、落花生、こんにゃく芋、生糸・繭
1999		米
2000	WTO農業交渉開始	

日本の農業は、アメリカなどの大規模農業、アジア諸国の安い労働力によって外国産との価格競争によって激しさを増している。自国の産業を守るために内外価格差を小さくする関税を設けているが、それでも比較的安い輸入農産物が増えている。これに伴い、日本の第一次産業の衰退がいっそう進んでいる。これは、日本の自然環境にも大きな影響を与えている。中山間地の森林の保護、水田の役割など自然の恵みを取り戻すことは、食料の確保をめざす上で課題になっている。これまでの食料自給率に関する世論調査をみると、農業者・消費者ともに自給率を大幅に引き上げるべきだという回答が圧倒的多数を占めている。

②食糧管理制度と減反

　日本の農業はコメ作りが中心であり、これを支えていたのが食糧管理制度であった。1942年に制定された食糧管理法は、戦後も維持され、米穀など主要食糧の生産・流通・消費を政府が管理してきた。米穀配給通帳はこの制度のもとで、政府（当時の農林省）が発行してきたが、1982年に廃止となった。

　米穀などの価格と安定供給というのがこの制度の目的であったが、1955年以降、コメの豊作が続きコメ自給率は1967年に100％を超えた（農水省「食料需給表」）。また、人びとの食生活も変化してコメ余りが顕在化した。1969年には自主流通米制度がつくられ、コメの作付面積を削減させるという減反政策が1971年から本格的にはじまった。

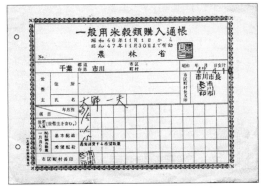

1981年まで発行されていた米穀通帳

　秋田県大潟村は、八郎潟の干拓によって生まれた。八郎潟は、東西12km、南北27km、周囲82km、面積22,074ha、琵琶湖に次ぐ広さの半かん湖であった。1957年、国の事業としてオランダの技術協力を得て、日本のコメづくりのモデルとしての干拓がはじまり、20年に及ぶ大事業は1977年3月をもって完了した。大潟村は、1964年10月1日に秋田県で69番目の自治体として6世帯14人の人口で誕生した。入植者は全国の応募者から選抜し、1966年の第一次から1974年の第五次までで580戸になる。入植者には

麦を育てている大潟村（1992年6月）

10ha（後に上限15ha）の農地、第五次入植者には15haの農地が配分された。しかし、減反政策は、干拓の目的と相反する事態となった。コメに代わるほど安定した収入を得られる作物は少ないため、制限を超えてコメを作付する農家が絶えなかった。国は、違反者に対して強制的に稲を刈る「青田刈」をした（1975年）。なかには、農協を通さずに消費者に直接売る自由米（ヤミ米）農家も出てきた。大潟村の農民から戦後の農政に振り回された実態を見ることができる（坂本進一郎『大潟村ヤミ米騒動「全記録」―村を二分した食管攻防戦の本質』御茶の水書房、1990年）。

　自由米容認に向けた混迷が続くなか、1993年の凶作はコメ不足となり、コメの緊急輸入とコメ部分開放となった。1994年に食糧法（「主要食糧の需給及び価格の安定に関する法律」）が制定され翌年施行され、食糧管理法は廃止された。従来の政府管理から流通米主体の制度となり、政府の役割はコメの需給・価格の安定を図ることになった。米価は、以後、低価格の傾向が強まっている。政府は2013年11月26日、長年続けてきた減反政策について、「2018年度に廃止する」方針を打ち出した。しかし、転作補助金、農家所得の見通し、米価の安定と供給のめどといった点で、不透明な部分がある。耕作地放棄、小規模農家の経営、農業後継者といった問題も横たわっている。減反廃止の背景には、ＴＰＰ交渉が絡んでいる。さらに、農協改革が注目されている。農協は、相互扶助組織、共同体組織でもあった。2015年、安倍政権は「強い農協をつくり農家の所得を増やす」目的で農協改革に着手した。この改革は、全農の株式会社化を意図したもので、農家同士の競争、金融・共済組合を切り離すなどが想定されている。ＴＰＰに反

減反政策の歩み

1967年	コメ自給率100％を超える
1971年	コメの生産調整（減反政策）
1993年	ウルグアイ・ラウンドでコメの一定量輸入を受け入れ
1995年	食糧管理法廃止、減反は維持
2010年	民主党政権が戸別所得補償制度導入。減反農家に補助金支給
2013年	政府、減反政策廃止方針

対する農協勢力を分断するねらいがある。日本の農業の行方については、情報を入手しておきたい。
《参考》大野和興『日本の農業を考える』(岩波ジュニア新書、2004年)
　　　　大潟村「大潟村農業の概要」
　　　　日本農業新聞　http://www.agrinews.co.jp/
　　　　農水省「米価」　http://www.maff.go.jp/j/seisan/keikaku/soukatu/aitaikakaku.html
　　　　　「米穀の需給及び価格の安定に関する基本指針」　http://www.maff.go.jp/j/seisan/keikaku/beikoku_sisin/
　　　　「農林業センサス」　http://www.maff.go.jp/j/tokei/census/afc/index.html

③農業経営の現状

　第一次産業の担い手を確保することは、重要な課題である。農業の場合は、どのようになっているだろうか。販売農家の就業人数は年々減少している。年齢別では、高齢者が6割を超えている（右の表は、農水省公表の資料をもとに作成）。日本の農家は多くが家族経営であり、兼業農家が多く農業以外からの所得が多い。稲作農家の1経営体当たり「農業経営収支」(2013年)によれば、農業所得は53万8千円となっている。経営規模が大きいほど所得も多い。

　農業経営は多角経営、販路の拡大（産地直売、ネット販売）、で収益を追求している。また、休耕地や耕作放棄地を農業法人に委託する農家もある。

《参考》農水省「農業構造動態調査」
　　　　http://www.maff.go.jp/j/tokei/kouhyou/noukou/index.html

販売農家の農業就業人口の推移

2005年	335万3千人
2010年	260万6千人
2014年	226万6千人

販売農家の年齢別基幹的農業従事者* (2014年)

49歳以下	16万8千人 (10.0%)
50〜59歳	20万9千人 (12.4%)
60〜64歳	24万6千人 (14.6%)
65〜69歳	26万4千人 (15.7%)
70〜74歳	27万7千人 (16.5%)
75歳以上	51万5千人 (30.6%)

*「基幹的農業従事者」(167万9千人)は、農業就業人口のうち、ふだんの主な状態が「仕事が主」の者をいう。

●資料と扱い方

A　主な国の食料自給率（カロリーベース）推移（％）。「日本の食料自給率について、諸外国と比較してみよう」と問い、低水準にある日本の自給率を考える。「なぜ、こんなに低くなったのか」という子どもの疑問が出てくれば、Bの資料とともに深める。農産物の自由化の推移をもとに安い外国産農産物が輸入されてきたことをつかむ。また、スーパーマーケットなどに並ぶ農産物がどこから輸入されているか調べていくとよい。資料は農水省の「食料需給表」(2013年度)の「諸外国・地域の食料自給率（カロリーベース）の推移」より引用。

B　日本の農産物輸入額。50年間で輸入額が増えてきたことがわかる。資料は、財務省「貿易統計」より引用。

C　大潟村。八郎潟の干拓前と干拓後の航空写真は、大潟村パンフレットより引用。水田の風景は1992年に大潟村調査時に撮影。干拓によって広大な農地が開拓されていったことがわかる。前ページの麦を育てている写真を活用すれば、コメづくり農家が「なぜ、麦を育てているのか」と問いかけることで、減反を扱う導入教材になる。

D　主食用米の価格と需要量の推移。米価と需要量が下がり続けている。農業従事者の減少、農家所得が低いことなど、日本の農業の現状を取り上げる。2005年産までの価格は、（財）全国米穀取引・価格形成センター入札結果、2006年産以降は相対取引価格の平均値。資料は、農水省の「米に関する資料」「食料需給表」より作成。農家が減少していることや高齢化が進んでいること、農家所得が低いことに関する資料も提示する。その上で、日本農業の未来を考えていく。

❖ 授業の資料 ❖

A 主な国の食料自給率（カロリーベース）推移（％）

年	日本	アメリカ	カナダ	イギリス	ドイツ	フランス
1970	60	112	109	46	68	104
1980	53	151	156	65	80	131
1990	48	129	187	75	93	142
2000	40	125	142	74	96	132
2005	40	123	173	69	85	129
2010	39	135	225	69	93	130
2011	39	127	258	72	92	129

B 日本の農産物輸入額
（単位：億円）

		1960年	2010年
輸入額		6,223	4兆8,281
主な内訳	穀物	1,049	6,969
	果実	75	3,485
	野菜	38	3,451
	畜産物	1,449	1兆2,351

C 大潟村

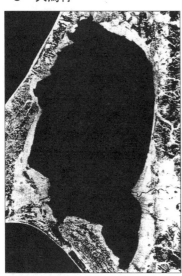

水田風景

D 主食用米の価格と需要量の推移

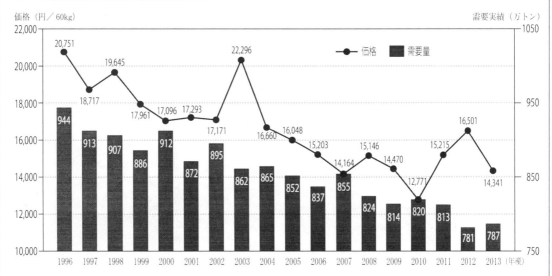

68 日本の貿易とTPP

【授業のねらい】 日本の貿易の特色をつかみ、自由貿易やTPPを通して貿易をめぐる問題を深める。

❖ 教材研究 ❖

①自由貿易と貿易摩擦

自国で足りない物を輸入し、余っている物を輸出する、このような取引が貿易である。1947年に「関税と貿易に関する一般協定（GATT）」（General Agreement on Tariffs and Trade）が結ばれ、自由貿易のルールがつくられた。関税率を低くして、原則として輸入制限をしないことが約束された。日本は1955年に加盟した。GATTは1995年に「世界貿易機関（WTO）」（World Trade Organization）に移行し、自由貿易の拡大をめざすようになった。しかし、外国との取引では、基軸通貨のドルでおこなわれるため、自国通貨の価値が高いか低いかで、輸出入に影響が出てくる。また、自国の産業にも打撃を与える。そのため、貿易は、どの国でも自国を守るため、しばしば対立が起こる。日米間では過去に上のような商品や産業で貿易摩擦が起きていた。

日米間で貿易摩擦となったおもな商品・産業

1960年代まで	綿製品、鉄鋼
1970年代	繊維、カラーテレビ、牛肉・オレンジ
1980年代	自動車、半導体、建設市場

②二国間貿易と多国間貿易協定

WTOを補う地域的な経済連携が進んでいる。二国間の貿易自由化や多国間の協定である。自由貿易協定（FTA）に対して経済連携協定（EPA）は、物の取引にとどまらない貿易・金融・サービスの幅広い分野での連携をめざした協定である。多国間協定には、北米自由貿易協定（NAFTA）や欧州自由貿易連合（EFTA）、アジアでも東南アジア諸国連合（ASEAN）がASEAN自由貿易圏（AFTA）をつくっている。

日本は、「環太平洋戦略的経済連携協定（TPP）」（Trans-Pacific Strategic Economic Partnership Agreement）参加を表明して、交渉を進めた。これはEPAの一つである。アジア太平洋地域の経済的統合であり、関税の撤廃、投資、環境、労働などのあらゆる分野におよぶ自由化をめざしている。日本がTPPに参加すれば、域内の貿易がさかんになり、日本製品の輸出が増えると言われている。いっぽう、自国の産業がどうなるかは予想のつかないこともあり、「日本の農業が打撃を受ける」「食の安全がおびやかされる」「日本の医療が壊れる」「保険や金融はどうなるのか」「著作権の行方は」などと危惧されている。

《参考》財務省貿易統計　http://www.customs.go.jp/toukei/latest/
小倉正行ほか『これでわかるTPP問題一問一答―日本を崩壊させる58の危険』（合同出版、2011年）

●資料と扱い方

A　日本の貿易。「どの地域との貿易が多いか、どんな取引をしているか」と問い、日本の貿易の特色をつかむ。アジアとの貿易が中心であることをつかむことができる。北米は、アメリカが中心である。品目別では、原料・燃料の輸入の占める割合が高い。輸出の輸送用機械は自動車が中心である。資料は、財務省の貿易統計より作成。

B　TPP。交渉21分野は多岐にわたっていて、国内の各分野から不安があがっている。反対の意見が出ているのはなぜか、子どもたちに考えさせていく。「NO TPP」の写真は、2011年震災後の福島・南相馬の酪農家を訪れた際に撮影。上の写真（2015年3月22日東京・日比谷野音で撮影）もTPP反対の訴え。TPP21の分野は、外務省説明資料から作成。

❖ 授業の資料 ❖

A 日本の貿易 (2014年)

地域別輸出入 (単位:百万円、%)

地域	輸出 (総額73,093,028)		輸入 (総額85,909,113)	
	金額	割合	金額	割合
アジア	39,518,174	54.1	38,618,132	45.0
大洋州	1,958,366	2.7	5,706,378	6.6
北米	14,495,021	19.8	8,741,077	10.2
中南米	3,563,038	4.9	3,195,700	3.7
西欧	7,744,886	10.6	8,854,954	10.3
中・東欧、ロシア	1,719,517	2.4	3,183,320	3.7
中東	2,987,527	4.1	15,825,964	18.4
アフリカ	1,106,500	1.5	1,783,318	2.1

主要商品別輸出入構成比 (%)

品名	輸出	輸入
食料品	0.7	7.8
原料品	1.6	6.5
鉱物性燃料	2.1	32.2
化学製品	10.7	8.0
原料別製品	12.9	8.1
一般機械	19.5	7.9
電気機械	17.3	13.4
輸送用機械	23.1	3.6
その他	12.1	12.4

B TPP

「TPP」交渉21の分野

① 物品市場アクセス(関税の撤廃など―農業、繊維・衣料品、工業)
② 原産地規制(関税の減免対象)
③ 貿易円滑化(貿易手続き簡素化)
④ 衛生植物検疫(食品の安全など)
⑤ 貿易の技術的障害(製品の規格に関する障害)
⑥ 貿易救済(セーフガードなど)
⑦ 政府調達
⑧ 知的財産(保護や取締り)
⑨ 競争政策(カルテル防止など)
⑩ 越境サービス(国境を越えるサービスのルールなど)
⑪ 一時的入国(滞在の要件など)
⑫ 金融サービス(ルールづくり)
⑬ 電気通信(ルールづくり)
⑭ 電子商取引(ルール整備の原則)
⑮ 投資(紛争解決手続など)
⑯ 環境(環境基準を緩和しない)
⑰ 労働(労働基準を緩和しない)
⑱ 制度的事項(協定の運用など)
⑲ 紛争解決(締約国間の紛争解決)
⑳ 協力(技術支援や人材育成)
㉑ 分野横断的事項(規定づくり)

「TPP」参加国

北米(カナダ、アメリカ)、中南米(メキシコ、ペルー、チリ)、大洋州(ニュージーランド、オーストラリア)、アジア(シンガポール、マレーシア、ベトナム、ブルネイ、日本)

TPPに反対する意見

関税撤廃や低率関税によって、第一次産業の衰退につながるとして、農協や漁協、生協などが反対している。また、国内労働市場の空洞化、医療が市場競争にさらされる、皆保険制度の崩壊、著作権延長などが想定されているため、医師や弁護士などから反対声明が出されている。

酪農家のロールベールラップサイロに書かれたNO TPP
(福島県南相馬)

69 これからの経済の課題

【授業のねらい】 グローバル化する社会にあって、観光立国をめざす日本のありよう、増える外国人労働者の問題を考える。

❖ 教材研究 ❖

日本の暮らしは世界とつながっている。ヒト・モノをはじめあらゆるものが国境を越えている。ここでは、日本の観光行政にみる課題、外国人（移民）労働者の問題を取り上げる。

①日本に来る人、海外に行く人

中国人旅行客の「爆買い」が話題になっている。訪日外国人が増えることで潤っている企業は、鉄道、航空業界、ホテル、飲食店、デパート・家電量販店だという。政府は観光立国をめざしていて、2020年の東京オリンピック開催年には、2,000万人を目標にしている。日本政府観光局報道発表資料によると、2014年の訪日外国人は1,341万3,600人で、前年を約300万人増加である。いっぽう、日本から海外に出国した2014年の日本人は、前年比3.3％減の1,690万3,000人であった。国別訪日外国人は、台湾、中国、韓国の順になっている。中国の2014年は前年比83.3％増の240万9,158人であった。2013年の外国人訪問者数の国際比較によれば、日本を訪問した人数は世界で27位、アジアでも8位であった。第1位のフランスは8,301万3,000人、アジアでは中国訪問者は5,568万6,000人であり、日本訪問者が必ずしも多くはない。今年になって、いっそう訪日中国人が増えているが、その理由には、ビザ発給緩和（2015年1月19日開始）や円安が続いていることがある。

訪日外国人による消費拡大は、日本経済の底上げに寄与している面もあるが、外国人頼みの経済は根本的な問題の解決にはなっていない。訪日外国人の訪問先は都市部が中心であり地方には広がっていないという課題がある。

②外国人（移民）労働者の問題

外国人労働者とか移民労働者、移住労働者と呼称されているが、定義は多様である。厚労省は、外国人労働者を「『外国人』とは、日本国籍を有しない者をいい、特別永住者並びに在留資格が『外交』及び『公用』の者を除くものとする。また、『外国人労働者』とは、外国人の労働者をいうものとする。なお、『外国人労働者』には、技能実習制度において『特定活動』の在留資格をもって雇用関係の下でより実践的な技術、技能等の修得のための活動を行う者も含まれるものである」と規定している。人口減少の日本、外国人労働者の受け入れをめぐって議論が続いている。産業別にみた外国人労働者は、右表のようになっている。今後のあり方を考えたい。

《参考》観光庁「観光立国推進法」
　　　http://www.mlit.go.jp/kankocho/kankorikkoku/

主な産業別外国人労働者数 (2014年10月末)

	労働者数（%）
農業、林業	17,541（2.2）
漁業	1,711（0.2）
建設業	20,560（2.6）
製造業	272,984（34.7）
情報通信業	31,581（4.0）
運輸業、郵便業	26,269（3.3）
卸売業、小売業	91,552（11.6）
学術研究、専門・技術サービス業	27,171（3.4）
宿泊業、飲食サービス業	91,547（11.6）
教育、学習支援業	52,671（6.7）
サービス業（他に分類されないもの）	102,704（13.0）

＊このほかの産業（鉱業、電気・ガス、金融業・保険業、不動産業、生活関連サービス業、医療・福祉、複合サービス事業、公務など）については省略。

●資料と扱い方

A　日本に来る外国人、海外に行く日本人。資料から、グローバル化が進んでいることをつかむ。「どこの国が多いのだろうか、なぜだろう」と問う。観光立国をめざしているが、日本の経済の行方は」と問い、考える。資料は「日本政府観光局（JNTO）」より引用。

B　外国人（移住）労働者。外国人労働者の実態をつかみ、「どんな問題が起きているか」と問い、外国人労働者がかかえている問題を考え合う。また、派遣、請負労働者の割合が20％を超えている実態もある。国籍別外国人労働者数は厚労省「外国人雇用状況の届出状況表一覧」より引用。

❖ 授業の資料 ❖

A 日本に来る外国人、海外に行く日本人

訪日外客数（国別上位10か国と総数）
（単位：人）

国名	2013年	2014年
台湾	2,210,821	2,829,821
韓国	2,456,165	2,755,313
中国	1,314,437	2,409,158
香港	745,881	925,975
アメリカ	799,280	891,668
タイ	453,642	657,570
オーストラリア	244,569	302,656
マレーシア	176,521	249,521
シンガポール	189,280	227,962
イギリス	191,798	220,060
総数	10,363,904	13,413,467

＊2013年、2014年ともに「日本政府観光局」確定値

出国日本人数（推移）

年	人数
1985	4,948,336
1990	10,997,431
1995	15,298,125
2000	17,818,590
2010	16,637,224
2011	16,994,200
2012	18,490,657
2013	17,472,748
2014	16,903,388

B 外国人（移住）労働者

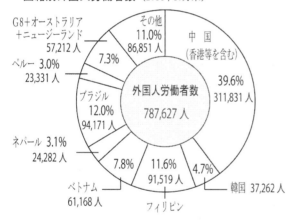

国籍別外国人労働者数（2014年10月末）
外国人労働者数　787,627人

- 中国（香港等を含む）　39.6%　311,831人
- 韓国　4.7%　37,262人
- フィリピン　11.6%　91,519人
- ベトナム　7.8%　61,168人
- ネパール　3.1%　24,282人
- ブラジル　12.0%　94,171人
- ペルー　3.0%　23,331人
- G8＋オーストラリア＋ニュージーランド　7.3%　57,212人
- その他　11.0%　86,851人

メーデーでの横断幕（2009年撮影）

　外国人労働者が、どんな仕事に就いているか調べると、製造業が34.7％を占めていた。次いで多いのが宿泊業・飲食サービス業と卸売業・小売業がそれぞれ11.6％であった。首都圏移住労働者ユニオンは、ホームページで「突然解雇された、日本語が上達しないから賃金を下げると言われた、賃金未払いがある、残業代が払われない、残業や休日出勤の割増分が払われない、仕事中にケガをしたのに、労災扱いしてくれない、有期雇用を途中で打ち切られた。こんな時は、すぐに組合にご相談ください」と呼びかけている。

　移住労働者権利条約は、国連総会で1990年に採択された。そのなかに「移住労働者はその国の労働者と同一の報酬、社会福祉、医療サービスを受け、労働組合に加入もしくは参加し、また雇用の終了に伴っては所得や貯蓄を送金し、個人の身の回り品を移転させる権利を有する」がある。しかし、日本の雇用形態が多様になり、日本人との賃金の格差、差別的扱いのケースもある。

《「年金」を考える》

　子どもたちにとっては、老後の問題や年金問題は、身近な問題ではない。しかし、第1章でみてきたように、国民年金支給額では生活を維持することが困難である。年金問題は、これまでにもふれてきた。ここでは、年金の種類と給付水準について考えたい。

　年金には「国民年金」「厚生年金」「共済年金」の制度がある。厚生年金と共済年金は、企業や公務員が対象である。これに対して、自営業や無職の人たちが加入するのが国民年金（基礎年金）である。自営業者等は「第1号被保険者」、いわゆるサラリーマンは「第2号被保険者」で、その第2号被扶養者の被扶養配偶者は「第3号被保険者」である。いずれの制度に加入しているかによって老後の給付額は異なる。20歳から60歳まで、40年間の全期間保険料を納入したら65歳から満額の老齢基礎年金が支給される。基礎年金額は2015年4月分から78万100円（年額）である。この年金額から健康保険料や介護保険料などが差し引かれるので、手取りはさらに減る。例えば、手取りの月額が5万円とすれば、それだけの収入でどういう生活ができるか、考えさせてはどうか。まして、40年間保険料を収めていない場合の年金受給額は、これよりも低い。経済的理由から年金保険料を納めていない人もいる。「消えた年金記録」問題もある。そこで、住基ネットでは不十分であることから、2015年度から「マイナンバー」制度が導入された。これは、国民一人ひとりに付けられる背番号である。しかし、この制度は、行政機関が一人ひとりの個人情報（所得税、資産など）を入手することが可能である。そのため、運用が行きすぎた場合は問題となる。また、「年金情報漏洩」も発生している。

　マクロ経済スライドのしくみが2015年度からはじまった。これは、年金の支給には、そのときの社会情勢（現役人口の減少や平均余命の伸び）に合わせて年金給付水準を自動的に調整するしくみである。本来なら消費者物価上昇で給付額は増加するはずだが、増加幅は物価上昇分より抑制された。また、政府は現役世代の収入の5割を約束していたが、公的年金を持続させるためには、給付水準を少しずつ下げる試算を発表している。果たして老後の生活保障はどうなるのか。

　次の「年金削減不服審査請求の結果」は、著者が厚労省に対しておこなった年金削減に対する不服申請に対する却下の回答である。

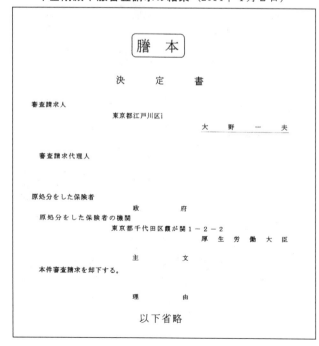

年金削減不服審査請求の結果（2014年4月2日）

年金制度

国民年金	日本国内に住む20歳以上60歳未満のすべての人
厚生年金	厚生年金保険の適用を受ける会社に勤務する全ての人
共済年金	公務員・私立学校教職員など

2012年公的年金額階級別構成（％）

	男	女
50万円未満	6.8	22.2
50～100万円	19.4	40.8
100～200万円	28.8	28.3
200～300万円	36.6	7.7
300万円以上	8.4	1.0
平均額	180.7万円	98.6万円

（厚労省「2012年、年金制度基礎調査」2014年5月2日公表）

第6章
国際社会の課題

―【第6章・単元のねらい】―

　現代社会は、世界の複雑な問題や多くの課題を背負っている。子どもたちはどのように向き合えばよいか、子どもたちの未来につなげて学び合い、深める。

左：イラク戦争反対を訴えるロンドンのデモ（2003年2月15日、海外メディアの情報を掲載した新聞より）
中：国会前集会（2015年8月30日撮影）
下：「若者を戦場に送るな」安保法制に反対する国会包囲の集会（2015年6月14日撮影）

―【この単元について】―

　これまでの100年間は、戦争ではじまり、いまも戦争・紛争がたえない世界にいる。
　21世紀の世界は、より多くの課題をかかえている。国際社会は、平和、貧困、環境などの問題を地球規模で取り組み、その解決をはからなければならない。これは、実に難題である。ひとりの人間が一生を過ごす時間で解決できるような問題ではないだろう。それでも、学びを生かす取り組みは、たとえ小さなことでも積み重ねていくしかない。現実に目を閉じたり、無関心だったりすれば、難題を解決することは遠のく。
　この単元では、これまでに地理で学んできた世界や、歴史で学んできた近現代史、公民で学んできた政治や経済、こうしたことをふまえて、子どもたちの未来につなげて学び合うようにしたい。何よりも、子どもたちが日本や世界に向けて何ができるのかを問い、考える。

子どもの意識をさぐる

子どもたちは、いまの世界をどのように見ているか、これからの日本や世界をどのように築いていけばよいか、子どもの考えを確かめておく。以下の項目は、内閣府やメディアの世論調査項目などを参考にしている。

1．国際社会における日本の役割について、あなたはどう考えますか。2つまで選んでください。
　　ア，地球環境など地球的規模の問題解決　　　カ，世界経済の安定に向けた取り組み
　　イ，地域紛争の平和的解決　　　　　　　　　キ，開発途上国の発展に貢献
　　ウ，軍縮の取り組みなど平和貢献　　　　　　ク，世界の科学技術の発展への貢献
　　エ，難民に対する人道支援　　　　　　　　　ケ，世界文化遺産の保存に貢献
　　オ，民主主義、人権を守るための国際協力　　コ，その他（　　　　　　　　　　）
2．あなたが「平和だな」と感じるのはどんなときですか。
　　（　　　　　　　　　　　　　　　　　　　　　　　　　　　　　　　　　　　　）
3．世界に平和を築くために、あなたができることはどんなことですか。
　　（　　　　　　　　　　　　　　　　　　　　　　　　　　　　　　　　　　　　）
4．あなたは、近隣諸国との関係について、日本政府は外交で解決できると思いますか。
　　ア，解決できると思う　　イ，解決できないと思う　　ウ，わからない
5．あなたは、近隣諸国との関係改善には、どんなことに努力するべきだと思いますか。
　　ア，政治的な対話　　　　　　　　　　　　エ，歴史認識問題の解消
　　イ，経済交流　　　　　　　　　　　　　　オ，領土問題の解消
　　ウ，文化やスポーツの交流　　　　　　　　カ，その他（　　　　　　　　　　）

単元の教材研究

①子どもたちが望む国際社会における日本の役割

日本の役割については、さまざまな意見が飛び交っている。2014年に閣議決定した「集団的自衛権容認」を受けて、2015年に安保法制化法案が審議され成立するようになった。「日本はほんとうに戦争に巻き込まれることはないのか」「海外で戦争をする国になるのか」といった国民の疑念の声が大きくなっている。国際社会のなかで、日本はどんな役割を果たすべきなのか。内閣府は、この趣旨の世論調査をこれまでにおこなってきた。2013年10月調査の結果は、次の通りである。

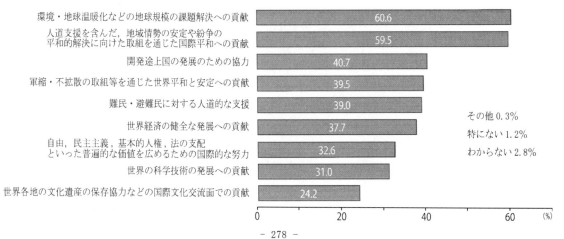

国際社会における日本の役割（2つまでの複数回答、n＝1,841人）

調査結果は、その時期の世界情勢を反映しているので、ある程度の意向は確かめられる。また、この調査項目に準じて取り上げたのが〈子どもの意識をさぐる〉の「１」の項目である。調査結果と比較すると、子どもと大人の意識のズレを確かめることができる。

　子どもたちに限らず日本の大人に、「平和だなと感じるのは、どんなとき」を問いかけたとき、「何もしていないとき」「食事しているとき」「寝ているとき」などが返ってきた。子どもたちは「家に親がいないとき」「友だちと話しているとき」などの答えであった。子どもたちに同じ問いかけをするとよい。同じ問いでパレスチナの子どもたちが考えたこと（281ページ）と比較すると、パレスチナの子どもたちが日々の生活のなかで戦争・紛争に直面していることがわかる。

《参考》内閣府「外交に関する世論調査」　http://survey.gov-online.go.jp/h25/h25-gaiko/index.html
　　　　拙著（共著）『平和と戦争の絵本② 平和ってなに？』（大月書店、2002年）

②いまの世界と日本の課題

　20世紀、人びとは二度の悲惨な戦争を体験してきた。この歴史を繰り返してはならない。しかし、21世紀に入った2001年、アメリカ同時多発テロを契機に新しい戦争の時代に突入した。アフガン戦争やイラク戦争がもたらしたものは、不安定な世界であった。この戦争は終わっていない。いま起きている紛争や戦争につながっている。21世紀こそ、平和な社会という願いは打ち砕かれている。その根本的な要因を取り除く努力をしなければ、未来に希望を築くことができない。公民という科目での学びが、少なからず寄与できるようにしたいものである。

　飢えと貧困が紛争の要因になっているが、その克服には相当な時間を必要とする。国際機関がさまざまな取り組みをしているが、いまだ不十分である。難民問題も深刻である。安全な水がいきとどかない地域もあれば病気で苦しんでいる国もある。毎日が戦争で明け暮れている国もある。日々、どれだけの人が生きることを阻害されているだろうか。同じ地球に生きる人たちが、どれだけ幸せな一生を奪われているだろうか。同時代に生きる子どもたちには、自分の周りの世界だけでなく、遠い世界をも視野に入れて「考える力」を身につけさせたい。池田香代子『世界がもし100人の村だったら』は、子どもの心を揺さぶる一冊になっている。

　日本は、戦後70年を経て、どんな「国のかたち」をめざすのか、どこに行こうとしているのかが問われている。第6章は、これまでの学習をもとにさまざまな課題を子どもたちが調べ、子ども自身の発信の場にするとよいのではないか。これまで取り上げてきたように、アメリカの戦争に加担して、アメリカに追随していく国にするのか、経済格差が拡大していく国にするのか、人権が尊重される国にするのか、いつまでも原発依存のエネルギー政策をとる国にするのか、これまで築いてきた戦後の70年の平和主義という「伝統」を壊す国にするのか、問われている。次の世代に何を残していくのか、これこそ、教育を担っている者が子どもたちと学ぶことである。

《参考》池田香代子『世界がもし100人の村だったら②』（マガジンハウス、2002年）

『世界がもし100人の村だったら②』
（抜粋）

村に住む人びとの100人のうち
20人は栄養がじゅうぶんではなく
１人は死にそうなほどです
でも15人は太り過ぎです

すべての富のうち
６人が59％をもっていて
みんなアメリカ合衆国の人です
74人が39％を
20人が、たったの２％を
分けあっています

すべてのエネルギーのうち
20人が80％を使い
80人が20％を分けあっています

75人は食べ物の蓄えがあり
雨露をしのぐところがあります
でも、あとの25人は
そうではありません
17人は、きれいで安全な水を
飲めません

村人のうち
１人が大学教育を受け
２人がコンピューターを
もっています
けれど、
14人は文字が読めません

70　平和ってなに？

> 【授業のねらい】　どのように平和を築いていくか、戦争を体験した世代の証言などを受けとめて、考えを深める。

❖ 教材研究 ❖

　1989年、ベルリンの壁の崩壊、米ソ首脳会談（マルタ）での冷戦終結宣言がおこなわれ、1990年、東西ドイツ統一、核軍拡競争に歯止めがかかり平和な世界になると思われた。しかし、冷戦終結後、湾岸戦争、旧ユーゴスラビア内戦をはじめ民族・宗教対立から、世界各地で紛争の絶えない時代となった。国家間の戦争や紛争よりもはるかに国内紛争が多くなった。また、冷戦の終結に呼応するように、フランス・中国・インド・パキスタンは核実験をおこなった。核開発は、中東地域や北朝鮮などに広がっている。ここでは、子どもたちが平和を築く上でどのような取り組みができるのか、平和とは何か、考えさせたい。

　アーサー・ビナードは"よくよく考えれば、「平和」の反対語は「戦争」ではなくて「ペテン」だとわかります。ぼくらがペテンにひっかかるところからもう戦争は始まっています"と、『新・戦争のつくりかた』に寄せている。日本がアジアで戦争をはじめたとき、それは突然の出来事ではなかった。戦争の準備は平時の時代にはじまっていた。いま、世界で起きている戦争や紛争も同じである。ひとたび戦争をはじめたら、今度は「いつやめるか」が難しい。イラク戦争は、2003年3月20日に開戦し、終結宣言が出されたあとも戦闘が続いた。そして、イラクは不安定な状態にあり、争いが絶えない。ほんとうに平和な暮らしを取り戻すことが大変である。戦争をはじめるときよりも何倍、何十倍、何百倍もの努力をしなければならない。時間もお金もかかる。戦争によって失ったものを取り戻すことはできない。歴史で学んできた日本の戦争、体験などから子どもたちと考えたい。

《参考》りぼんぷろじぇくと『新・戦争のつくりかた』（マガジンハウス、2014年）
　　　　web版『戦争のつくりかた』　http://sentsuku.jimdo.com/

●資料と扱い方

A　平和だなと感じるのは、どんなとき？　子どもたちに自由に書いてもらい、グループで意見を交換する。その上で、パレスチナの子どもたちの声を提示する。紛争地域にいる同じ年代の子どもたちが、日々、戦争と向き合っているかがわかる。

B　20世紀は「戦争の世紀」。はじめからこの数値は提示しない。「16世紀44人、17世紀167人、18世紀192人、19世紀532人、20世紀2,953〜4,384人。この数字は何だと思いますか？」と問い、子どもたちに予想させる。その上で1日当たりの犠牲者数であることを印象づける。資料のうち世紀別の犠牲者数は、アメリカの「World military and social expenditures」より引用し、1年、1日当たりの犠牲者は著者が計算したものである。20世紀が「戦争の世紀」と言われる実態がはっきりする。なお、戦争の定義づけでデータに違いがあり、資料は、推計の範囲を含むものである。さて、21世紀はどうなるか。イラク戦争の非戦闘員の犠牲者数は8年間で11万6000人、これを計算すると、1日当たり39.7人となる。

C　杉山千佐子さんの訴え。これは、名古屋空襲で片目を失って戦後を生きてきた杉山千佐子が「国民を守らない政治に歯止めを」と訴えている。資料は、2015年3月10日に東京大空襲訴訟原告団『東京大空襲原告団報告集』に寄せた一文である。写真は、3月6日の集会で語る杉山千佐子、浅草公会堂で撮影。いまだに戦争被害の補償もなされていないこと、戦争で失ったものを考えさせたい。また、戦争体験を語る多くの映像や記録が残っている。そうした体験を取り上げ、平和とは何か考えることができる。

《参考》NHK「戦争証言アーカイブス」　http://www.nhk.or.jp/shogenarchives/
　　　　朝日新聞テーマ談話室編『戦争』上・下（朝日ソノラマ［後に朝日文庫で復刻］、1987年）

❖ 授業の資料 ❖

A 平和だなと感じるのは、どんなとき？

わたしたち	パレスチナの子どもたち
	・占領がなくなったとき ・いつでも自分の国が平和なとき ・占領されなくなったとき ・安全で占領がないとき ・私たちの国が自由になったとき

B 20世紀は「戦争の世紀」

	世界の戦争犠牲者数	1年平均の犠牲者数	1日平均の犠牲者数
16世紀	160万人	16,000人	44人
17世紀	610万人	61,000人	167人
18世紀	700万人	70,000人	192人
19世紀	1,940万人	194,000人	532人
20世紀	10,780～16,000万人	1,078,000～1,600,000人	2,953～4,384人

C 杉山千佐子さんの訴え

私は昭和20年3月の名古屋空襲で防空壕に生き埋めになり、左目を失い、右目にも傷を負いました。当時29歳で独身、大学の研究補助員の仕事も失い、戦後は「いつか国が助けてくれる」と信じて、仕事を転々としながら必死で生きました。でも、国は民間人には手を差し伸べてくれませんでした。

50代で大学の教員寮の寮母になった時、教員の一人から「この国は声を上げなければ何もしてくれないよ」と助言され、昭和47年に民間被害者の援護法制定を求める運動を始めました。全国から800人近い戦傷者が集まり、支援の国会議員や団体もでき、運動は実るかに思われました。しかし、14回国会に提出した法案は「民間人は国と雇用関係がなかった」としてすべて廃案されました。

「ふたたびこの国を火の海にさせないために！戦後70年・戦争被害のすべて解決を！大集会」
(2015年3月6日)

名古屋の被害者が起こした裁判も、最高裁で「戦争なのだから国民は我慢せよ」と一蹴されました。

現在99歳。全国空襲連の一員として活動していますが、体も弱り、ほとんどベッドでの生活です。それでも、拡大鏡で一字ずつ拾い、新聞は読んでいます。

また、ひどい時代になりました。日本の政治家は戦争の後始末もせず、その悲惨さにも学ばないで憲法を軽んじ、日本を簡単に戦争ができる国にしようとしています。これでは死んでも死にきれません。早く空襲被害者等援護法をつくり、国民を守らないこの国の政治家に本当の政治とは何かを知らしめるのが、私の最後の願いです。

71 国際連合とイラク戦争

【授業のねらい】 国連は、世界平和を実現するために、どんな役割を果たしているのだろうか。国連はイラク戦争にどう向き合ったのか明らかにする。

❖ 教材研究 ❖

ここでは、国際連合（United Nations、略称：ＵＮ、国連）がどういう目的で設立されたのか、「国連憲章」を手がかりにその原点を学び、第二次世界大戦後の国連の役割と、イラク戦争に向き合った国連を学ぶようにする。主な機関は、教科書の記述や図版を活用する。また、ＰＫＯについては、本書第２章で取り上げているので、その学びを生かす。国連は、第二次世界大戦が終結した1945年の６月に、戦勝国だった連合国がアメリカのサンフランシスコで国際連合憲章を結び、同年10月に51か国で発足した。国連加盟国は、右のように推移している。

国連加盟国の推移

1945年	原加盟国51か国
1950年	60か国
1960年	99か国
1970年	127か国
1980年	154か国
1990年	159か国
2000年	189か国
2010年	192か国
2011年	193か国

①国連の活動

発足以来の国連の活動については、国連広報センターのＨＰから資料を入手できる。そのサイトに「国連ＫＩＤＳ」があり、国連の学びに活かすことができる。国連の創設60周年のときにまとめた「国連が世界を変える60の方法」も掲載されている。その項目だけをまとめたのが次の表である。

1　開発の推進	21　天然痘の撲滅	41　主要な国際紛争の司法的解決
2　民主化	22　寄生虫症対策	42　グローバルな貿易関係の改善
3　人権の推進	23　疫病の蔓延防止	43　経済改革の推進
4　平和と安全の維持	24　予防接種の普及	44　世界の海の安定と秩序の向上
5　平和の創造	25　幼児死亡率の引き下げ	45　空運と海運の改善
6　環境保護	26　ビジネス環境の整備	46　不正薬物の取り締まり
7　核の拡散防止	27　開発途上国の工業支援	47　国際犯罪対策
8　自立と独立の推進	28　被災者への援助	48　ディーセント・ワークの推進
9　戦犯の訴追	29　自然災害の影響削減	49　開発途上国の識字と教育の改善
10　南アフリカのアパルトヘイト撤廃	30　津波被害の救済	50　子ども支援の世界的な合意づくり
11　国際法の強化	31　オゾン層の保護	51　歴史、文化、建築、自然の遺産保全
12　難民に対する人道援助	32　気候変動への取り組み	52　学術・文化交流の促進
13　開発途上国における農村の貧困の緩和	33　地雷の除去	53　知的財産の保護
14　パレスチナ難民への援助	34　最貧層への食糧援助	54　報道の自由と表現の自由の推進
15　アフリカ開発の重視	35　飢餓対策	55　スラムを人間らしい居住地に
16　女性の福祉向上	36　乱獲の防止	56　グローバルな郵便事業の改善
17　女性の権利推進	37　有毒化学物質の使用禁止	57　改良型農業技術の導入と費用削減
18　安全な飲み水の提供	38　消費者の健康保護	58　障害者の権利推進
19　ポリオの撲滅	39　テロ対策	59　グローバルな通信の改善
20　ＨＩＶ／エイズ対策	40　リプロダクティブ・ヘルスと妊婦の健康増進	60　先住民の状況改善

この60項目は、国連の機構が取り組んできた内容であり、その多くは、いまも国際的な課題となっている。国連の取り組みは、国際労働機関（ＩＬＯ）、国連食糧農業機関（ＦＡＯ）、国連教育科学文化機関（ＵＮＥＳＣＯ）、世界保健機関（ＷＨＯ）、国際通貨基金（ＩＭＦ）、国際復興開発銀行（ＩＢＲＤ）国際投資紛争開発センター（ＩＣＳＩＤ）などがある。国連計画・基金には、国連人口基金

（UNFPA）、国連難民高等弁務官事務所（UNHCR）、国連児童基金（UNICEF）などの専門機関によっておこなわれている。

また、国連は重点的問題を解決するために、国際年を総会で採択・決議し、世界に呼びかけている。主な国際年は、右の通りである。年によって、いくつかの国際年を決議している。例えば、2014年は、ほかにも「パレスチナ人民連帯の国際年」「国際小島嶼(しょうとうしょ)開発途上国年」「国際家族農業年」がある。

《参考》国連広報センター　http://www.unic.or.jp/info/

②国連安保理事会とイラク戦争

国連憲章の第1条に国連の目的がある。
・国際の平和と安全を維持すること。
・人民の同権および自決の原則の尊重に基礎をおいて諸国間の友好関係を発展させること。
・経済的、社会的、文化的または人道的性質を有する国際問題を解決し、かつ人権および基本的自由の尊重を促進することについて協力すること。
・これらの共通の目的を達成するにあたって諸国の行動を調和するための中心となること。

国連は、何よりも平和と安全のために活動することにある。平和の維持では、安全保障理事会（安保理）の役割が重要である。

2003年3月20日にはじまったイラク戦争は、安保理の決議がない。安保理が決議すれば、多国籍軍が編成される。イラク戦争の場合は国連憲章違反であったが、安保理は後追いするかたちで、同年10月にイラクの治安維持を認めることになった。

これまで本書で何度も指摘してきたが、イラク戦争は、いまの中東世界を液状化させた。ことのはじまりは、9・11アメリカ同時多発テロと当時のブッシュ大統領の「テロとの戦い」、アフガン戦争にある。どこまでも安保理のイラク査察を求めて、多くの国々では反戦運動が広がっていった。しかし、イラクのフセイン政権が国連の大量破壊兵器査察に非協力的であり、「大量破壊兵器がある」ことを根拠にはじまったイラク戦争であったが、イラクは大量破壊兵器を保有していなかった。アメリカ軍によるイラク攻撃では、多数の民間人が殺害され、劣化ウラン弾の使用もあったとされている。そのため、アメリカとイギリスとともに参戦した有志連合諸国には、イラク戦争の検証が問われている。イラク戦争は「間違った戦争」であることが検証されていないこと、その責任を追及していないことが、新たな混乱を招いている。アメリカの検証は「大量破壊兵器はなかった」としたが、責任を不問にした。日本政府のアメリカへの協力や自衛隊派兵については、アメリカ追随の検証であった。米軍のイラク戦争帰還兵の精神的苦痛は、はかりしれない。トラウマに襲われている帰還兵もいれば自殺者もいる。

主な国際年

1959・60年	国際難民年
1961年	国際保健医研究年
1965年	国際協力年
1967年	国際観光年
1968年	国際人権年
1970年	国際教育年
1971年	人権差別とたたかう国際年
1972年	国際図書年
1974年	世界人口年
1975年	国際婦人年
1979年	国際児童年
1981年	国際障害者年
1982年	南アフリカ制裁国際年
1983年	世界コミュニケーション年
1985年	国際青年年
1986年	国際平和年
1987年	国際居住年
1990年	国際識字年
1992年	国際宇宙年
1993年	世界の先住民の国際年
1994年	国際家族年
1995年	国際寛容年
1996年	貧困根絶のための国際年
1998年	国際海洋年
1999年	国際高齢者年
2000年	平和の文化のための国際年
2001年	ボランティア国際年
2002年	国際エコツーリズム年
2003年	国際淡水年
2004年	国際コメ年
2005年	スポーツと体育の国際年
2006年	砂漠と砂漠化に関する国際年
2007・08年	国際極年
2008年	国際衛生年、国際言語年
2009年	国際和解年、世界人権学習年
2010年	国際生物多様性年
2011年	国際森林年
2012年	国際協同組合年
2013年	国際水協力年
2014年	国際結晶年
2015年	国際土壌年

アメリカ政府の発表によると、アフガン・イラク帰還兵の自殺者は毎日20人前後という。2012年の1年間では6,500人を超えていた。日本の帰還自衛隊員のなかにも自殺者が出ている。第2章で述べたように、防衛省の報告（2014年末現在）で、アフガン・イラク帰還隊員の自殺者は54人である。

国連は、欧米に呼応するかたちでイラク戦争の調査をおこなっていない。戦時中の人権侵害についても調査は止まったままである。イラク戦争の終結宣言は出されたが、いまだにイラクは内戦状態を脱していない。ＩＳ（イスラム国）の台頭、相次ぐ宗派・民族対立、テロが市民に恐怖を与えている。被害を受けているのは、そこに住んで暮らしている人たちである。イラク戦争とは何であったのか、終わりが見えないイラク戦争、国連が果たすべき役割は何であったのか、考えたい。イラク戦争は、いまの子どもたちにとって遠い過去の出来事になっているが、現在の中東の現実は知っている。

イラク戦争の開戦前と開戦後の世論調査は、次のようになっていた。

問「イラク戦争を支持するか」

開戦前の世論調査		開戦後の世論調査	
2003.2.9	反対78.7%、賛成15.5%（共同通信）	2003.3.21	反対59%、賛成31%（朝日新聞）
2003.2.24	反対71%、賛成14%（朝日新聞）	2003.3.21	反対63.6%、賛成27.9%（共同通信）
2003.2.18	反対52%、賛成29%（イギリス）	2003.3.22	反対66.7%、賛成27.1%（産經新聞）
2003.2.21	反対41%、賛成54%（アメリカ）	2003.4.20	反対64%。賛成31%（毎日新聞）
		2003.3.31	反対38%、賛成54%（イギリス）

アメリカの世論調査（ワシントンポスト紙など）　問「たたかう価値があったか」

2003.12.2	価値がない39%　価値があった59%	2004.2.13	価値がない50%　価値があった48%

《参考》イラク戦争の検証を求めるネットワーク編『イラク戦争を検証するための20の論点』（合同ブックレット、2011年）
　　　　安田純平『ルポ 戦場出稼ぎ労働者』（集英社新書、2010年）
　　　　薄井雅子『戦争熱症候群―傷つくアメリカ社会』（新日本出版社、2008年）
　　　　酒井啓子『イラク 戦争と占領』（岩波新書、2004年）
　　　　外務省「対イラク武力行使に関する我が国の対応（検証結果）」　http://www.mofa.go.jp/mofaj/area/iraq/taiou_201212.html

● 資料と扱い方
A　国際年のシンボルマーク。資料にあるシンボルマークから国際年について調べさせるとよい。そこから、国連の取り組みがわかる。資料のうち、国際家族年以外は日本郵便の記念切手である。
B　イラク戦争に反対する。開戦前、世界各国で戦争に反対する集会やデモが巻き起こった。開戦前の2月15日は、世界各地で1000万人以上が反対行動に出た。イギリスのロンドンでは史上最高の200万人が参加した（277ページ参照）。イラク戦争から10年の2013年の英国紙の世論調査によると、当時の反戦行動について国民の55％が「正しかった」と考えていることがわかった。開戦前後の世論調査も活用できる。写真は、いずれも東京・日比谷野音で撮影。
C　アナン国連事務総長のイラク戦争批判。当時のアナン国連事務総長は、2003年9月23日の国連総会での演説で、名指しこそしていないがアメリカのイラク戦争を批判している。イラク戦争とは何だったのか、考えさせたい。民間人犠牲者数、有志連合諸国の戦死者、帰還兵の自殺者数なども提示するとよい。資料は、『戦争熱症候群―傷つくアメリカ社会』より引用。

❖ 授業の資料 ❖

A 国際年のシンボルマーク

国際家族年（1994年）

国際識字年（1990年）

国際居住年（1987年）

国際児童年（1979年）

B イラク戦争に反対する

2003年3月15日開戦前の集会

2004年3月20日開戦1年後の集会

C アナン国連事務総長のイラク戦争批判

　国連憲章51条は、もしある国が攻撃された場合、自衛する固有の権利があるといっている。しかし、攻撃された国が（自衛という）範囲を超え、国際平和と安全にたいする幅広い脅威にたいして軍事力を行使しようとするときは、国連による承認がいるという理解が今日まであった。

　現在、こういう理解ではもうだめだという国があらわれた。その国はいう。なぜなら、事前の警告なしに、または秘密裡に、大量破壊兵器による"武力攻撃"がいつでも起こりえるからだ、と。攻撃されるのを待つのではなく、その攻撃に使われる破壊兵器がまだ開発段階のうちに、予防的に（その将来の脅威となる）他国を軍事攻撃する権利と責任がある、とその国は主張する。この主張によれば、国連安保理での合意を得るまで待たなくてもいいともいう。1国で、あるいは急場ごしらえの数カ国が共同して、行動を起こす権利があるというのだ。

　この論理は、58年にわたって生きてきた世界の平和と安定——不完全かもしれないが、その原則にたいする根本的な挑戦だ。私が懸念するのは、もしそのような論理による先例をつくってしまえば、根拠があろうとなかろうと、1国だけの、法に基づかない軍事力行使が蔓延する結果になるだろうということだ。

72 絶えない地域紛争―パレスチナ問題

【授業のねらい】 アフリカや中東で地域紛争が続いている。パレスチナ問題をもとに、どのように解決することができるのか考える。

❖ 教材研究 ❖

地域紛争が止まらない。その一つとしてパレスチナ問題を取り上げる。中東和平のカギはパレスチナとイスラエルの対立の解決にある。2012年の国連総会は、パレスチナに「国家」としての国連オブザーバーの地位を与える内容の決議を賛成多数（賛成138、反対9、棄権41）で採択した（概要参照）。この決議に反対したのは、アメリカ、イスラエル、カナダ、チェコ、パナマなどであった。この決議によって、両国が和平に向けた交渉が進展することが求められている。

なぜ、対立と紛争が続いてきたのか。その歴史は、この100年ほどの出来事である。ヨーロッパなどで迫害されていたユダヤ人が、祖先の地・アラブ人のパレスチナに移住しはじめたのは19世紀末であった。ユダヤ人の入植は、ユダヤ人国家建設運動（シオニズム運動）へと展開する。第一次大戦中、イギリスの「二枚舌外交」もあって、以来、パレスチナとイスラエルの衝突が続く。1947年、国連はパレスチナにユダヤ人国家とアラブ人国家を樹立する「パレスチナ分割決議」を採択する。アラブ側はこれを拒否、翌48年にイスラエルが建国を宣言すると、アラブ諸国との間で第一次中東戦争が起こる。この戦争は、多数のパレスチナ人難民をつくり出した。イスラエルの入植地拡大、パレスチナ人分断によって、この地域の紛争が今日まで続く。「パレスチナ和平」は、何度となく交渉されてきたが、いまだ和平に至っていない。現在のISのテロや勢力拡大も、欧米・イスラエルに対抗する意図がある。中東やアフリカは、ヨーロッパが支配地を争って線引きしてつくられた国が多い。多くの紛争は、こうしたことが背景になっている。とりわけイギリスなどの責任が重い。

パレスチナ和平は、実現することができるのか。和平に向けた欧米諸国をはじめとする世界各国や国連の役割が急がれる。

《参考》野口宏『これならわかるパレスチナとイスラエルの歴史Q&A』（大月書店、2005年）
橋本光平『図説 世界の紛争地域―中東から南米までの最新トピック』（PHP、2002年）

> **国連総会決議の概要**（外務省HPより）
> 1. パレスチナ人の自決権とパレスチナ国家独立の権利を再確認。
> 2. パレスチナに国連における非加盟のオブザーバー国家の地位を付与することを決定。
> 3. 2011年9月にパレスチナが提出した国連加盟申請を安保理が好意的に検討することへの期待を表明
> 4. イスラエルとパレスチナという二国家のビジョンを実現するような平和的解決の達成に貢献する決議を確認。
> 5. すべての未解決の中核的問題を解決するパレスチナ・イスラエル間の公正で持続的かつ包括的な和平の達成のため、和平交渉の再開と加速化の切迫した必要性を表明。
> 6. すべての国家、国連専門機関・組織に対し、自決権、独立、自由の早期実現において、引き続きパレスチナの人々を支援・支持することを促す。

●資料と扱い方

A　世界の主な紛争・戦争。これまでの主な紛争地域を★印で表記した。アフリカ・中東・アジアで紛争が多い。シリア内戦は2011年、ウクライナ紛争は2014年に起きた。それぞれの紛争の原因や年代を調べていくとよい。資料は、2014年までの動向をもとに作成した。

B　パレスチナとイスラエル。地図と主な紛争の年表（第二次世界大戦後）である。地図から、ガザ、エルサレムなど地名、隣国に紛争地域があることなどをつかむ。パレスチナ問題が解決しない限り中東は不安定が続く。この70年間の主な出来事を、年表であらわした。和平に向けた取り組みを考えるにあたり、国連総会決議の概要を提示するとともに決議に反対した国の理由を調べ、「和平」をどう実現させるか考え合う。PLOは、「パレスチナ解放機構」。

❖ 授業の資料 ❖

A　世界の主な紛争・戦争

旧ユーゴスラビア内戦
ウクライナ紛争
アフガン戦争
シリア内戦
IS勢力拡大
イラク戦争
パレスチナ紛争
ソマリア内戦
ルワンダ内戦
コンゴ内戦

B　パレスチナとイスラエル

1947.11	国連総会でパレスチナ分割決議
1948. 5	イスラエル建国宣言。第一次中東戦争（〜49）
1956.10	スエズ戦争（第二次中東戦争）
1964. 6	アラブ首脳会議で「PLO」設立
1967. 6	イスラエル占領地拡大。第三次中東戦争
1973.10	第四次中東戦争、エジプト勝利
1974.11	国連総会、パレスチナ人の民族自決権確認、PLOはオブザーバー資格
1987.12	占領地のパレスチナ人の対イスラエル民衆蜂起
1991.10	マドリード中東和平国際会議（和平交渉開始）
1993. 9	イスラエルとPLOが相互承認（オスロ合意）
1994. 5	ガザと西岸のエリコでパレスチナ暫定自治開始
2000. 7	米国仲介でイスラエルとパレスチナが首脳会談、決裂
2005. 9	イスラエル軍がガザから撤退
2006. 1	パレスチナ自治評議会選挙で、イスラム組織ハマスが過半数獲得
2007. 6	ハマスがガザを武力制圧
11	米国主導で中東和平会議開催
2008.12	イスラエル軍がガザ大規模攻撃開始。直接和平交渉中断
2010. 5	米国仲介でイスラエルとパレスチナ間接交渉
10	PLO、イスラエル入植拡大で直接交渉打ち切り

73 武力紛争とテロ事件──子どもたちの犠牲

【授業のねらい】 テロが頻発しているが、これに世界はどう向き合っていくか深めるとともに、武力紛争下の子どもたちについて考え合う。

❖ 教材研究 ❖

①テロとは何か

国内のテロ事件でよく知られているのは「オウム真理教」が起こした地下鉄サリンなどの一連のテロである。世界では、21世紀に入ってからテロ事件が頻発している。

そこで、テロとは「何か」を明らかにしておく必要がある。国家間の争いは戦争である。国内の対立による争いは「紛争」である。テロは、個人や組織が、自らの政治目的を果たすために個人や組織に対しておこなう暴力行為である。橋本光平は「重要なことは、自らがテロ組織の看板を掲げる組織はないということです。テロ行為を行うほうからすれば、その行動を『テロ』と認定するのは、あくまでもテロを受けた団体や国です。特にアメリカの同時多発テロ以降、さまざまな抵抗運動が『テロ』というくくりの中にまとめられる傾向があります」(『図説世界の紛争地域』)としている。宗派・民族・政治・思想といった対立を解決するために、人間相互の信頼関係を築いたり問題解決の道を探ったりすることでなければならない。テロで解決はできない。それでも人間をテロに向かわせるのは、「生きること」に価値が見いだせない、不信、孤立、貧困、などが要因としてあげられる。

主な国際テロ事件 (21世紀)

2001. 9	アメリカ同時多発事件
2002.10	バリ島爆弾事件 (インドネシア)
10	モスクワ劇場占拠事件 (ロシア)
2004. 3	スペイン列車爆破事件
9	ベスラン学校事件 (ロシア)
2005. 7	ロンドン同時爆破事件 (イギリス)
10	バリ島爆弾事件 (インドネシア)
2006. 7	ムンバイ列車爆破事件 (インド)
2007. 6	グラスゴー空港爆破事件 (スコットランド)
2008. 9	イスラマバードのホテル爆破事件 (パキスタン)
11	ムンバイ同時多発事件 (インド)
2009.11	ロシア特急列車爆破事件
2010. 2	プネ爆弾事件 (インド)
3	モスクワ地下鉄爆破事件 (ロシア)
2011. 1	アレクサンドリア自爆事件 (エジプト)
1	ドモジェドヴォ空港爆破事件 (ロシア)
2013.10	天安門広場自動車突入事件 (中国)
2014. 4	ウルムチ駅爆発事件 (中国)
5	ナイジェリア車爆破事件
10	オタワ連邦議事堂乱射事件 (カナダ)
12	ペシャーワル学校襲撃事件 (パキスタン)
2015. 1	シャルリー・エブド襲撃事件 (フランス)
2015. 3	バルド国立博物館銃乱射事件 (チュニジア)
4	ガリッサで大学襲撃事件 (ケニア)
6	チュニジアの保養地スース観光客銃撃事件

②頻発するテロ事件とIS

IS (ISIL、イスラム国) の場合はどうか。日本にとってISが他人事ですまなくなってきたのは、2015年1・2月、ISに捕われていたジャーナリスト・後藤健二や湯川遥菜の殺害事件である。事件は、1月中旬に中東訪問中の安倍首相がエジプトで「ISILがもたらす脅威を少しでもくい止めるため、2億ドルを出す」と表明したこと、イスラエルでのネタニヤフ首相との共同記者発表が一つの契機になったと言われている。ISに呼応するかたちのテロ事件は、2014年以降、ヨーロッパでも起きている。また、ISに参加する欧米の若者もいる。アメリカ国務省は、ISの外国人は80か国以上1万5千人と推定している (2014年)。ISに参加する理由は、シリアの紛争地でイスラム教徒を守る、社会への不満、孤立、金銭目当てなどが考えられる。イスラム教といっても、スンニ派やシーア派があり、両者の対立がある。このことも教材研究で確認しておきたい。国連「子供と武力紛争」2014年版によれば、ISの攻撃で亡くなったイラクの子どもは678人、拉致1297人という。

《参考》常岡浩介・高世仁『イスラム国とは何か』(旬報社、2015年)
　　　首相官邸「邦人殺害テロ事件の対応に関する検証委員会 検証報告書」 http://www.kantei.go.jp/jp/singi/syria_h27/pdf/kensho.pdf
　　　公安調査庁「最近の国際テロ情勢」http://www.moj.go.jp/psia/ITH/menace/index_02.html?sa=X&ved=0CBwQ9QEwA2oVChMIwr3T9Lr2xgIVZxamCh3LjARJ

③テロ組織と犠牲者

テロ組織は、イラク戦争やアフガン戦争、内戦の地域に広がっている。テロ事件の背景とテロを生まない社会をどうつくるかを考えさせる。右のアフリカ及び中東地域のテロ組織の活動範囲は、公安調査庁の資料から作成。近年のテロ犠牲者数は、2010年13,193人、2011年12,533人、2012年11,098人、2013年18,066人、2014年32,727人である（アメリカ国務省資料より）。

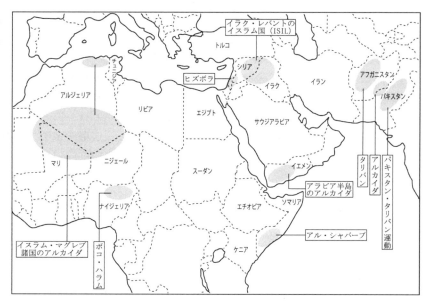

イスラム・マグレブ諸国…アルジェリアなどを拠点に活動するスンニ派過激組織
アル・シャバーブ…ソマリアで活動するスンニ派過激組織
ボコ・ハラム…ナイジェリア北部を主要活動地域とするスンニ派過激組織
ヒズボラ…ナイジェリア北部を主要活動地域とするスンニ派過激組織

④テロ・紛争の背景にある武器輸出

爆弾や銃撃事件が起きると、子どもたちは、「武器はどうやって手に入れているの」「武器がなければ殺し合うことはないはず」などの疑問を持つ。紛争地域で使われている武器は、そのほとんどが先進国で製造されたものである。その武器・兵器を手に入れて攻撃する。敵対する相手から兵器を奪ったりすることもある。また、密かに不法に入手する取引ルートを持っている。

スウェーデン「ストックホルム国際平和研究所」の報告によれば、2010～14年の世界武器輸出量はアメリカとロシアで半数を超えていた。国別輸入量では1位のインドが15％、2位のサウジアラビアが5％である。武器取引量は、それまでの5年間よりも16％増加していた。紛争やテロを防ぐためにも武器削減が課題である。しかし、先進国の軍需産業は、武器・兵器がもたらす利益を求めている。このような世界を変えなければ、たとえ紛争地域で停戦が果たせてもテロはやまない。

《参考》宮田律『軍産複合体のアメリカ―戦争をやめられない理由』（青灯社、2006年）

⑤子ども兵士と難民問題

イエメン内戦が泥沼化する2015年、ユニセフのハルネ現地代表の報告によれば、武装組織の戦闘員のうち、最大3分の1が子どもであるという。また、子どもの徴用、戦闘員、そして子どもの犠牲が増えている。子ども兵士（少年兵）とは、小型武器を持って戦っている18歳未満の子どもである。国連安保理は、1999年に子ども兵士の徴集・使用を非難する決議をおこない、国際法上違法であるとして、国際刑事裁判所で人道上の罪として子どもを使用した者を裁くようになった。それでも、紛争地域ではなくなっていない。少年兵がなくならない理由に、小型武器の普及がある。また、〈授業の資料〉にあるように紛争地域における孤児の問題がある。ユニセフをはじめ、国連が子どもの保護の要請をしている。

紛争地域やかつての内戦地域では、いまも非戦闘員の地雷による被害は続いている。地雷については、NGO（Non-Governmental Organization：非政府組織）「地雷禁止国際キャンペーン」（ICBL）などによって、1997年にオタワ条約が結ばれた。条約は「対人地雷の使用、貯蔵、生産及び移譲の禁止並びに廃棄に関する条約」というもので、2015年4月現在、条約締約（批准・加盟）国は162か国となっている。いっぽう、ロシア・アメリカは締結拒否国になっている。2015年、ICBLは、国連総会が制定した「地雷に関する啓発および地雷除去支援のための国際デー」（4月4日）にあた

って、オタワ条約締約国は「2025年までに地雷除去を終える」「同条約の未加盟国は遅滞なく加盟」「地雷被害者への支援の格差をなくす」などを求めた。

　紛争地域で深刻な問題の一つに難民問題がある。1951年の「難民の地位に関する条約」において、難民とは、「人種、宗教、国籍もしくは特定の社会的集団の構成員であることまたは政治的意見を理由に迫害を受けるおそれがあるという十分に理由のある恐怖を有するために、国籍国の外にいる者」と定義されている。いま紛争地域では、国境を越えずに避難する「国内避難民」となる人びとは増え続けている。国連難民高等弁務官（UNHCR [United Nations High Commissioner for Refugees]）によれば、2014年の傾向は、「新たな避難民…1390万人」「避難を余儀なくされた人…1日に4万2500人」「UNHCRの支援対象者…5490万人」「無国籍者…約1000万人」「発展途上国による庇護提供…86％」「受け入れ国…トップ5（トルコ159万人、パキスタン151万人、レバノン115万人、イラン98万2000人、エチオピア65万9500人、）」「難民発生国…トップ3（シリア388万人、アフガニスタン259万人、ソマリア111万人）」「帰還した難民…12万6800人」「第三国定住…26か国（10万3800人）」「庇護申請…170万件」「保護者のいない子ども…3万4300人」「18歳未満子ども…51％」となっていた。難民・庇護申請者・国内避難民は、2014年末時点で5950万人、シリア紛争が要因でシリア難民が増加している。

　難民が発生した場合、UNHCRは難民受け入れ国の要請に応じて難民キャンプなどの援助をおこなっている。また、2004年のイラク日本人人質事件で、「自己責任」バッシングを受けた高遠菜穂子は、イラクで難民支援や人道・医療支援を継続している。

《参考》ユニセフ「世界子供白書2015」　http://www.unicef.or.jp/library/sowc/2015/pdf/15_04.pdf
　　　　地雷廃絶日本キャンペーン　http://www.jcbl-ngo.org/
　　　　国連難民高等弁務官事務所 UNHCR「数字でみる難民情勢（2014年）」　http://www.unhcr.or.jp/ref_unhcr/statistics/index_2015.html
　　　　高遠菜穂子『破壊と希望のイラク』（金曜日、2011年）

●資料と扱い方

A　武器輸出国。アメリカとロシアの武器輸出量は6割近くである。そこで「輸入国は？」と問いかける。輸入武器が紛争地域に渡っていく可能性がある。多くの武力紛争地域では、武器を買い付けたり対立する相手から武器を奪ったりしている。日本も武器輸出を解禁させたが、軍需産業の利益のために武器が製造され続けることこそ問題である。資料は、「ストックホルム国際平和研究所」の報告書（2015年3月16日公表、『朝日新聞』2015年3月16日付）より作成。

B　子ども兵士。紛争地域の子どもたちがどのような状況になっているか、資料から読み取る。紛争地域の子どもたちが置かれている状況について深める。子ども兵士の40％が少女であることをどう受けとめるか。資料は、国連広報センター「人道支援と保護」より引用。写真はUNギャラリー「なくそう！小型兵器・対人地雷」で2001年7月に撮影。

《参考》国連広報センター「人道支援と保護」　http://www.unic.or.jp/activities/humanitarian_aid/humanitarian_support/

C　イエメンの子どもたち。イエメンの情勢は、現在、深刻さを増している。2015年5月にはイエメン首都サヌアなどにサウジアラビア軍などによる空爆で100人近くが犠牲となった。資料は、ユニセフのイエメン事務所代表による声明の一部を引用。Bと同様、子どもたちの状況を示している。武力紛争下に置かれている子どもたちについて考え合う。

《参考》ユニセフ「プレスセンター」　http://www.unicef.or.jp/news/2015/0188.html

D　世界の難民の主な発生国。UNHCRの支援対象となる難民・国内避難民は5490万人（2013年末は4290万人）である。国別でみると、シリア、アフガニスタンに多いことがわかる。紛争地域の地図と重ねるとよい。資料は、UNHCR「数字で見る難民情勢（2014年）」及びUNHCR（英語版）をもとに作成。

❖ 授業の資料 ❖

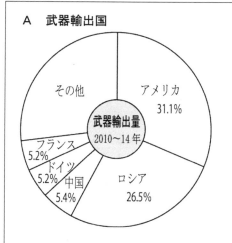

A 武器輸出国

武器輸出量 2010〜14年
- アメリカ 31.1%
- ロシア 26.5%
- 中国 5.4%
- ドイツ 5.2%
- フランス 5.2%
- その他

B 子ども兵士

　今日、世界の30以上の紛争状態の中で、25万人以上の18歳未満の若者が残忍にも兵士として搾取されている。7、8歳の少年や少女もいる。子どもの全兵士の40パーセントは少女であると推定される。戦争や内戦で200万人の子どもたちが殺され、600万人が重傷を負うか生涯の障害者になった。何千人もの少女が暴行やその他の性的な暴力や搾取の対象となっている。ある少年や少女は自宅から誘拐されて両親から引き離された。その他の子どもたちは戦争孤児であった。

C イエメンの子どもたち

　過去10週間でイエメンにおいて紛争によって殺害された子どもの数は、昨年1年間の数の4倍近くにのぼっています。戦闘が激化した今年3月26日以降、少なくとも子ども279人が殺害され、402人が負傷しています。昨年1年間における数は、それぞれ74人、244人でした。
　子どもの徴用や使用も、急激に増加しています。武装グループは、イエメンの子どもたちを検問所の要員や、武器の運搬員などに使用しています。武装グループに徴用されていることが確認できた子どもの数は、2014年の1年間は156人でしたが、今年は既に318人と2倍になっています。
　殺害され、重傷を負い、あるいは戦闘員として徴用される子どもたちの数は増え続けています。学校で安全に学習しているべき子どもたちが、戦闘の前線で銃弾から逃れようとしているのです。子どもたちはイエメンの未来であり、いつどこにおいても守られ、危険から遠ざけられなければなりません。…（2015年6月16日）

D 世界の難民の主な発生国

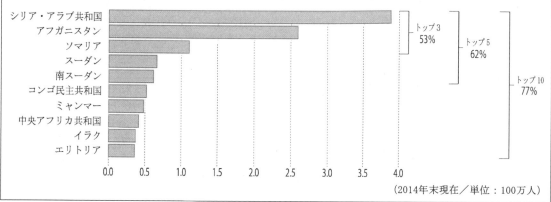

（2014年末現在／単位：100万人）

74　南北問題─貧困の克服

> 【授業のねらい】　戦争や紛争の背景には、南北問題・貧困がある。その現状をつかみ、どのように克服するか考える。

❖ 教材研究 ❖

　南北問題は、先進国と途上国の経済的格差である。近年、その格差は縮まっていると言われているが、所得格差で見ると、豊かな先進国の人びとはますます豊かになり、貧しい途上国の人びとはますます貧しくなっている。2011年の「一人当たりの国民総所得」では、上位5か国と下位5か国の平均値で見ると、格差がおよそ260対1であった。2013年、その格差は広がっている。また、途上国間の格差もある。こうした実態は、国連や世界銀行、ユニセフの資料から調べるとよい。

　南北問題は、アフリカやアジアなど、かつて欧米の植民地だったことと無関係ではない。なかでも国境線が緯度などをもとに直線で境界がつくられている国は、暮らしや民族などが無視されていることを示している。民族間の紛争が絶えないのも、これが要因になっている。アフリカなどの国は、特定の資源や一つの農産物を生産するモノカルチャー経済になっているが、これは欧米をはじめとする資本主義経済がつくった構図である。自給自足で成り立っていた地域を植民地にして、産業が成り立たないようにしてきたからである。

　途上国に対して、先進国や国際的な支援が欠かせない。なかでも子どもたちに対する支援は重要である。児童労働、教育（サハラ以南のアフリカの非就学率22%）、食糧、医療（HIV感染予防）、福祉（5歳未満児死亡率の高い後発開発途上国）などの支援である。公平な貿易ではフェアトレード商品がある。貧困を克服するための支援の一つであるが、いっぽうで企業が利益を得るために正当な賃金を支払ってない商品もある。ODA（政府開発援助）はどうか。これまで日本のODAは、インフラ中心であり日本の経済利益のために利用してきたという批判がある。政府は2015年2月10日に「開発協力大綱」を閣議決定し、ODAの見直しを進めている。そこには、「国際協調主義に基づく積極的平和主義の立場」という一文があり、PKOにリンクさせているという問題がある。

《参考》世界銀行（world bank）　　http://www.worldbank.org/
　　　　国際労働機関（ILO）　　http://www.ilo.org/global/lang--en/index.htm
　　　　ILO駐日事務所　http://www.ilo.org/tokyo/areas-of-work/child-labour/lang--ja/index.htm
　　　　村井吉敬『徹底検証ニッポンのODA─半世紀のODAを「普通の人びと」の視点から振り返る』
　　　　　（コモンズ、2006年）
　　　　世界フェアトレード機関（WFTO）　http://wfto.com/

●資料と扱い方

A　国際貧困ライン。1日1.25米ドル未満で暮らす人の割合は、2009-2012年の期間内で直近の年次である。サハラ以南のアフリカと南アジアが高い割合であることがわかる。資料は、ユニセフ「世界子供白書」2015年版より作成。データの元の資料は世界銀行。

B　一人当たりの国民総所得（GNI）。上位5か国と下位5か国の平均値で比較すると、314：1になる。下位5か国は、いずれもサハラ以南のアフリカである。A・Bの資料をもとに、「その要因は何か」と問い背景を考えさせる。『2015年朝日ジュニア学習年鑑』（朝日新聞社）より作成。元資料は世界銀行。

C　児童労働。2000年の推計は2億4600万人であったから、3分の2まで減少したことになる。それでも世界の子ども人口の10.6%にあたりおよそ9人に1人が児童労働者である。子どもが働く理由やその要因について話し合う。資料はILOやユネスコの報告をもとに作成。

D　フェアトレード。公平な貿易について考えていく。問題点についても考えたい。また、日本のODAの問題についても取り上げる。写真は、東洋大学の学生たちの活動を撮影。フェアトレードチョコは、フェアトレード団体を認証するWFTOマークがあることに注目させる

❖ 授業の資料 ❖

A 国際貧困ライン

1日1.25米ドル未満で暮らす人の割合

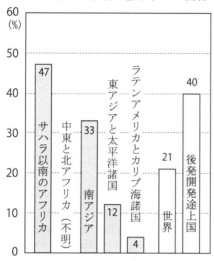

- サハラ以南のアフリカ: 47
- 中東と北アフリカ（不明）
- 南アジア: 33
- 東アジアと太平洋諸国: 12
- ラテンアメリカとカリブ海諸国: 4
- 世界: 21
- 後発開発途上国: 40

B 一人当たりの国民総所得（GNI）

（2013年／単位：米ドル）

上位5か国	1. リヒテンシュタイン	136,770 (2009年)
	2. バミューダ諸島	104,610 (2012年)
	3. ノルウェー	102,610
	4. スイス	90,760
	5. カタール	86,790
下位5か国	1. ブルンジ	260
	2. マラウイ	270
	3. 中央アフリカ共和国	320
	4. ニジェール	400
	5. リベリア	410

＊日本は46,330米ドルで19位

C 児童労働

　国際労働機関（ILO）の報告によると、「児童労働」は世界で1億6800万人（2012年）、男女別では、男子1億人、女子6800万人です。このうち8500万人が、農業、工業、建設、製造業、サービス業、ホテル・飲食業、家事労働などの危険有害労働に従事しているといいます。アフリカでは子どもの4人に1人が働いています。インドでは綿花栽培や手縫いのサーカーボール、アフリカのカカオ生産地などで子どもが働いています。子どもは低賃金で働かせられたり、親の借金返済のためであったり、強制や人身売買、売春やポルノといった最悪の形態の労働もあります。果ては戦争や犯罪に子どもが使われています。

　2014年、インドで児童労働問題に取り組んできたカイラシュ・サティヤルティさんがノーベル平和賞を受賞して、児童労働の根絶に対する関心が高まってきました。

D フェアトレード

フェアトレードの商品を紹介する大学生

フェアトレードチョコ

75 グローバル化する国際経済―EUの行方

【授業のねらい】 国境を越えた資本や労働力の移動が活発になったグローバル化のなかで、さまざまな問題が起きている。そのなかでEUの混乱と行方を考える。

❖ 教材研究 ❖

1990年代、冷戦終結とIT革命は、世界経済のしくみを変容させた。資本主義のグローバル化であり、これを推進したのがアメリカ型グローバリズムである。企業は、より利益を得るために多国籍化を進め、買収を盛んにおこなう。その中心が金融資本である。これに応じて地域内での経済協力の取り組みを進めようとしているが、各国の状況は多様である。

地域統合の一つ、EU（ヨーロッパ連合）の動向に注目したい。EUは、1993年11月に発効したマーストリヒト条約で発足した。1999年からの通貨統合では、2015年3月現在、ユーロ導入が19か国となった。ユーロ導入に際しては、各国のインフレ率・財政赤字・政府債務や国内法規と条約の抵触がないという条件をクリアすることが求められている。しかし、ユーロを導入した各国の経済・財政状況は同じではなかった。

ギリシャの主な動き

2001	ユーロ参加
2009	財政赤字の隠蔽が発覚
2010	3か年財政健全計画を公表→ギリシャ国債暴落
	IMF・EUの支援（1100億ユーロ）
2012	増税・年金改革・公務員改革・公共投資削減など緊縮財政を条件に、IMF・EU・民間の支援（1300億ユーロ）
2015.1	総選挙で反緊縮派の勝利→政権交替
3	失業率25.6%（25歳未満49.7%）
6	ユーロ圏のギリシャ支援終了
7	国民投票（結果：緊縮策に反対6割）
	首相、追加金融支援のために、EUの緊縮策を受け入れ

ギリシャは、2010年以降、債務危機が続いていた。それが、EU、ユーロ圏を大きく揺るがしたのは2015年である。ギリシャ危機は世界中に報道され、この危機を受けて株価の乱高下、ユーロ安を招いた。ギリシャはユーロ離脱という危惧が世界を覆ったが、最終的には緊縮策を受け入れることになった。これまでの経過は上の通りである。これで一応の決着となったが、緊縮策の本質は新自由主義政策の押しつけである。長引く不況と高失業率にあえぐギリシャ国民は、緊縮策に反発している。

EUは拡大し続けているが、産業競争力や国民の暮らし、社会のしくみが各国で異なる。EU、ユーロ圏で安定した地域統合を維持していけるのだろうか。域内の自由化、移民の受け入れなどをめぐっての対立、スペインやイギリスでは独立運動もかかえている。ウクライナ紛争も、EU加盟かロシア経済依存かの問題が事の発端であった。EUの行方は、世界経済の行方と重なる。

《参考》田中宇『金融世界大戦―第三次大戦はすでに始まっている』（朝日新聞出版、2015年）
金子勝『資本主義の克服―「共有論」で社会を変える』（集英社新書、2015年）

●資料と扱い方

A 主な国際経済組織。現在の地域経済の一覧である。経済的なつながり、地域統合を示している。2013年のGDP（国内総生産）で見ると、OECD（経済協力開発機構）は世界の63.4%、NAFTAは26.3%、EUは23.7%、ASEAN3.2%であった。資料は、『日本国勢図会2015／16年版』より作成。

B EUの拡大。資料は著者作成。EUは地域経済の発展をめざしたものである。どのように拡大したかを地図からつかむ。その上で、Cの資料とギリシャの動向を提示しEUの抱える問題について考え合う。

C 緊縮に反発するギリシャ市民。年金生活と失業の現状を伝えている。大学院卒の40歳の長男も仕事にありつけず、祖父母の家で同居し、祖父母の年金でともに生活している。資料は、『東京新聞』（2015年7月3日付）より引用。

❖ 授業の資料 ❖

A　主な国際経済組織（2015年3月現在）

OECD（34か国）
日本、トルコ、オーストラリア、ニュージーランド、韓国、チリ、イスラエル

NAFTA（3か国）
アメリカ合衆国、カナダ、メキシコ

EFTA（4か国）
ノルウェー、スイス、アイスランド、リヒテンシュタイン

EU（28か国）
フランス、ドイツ、イタリア、ベルギー、オランダ、ルクセンブルク、イギリス、アイルランド、デンマーク、ギリシャ、スペイン、ポルトガル、オーストリア、フィンランド、スウェーデン、ポーランド、ハンガリー、チェコ、スロバキア、スロベニア、エストニア、マルタ、キプロス、ラトビア、リトアニア、ブルガリア、ルーマニア、クロアチア

メルコスール（6か国）
アルゼンチン、パラグアイ、ブラジル、ウルグアイ、ベネズエラ、ボリビア

ASEAN（10か国）
インドネシア、シンガポール、ベトナム、マレーシア、タイ、ミャンマー、ラオス、フィリピン、ブルネイ、カンボジア

B　EUの拡大（2015年3月現在）

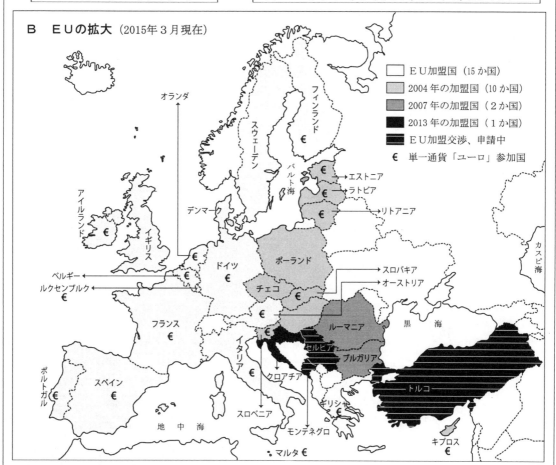

凡例：
- EU加盟国（15か国）
- 2004年の加盟国（10か国）
- 2007年の加盟国（2か国）
- 2013年の加盟国（1か国）
- EU加盟交渉、申請中
- € 単一通貨「ユーロ」参加国

C　緊縮に反発するギリシャ市民

　元公務員のヨルゴスさん（74）とエレナさん（71）夫婦は、大卒だが無職の次女（30）を自宅に同居させ年金で養っている。危機後、EUなどから財政再建を求められたギリシャは年金を削減。ヨルゴスさんの年金も月1400ユーロ（約19万円）から徐々に減り、今は950ユーロ（約13万円）。うち350ユーロ（約5万円）は家賃で消える。…「年金がこれ以上減ったら、生きていけない」との恐怖感がある。

76 核兵器の廃絶

> 【授業のねらい】 原爆や核実験の被害、核兵器の現状をつかみ、核兵器を廃絶するためにどのようなことができるのか考える。

❖ 教材研究 ❖

①被爆体験とその継承

　戦後70年の節目、被爆体験を語る方々が少なくなっている。それでも、これまでに多くの被爆体験が映像や手記で残されている。戦争体験のない世代が多数を占めるようになったいま、体験の継承という意味でも、歴史を風化させないために子どもたちに伝えていかなければならない。

　毎年、広島や長崎では、「平和式典」が開催されている。式典では、「平和宣言」「平和への誓い」が発信されている。その発信は、映像で観ることができる。

《参考》広島市「平和式典」　http://www.city.hiroshima.lg.jp/www/genre/1001000002139/index.html
　　　　長崎市「平和祈念式典」　http://www.city.nagasaki.lg.jp/heiwa/3020000/3020300/p002242.html

　ＮＢＣ長崎放送（1970年7月29日～1977年7月31日）は、渡辺千恵子（1928～1993年）の証言を放映した。8月9日の長崎の原爆投下で被爆した渡辺千恵子は、学徒報国隊として三菱電機製作所に動員されていた。このとき、鉄骨の梁（はり）の下敷きになって、脊髄骨折で下半身が不自由になった。被爆から10年を経て、転機が訪れた。1955年、第1回長崎母親大会、スイスで開催される世界母親大会に出席する代表者の話を聞いた千恵子は、「自分だけで耐え忍ぶのではなくて、もっと世界の人たちに原爆の恐ろしさを訴えなさいと言われました。その時初めて本当に自分が生きている価値というものを見出した気がしました」と語った。その後、1978年2月、スイスのジュネーブで開催された「ＮＧＯの軍縮国際会議」に出席し、被爆の実態を訴えた。「私は車椅子で参加、国際会議という国際政治の舞台で、初めて被爆者が直接、被爆の実態を訴えるという絶好の機会に恵まれたのです。人類を破壊する被爆の実態に少しでも関心を示していただくように、そのことが『ノーモア広島・長崎』の実現に役立つよう努力したいと考えました。私はＮＧＯ閉会総会の壇上から、被爆の生き証人としての悲惨な被爆体験のありのままを伝え、将来を悲観して自暴自棄の中で生きてきたこれまでの10年間のこと、また世界母親大会に参加して、原水爆禁止運動の盛り上がりの中で自身が生かされてきたことを話しました。自分たちのような人間を再びつくりだしてはいけないという思いから、核兵器をこの世界から無くす運動の発展を願って生きてきたことも話しました」と語った。車椅子で世界に向けて核廃絶を、生涯をかけて訴え続けた。渡辺千恵子の生涯については、『歴史を生きた女性たち』でも取り上げている。

《参考》長崎放送「被爆者の証言」　http://www2.nbc-nagasaki.co.jp/peace/index.php
　　　　歴史教育者協議会編『歴史を生きた女性たち［第1巻 自分らしく豊かに生きて］』（汐文社、2009年）

　原爆体験だけでなく、原爆慰霊碑や被爆の痕跡は残っている。そうした戦争遺跡を調べることも授業で活用できる。可能ならば、広島や長崎を訪れて調査するとよい。そして、その資料もできるだけ収集したい。原爆の被爆者は全国にいる。それぞれの地域には被爆者を追悼する碑があり、毎年、慰霊の催しがおこなわれている。身近にある慰霊碑を訪ねたり催しに参加したりすると、そこから被爆者の体験を聞くことができる。

《参考》平和・国際教育研究会編『学び・調べ・考えよう広島
　　　　修学旅行ハンドブック』（平和文化、1999年）
　　　　平和・国際教育研究会編『学び・調べ・考えよう長崎
　　　　修学旅行ハンドブック』（平和文化、2002年）
　　　　東友会（東京の被爆者団体）　http://t-hibaku.jp/toyu/2012/0336/1007irei.html
　　　　平井美津子『原爆孤児「しあわせのうた」が聞える』
　　　　（新日本出版社、2015年）

長崎・浦上天主堂

②原水爆禁止運動

1954年3月1日、アメリカのビキニ水爆実験で日本の漁船が被爆した。『東京新聞』2014年9月20日付は、「ビキニ被ばく文書開示、延べ556隻検査記録あった」と報道した。これまで厚労省は、この事実を隠していた。

被爆したマグロ漁船「第五福竜丸」は静岡の焼津に帰港した。乗組員の被爆がわかったことや放射能汚染が広がったことを受けて、原水爆禁止の署名運動が杉並の婦人団体などからはじまった。5月9日「水爆禁止署名運動杉並協議会」がつくられ、アピールを発表した。約2か月間で27万筆の署名を集める。1年余で3400万筆にのぼった。

第五福竜丸で被爆した久保山愛吉無線長は、同年9月23日に亡くなった。妻の久保山すずは、愛吉の「犠牲者はおれたちを最後に」という遺志を頼りに原水爆反対の運動を続けていった。

原水爆禁止の署名運動は、原水爆禁止世界大会（1955年8月6日：広島市公会堂）のきっかけになった。以後、この大会は被爆地で毎年開催されている。被爆70年目の2015年は、「核兵器のない平和で公正な世界のために―被爆70年を核兵器廃絶の転機に」がテーマである。

《参考》久保山愛吉「絶筆 死の床にて」（『中央公論』1954年11月号所収）
『アサヒグラフ／原爆の記録・総集編』（朝日新聞社、1982年）
飯塚利弘『死の灰を越えて―久保山すずさんの道』（かもがわ出版、1993年）

③核兵器を削減する取り組み

核廃絶をめざす国際的な取り組みは、1950年、原子兵器の絶対禁止を世界平和評議会が呼びかけている。それがストックホルム・アピール（右、法政大学大原社研「日本労働年鑑」第24集より）である。しかし、冷戦下で米ソの核開発競争は一段と強まっていく。核実験もイギリス、フランス、中国と広がっていくなかで、1968年ＮＰＴ（核兵器の不拡散に関する条約）が調印され、1970年に発効する。1976年に日本も調印し、国会はそれを受けて「非核三原則」（持たず、作らず、持ち込ませず）を決議した。しかし、日本は原発から出る使用済みプルトニウムを47トン所有（2013年末）しており、核兵器の転用が可能である。そのため国際原子力機関（ＩＡＥＡ）の査察を常に受けている。

これまでの核実験回数や各国の核弾頭数の実態は次ページの通りである。全保有数は、1万5000を

広島の原爆ドーム

江戸川区葛西の滝野公園にある原爆犠牲者追悼碑

「杉並アピール」（1954年5月9日）

1 原水爆禁止のために全国民が署名しましょう。
2 世界各国の政府と国民に訴えましょう。
3 人類の生命と幸福をまもりましょう。

「ストックホルム・アピール」（1950年3月19日）

われわれは原子力兵器を人類威嚇ならびに大量殺人の兵器として無条件に禁止することを要求する。

われわれはこの決議の遂行を監視する厳重な国際管理機関を設立するよう要求する。

われわれは原子力兵器を最初に使用する政府を、人類に対する犯罪行為を犯したるものとみなし、かつその政府を当然戦争犯罪人とみなすものである。

われわれは全世界の善良な意志をもった人々に対し、このアピールに署名するようよびかける。

超える。世界の非核地帯条約は、南極、アフリカ、東南アジア、南太平洋、ラテン・アメリカ、中央アジア、モンゴルで結ばれている。

NPTの締約国・地域は191、核軍縮と核不拡散、原子力の平和利用についてのNPT再検討会議は5年に一度開催されている。2015年は、4月〜5月におこなわれ、最終文書を採択できずに終了した。会議が決裂したのは、中東を非核地帯とする構想に対して、イスラエルの意向を受けたアメリカが同意しなかったからである。また、期限を区切っての「核兵器禁止条約」については核保有国が反発した。日本は、同年4月に日米の連携を合意しているため、対米従属の立場であった。日本の態度は、安倍政権が武器輸出に向けてイスラエルに急接近している事情も絡んでいた。世界の多くの市民・NGO団体や国・地域が「中東非核地帯構想」「核の廃絶」を望んできたが、核保有国は核抑止力を主張し、非保有国の対立は核軍縮の道筋から遠のいた。なお、核を保有しているイスラエル、インド、パキスタンはNPTに加入していない。北朝鮮は脱退を表明している。

《参考》川崎哲『核兵器を禁止する』(岩波ブックレット、2014年)
国連広報センター「NPT再検討会議」
http://www.unic.or.jp/news_press/features_backgrounders/13695/

核実験回数（＊新型核実験、2014年10月現在）

	合計	大気中	地下	臨界前（＊）
アメリカ	1069	215	815	27（＊12）
旧ソ連・ロシア	738以上	219	496	23以上
イギリス	47	21	24	2
フランス	210	50	160	0
中国	45	23	22	0
インド	3	0	3	0
パキスタン	2	0	2	0
北朝鮮	3	0	3	0

（広島平和資料館資料）

各国の核弾頭数（2015年6月1日）

	作戦配備	作戦外貯蔵＋退役・解体待ちなど	全保有数
ロシア	1820	2680＋3000	7500
アメリカ	2080	2620＋2500	7200
フランス	280	20	300
中国	0	250	250
イギリス	120	95	215
イスラエル	0	80	80
パキスタン	0	100〜120	100〜120
インド	0	90〜110	90〜110
北朝鮮	?	10未満	10未満

（長崎大学核兵器廃絶センター資料をもとに作成。
参考: Status of World Nuclear Forces - Federation Of American Scientists）

●資料と扱い方

A 被爆者の核廃絶を求める活動。原爆投下から70年の2015年は、被爆体験を伝える証言が多くのメディアから発信された。そうした映像や体験記から、子どもたちが学ぶことができる。資料は、二人の被爆者自身による核廃絶を求めた活動を取り上げた。そこから被爆者の願いを伝える。長崎放送「被爆者の証言」より引用。

B 原水爆禁止運動。ビキニ水爆実験による被爆をきっかけに、日本からはじまった原水爆禁止運動に注目する。〈教材研究〉に載せた「杉並アピール」、核実験回数や核保有国、NPT再検討会議について取り上げながら、「核廃絶」を実現するにはどうするか考え合う。写真は、いずれも第五福竜丸展示館で撮影した。久保山愛吉の言葉は「原水爆の被害者はわたしを最後にしてほしい」。

《参考》都立第五福竜丸展示館　http://d5f.org/

❖ 授業の資料 ❖

A 被爆者の核廃絶を求める活動

《渡辺千恵子》長崎で初めて開かれた「第2回原水禁統一世界大会」に、1956年（昭和31） 8月、渡辺さんは母スガさんに抱きかかえられて参加、平和アピールを壇上から力強く読み上げました。11年間胸に秘めてきた原爆への怒り、核兵器廃絶の願い、長崎の被爆者の声が初めて世界へ訴えられた時でした。これを機に長い間人前に出ることがなかった渡辺さんが、自分の生きがいを見出し活動していくことになります。

「あれ以来、多くのみなさんに支えられて原水禁運動に携わってきました。それまで長崎だけにとどまっていた私が、いつの間にか交友範囲も行動範囲も広がって核兵器を無くそうということを訴える事が出来るようになったのです」。しかし長年渡辺さんを支えてきた母親のスガさんも去年6月82歳で亡くなりました。「母も被爆者だったのに、私1人のために34年間も生きてくれました。母を失ったことで、一時は精神的にどうかなりそうでしたが、やはり母のためにも生きなきゃいけないと思いました。それで共に生きた記録を残しておきたいと思って、本の最後にちょっぴりですけれども母のことも入れさせて頂いたんです」。

《山口仙二》1982年に開かれた第2回国連軍縮特別総会にＮＧＯ民間代表として出席した山口さんは、自分のケロイドの顔写真を振りかざしながら、被爆地からの核兵器廃絶を訴えました。

「尊敬する議長、事務総長、並びに各国代表の皆さん、ＮＧＯの兄弟姉妹のみなさん、全人類の生存か絶滅かに深く関わるこの歴史的な第2回国連軍縮特別総会全体委員会で、私は、日本の婦人や青年の団体、宗教団体、平和団体、労働者や被爆者などの日本の草の根運動、核兵器禁止と軍縮を要請する国民運動推進連絡会を代表して発言する機会を与えられたことに対し、感謝と敬意を表明いたします。私たちは核兵器完全禁止と軍縮を要請する署名2,886万2,935名分を携えて参りました。（中略）私の顔や手をよく見てください。よく見てください。世界の人々、そしてこれから生まれてくる人々、子どもたちに、私たちのようにこのような被爆者に、核兵器による死と苦しみをたとえ1人たりとも許してはならないのであります。核兵器による死と苦しみは私たちを最後にするよう、国連が厳粛に誓約してくださるよう心からお願いをいたします。私ども被爆者は訴えます。命のある限り私は訴え続けます。ノーモア ヒロシマ、ノーモア ナガサキ、ノーモア ウォー、ノーモア ヒバクシャ、ありがとうございました」。

B 原水爆禁止運動

久保山愛吉「わたしを…」

水爆禁止署名運動杉並協議会

原水爆禁止署名簿

77 持続可能な開発―環境問題

【授業のねらい】 地球温暖化をはじめ、人類の生存にとっての困難をどのように解決するか、国際的な取り組みについて深める。

❖ 教材研究 ❖

持続可能な開発は、1987年に国連「環境と開発に関する世界委員会」の報告書が示した考え方である。これは、未来社会を担う人たちにとっても、環境を維持できる開発が求められるというものである。1992年には、「地球サミット」がリオデジャネイロで開催され、1997年に国連環境特別総会、2002年にヨハネスブルグで「環境開発サミット」が開催されてきた。ヨハネスブルグでは、貧困撲滅や、天然資源の保護と管理、持続可能な開発を実現するためさまざまな枠組みの文書が採択された。また、1997年には、「温暖化防止京都会議」(気候変動枠組条約第3回締約国会議：ＣＯＰ３) で議定書が採択されたが、温室効果ガスの削減目標は達成されていない。排出量の多い国、先進国と途上国の間で対立することが多い。

地球環境を守る主な国際的取り組み

1972年	国連人間環境会議（ストックホルム）
1985年	オゾン層保護条約（ウィーン条約）採択
1989年	有害廃棄物の越境移動とその処分に関するバーゼル条約
1992年	地球サミット（リオデジャネイロ）
1994年	さばく化防止条約採択
1995年	気候変動枠組条約第1回締約国会議（ベルリン）、以後毎年開催
1997年	京都議定書（ＣＯＰ３）
2002年	環境開発サミット（ヨハネスブルグ）
2012年	国連持続可能な開発会議（「リオ＋20」、リオデジャネイロ）

　18世紀後半にイギリスではじまった産業革命以降、人びとは石炭や石油など化石燃料を大量に消費し続けてきた。20世紀には、自動車・飛行機、家電製品・情報通信機器が登場し、私たちの暮らしは大きく変わった。しかし、生活の便利さと引き換えに地球環境は、大気汚染、酸性雨、さばく化、南極上空のオゾン層破壊など、危険な状態になってきた。CO_2は地球の熱を逃がさない働きがあるが、この排出量は20世紀末には50年前の4倍にもなった。これを放置すれば、2100年には地球の平均気温は1～3.5度も上昇すると言われている。気温の上昇によって南極や北極の氷が解け出し海水面は上昇している。温暖化防止京都会議は、こうした現状を前に開かれた。
《参考》環境省「京都議定書」　https://www.env.go.jp/earth/cop3/kaigi/kyoto01.html
　持続可能な未来に向けて、その持続を妨げる問題は、環境、資源、経済、人権、情報、平和、災害など多岐にわたる。2015年、国連の「持続可能な開発のための2030アジェンダ」が各国間で合意へ向かうことになった。これは、17分野で数値目標を含む169項目に及ぶ。
《参考》UN Daily News　http://www.un.org/News/dh/pdf/english/2015/03082015.pdf

●資料と扱い方

A　主な温室効果ガスの大気中濃度の変化。17世紀後半から増加していることがわかる。産業革命と資本主義の発達は、それまでの自然環境の悪化を生み出してきた。資料は、ＩＰＣＣ（気候変動に関する政府間調査パネル）第4次報告書より作成。

B　世界の二酸化炭素排出量（2012年）。「温暖化が進行した原因は何か」と問い、考える。中国は急速な工業化によって排出量が多いが、1998年当時は、アメリカ23.8％、中国13.6％であった。資料は、ＥＤＭＣ／エネルギー・経済統計要覧2015年版より作成。温室効果ガスの種類は、気象庁の解説。
　　《参考》気象庁「温室効果ガスの種類」　http://www.data.jma.go.jp/cpdinfo/chishiki_ondanka/p04.html

C　持続可能な開発のための2030アジェンダの骨子・要旨。2015年の国連総会で合意される見通しである。これは、法的拘束力はないが、加盟国は目標達成の政治的義務を負う。『毎日新聞』2015年8月3日付、時事通信配信などを参考に作成。

❖ 授業の資料 ❖

A 主な温室効果ガスの大気中濃度の変化

B 世界の二酸化炭素排出量（2012年）

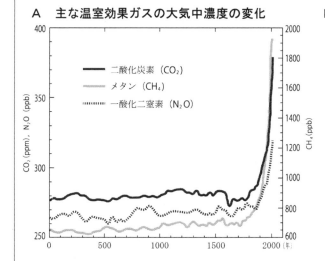

国別排出割合

国　名	％		
中国	27.8	イギリス	1.4
アメリカ	15.8	メキシコ	1.4
インド	6.0	カナダ	1.4
ロシア	5.4	ブラジル	1.3
日本	3.7	インドネシア	1.2
ドイツ	2.2	オーストラリア	1.2
韓国	1.8	イタリア	1.1
		その他	28.1

世界の排出量合計：約326億トン

温室効果ガスの種類

　人間活動によって増加した主な温室効果ガスには、二酸化炭素、メタン、一酸化二窒素、フロンガスがあります。

　二酸化炭素は地球温暖化に及ぼす影響がもっとも大きな温室効果ガスです。石炭や石油の消費、セメントの生産などにより大量の二酸化炭素が大気中に放出されます。また、大気中の二酸化炭素の吸収源である森林が減少しています。これらの結果として大気中の二酸化炭素は年々増加しています。

　メタンは二酸化炭素に次いで地球温暖化に及ぼす影響が大きな温室効果ガスです。メタンは、湿地や池、水田で枯れた植物が分解する際に発生します。家畜のげっぷにもメタンが含まれています。このほか、天然ガスを採掘する時にもメタンが発生します。

C 持続可能な開発のための2030アジェンダの骨子・要旨

2020年までの目標
・交通事故死傷者半減　・過剰漁獲停止　・森林破壊停止

2025年までの目標
・海洋汚染停止

2030年までの目標
・飢餓、極度の貧困の撲滅—1日に1.25ドル（約155円）未満で生活する極度の貧困を撲滅、貧困層の半減、男女平等な社会資源の利用
・男女が平等に職業、高等教育を受けられるようにする
・再生可能エネルギーの増加、エネルギー効率の倍化
・食料浪費の半減

期限を明記せず
・男女差別の撲滅
・女性への暴力の撲滅、
・政治経済の指導者層への男女参画
・児童虐待・搾取の撲滅—虐待や搾取、人身売買、およびあらゆる形態の暴力と拷問を根絶、少年兵の徴募・利用を含むあらゆる形態の児童就労の撲滅

78　資源とエネルギー

【授業のねらい】　私たちの暮らしに欠かせない資源・エネルギーは、有限であることをつかみ、持続可能エネルギーの未来をどうするか考え合う。

❖ 教材研究 ❖

①資源・エネルギーの未来

　日本は資源・エネルギー輸入国であることは、第5章の日本の貿易で明らかにしてきた。その資源は地球全体で見れば有限であり、持続可能な未来を築く上で課題となっている。環境問題と同様に、いまを生きる人びとがこの問題解決に取り組まなければならない。

　エネルギー資源の可採年数とは、該当する年の年末の埋蔵量を、その年の年間生産量で割った除数値を、その年の生産量で毎年生産していった場合、何年間生産ができるかを示す指標である。持続可能な未来を想定することができる。地球上のエネルギー資源が枯渇すれば、生産活動の持続が困難となるため、そうならないために安全で持続可能エネルギーの開発が重要となる。そこで、太陽光、風力、水力、波力、地熱、バイオマスなど、環境にやさしい再生可能エネルギーを活用するべきである。生産コストが課題となっているが、コストよりも安全で未来社会に展望を開くエネルギーを求めていかなければならない。鉄や銅など鉱物資源も、限りがある。そうだからこそ、リサイクルやリユースなど資源の再利用がすべての人たちに求められている。

②原発依存の社会からの転換

　福島原発事故を契機に原発に頼らない社会をめざすべきであった。なぜなら、第5章で取り上げた「人工放射性物質」の問題、原発の使用済み核燃料の最終処分方法を世界のどの国も持ち合わせていないからである。また、核のゴミの管理には10万年を要するとも言われている。未来に「負の遺産」を残すことになる。事故は、日本が電力を原発に頼らないと決めるチャンスであった。

原発の課題

使用済み核燃料	原発敷地内の核燃料貯蔵場所が不足。
最終処分場	国が選定する方針だが、見通しがない。
核燃料サイクル	六ヶ所は試運転でトラブル、継続困難か。

しかし、福島原発事故が収束していない2015年、政府は川内原発の再稼働に舵を切った。新規制基準を通過したことが理由になっているが、本音は違う。安倍政権は、トルコやベトナムなどに原発を売り込んできたが、それには原発技術を維持することが必要であり、そのための原発再稼働である。そして、297ページで指摘したように、核を製造する能力を保持するためでもある。

　原発から出る使用済み核燃料、その最終処分場、核燃料サイクルに展望はない。ウラン・プルトニウム混合酸化物（MOX燃料）を使用した高速増殖原型炉「もんじゅ」は、トラブルが続出している。今後も原発依存社会をめざすのかが問われている。

《参考》鈴木真奈美『日本はなぜ原発を輸出するのか』（平凡社新書、2014年）
　　　　原子力資料情報室「とめよう！六ヶ所再処理工場」　http://www.cnic.jp/knowledgeidx/rokkasho
　　　　日本原燃「再処理工場のしくみ」　http://www.jnfl.co.jp/shiken/shiken01/001.html

●資料と扱い方

A　再生可能エネルギー。身近なところにも太陽光発電は存在している。写真を手がかりにして、さまざまな再生可能エネルギーについて調べるとよい。いずれの写真も著者撮影。

B　主なエネルギー資源の可採年数。いずれも可採年数が有限であることをつかむ。

C　世界の太陽光発電。ドイツは福島原発事故を契機に、脱原発の道を選択した。再生可能エネルギーを推進している。資料はBと同じく「エネルギー白書」2015年版より作成。

D　日本原燃処理工場（六ヶ所再処理工場）のしくみ。この工場は試運転中であるが、トラブル続きである。全行程で、事故が起きなくても「原発1年分の放射能を1日で出す」と言われている。果たして、再処理は適切なのだろうか。剪断とは断ち切ること。難しい用語については解説をする。資料は、日本原燃と原子力資料情報室の図版を参考にして作成。

❖ 授業の資料 ❖

A 再生可能エネルギー

太陽光発電（山梨県北斗市大泉）

風力発電（神奈川県横浜市）

B 主なエネルギー資源の可採年数

資　源	埋蔵量	可採年数
原　油	確認埋蔵量（2013年末） 1億6,879億バレル	53.3年
天然ガス	確認埋蔵量（2013年末） 186兆㎥	54.8年
石　炭	可採埋蔵量（2011年末） 8,915億トン	113年

＊1石油バレル＝158.987295 リットル

（資源エネルギー庁「エネルギー白書」2015年版より）

C 世界の太陽光発電（2013年）

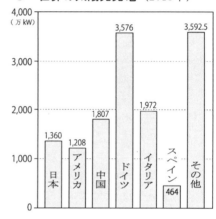

D 日本原燃処理工場（六ヶ所再処理工場）のしくみ

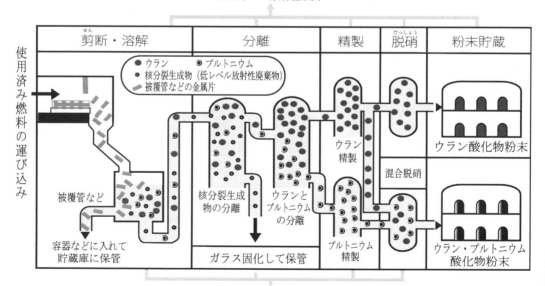

79 近隣諸国との関係―歴史認識

【授業のねらい】 近隣諸国との関係をどのように築いていけばよいか。日本政府の歴史認識を通して考えを深める。

❖ 教材研究 ❖

①歴史認識

　安倍首相の「戦後70年談話」は、国内外から注目されてきた。それは、戦後50年の「村山談話」、戦後60年の「小泉談話」を引き継ぐかどうかが懸念されていたからだ。また、2013年4月23日の国会で「侵略」について「…特に侵略という定義については、これは学界的にも国際的にも定まっていないと言ってもいいんだろうと思うわけでございますし、それは国と国との関係において、どちら側から見るかということにおいて違うわけでございます。そういう観点からも、この談話（村山談話）においてはそういう問題が指摘をされているというのは事実ではないかと、このように思います」と答弁していたため、近隣諸国に対してどんな発信をするか、首相の歴史認識、戦争認識、加害認識が問われてきていた。「安倍談話」は、これまでの首相談話を引き継ぐことを表明したが、自分の言葉で語ってはいない。談話発表後の記者会見では、「具体的にどのような行為が侵略に当たるか否かについては歴史家の議論に委ねるべき」と答えた。

《参考》国会議事録　http://kokkai.ndl.go.jp/SENTAKU/sangiin/183/0014/18304230014010a.html

　近隣諸国との関係は、日本政府の歴史認識に誤りがあったり、他国を貶めたりすることがあっては保てない。近年、北方領土以外にも、竹島や尖閣諸島の領有権問題で軋轢が生じているが、領土問題の解決は容易ではないし長い時間を要する。むしろ、歴史認識を共有する取り組みが欠かせない。安倍首相は2012年に再就任してから、地球を俯瞰する訪問外交を展開してきた。しかし、2015年11月現在、近隣諸国の中国には訪問していないし、まともな首脳会談すら持てていない。こうした外交を継続すれば、近隣諸国との対話から平和を構築することができない。

　これまで、政府は近隣諸国、とりわけ中国・韓国をはじめとする東アジアとの関係で、どのような歴史認識で臨んできたのか、あらためて考えてみたい。

《参考》歴史教育者協議会編『すっきり！わかる歴史認識の争点　Q＆A』（大月書店、2014年）

②近隣諸国との外交

　日本はソ連（いまのロシア）・中国・韓国・北朝鮮との間で、戦後どのような関係を築いてきたか。ロシア・北朝鮮とは、平和条約を締結していないが、右のような条約や宣言を通して関係を保ってきている。ソ連との間では共同宣言の後に国連に加盟した（1951年12月）。北朝鮮との間では、日本人拉致問題が解決していない。

近隣諸国との関係	
1945. 8	ポツダム宣言受諾
1951. 9	サンフランシスコ平和条約（調印拒否国：ソ連・ポーランド・チェコスロバキア、会議不参加国：インド・ビルマ・ユーゴスラビア、招請されなかった国：中国・中華民国・韓国・北朝鮮・モンゴル）
1956.10	日ソ（いまのロシア）国交回復共同宣言
1965. 6	日韓基本条約調印
1972. 9	日中共同声明（日中国交正常化）
1978. 8	日中平和友好条約調印
2002. 9	日朝平壌宣言

●資料と扱い方

A　宮沢談話―「歴史教科書」に関する内閣官房長官談話の一部。資料は外務省HPより。

B　河野談話―慰安婦関係調査結果発表に関する内閣官房長官談話の一部。資料は外務省HPより。

C　村山談話―戦後50周年の終戦記念日にあたっての一部。資料は外務省HPより。A・B・Cを通して、日本が発信する歴史認識から、近隣諸国との関係について考える。

D　安倍談話―談話の一部。戦争を体験していない世代に謝罪を背負わせてはいけないと語った。それでいいのか。歴史を背負うことの意味を考えさせたい。資料は首相官邸HPより。

❖ 授業の資料 ❖

A　宮沢談話（1982年8月26日）

一、日本政府及び日本国民は、過去において、我が国の行為が韓国・中国を含むアジアの国々の国民に多大の苦痛と損害を与えたことを深く自覚し、このようなことを二度と繰り返してはならないとの反省と決意の上に立って平和国家としての道を歩んできた。我が国は、韓国については、昭和四十年の日韓共同コミュニケの中において「過去の関係は遺憾であって深く反省している」との認識を、中国については日中共同声明において「過去において日本国が戦争を通じて中国国民に重大な損害を与えたことの責任を痛感し、深く反省する」との認識を述べたが、これも前述の我が国の反省と決意を確認したものであり、現在においてもこの認識にはいささかの変化もない。…

B　河野談話（1993年8月4日）

　…今次調査の結果、長期に、かつ広範な地域にわたって慰安所が設置され、数多くの慰安婦が存在したことが認められた。慰安所は、当時の軍当局の要請により設営されたものであり、慰安所の設置、管理及び慰安婦の移送については、旧日本軍が直接あるいは間接にこれに関与した。慰安婦の募集については、軍の要請を受けた業者が主としてこれに当たったが、その場合も、甘言、強圧による等、本人たちの意思に反して集められた事例が数多くあり、更に、官憲等が直接これに加担したこともあったことが明らかになった。また、慰安所における生活は、強制的な状況の下での痛ましいものであった。

　なお、戦地に移送された慰安婦の出身地については、日本を別とすれば、朝鮮半島が大きな比重を占めていたが、当時の朝鮮半島は我が国の統治下にあり、その募集、移送、管理等も、甘言、強圧による等、総じて本人たちの意思に反して行われた。

　…われわれはこのような歴史の真実を回避することなく、むしろこれを歴史の教訓として直視していきたい。われわれは、歴史研究、歴史教育を通じて、このような問題を永く記憶にとどめ、同じ過ちを決して繰り返さないという固い決意を改めて表明する。…

C　村山談話（1995年8月15日）

　…いま、戦後50周年の節目に当たり、われわれが銘記すべきことは、来し方を訪ねて歴史の教訓に学び、未来を望んで、人類社会の平和と繁栄への道を誤らないことであります。

　わが国は、遠くない過去の一時期、国策を誤り、戦争への道を歩んで国民を存亡の危機に陥れ、植民地支配と侵略によって、多くの国々、とりわけアジア諸国の人々に対して多大の損害と苦痛を与えました。私は、未来に誤ち無からしめんとするが故に、疑うべくもないこの歴史の事実を謙虚に受け止め、ここにあらためて痛切な反省の意を表し、心からのお詫びの気持ちを表明いたします。また、この歴史がもたらした内外すべての犠牲者に深い哀悼の念を捧げます。

　敗戦の日から50周年を迎えた今日、わが国は、深い反省に立ち、独善的なナショナリズムを排し、責任ある国際社会の一員として国際協調を促進し、それを通じて、平和の理念と民主主義とを押し広めていかなければなりません。同時に、わが国は、唯一の被爆国としての体験を踏まえて、核兵器の究極の廃絶を目指し、核不拡散体制の強化など、国際的な軍縮を積極的に推進していくことが肝要であります。これこそ、過去に対するつぐないとなり、犠牲となられた方々の御霊を鎮めるゆえんとなると、私は信じております。…

D　安倍談話（2015年8月14日）

　…日本では、戦後生まれの世代が、今や、人口の八割を超えています。あの戦争には何ら関わりのない、私たちの子や孫、そしてその先の世代の子どもたちに、謝罪を続ける宿命を背負わせてはなりません。しかし、それでもなお、私たち日本人は、世代を超えて、過去の歴史に真正面から向き合わなければなりません。謙虚な気持ちで、過去を受け継ぎ、未来へと引き渡す責任があります。…

80 平和を発信する

> 【授業のねらい】 私たちは、戦争をくいとめることはできるのか。イラク戦争のときの日米少女の平和の発信から学び、どんなことができるのか考え合う。

❖ 教材研究 ❖

①シャーロットの非戦メッセージ

　イラク戦争開戦前の2月15日、アメリカのメーン州に住む13歳の少女シャーロット・アルデブロンは、町の教会でおこなわれた平和集会で、非戦メッセージを読み上げた。「イラクの子どもたちはどうしているのでしょう？」(What About the Iraqi Children?)というメッセージは、ネットを通じて世界中に広がっていった。反響のメールは3000通を超えたといわれる。これが、『朝日新聞』(2003年3月27日付)に掲載されたことで、当時、多くの学校の授業でも取り上げられた。シャーロットは、弁護士の母親の仕事の関係で、スイスで生まれ、その後、アフリカや中米と在住してきていた。世界に多くの友だちがいるシャーロットは、イラクの子どもたちを友だちと重ねて真剣に向き合っていた。

> **日本の読者のみなさんへ**
>
> 　1991年、湾岸戦争でアメリカ軍がイラクへ侵攻したのは、私が1歳になるころでした。
> 　それから12年間、私はたくさんの国へ行き、友だちをつくり、そして大人になるために必要な多くのことを学びました。
> 　でも、イラクの子どもたちにとっての12年間は、次第に悲しいものとなったのです。国連制裁は家族の生活を貧困に追いやり、学校は閉鎖されました。子どもたちの未来への希望さえも、失われました。
> 　幸運にも安全で心配のない生活を過ごせた私には、攻撃から逃れられないイラクの子どもたちにかわって、声をあげる責任があります。両親からさえも守ってもらうことができない子どもたちのために、私たちはみんな、その責任を共有しているのです。
> 　たとえ小さな声でも、みんなが声をあげれば、平和と人類愛を求める大きな声になり、世界はもうこれ以上、知らないふりをしてはいられなくなるはずです。
> 　　　　　　　　　　　　　　　2003年5月
> 　　　　　　　　　　　シャーロット・アルデブロン

　この非戦メッセージは、日本で『私たちはいま、イラクにいます』(講談社、2003年)という1冊にまとめられた。日本の読者のみなさんへという一文は、少女の目線で呼びかけている。

②日米少女の交流

　イラク戦争開戦前の2〜3月の時期に、著者自身も「戦争はくい止められるか」という授業(中学3年)をおこなった。その授業のなかでアメリカ支持だった生徒の一人から、開戦後に戦争の見方が変化したという一通の手紙が届いた。ちょうどそのとき、「シャーロットと交流する子どもはいませんか」という問い合わせがあった。早速、その生徒(香奈江)に聞いてみた。これに応じてくれたので、シャーロットのメッセージ(英文と日本語翻訳文)を送った。こうしてシャーロットと香奈江の交流がはじまった。二人の交流(メール)は『現代と教育』に全文が紹介されている。

《参考》鎌田明子編「『No War!』いま、私にできること―イラク戦争に向き合った日米少女のEメール」(『現代と教育』Vol.62、[地域民主教育全国交流研究会編集・桐書房]、2003年8月)

　メールによる双方向の発信には、教員が翻訳の仲立ちとなった。シャーロットのメッセージを読んだ香奈江は、共感したこと、イラクの戦争について考えていること、祖母から聞いた戦争のことをまとめ、シャーロットに送った。するとシャーロットからメールの返信が届いた。シャーロットからは、

学校の授業や教育、アメリカの民主主義、自身の活動を語り、考えを伝えてきた。〈授業の資料〉に掲載した一文のほかに、「私の学校では先生方が私たちに『アメリカは世界のなかで全能の力を持った裁判官であり、守り手である』と教え込んでいます。歴史の授業で習っていることは、『軍事力による征服』『偉大な軍事的指導者』『偉大な軍事戦略』に関してのみです。…理科の時間には生物兵器について習います。…英語の授業では、クリスマスの時に海外に駐在している海軍の人々に、『私たちの身代わりになってご苦労していることを忘れません』という手紙を書かなければなりませんでした。…」とあった。シャーロットが学校のなかで無視されていること、非戦のスピーチをさせないことも書き添えられていた。

　二人の交流はメールで終らなかった。非戦メッセージの日本での出版（『私たちはいま、イラクにいます』）に際し、シャーロットと母親が来日することになった。2003年6月20日、二人は講談社の一室で対面し、通訳を介しての懇談となった。メールでの出会いが、今度は直接の出会いとなった。話は、お互いの学校でのイラク戦争をどう学んできたか、イラクの復興、ふだんの学校生活などに及んだ。この取り組みは、「ブッシュ・イラク戦争と平和を発信する日米の少女」としてまとめた。
《参考》拙稿「ブッシュ・イラク戦争と平和を発信する日米の少女」（『歴史地理教育』663号、2003年）
　　　　拙稿「ブッシュ・イラク戦争と子どもの平和への発信」（『子どものしあわせ』631号、2003年）

③世界に広がる広島の「ねがい」

　平和のために私たちができることは何か。その一つの取り組みとして、「ねがい」の歌を広げる活動がある。次の資料は『シリーズ憲法9条』（全3巻）のうち第3巻「世界の中の9条」の一部を引用。

「もしも　この頭上に　落とされたものが　ミサイルではなく本やノートであったなら　無知や偏見からときはなれてきみは戦うことをやめるだろう」

　これは「ねがい」という歌の歌詞です。みなさんは「ねがい」という歌を聞いたことがありますか。「もしも…」ではじまる歌は、2003年3月、広島県の中学校で誕生した曲です。

　広島市の多くの学校では、原爆のことや核兵器のことを中心に平和の問題を学習しています。広島市南区にある大州中学校でも、子どもたちが平和宣言をおこないながら戦争と平和について、学習を深めていました。この中学校では、広島合唱団との交流をおこなっていたこともあって、子どもたちの平和宣言をもとにしたオリジナルの歌をつくることになったのです。

　2001年9月11日のニューヨーク同時テロ、それをきっかけにはじまったアフガニスタンでの戦争は、子どもたちにとっても悲しい出来事でした。こうした世界の動きのなかで、「ねがい」の歌が生まれたのです。歌は、ある映画監督の詩的なメッセージをおりこみ、少年兵や地雷被害で苦しむ子どものこと、「武力を紛争解決の手段にしない」という気持ちがこめられています。卒業を前にした子どもたちは、「ねがい」を、「21世紀、ヒロシマから生まれたイマジン」として歌っていきました。

　2003年7月、「ねがい」を知った兵庫県神戸市の長田寿和子先生は、この広島の中学校の取り組みに感動しました。「ねがい」はその先生の紹介で「iEARN国際会議」に発表することとなり、その大会テーマソングにも決定しました。英語版の「Our Wish」とあわせてウェブから世界に発信したところ、台湾・ケニア・フィンランドの国や地域から、自国語で「ねがい」を歌う映像や声が届いたのです。さらに大会終了後も、このつながりをたいせつにしようと、NEGAI Connectionが立ち上がりました。テーマは、世界・地球・架け橋・夢・和解です。この計画では、「ねがい」の歌を紹介するほか、メール仲間でメッセージの交流もおこなっています。…

　こうして、インターネットで世界に発信され、「ねがい」の歌は、少しずつ広がっていきました。日本各地や世界の多くの国の人たちが参加し、大きな交流の場がつくられています。…

iEARN (International Education and Resource Network)は、国際教育ネットワークで、「世界140か国（Countries）、30言語（Languages）、50,000教育者（Educators）、200万生徒（Youth）」からなるグローバルな非営利の教育ネットワークである。

《参考》NEGAI Connection Project　http://www.jearn.jp/2003conference/negai/index_j.html
　　　　iEARN　http://www.iearn.org/
　　　　日本「iEARN」　http://www.iearn.org/country/iearn-japan
　　　　歴史教育者協議会編『シリーズ憲法9条』全3巻（汐文社、2006年）
　　　　　①9条を知っていますか
　　　　　②平和を求めた人びと
　　　　　③世界の中の9条

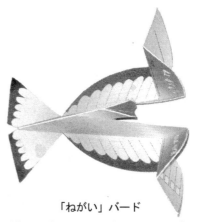

「ねがい」バード
（作詞を書けるようになっている。裏の腹のところは世界地図が描かれている）

　広島の「ねがい」は、子どもたちが被爆体験を継承し、核兵器と戦争をなくそうと世界に平和メッセージを発信する取り組みである。「ねがい」の歌詞募集をはじめたところ、日本や世界から寄せられた歌詞は、2007年8月2日に1000番、2009年1月3日に1500番、そして、2010年11月30日には2000番に到達した。

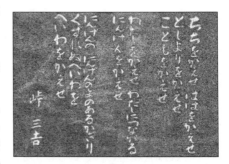

広島の平和記念公園にある「峠三吉詩碑」
（2005年撮影）

　このように、インターネットは平和のメッセージを世界に発信していくことができる。戦争のない未来の平和をつくるために、その担い手となるのは子どもたちである。公民の授業の最後には、「未来をきりひらく」視点で子どもたちと学び合いたい。一人ひとりの思いや願いを発信することが世界を変える力になるはずだ。

●資料と扱い方
A　シャーロットの非戦メッセージ。シャーロット『私たちはいま、イラクにいます』（講談社、2003年）より引用。このシャーロットのメッセージとともに306ページの「日本の読者のみなさんへ」の一文を紹介する。
B　日米少女の交流。シャーロットと香奈江のメールの一部で、ここから二人の発信をどう受けとめたか、共感できること、自分たちにもできることを考えさせる。このメールは、2006年度版日本書籍新社の教科書にも掲載した。また、広島の「ねがい」の取り組みを紹介することで、ネットを通じてさまざまな発信ができることを伝える。「私なら平和な世界をつくるために何ができるか」を考えさせるとよい。「イラクの子供を殺さないで」の写真は、銀座をパレードする人たちを撮影。日米少女の交流の写真は、シャーロットと香奈江が東京・講談社で出会ったときで、写真は鎌田明子提供。

❖ 授業の資料 ❖

A　シャーロットの非戦メッセージ

イラクの子どもたちは、どうしているでしょう？
イラク爆撃ときくと、何を思い浮かべますか。…考えてみてください。
イラク国民2,400万人の半分以上が、15歳以下の子どもなのです。
1,200万人の、私みたいな子どもなのです。
私はもうすぐ13歳になります。
だから、私より少し大きいか、もっとずっと小さな子どもたちです。
女の子ではなくて男の子かもしれないし、髪は赤毛ではなくて茶色いかもしれませんが、とにかく、私みたいな子どもなのです。
だから、私のことをみてください。
イラク爆撃ときいたときに思い浮かべなければいけないことが、わかるはずです。
爆撃されるのは、私のような子どもなのです。…

B　日米少女の交流

《香奈江からシャーロットさんへ》

　スピーチ（メッセージ）を読んでいるとき、紙を持つ私の手はかすかに震えていました。それは、戦争に対する恐怖感や怒りといったものを感じていたからかもしれません。スピーチを読んだ後、もし自分がイラクの子どもだったらと考えました。…私は、戦争はどんな理由で始まったとしても、ただの人殺しとしか思っていません。どんなに正当化しても…おそらくアメリカの人たちも、イラクの人たちもわかっていることだと思います。それなのに、戦争で人々は殺されました。…今、私が望むことは、何よりも、これから先、二度と戦争が起きないで欲しいということです。事実として起きたことは消せませんが、これから起きるかもしれないことはもしかしたらくい止めることができるかもしれません。

《シャーロットから香奈江さんへ》

　イラク人が1人亡くなるごとに、たぶん20人は同じような悲しみに苦しんだことでしょう。5,000人から7,000人がイラクで亡くなりました。しかもそれは民間人だけの数字です。イラクにはどんなに多くの人が傷ついた心を抱いてさまよっていることでしょうか。…私たちは若い頃に、「世界が今どうなっているかを知るセンス」を身につけておくことが重要だと思います。…私は世の中がすぐにはよくならないということはわかっています。何年も、何年もかかるでしょう。でもガンジーも言っているように、「たとえあなたのしていることが取るに足らないように見えたとしても、それをすることに意味があるのです。」

イラクの子供を殺さないで（2003年3月15日）

日米少女の交流（2003年6月20日）

《戦後70年—日本はどこに行こうとしているか》

　戦後70年の2015年は、いろいろな意味で歴史の大きな節目を迎えた。日本はどこに向かっているか、どんな国をめざしているのか、これが問われている。

　作家の島田雅彦は、「今一度、現行憲法を読んでみると、時代遅れどころか、日本が目指すべき今後の安全保障のあり方を示唆してもいます。日本を戦前に回帰させたがっている人は現行憲法の前文の規定を『ユートピア的』と批判するが、憲法が国民の自由と権利を保障し、平和を希求しているからこそ、戦争に行けといわれても、断ることができ、政府を批判することもできるのです。今春、戦没者慰霊のためにパラオを訪問し話題になった天皇陛下も、憲法を守り、二度と戦争をしないことを述べておられます」（『毎日新聞』2015年7月14日付夕刊）と語っている。その上で、自由と民主主義のための学生緊急行動（SEALDs=シールズ）に期待をよせている。シールズは「…私たちは、戦後70年でつくりあげられてきた、この国の自由と民主主義の伝統を尊重します。そして、その基盤である日本国憲法のもつ価値を守りたいと考えています。この国の平和憲法の理念は、いまだ達成されていない未完のプロジェクトです。現在、危機に瀕している日本国憲法を守るために、私たちは立憲主義・生活保障・安全保障の3分野で、明確なヴィジョンを表明します…いまこそ、若い世代こそが政治の問題を真剣に考え、現実的なヴィジョンを打ち出さなければなりません。私たちは、日本の自由と民主主義の伝統を守るために、従来の政治的枠組みを越えたリベラル勢力の結集を求めます。そして何より、この社会に生きるすべての人が、この問題提起を真剣に受け止め、思考し、行動することを願います。私たち一人ひとりの行動こそが、日本の自由と民主主義を守る盾となるはずです」と呼びかけている。

　作家の諏訪哲史は、「非戦の誓いを破る日」（『毎日夫人』664号［2015年5月］のコラム「諏訪哲史 うたかたの日々」）で、戦争に引きずり込むようにあらゆる手段が講じられていること、とりわけ教育を通じてはじまっていることを指摘している。学校で教える内容を政府の都合よい記述で縛り、戦争する世論をつくっていくことがはじまっている。2013年に秘密保護法、2014年に武器輸出解禁と集団的自衛権容認、そして、ここで終わるのではなく、安保法制化で憲法違反を積み重ねている。自発的隷従者をつくり出そうとしている。

　日本はどういう社会をめざしていくか、中・高校生はどう考えているだろうか。

諏訪哲史の「非戦の誓いを破る日」

　…戦争を知らぬ子孫を再び戦争に行かせず、敵国を作らないためには、今の時代に一票を持つ僕らが非戦の誓いを守り抜かなければいけない。…

　例えば僕が好戦党の党首なら、どうやって九条を葬るだろう。まず国民の悲惨な戦争の記憶が消えるのを待つ。人は忘れる生き物。だから語り伝えを邪魔し、人を無知にする。次に、子供には他国より日本を愛せと教育する。世界の前に日本が大事。日本民族は優秀。そう国のエゴを刷り込む。最後は改憲の国民投票だ。投票権を20歳以上から18歳以上に引き下げ、より戦争を知らない票を取り込む。

　投票は政治家が操作できる。多数決とは喩(たと)えれば、18歳〜死までの限られた長さを持った「投票権の吊り橋」を渡るその時代の乗り合わせ者の中の瞬間多数を捉えて決議し、後にこの「日本」という橋に知らずに足を入れる新人たちの運命までを決めてしまう恐ろしい行為だ。

　戦争を知る多くの者が橋を渡り終えようとしている。後には陸続たる愛国少年の群れ。非戦と平和とが不可分であることを知る僕らの眼が黒いうちは、九条の誓いは破らせまい。

大野 一夫（おおの かずお）
　1947年東京都生まれ
　千葉県公立中学校教諭・歴史教育者協議会事務局長を経て、
　現在は東洋大学・武蔵大学講師（非常勤）

〈最近の主な著書〉
『平和と戦争の絵本―第2巻―』（共著、大月書店、2002年）
『新・中学校公民の板書』（地歴社、2004年）
『仕事の絵本―第6巻―』（大月書店、2007年）
『イラストで学べる選挙制度―全3巻―』（汐文社、2008〜2009年）
『イラストで学べる税金のしくみ―全3巻―』（汐文社、2010年）
『中・高校生と学ぶ福島原発事故と放射能Q＆A』（共著、平和文化、2012年）
『資料で学ぶ日本史120時間』（共著、地歴社、2012年）
『イラストで学べる政治のしくみ―全3巻―』（汐文社、2012〜2013年）
『中等社会科ハンドブック―〈社会・地歴・公民〉授業づくりの手引き』（共著、
　　学文社、2013年）
『新・歴史の授業と板書』（地歴社、2013年）
『四字熟語で読み解く現代日本』（共著、旬報社、2013年）など。

新・公民の授業80時間
　　――子どもの意識・教材研究・資料と扱い方

2015年12月15日初版第1刷発行

　　　　　　　著 者　　大野一夫

発行所　地歴社　　東京都文京区湯島2-32-6（〒113-0034）
　　　　　　　　　Tel 03（5688）6866／Fax 03（5688）6867

製本所／坂田製本　　ISBN978-4-88527-226-4 C0037

●地歴社の本　　　　　　　　　　　　　　　　　　　　　　　　　（本体価格）

新・歴史の授業と板書	大野一夫	2000円
資料で学ぶ日本史120時間	小松克己・大野一夫・鬼頭明成ほか	2500円
新・公民授業プリント	加藤好一	2500円
続・手に取る公民・現代社会教材　入手と活用	全国民主主義教育研究会	2000円
私たちの政治経済読本	全国民主主義教育研究会	2000円
私たちの倫理読本	全国民主主義教育研究会	2000円
学びあう社会科授業〔上中下〕	加藤好一	各2000円
教師授業から生徒授業へ　社会科授業技術をどう活かすか	加藤好一	1900円
討論する歴史の授業①〜⑤　シナリオ・プリント・方法	田中龍彦	各2300円
新・美しい日本史ノート	上田肇	1600円
歴史授業シナリオ〔上下〕　"愛情たっプリント"付き	白鳥晃司	各2500円
歴史授業プリント〔上下〕　生徒をつかむ	加藤好一	各2000円
〔授業中継〕エピソードでまなぶ日本の歴史①②③	松井秀明	各2200円
エピソードで語る日本文化史〔上下〕	松井秀明	各2000円
子どもの目でまなぶ近現代史	安井俊夫	2000円
広告・ビラ・風刺マンガでまなぶ日本近現代史	渡辺賢二	2200円
学校史でまなぶ日本近現代史	歴史教育者協議会	2200円
日本史授業シナリオ〔上下〕　わかる板書付き	河名勉	2500円
日本近代史授業シナリオ　わかる板書付き	河名勉	2500円
考える日本史授業・3　平和と民主社会の担い手を育てる歴史教育	加藤公明	2200円
新・日本史授業プリント　付・ビデオ学習と話し合い授業	松村啓一	2600円
続・手に取る日本史教材　入手と活用	阿部泉	2000円
日本史モノ教材　入手と活用	阿部泉	2000円
新・世界地理授業プリント	加藤好一	2000円
新・日本地理授業プリント	加藤好一	2500円
地理授業シナリオ〔上〕　謎解きプリント付き	春名政弘	2500円
新・モノでまなぶ世界地理　モノから人へ	小田忠市郎	2000円
新・モノでまなぶ日本地理　モノから人へ	小田忠市郎	2000円
やってみました地図活用授業　小学校から高校まで	加藤好一＋ゆい	1200円
〔授業中継〕最新世界の地理　国際感覚を育てる楽しい授業	川島孝郎	700円
地図を書いて学ぶ世界史　世界地図を5秒で書いて考える	千葉歴教協世界部会	2200円
世界史との対話〔上中下〕　70時間の歴史批評	小川幸司	各2500円
新しい歴史教育のパラダイムを拓く	加藤公明／和田悠	3000円

付録DVD▶PDF版『考える日本史授業1』『考える日本史授業2』授業記録映像付き